Oldenbourgs Steuerfachbücher

Vollstreckung im Steuerrecht

Begründet
von
Professor Rudolf Sauer
und
fortgeführt
von
Professor Siegfried Arendt
und
Professor Hans Hampel

3., vollständig überarbeitete Auflage

R. Oldenbourg Verlag München Wien

Die Deutsche Bibliothek - CIP-Einheitsaufnahme

Sauer, Rudolf:
Vollstreckung im Steuerrecht / begr. von Rudolf Sauer. Fortgef. von Siegfried Arendt und Hans Hampel. - 3., vollst. überarb. Aufl. - München ; Wien : Oldenbourg 1997
(Oldenbourgs Steuerfachbücher)
ISBN 3-486-22472-7

Rosenheimer Straße 145, D-81671 München
Telefon: (089) 45051-0, Internet: http://www.oldenbourg.de

Gedruckt auf säure- und chlorfreiem Papier
Gesamtherstellung: R. Oldenbourg Graphische Betriebe GmbH, München

ISBN 3-486-22472-7

Inhaltsverzeichnis

Vierter Teil, Die Vollstreckung wegen anderer Leistungen als Geldforderungen 173

Fünfter Teil, Erzwingung von Sicherheiten 179

Sechster Teil, Rechtsschutz im Vollstreckungsverfahren . 183

Vorwort zur dritten Auflage

Seit dem Erscheinen der zweiten Auflage sind zahlreiche Gesetzesänderungen auf dem Gebiet des Zoll- und Verbrauchsteuerrechts, aber auch der Abgabenordnung eingetreten. Diese Änderungen gehen insbesondere auf die Einführung des Binnenmarktes zum 1. Januar 1993 und des Zollkodex zum 1. Januar 1994 zurück. Auch das Rechtsbehelfsverfahren der Abgabenordnung wurde zum 1. Januar 1996 grundlegend umgestaltet und in der Neufassung berücksichtigt.

Hervorzuheben ist hier vor allem, daß Verwaltungsakte im Rahmen der Vollstreckung einheitlich nur noch dem Rechtsbehelf des Einspruchs unterliegen.

Wir haben dem Wunsch des Verfassers der ersten beiden Auflagen gern entsprochen und das Buch unter Berücksichtigung der neuen Rechtslage fortgeführt. Dabei haben wir die bewährte Konzeption und äußere Gestaltung beibehalten. Auch Anregungen und Anfragen aus dem Leserkreis haben uns in diesem Vorhaben bestärkt. Wir hoffen, daß dieses überarbeitete Buch ebenso positiv aufgenommen wird wie die vorangegangenen Auflagen. Für Anregungen und Kritik sind die Verfasser jederzeit dankbar.

Prof. Siegfried Arendt
Prof. Hans Hampel

Vorwort zur zweiten Auflage

Das Buch hat in seiner inhaltlichen Konzeption und seiner äußeren Gestaltung breite Zusstimmung gefunden. Mein Bestreben war es, einen gangbaren Mittelweg zu finden zwischen dem Wunsch nach einer umfassenden Darstellung der Rechtsmaterie und inhaltlich-systematischer Vollständigkeit einerseits, sowie der Lesbarkeit und Verständlichkeit der oft als formalistisch und spröde empfundenen Materie andererseits.

Einen Schwerpunkt habe ich auf die Darstellung der Fragen und Probleme gelegt, die für die Praxis von besonderer Bedeutung sind. Das Buch soll es ermöglichen, den normalen Vollstreckungsfall, wie er täglich in der Praxis der Steuerberater, Rechtsanwälte und Finanzbehörden anfällt, auf verläßlicher Rechtsgrundlage zu bearbeiten.

Die große Anzahl von Beispielen, Übersichten und das klare Druckbild tragen wesentlich zur Überschaubarkeit und Verdeutlichung der rechtlichen Situation bei.

Die Bedeutung des Vollstreckungsrechtes im Bereich der Bundesfinanzverwaltung hat weiter zugenommen. Bei einem Bestand von 199000 unerledigten Vollstreckungsfällen (Fälle in Bearbeitung) am 31.12.1984 war ein Neuzugang von 560687 Vollstreckungsfällen im Jahre 1985 und von 676482 Fällen im Jahre 1986 zu verzeichnen. Stark zugenommen haben die Neuzugänge aus dem Bereich der Kranken-, Unfall- und Rentenversicherungsträger. Entsprechend dem Anstieg der Arbeitsfälle mußte die Zahl der Arbeitskräfte bei den Vollstreckungsstellen der Hauptzollämter ausgeweitet werden. Der Personalbestand stieg von 829 Arbeitskräften am 31.12.1984 auf 897 Arbeitskräfte am 31.12.1986.

Die aus dieser Situation resultierende, anhaltend starke Nachfrage nach praxisgerechter Information machte es erforderlich, eine zweite Auflage in Druck zu geben. Dies gab Gelegenheit, einen „Überblick über die Voraussetzungen der Zwangsvollstreckung privatrechtlicher Ansprüche" aufzunehmen und damit einer Anregung von Studierenden der Finanzverwaltung des Bundes und der Länder nachzukommen.

Rudolf Sauer

Vorwort zur ersten Auflage

Die Finanzbehörden sind in den letzten Jahren in zunehmendem Umfang mit Maßnahmen der Vollstreckung befaßt gewesen. In dem steigenden Arbeitsanfall spiegelt sich einerseits die verschlechterte wirtschaftliche Situation der Steuerschuldner wider, zum anderen liegt der Grund hierfür in gesetzgeberischen Maßnahmen, die insbesondere den Hauptzollämtern umfangreiche Aufgaben der Vollstreckung für andere Verwaltungszweige übertragen haben.

Das vorliegende Buch möchte in dieser Situation dem Bedürfnis der Finanzverwaltung und der steuer- und rechtsberatenden Berufe nachkommen und in knapper, verständlicher Form das System der Vollstreckung nach den Vorschriften der Abgabenordnung in den Grundzügen aufzeigen.

Neben dem Praktiker ist das Buch in besonderem Maße für die Studierenden der Finanzverwaltung des Bundes und der Länder gedacht, die sich in ihrer Ausbildung mit Fragen des Vollstreckungsrechts zu befassen haben und praxisorientierte Informationen suchen.

Diesem Anliegen dienen eine große Anzahl von Beispielsfällen und Übersichten, die die rechtliche Situation verdeutlichen sollen. Auf die einschlägigen Dienstanweisungen wurde durchgehend verwiesen. Die wichtige Regelung des Anfechtungsgesetzes wurde berücksichtigt. Das Konkurs- und Vergleichsrecht soll zu einem späteren Zeitpunkt nachgetragen werden.

Rudolf Sauer

Abkürzungsverzeichnis

a.A.	anderer Ansicht
Abs.	Absatz
Abschn.	Abschnitt
a.E.	am Ende
AKO	Amtskassenordnung der Reichsfinanzverwaltung
Alt.	Alternative
AnfG	Gesetz betreffend die Anfechtung von Rechtshandlungen eines Schuldners außerhalb des Konkursverfahrens
AO	Abgabenordnung
Art.	Artikel
BaFöG	Bundesausbildungsförderungsgesetz
Baumann-Brehm	Zwangsvollstreckung 2. Aufl. 1982
Baur-Stürner	Einzelvollstreckungsrecht, Bd. 1, 12. Aufl. 1995 ders., Insolvenzrecht, Bd. 2, 12. Aufl. 1990
BB	Zeitschrift „Der Betriebsberater"
BFH	Bundesfinanzhof
BGB	Bürgerliches Gesetzbuch
BGH	Bundesgerichtshof
BGHZ	Entscheidungssammlung Bundesgerichtshof in Zivilsachen
BierStG	Biersteuergesetz
BLAH	Baumbach-Lauterbach-Albers-Hartmann, Zivilprozeßordnung, Kommentar, 55. Aufl. 1996
Brunn-Fritz	Grundbegriffe des Steuerrechts, Band 1, Abgabenordnung, 1980
Buchst.	Buchstabe
Branntw-MonG	Branntweinmonopolgesetz
Bruns-Peters	Zwangsvollstreckungsrecht, 3. Aufl. 1987
BStBl.	Bundessteuerblatt
BVerfGE	Entscheidungssammlung Bundesverfassungsgericht
bzw.	beziehungsweise
DB	Zeitschrift „Der Betrieb"
d.h.	das heißt
DStZA	Deutsche Steuerzeitung, Ausgabe A
EFG	Zeitschrift „Entscheidungen der Finanzgerichte"
EG InsO	Einführungsgesetz zur Insolvenzordnung
Engelhardt/App	Verwaltungs-, Vollstreckungsgesetz, Verwaltungszustellungsgesetz, Kommentar, 4. Aufl. 1996
ErbbauVO	Verordnung über das Erbbaurecht
Erichsen-Martens	Allgemeines Verwaltungsrecht, 10. Aufl. 1995
EStG	Einkommensteuergesetz
f.	folgende
ff.	fortfolgende
FG	Finanzgericht
FGO	Finanzgerichtsordnung
GBO	Grundbuchordnung

gem.	gemäß
GG	Grundgesetz
ggf.	gegebenenfalls
GmbHG	Gesetz betreffend die Gesellschaft mit beschränkter Haftung
GVKostG	Gerichtsvollzieher Kostengesetz
HFR	Zeitschrift „Höchstrichterliche Finanzrechtsprechung"
HGB	Handelsgesetzbuch
HHSp	Hübschmann-Hepp-Spittaler, Abgabenordnung, Kommentar, 10. Aufl. 1995
h.M.	herrschende Meinung
HS.	Halbsatz
i.d.F.	in der Fassung
i.d.R.	in der Regel
InsO	Insolvenzordnung
i.V.m.	in Verbindung mit
i.S.v.	im Sinne von
Jauernig	Zwangsvollstreckungs- und Konkursrecht, 20. Aufl. 1996
JZ	Zeitschrift „Juristenzeitung"
KG	Kommanditgesellschaft
Kilger/Huber	Anfechtungsgesetz, Kommentar, 8. Aufl. 1995
Klein-Orlopp	Abgabenordnung, Kommentar, 5. Aufl. 1995
KO	Konkursordnung
Koch-Scholz	Abgabenordnung, Kommentar, 5. Aufl. 1996
Kühn-Kutter-Hofmann	Abgabenordnung, Kommentar, 16. Aufl. 1990
Kussmann	Vollstreckung nach der Abgabenordnung, 5. Aufl. 1993
LG	Landgericht
LuftRG	Gesetz über Rechte an Luftfahrzeugen
MDR	Zeitschrift „Monatsschrift für deutsches Recht"
MinöStG	Mineralölsteuergesetz
MOG	Gesetz zur Durchführung gemeinsamer Marktorganisationen
m.w.N.	mit weiteren Nachweisen
NJW	Zeitschrift „Neue Juristische Wochenschrift"
Nr.	Nummer
OHG	offene Handelsgesellschaft
OLG	Oberlandesgericht
Palandt	Bürgerliches Gesetzbuch, Kommentar, 56. Aufl. 1997
PatG	Patentgesetz
Paulick	Lehrbuch des allgemeinen Steuerrechts, 3. Aufl. 1977
Pierchalla-Ostrowski	Lehrbuch der Beitreibung im Steuerrecht, 2. Aufl. 1981
RAO	Reichsabgabenordnung
Rosenberg-Schwab-Gottwald	Zivilprozeßrecht, 15. Aufl. 1993
RPflG	Rechtspflegergesetz
Rspr.	Rechtsprechung
S.	Satz oder Seite
Schaumw ZWStG	Gesetz zur Besteuerung von Schaumwein und Zwischenerzeugnissen

SchiffsRG	Gesetz über Rechte an eingetragenen Schiffen und Schiffsbauwerken
Schwarz	Abgabenordnung, Kommentar, 1976ff.
Schweighardt	Allgemeines Verwaltungsrecht, 3. Aufl. 1983
SGB	Sozialgesetzbuch
Soergel-Siebert	Bürgerliches Gesetzbuch, Kommentar, 12. Aufl. 1987
StBerG	Steuerberatungsgesetz
StGB	Strafgesetzbuch
Stein-Jonas	Kommentar ZPO, 21. Aufl. 1995
Stöber	Forderungspfändung, 11. Aufl. 1995
str.	strittig
Thiem	Allgemeines kommunales Abgabenrecht, 1981
Thomas-Putzo	Zivilprozeßordnung, Kommentar, 19. Aufl. 1995
Tipke	Steuerrecht, 14. Aufl. 1994
Tipke-Kruse	Abgabenordnung-Finanzgerichtsordnung, Kommentar, 16. Aufl. 1996
Tz.	Textziffer
u.a.	unter anderem
VerglO	Vergleichsordnung
VerwertRi	Richtlinien für die Verwertung von beweglichen Sachen im Bereich der Zollverwaltung
vgl.	vergleiche
VerwZustG	Verwaltungszustellungsgesetz
VollstrA	Allgemeine Verwaltungsvorschrift über die Durchführung der Vollstreckung nach der Abgabenordnung
VollzA	Allgemeine Verwaltungsvorschrift für Vollziehungsbeamte der Finanzverwaltung
VSF	Vorschriftensammlung Bundesfinanzverwaltung nebst Kennung
VwGO	Verwaltungsgerichtsordnung
VwVG	Verwaltungsvollstreckungsgesetz
WEG	Wohnungseigentumsgesetz
WG	Wechselgesetz
Wolff-Bachhof-Stober	Verwaltungsrecht I Bd. 10. Aufl. 1994, II Bd. 5. Aufl. 1987
z.B.	zum Beispiel
ZfZ	„Zeitschrift für Zölle und Verbrauchsteuern“
Zippelius	Allgemeine Staatslehre, 12. Aufl. 1994
ZK	Zollkodex
ZK-DVO	Zollkodex-Durchführungsverordnung
ZPO	Zivilprozeßordnung
ZVG	Zwangsversteigerungsgesetz

Erster Teil
Grundlagen und allgemeine Vorschriften

A Grundlagen

§ 1 Inhalt der Vollstreckungsregelung nach der Abgabenordnung

Die Vorschriften über die Vollstreckung im Steuerrecht sind im sechsten Teil der Abgabenordnung in den §§ 249-346 AO zusammengefaßt. Sie regeln den **Einsatz staatlicher Machtmittel zur Durchsetzung steuerrechtlicher Ansprüche, die nicht freiwillig erfüllt werden**. In der weitaus größten Anzahl der Fälle kommt der Steuerpflichtige im Besteuerungsverfahren seiner Pflicht zur Zahlung von Steuern und den sonstigen Anordnungen der Finanzbehörden freiwillig nach. Tut er es nicht, so muß die Behörde für eine zwangsweise Vollziehung – gegebenenfalls unter Einsatz von Zwangsmaßnahmen – sorgen, um die Kontinuität des Steueraufkommens und damit die finanzielle Basis des Gemeinwesens zu sichern. Eingriffe der Staatsgewalt in die Rechtssphäre des Bürgers bedürfen im Rechtsstaat stets einer besonderen gesetzlichen Ermächtigung, die den Einsatz der Zwangsmaßnahmen nach Voraussetzungen, Inhalt und Umfang genau begrenzt. Für das Steuerrecht bilden diese Rechtsgrundlagen die Vorschriften der Vollstreckung des sechsten Teiles der Abgabenordnung. Im einzelnen ist folgendes geregelt:

1. Abschnitt: Allgemeine Vorschriften (§§ 249-258 AO)

Er befaßt sich mit grundsätzlichen Regelungen, die für das gesamte Vollstreckungsrecht von Bedeutung sind, bringt Begriffsbestimmungen wie Vollstreckungsbehörde, Vollstreckungsgläubiger und Vollstreckungsschuldner sowie die Voraussetzungen für Beginn, Beschränkung und Ende der Vollstreckung.

2. Abschnitt: Vollstreckung wegen Geldforderungen (§§ 259-327 AO)

Er enthält die praktisch bedeutsamsten Vorschriften und bildet das Kernstück des Vollstreckungsrechts.

1. Unterabschnitt: Allgemeine Vorschriften (§§ 259-267 AO)
2. Unterabschnitt: Aufteilung einer Gesamtschuld (§§ 268-280 AO)
3. Unterabschnitt: Vollstreckung in das bewegliche Vermögen (§§ 281-321 AO)
   Nach den allgemeinen Regelungen (§§ 281-284 AO) gliedert sich das Vollstreckungsverfahren je nachdem, in welche Vermögenswerte vollstreckt werden soll, nämlich
   - Vollstreckung in Sachen (§§ 285-308 AO)
   - Vollstreckung in Forderungen und andere Vermögensrechte (§§ 309-321 AO)
4. Unterabschnitt: Vollstreckung in das unbewegliche Vermögen (§§ 322-323 AO)
5. Unterabschnitt: Arrest (§§ 324-326 AO)
6. Unterabschnitt: Verwertung von Sicherheiten (§ 327 AO)

3. Abschnitt: Vollstreckung wegen anderer Leistungen als Geldforderungen (§§ 328-336 AO)

Hier sind Regelungen enthalten, die die Anordnungen der Finanzbehörde, die Handlungen, Duldungen oder Unterlassungen betreffen, nebst den zulässigen Zwangsmitteln zum Gegenstand haben. Der Abschnitt befaßt sich ferner mit der Erzwingung von Sicherheiten (§ 336 AO).

4. Abschnitt: Kosten (§§ 337-346 AO)

§ 2 Begriff, Wesen, Verfahrensgrundsätze und Zweck der Vollstreckung

1. Begriff und Wesen

Die Vollstreckung nach der Abgabenordnung regelt das besondere Verwaltungsverfahren, das darauf gerichtet ist, Regelungen der Finanzbehörden auf dem Gebiet des Steuerrechtes zwangsweise gegenüber dem Steuerpflichtigen durchzusetzen.[1]

a) Rechtsnatur der Vollstreckung

Die Vollstreckung insgesamt ist **öffentlich-rechtlicher Natur**. Sie wird von hoheitlich handelnden staatlichen Organen, den Vollstreckungsbehörden, auf der Grundlage öffentlich-rechtlicher Vorschriften, der Abgabenordnung, durchgeführt. Die Behörden können ihre Ansprüche unter Einsatz von Zwangsmitteln durchsetzen.[2] Sie sind nicht darauf angewiesen, sich die Rechtmäßigkeit ihrer Ansprüche zuvor in einem gerichtsförmlichen Verfahren bestätigen zu lassen.[3]

Somit bedürfen sie nicht für die zwangsweise Durchsetzung ihrer Forderungen eines vollstreckbaren Titels, noch einer Vollstreckungsklausel im Sinne der ZPO. Demgegenüber genügt grundsätzlich ein Verwaltungsakt, der die behördliche Feststellung enthält, das eine Leistung nach dem Gesetz geschuldet wird, um die Grundlage für ein Vollstreckungsverfahren zu schaffen.[4]

b) Die Vollstreckung als Staatsmonopol

Die Vornahme von Vollstreckungsmaßnahmen steht allein dem Staat zu (Staatsmonopol). Dieser handelt bei seinen Vollstreckungsmaßnahmen als Träger der Steuerhoheit im Interesse der Allgemeinheit. Hierdurch soll eine gleichmäßige Behandlung aller Schuldner sichergestellt und ein Mißbrauch der Macht zu sachfremden Zwecken vermieden werden. Zudem können die sozialen Belange des Betroffenen sorgfältig gegen das Interesse des Staates an einer zwangsweisen Befriedigung seiner Ansprüche abgewogen werden.[5]

Beispiel:
Das Hauptzollamt hat beim Vollstreckungsschuldner eine wertvolle Standuhr gepfändet und einen Versteigerungstermin bestimmt. Kurz vor diesem Termin überweist der Vollstreckungsschuldner die Hälfte des rückständigen Betrages und verspricht glaubhaft, den Restbetrag eine Woche nach dem Versteigerungstermin zu bezahlen.

---

[1] Tipke-Kruse, vor § 249, Tz. 5 m.w.N.
[2] Tipke-Kruse, vor § 249, Tz. 6
[3] Tipke-Kruse, vor § 249, Tz. 6
[4] Tipke-Kruse, vor § 249, Tz. 6
[5] Kussmann, S. 17; Jauernig, § 1 IV, X; kritisch Schwarz, vor § 249, Tz. 2ff.

In diesem Fall wäre es unbillig, die Verwertung alsbald weiter zu betreiben und nicht die freiwillige Zahlung des Geldes abzuwarten. Die Verwertung ist zeitweilig auszusetzen (§ 297 AO). Vergleiche auch § 813a ZPO mit allerdings enger beschriebenen Voraussetzungen.

2. Die Vollstreckung als besonderes Verwaltungsverfahren

Die Vollstreckung ist ein **eigenständiges Verfahren**.[6] Dies wird bereits durch die gesetzestechnische **Trennung der Vollstreckung vom Festsetzungsverfahren** des vierten Teiles der Abgabenordnung sowie vom Erhebungsverfahren des fünften Teiles der Abgabenordnung deutlich.

Die Vollstreckung wird von **Vollstreckungsbehörden**, die mit eigenen Zuständigkeiten ausgestattet sind, durchgeführt. Dies sind in der Regel die Finanzämter und Hauptzollämter, die die Vollstreckung mit Hilfe der Vollstreckungsstelle vornehmen (§ 249 Abs. 1 S. 3 AO). Damit sind zwar die gleichen Behörden mit der Vollstreckung betraut, die für den Steuergläubiger im Rahmen des Besteuerungsverfahrens als Ermittlungs-, Festsetzungs- und Erhebungsbehörden tätig werden; die Eigenständigkeit des Vollstreckungsverfahrens zeigt sich aber in der inneren Organisation der Vollstreckungsbehörden. Die Vollstreckungsstelle stellt ein eigenes Sachgebiet dar, so daß eine organisatorische Trennung zwischen der Vollstreckungsstelle und den Sachgebieten, die für die Ermittlung, Festsetzung und Erhebung der Steuern zuständig sind, gegeben ist. Die Verteilung der Befugnisse auf verschiedene Funktionsträger entspricht den Grundsätzen der Gewaltenteilung und soll den Betroffenen vor rechtswidrigen staatlichen Eingriffen bewahren.[7]

Das Vollstreckungsrecht folgt **eigenen Verfahrensgrundsätzen**. Während Steuern nach Maßgabe der Gesetze gleichmäßig zwingend festzusetzen und zu erheben sind (§ 85 S. 1 AO), stehen die Maßnahmen der Vorbereitung, Anordnung, Durchführung und Überwachung der Vollstreckung fast ausnahmslos im Ermessen der Behörde (§ 249 Abs. 1 S. 1 AO).[8] Die Vollstreckungsbehörden führen die **Vollstreckung als Verwaltungsverfahren** durch. Es gelten daher die allgemeinen Prinzipien des Verwaltungshandelns wie:

- Der Grundsatz der Gesetzmäßigkeit der Verwaltung (Art. 20 Abs. 3 GG);
- Der Grundsatz der Verhältnismäßigkeit (Art. 20 Abs. 1 GG);
- Der Grundsatz der Gleichheit (Art. 3 GG);
- Der Grundsatz von Treu und Glauben (§§ 242 BGB);
- Der Grundsatz eines umfassenden Rechtsschutzes (Art. 19 Abs. 4 GG).

a) Der Grundsatz der Gesetzmäßigkeit der Verwaltung

Nach dem Grundsatz der Gesetzmäßigkeit der Verwaltung muß jede Verwaltungsmaßnahme, durch die der Steuerpflichtige belastet wird, eine **gesetzliche Grundlage** haben.[9] Dem Vollstreckungsschuldner muß aus der Rechtsordnung vorhersehbar sein, in welchen Fällen und in welchem Ausmaß die Voll-

---

6 HHSp, § 249, Tz. 5f., Klein-Orlopp, Vorbem. zu § 249
7 Gaul, JZ 1979, 496; Schwarz, vor § 249, Tz. 2; HHSp, vor § 249, Tz. 58
8 Tipke-Kruse, § 249, Tz. 6f.; Schwarz, vor § 249, Tz. 2ff.
9 Wolff-Bachhof-Stober I, § 30 III

streckungsbehörde in seinen Rechtskreis eingreift.[10] Der Grundsatz der Gesetzmäßigkeit der Verwaltung gilt sowohl im Rahmen der **gebundenen Verwaltung** als auch bei **Ermessenshandlungen** der Behörde.[11] Gebunden ist die Finanzbehörde, wenn die Erfüllung bestimmter Tatbestandsmerkmale rechtlich zwingend eine ganz bestimmte Rechtsfolge nach sich zieht.[12] Vollstreckungsmaßnahmen, die auf einer ungültigen Rechtsnorm beruhen oder einem gültigen Rechtssatz widersprechen, sind rechtswidrig und sind deshalb aufzuheben. Eine Aufhebung erübrigt sich im Falle der Nichtigkeit (vgl. §§ 124 Abs. 1, 125 AO).

Beispiel:
Eine Vollstreckung zur Nachtzeit ist nur mit schriftlicher Erlaubnis der Vollstreckungsbehörde zulässig (§ 289 Abs. 1 AO). Wird dem Vollziehungsbeamten nur mündlich eine Weisung erteilt, zur Nachtzeit zu vollstrecken, so wären Vollstreckungshandlungen rechtswidrig.

Häufig erlaubt das Gesetz der Vollstreckungsbehörde, Vollstreckungsmaßnahmen nach ihrem **Ermessen** zu treffen. Die Vollstreckungsbehörde kann dann unter mehreren Möglichkeiten auswählen, um das Verfahren im Einzelfall möglichst gerecht und zweckmäßig zu gestalten.[13]

Beispiel:
Hat die Vollstreckungsbehörde angeordnet, beim Vollstreckungsschuldner bewegliche Sachen zu pfänden, so steht die Auswahl der zu pfändenden Gegenstände im Ermessen des Vollziehungsbeamten. Er wird seine Wahl nach Zweckmäßigkeitsgesichtspunkten treffen und versuchen, zunächst Bargeld oder Kostbarkeiten zu pfänden. Diese Gegenstände lassen sich besser abtransportieren und verwerten als etwa gebrauchte Kleidungsstücke oder Hausrat.

Die Vollstreckungsbehörde muß ihr Ermessen stets pflichtgemäß, d.h. entsprechend dem Zweck der Ermächtigung, ausüben und die gesetzlichen Grenzen des Ermessens einhalten (§ 5 AO). Fehler bei der Ausübung des Ermessens machen die Vollstreckungsmaßnahme rechtswidrig. Als Ermessensfehler kommen die Ermessensüberschreitung und der Ermessensfehlgebrauch in Betracht. Eine **Ermessensüber- bzw. unterschreitung** liegt vor, wenn die Behörde die äußeren Grenzen der Ermessensausübung nicht beachtet und Maßnahmen trifft, die außerhalb der eingeräumten Wahlmöglichkeiten liegen.[14] Die äußeren Ermessensgrenzen werden abgesteckt durch den Zweck der Vorschrift und die in der Ermächtigungsnorm aufgezeigten konkreten Tatbestandsmerkmale. Weitere Grenzen ziehen das Sozialstaatsprinzip,[15] der Verhältnismäßigkeitsgrundsatz sowie die Grundrechte.[16]

Beispiel:
Nach § 328 Abs. 1 S. 1 AO kann z.B. die Aufforderung an den Vollstreckungsschuldner, eine Bilanz vorzulegen, mit Zwangsgeld durchgesetzt werden. Das

---

[10] Zippelius, § 31 II 2
[11] Wolff-Bachhof-Stober I, § 31
[12] Schweighardt, Tz. 366a
[13] Erichsen-Martens, § 21 II
[14] Schweighardt, Tz. 254, 259
[15] HHSp, vor § 249, Tz. 79; Stein-Jonas, § 811 I
[16] Zur Vollstreckung im Einklang mit der Verfassung HHSp, vor § 249, Tz. 57ff. m.w.N.; kritisch zur Rspr. des BVerfG Baur-Stürner, Bd. 1, Tz. 11

Zwangsgeld darf 5.000,– DM nicht übersteigen (§ 329 AO). Der Vollstreckungsbehörde ist es demnach gestattet, je nach Lage des Einzelfalles, wie der Schwere des Verstoßes, der Bedeutung der Bilanz für die Besteuerung, der Höhe eines möglichen Steuerausfalles und der wirtschaftlichen Leistungsfähigkeit, Geldbeträge zwischen 1,– DM und 5.000,– DM festzusetzen. Würde das HZA dem Vollstreckungsschuldner ein Zwangsgeld von 6.000,– DM auferlegen, so wäre dies eine rechtswidrige Überschreitung der äußeren Ermessensgrenze, die der Vollstreckungsbehörde vom Tatbestand des Gesetzes gesteckt ist.

Eine Ermessensunterschreitung würde vorliegen, wenn die Behörde von dem ihr eingeräumten Ermessen überhaupt keinen Gebrauch macht.

Beispiel:
Die Vollstreckungsbehörde lehnt nach § 258 AO (Vollstreckungsaufschub) gestellte Anträge grundsätzlich ab.

Ein **Ermessensfehlgebrauch** liegt vor, wenn die Behörde die inneren Grenzen der Ermessensausübung überschreitet.[17] Sie verletzt damit zwar den äußeren Ermessensrahmen nicht, doch überschreitet sie die inneren Grenzen, die jeder pflichtgemäßen Ermessensausübung vorgeschrieben sind. Als innere Schranke, an der sich die Ermessensausübung zu orientieren hat, hat im Rahmen des Vollstreckungsverfahrens das Prinzip der Verhältnismäßigkeit besondere Bedeutung. Danach sind nur geeignete, erforderliche und angemessene Maßnahmen rechtmäßig.

Geeignet ist eine Maßnahme, wenn anzunehmen ist, daß sie den erstrebten Erfolg herbeiführt oder doch wenigstens fördert.[18]

Beispiel:
Der A kommt seiner Verpflichtung zur Abgabe einer Steuererklärung trotz mehrfacher Aufforderung durch das Hauptzollamt nicht nach; es ist amtsbekannt, daß A völlig mittellos ist und von der Sozialhilfe lebt.

Die Vollstreckungsbehörde kann gegen A Zwangsmittel (Zwangsgeld, ggf. Ersatzzwangshaft; Ersatzvornahme; unmittelbarer Zwang, vgl. § 328 Abs. 1 AO) androhen und festsetzen (§§ 332f. AO), um ihn zur Abgabe der Steuererklärung zu bewegen. Die Festsetzung eines Zwangsgeldes ist aber ungeeignet, den A zu einem pflichtgemäßen Verhalten zu bewegen und ihn zu pflichtgemäßem Verhalten zu veranlassen. Da er zweifellos überschuldet und zahlungsunfähig ist und diese Beträge auch durch Vollstreckungsmaßnahmen nicht beigetrieben werden können, verliert dieses Druckmittel seinen Sinn.

Erforderlich ist eine Maßnahme, wenn unter mehreren geeigneten Maßnahmen diejenige getroffen wird, die den einzelnen und die Allgemeinheit am wenigsten beeinträchtigt.

Beispiel:
Gegen eine GmbH sollen Zollschulden in Höhe von 6.000,– DM vollstreckt werden. Der Vollziehungsbeamte pfändet auf dem Betriebsgelände einen Kühllastzug der GmbH im Werte von 100.000,– DM.

---

17 Wolff-Bachhof-Stober I, § 31 IV 4; Schweighardt, Tz. 252ff.

18 BVerfGE 30, 316

Der Vollziehungsbeamte muß die zu pfändenden Gegenstände nach pflichtgemäßem Ermessen auswählen (Abschn. 7 Abs. 3 VollzA). Bei der Auswahl des Lastzugs hat er nicht gegen den Grundsatz der Geeignetheit verstoßen, da der Versteigerungserlös ohne Zweifel ausreichen wird, den vollstreckbaren Anspruch zu befriedigen. Die Pfändung ist in diesem Fall jedoch rechtswidrig, da der Grundsatz der Erforderlichkeit verletzt wird. Der Erlös aus der Verwertung des Lastwagens wird nämlich den rückständigen Betrag nebst Kosten der Zwangsvollstreckung um ein Vielfaches übersteigen (§ 281 Abs. 2 AO). Diese einschneidende Maßnahme wäre vermeidbar gewesen, wenn die Finanzbehörde geringerwertige Gegenstände oder etwaige Außenstände gepfändet hätte.

Angemessen ist eine Maßnahme, wenn sie keinen Nachteil herbeiführt, der erkennbar außer Verhältnis zu dem erstrebten Erfolg steht. Die Vollstreckungsbehörden sind daher gehalten, unter mehreren möglichen und zur Erreichung des Zieles erforderlichen und geeigneten Vollstreckungsmaßnahmen nur die zu wählen, die den Vollstreckungsschuldner am wenigsten beeinträchtigen.[19] Eine zulässige Maßnahme hat daher zu unterbleiben, wenn die mit ihr verbundenen Nachteile insgesamt die Vorteile überwiegen.

Beispiel:
Einem Schaumweinhersteller wird aufgegeben, dem Steueraufsichtsbeamten Zutritt zum Lagerkeller zu verschaffen. Weigert er sich, so könnte diese Aufforderung mit Zwangsmitteln (Zwangsgeld, Ersatzvornahme, unmittelbarer Zwang) durchgesetzt werden (§ 328 AO). Gleichwohl wäre es unverhältnismäßig, sogleich unmittelbaren Zwang anzuwenden und die Tür zum Lagerraum aufzubrechen. Das Gebot der Verhältnismäßigkeit erfordert es, zunächst das mildeste der drei Zwangsmittel anzudrohen und gegebenenfalls anzuwenden. Das Hauptzollamt wird dem Hersteller daher ein Zwangsgeld auferlegen (§§ 328 Abs. 2, 331 AO).

Ein Ermessensfehlgebrauch liegt auch vor, wenn die Behörde von ihrem Ermessen keinen Gebrauch macht, weil sie sich irrtümlich für gebunden hält oder sie sich von sach- oder zweckfremden Erwägungen leiten läßt.

Beispiel:
Die Vollstreckungsstelle weigert sich, die Vollstreckung einstweilen einzustellen, weil der Vollstreckungsschuldner in seinem Antrag sich negativ über die Zollverwaltung geäußert hat.

b) Der Gleichheitsgrundsatz

Der verfassungsrechtliche Gleichheitssatz (Art. 3 GG) spielt gerade bei Ermessensentscheidungen eine bedeutsame Rolle. Wenn sich im Rahmen eines Ermessensspielraumes eine bestimmte Verwaltungspraxis gebildet hat, so darf die Behörde von ihren selbstgesetzten Maßstäben nicht ohne sachlichen Grund abweichen. Die bisherige Verwaltungsübung verpflichtet die Behörde zur Gleichbehandlung **(Selbstbindung der Verwaltung)**.[20]

Beispiel:
Bei den Vollstreckungsstellen ist es üblich, in der Zeit vor Weihnachten bis zum Jahreswechsel keine Vollstreckungsmaßnahmen zu treffen. Es wäre daher ermessensfehlerhaft, wenn die Vollstreckungsbehörde Vollstreckungsmaßnahmen am

[19] Klein-Orlopp, Vorbem. zu § 249; BFH HFR 64, 308
[20] Kühn-Kutter-Hofmann, § 5, 4c

24. Dezember ansetzt, um die Erfolgsbilanz zum Jahresende noch positiv zu gestalten.

Eine Bindungswirkung der Verwaltung tritt insbesondere ein durch den Erlaß allgemeiner Verwaltungsvorschriften wie der Vollstreckungsanweisung und der Vollziehungsanweisung (vgl. § 3). Jeder Vollstreckungsschuldner kann aus dem Grundsatz der Gleichbehandlung heraus verlangen, nach diesen Regelungen behandelt zu werden.

c) Der Grundsatz von Treu und Glauben

Auch im Vollstreckungsrecht gilt – wie in der gesamten Rechtsordnung – der in § 242 BGB normierte Grundsatz von Treu und Glauben.[21] Er ist ein allgemeiner Grundsatz und verpflichtet die Beteiligten zur Rücksichtnahme auf die Interessen des jeweils anderen auch im Vollstreckungsverfahren. Die Belange der Gegenpartei sind deshalb angemessen zu berücksichtigen, Befugnisse dürfen nicht rechtsmißbräuchlich ausgeübt werden. Auskünfte und Zusagen der Finanzbehörden sind einzuhalten. Es ist Vertrauensschutz zu gewähren.

Beispiel:
Die Vollstreckungsbehörde hat dem Vollstreckungsschuldner schriftlich mitgeteilt, es habe den vollstreckbaren Anspruch niedergeschlagen, um ihm Gelegenheit zu geben, seinen Betrieb zu sanieren. Unter Vorlage dieses Schreibens gelingt es dem Vollstreckungsschuldner, von der Bank eine Kreditzusage zu erhalten, um den Betrieb zu rationalisieren. Als dieses Geld beim Vollstreckungsschuldner eingeht, pfändet die Vollstreckungsbehörde diesen Betrag.

Zwar hat die Niederschlagung gem. § 261 AO nicht zu einem Erlaß oder zu einer Stundung des Betrages geführt. Die Vollstreckungsbehörde kann jederzeit Vollstreckungsmaßnahmen wieder aufnehmen. Doch konnte sich der Vollstreckungsschuldner auf die Zusage der Behörde verlassen, vorerst von Vollstreckungsmaßnahmen abzusehen und erst nach Sanierung des Betriebes die Steuerschulden anzufordern. Der Vollstreckungsschuldner hat im Vertrauen auf diese Zusage wirtschaftliche Dispositionen getroffen. Mit diesen Vollstreckungsmaßnahmen brauchte der Vollstreckungsschuldner nach dem Verhalten der Vollstreckungsbehörde nicht zu rechnen, so daß die Vollstreckungsmaßnahmen wegen Verstoßes gegen den Grundsatz von Treu und Glauben rechtswidrig sind. Die Pfändung ist aufzuheben.

d) Der Grundsatz eines umfassenden Rechtsschutzes

Die Bindung des Vollstreckungsverfahrens an Gesetz und Recht kann in befriedigender Weise nur durch gerichtliche Kontrollbefugnisse gesichert werden.[22] Der gerichtlichen Überprüfung kommt gerade bei Vollstreckungsmaßnahmen besondere Bedeutung zu, da diese Maßnahmen unmittelbar und empfindlich in die Rechtssphäre, das Eigentum und den sozialen Status des Vollstreckungsschuldners eingreifen. Entsprechend der verfassungsrechtlichen **Rechtsweggarantie** (Art. 19 Abs. 4 GG) kann daher jeder, der durch Maßnahmen der Vollstreckung in seinen Rechten verletzt wird, nach Abschluß des außergerichtlichen Rechtsbehelfsverfahrens (vgl. § 35) die Finanzgerichte um Rechtsschutz anrufen (§ 33 Abs. 1 Nr. 1 FGO). Die Gerichte können gebundene Maßnahmen der Voll-

---

[21] Tipke-Kruse, § 4, Tz. 3, 94ff.; Kühn-Kutter-Hofmann, Anhang § 4, 5
[22] Kühn-Kutter-Hofmann, vor § 347, 1

streckungsbehörde uneingeschränkt überprüfen. Sind sie rechtswidrig und verletzen den Vollstreckungsschuldner in seinen Rechten, werden sie aufgehoben (§ 100 Abs. 1 FGO). Die gerichtliche Nachprüfung von Ermessensentscheidungen unterliegt den Beschränkungen nach § 102 FGO. Danach können die Finanzgerichte nur nachprüfen, ob der Verwaltungsakt rechtswidrig ist, weil die gesetzlichen Grenzen des Ermessens überschritten sind oder von dem Ermessen in einer dem Zweck der Ermächtigung nicht entsprechenden Weise Gebrauch gemacht worden ist. Ermessensfehlerhafte Verwaltungsakte können die Steuergerichte zwar als rechtswidrig aufheben, doch dürfen sie ihr eigenes Ermessen nicht anstelle des Ermessens der Verwaltungsbehörde setzen.

Beispiel:
Die Vollstreckungsbehörde hat gegen den Vollstreckungsschuldner ein Zwangsgeld in Höhe von 10.000,– DM festgesetzt. Das Finanzgericht kann diese Maßnahme wegen Verstoßes gegen § 329 AO als ermessensfehlerhaft aufheben, doch kann es selbst kein ihm angemessen erscheinendes Zwangsgeld in Höhe von 4.000,– DM festsetzen.

§ 3 Rechtliche Grundlagen der Vollstreckung

Die rechtlichen Grundlagen der Vollstreckung sind im wesentlichen im sechsten Teil der **Abgabenordnung** enthalten. Diese Regelungen sind jedoch nicht abschließend. Sie werden ergänzt durch eine Reihe von **Spezialvorschriften**. Andere Gesetze schließen die Anwendung der Abgabenordnung teilweise aus. Besonders zu erwähnen sind:

- Die Zivilprozeßordnung (ZPO):
  Ihre Vorschriften sind wegen der unterschiedlichen Interessenlage auf die Vollstreckung der Abgabenordnung zwar nicht unmittelbar anwendbar, doch wird auf ihre Vorschriften häufig ergänzend verwiesen (vgl. §§ 262-266, 284, 295, 316, 321, 324 AO);
- Das Gesetz über die Zwangsversteigerung und Zwangsverwaltung (ZVG):
  Dieses Gesetz regelt die Zwangsversteigerung und Zwangsverwaltung von unbeweglichem Vermögen. Es ist als Teil der Zivilprozeßordnung anzusehen und wird in § 322 Abs. 1 AO auch für den Bereich der Vollstreckung nach der Abgabenordnung für anwendbar erklärt;
- Die Grundbuchordnung (GBO):
  Ihre Vorschriften gelten für die Eintragungen in das Grundbuch (vgl. § 322 Abs. 3 AO);
- Das Gesetz über Rechte an eingetragenen Schiffen und Schiffsbauwerken (SchiffsRG) nebst der SchiffsRGO:
  Sie gelten für die Vollstreckung in eingetragene Schiffe (vgl. § 322 Abs. 3 AO);
- Das Bürgerliche Gesetzbuch (BGB):
  Einzelne Vorschriften werden in der Abgabenordnung entsprechend für anwendbar erklärt (vgl. §§ 265ff., 298ff. AO);
- Das Gesetz betreffend die Anfechtung von Rechtshandlungen eines Schuldners außerhalb des Konkursverfahrens (AnfG):[23]

[23] Mit Inkrafttreten der Insolvenzordnung (InsO) am 1. Januar 1999 tritt die Neufassung des Anfechtungsgesetzes in Kraft (vgl. Art. 1 des Einführungsgesetzes zur Insolvenzordnung).

Es dehnt die Vollstreckung auf Vermögensgegenstände aus, die der Schuldner wirksam, aber „in anfechtbarer Weise" an Dritte weggegeben hat;

- Das Gesetz über die Kosten der Gerichtsvollzieher (GVKostG):
  Es ist nebst seinen Anlagen Bemessungsgrundlage für die Gebühren der Vollstreckung (vgl. § 339 Abs. 4 AO);
- Das Verwaltungsvollstreckungsgesetz (VwVG):
  Es regelt die Erhebung öffentlich-rechtlicher Geldleistungen des Bundes. Ausgenommen hiervon sind jedoch die Leistungen, die sich aus den Steuergesetzen ergeben. Die Vollstreckung nach der Abgabenordnung ist daher eine Spezialregelung;
- Das EG-Beitreibungsgesetz (EG-BeitrG):
  Dieses Gesetz gilt für die Vollstreckung von Geldforderungen, die in anderen Mitgliedstaaten der Europäischen Gemeinschaften entstanden sind und
  1. Erstattungen, Interventionen und andere Maßnahmen, die Bestandteil des Systems vollständiger oder teilweiser Finanzierung des Europäischen Ausrichtungs- und Garantiefonds für die Landwirtschaft sind, einschließlich der im Rahmen dieser Aktionen zu erhebenden Beiträge,
  2. Abschöpfungen im Sinne von Artikel 2 Buchstabe a des Beschlusses 70/243/EGKS, EWG, Euratom (ABl. EG Nr. L 94 vom 28. April 1970 S. 19) und von Artikel 128 Buchstabe a der Beitrittsakte,
  3. Zölle im Sinne von Artikel 2 Buchstabe b des vorgenannten Beschlusses und von Artikel 128 Buchstabe b der Beitrittsakte,
  4. Verbrauchsteuern auf Tabakwaren, Alkohol und alkoholische Getränke sowie Mineralöl,
  5. Umsatzsteuern,
  6. Kosten und Zinsen, die im Zusammenhang mit der Vollstreckung der vorbezeichneten Forderungen stehen,

betreffen.

- Die Konkursordnung (KO):[24]
  Der Konkurs dient der Befriedigung aller Gläubiger durch Vollstreckung in das gesamte Vermögen des Schuldners. Es ist ein eigenständiges Verfahren und geht grundsätzlich als Spezialregelung der Einzelvollstreckung vor;
- Die Vergleichsordnung (VerglO):[25]
  Der Vergleich dient dazu, ein bevorstehendes Konkursverfahren abzuwenden und – soweit möglich – das Unternehmen zu sanieren und zu erhalten. Die Vergleichsordnung geht im Grundsatz als Spezialregelung der Regelung der Abgabenordnung vor.
- Die Gesamtvollstreckungsordnung (GesVollO):
  Mit dem Beitritt der ehemaligen DDR zur Bundesrepublik Deutschland ist weithin das bundesdeutsche Recht auch in den neuen Bundesländern in Kraft getreten und hat das Recht der DDR abgelöst. Auf dem Gebiet des Insolvenzrechts ist die Gesamtvollstreckungsordnung (GesVollO) mit wenigen Modifikationen in Kraft geblieben.

---

24 Mit Inkrafttreten der InsO am 1. Januar 1999 tritt die Konkursordnung (KO) außer Kraft.

25 Mit Inkrafttreten der InsO am 1. Januar 1999 wird die Vergleichsordnung (VerglO) aufgehoben.

Für das Vollstreckungsrecht sind ferner folgende **Verwaltungsvorschriften** auf der Grundlage von Art. 108 Abs. 7 GG zu beachten:

- Allgemeine Verwaltungsvorschrift über die Durchführung der Vollstreckung nach der AO (Vollstreckungsanweisung-VollstrA);
- Allgemeine Verwaltungsvorschrift für Vollziehungsbeamte der Finanzverwaltung (Vollziehungsanweisung-VollzA);
- Richtlinien für die Verwertung von beweglichen Sachen im Bereich der Zollverwaltung (VerwertR).

§ 4 Geltungsbereich der Vorschriften der Vollstreckung

1. Unmittelbare Geltung

Öffentlich-rechtliche Geldforderungen des Bundes werden grundsätzlich nach den Bestimmungen des Verwaltungsvollstreckungsgesetzes im Verwaltungswege vollstreckt (§ 1 Abs. 1 VwVG). Die Vorschriften der Abgabenordnung bleiben hiervon allerdings unberührt (§ 1 Abs. 3 VwVG). Die Finanzbehörde kann daher Vollstreckungsmaßnahmen auf allen Gebieten treffen, auf die die Abgabenordnung anwendbar ist.

Die Abgabenordnung gilt für alle Steuern einschließlich der Steuervergütungen, die durch Bundesrecht oder Recht der Europäischen Gemeinschaften geregelt sind, soweit sie durch Bundesfinanzbehörden oder durch Landesfinanzbehörden verwaltet werden (§ 1 Abs. 1 AO). Das Gesetz ist ferner weitgehend anwendbar auf die Realsteuern, wenn ihre Verwaltung den Ländern übertragen worden ist (§ 1 Abs. 2 AO). Der Bund hat von seiner ausschließlichen Gesetzgebungskompetenz im Bereich der Finanzmonopole (Art. 105 Abs. 1 GG) sowie seiner umfassenden konkurrierenden Gesetzgebungskompetenz im fiskalischen Bereich (Art. 105 Abs. 2 GG) weitgehend Gebrauch gemacht, um einheitliche Wirtschafts- und Wettbewerbsverhältnisse im Erhebungsgebiet zu schaffen. Art. 105 Abs. 1 GG hat für die Gesetzgebungskompetenz des Bundes für Zölle seine Bedeutung verloren, weil die Zuständigkeit für Einfuhr- und Ausfuhrabgaben (vergl. Art. 4 Nr. 10 und 11 ZK) ausschließlich bei den Europäischen Gemeinschaften liegt. Die so durch Bundesrecht geregelten Steuern werden von Bundesfinanzbehörden verwaltet, soweit es sich um die bundesgesetzlich geregelten Verbrauchsteuern einschließlich der Einfuhrumsatzsteuer handelt. Die Verwaltungshoheit des Bundes bezieht sich auch auf die Zölle und die übrigen durch Recht der Europäischen Gemeinschaften geregelten Abgaben (vgl. Art. 108 Abs. 1 GG). Was die zwangsweise Durchsetzung dieser Abgaben betrifft, sieht Art. 232 Abs. 1 Buchstabe a Zollkodex (ZK) vor, daß in diesem Fall die nationalen Vorschriften der Abgabenordnung Anwendung finden. Die übrigen Steuern, insbesondere die Besitz- und Verkehrsteuern, werden von Landesfinanzbehörden verwaltet.

2. Erweiterung des Anwendungsbereiches

Neben diesem unmittelbaren Anwendungsbereich wird das Vollstreckungsverfahren nach der Abgabenordnung in zahlreichen Gesetzen und Rechtsverordnungen für anwendbar erklärt.[26] Regelmäßig obliegt dann den Finanzbehörden auch die Vollstreckung der dort geregelten Ansprüche. Vollstreckbar sind daher gemäß § 114 BranntWMonG die Monopoleinnahmen. Gleiches gilt auch für die Bußgeldbescheide von Finanzbehörden (§ 412 Abs. 2 AO). Kraft ausdrücklicher gesetzlicher Vorschrift sind auch solche Urteile und Kostenansätze nach den Vorschriften der Abgabenordnung zu vollstrecken, die einer abgabenberechtigten Körperschaft im finanzgerichtlichen Verfahren erwachsen sind (§ 150 FGO). Auch § 2 EG-BeitrG erweitert den Anwendungsbereich der Abgabenordnung auf die in § 1 des Gesetzes aufgezählten Forderungen und Ansprüche.

Eine besondere Bedeutung erlangt die abgabenrechtliche Vollstreckungsregelung und der Vollstreckungsschutz dadurch, daß die Vollstreckung öffentlich-rechtlicher Geldforderungen des Bundes und der bundesunmittelbaren juristischen Personen des öffentlichen Rechts (§ 1 Abs. 1 VwVG) regelmäßig (Ausnahme § 1 Abs. 2 VwVG) nach den Vorschriften der Abgabenordnung erfolgt (§ 5 VwVG). Zwar können die obersten Bundesbehörden im Einvernehmen mit dem Bundesminister des Inneren Behörden des betreffenden Verwaltungszweiges als Vollstreckungsbehörden bestimmen. Anordnungen dieser Art sind aber nur in geringer Zahl ergangen.[27]

Beispiel:
Als besondere Vollstreckungsbehörde ist bestimmt:

- *für die bundeseigenen Wasser- und Schiffahrtsverwaltungen, die Wasser- und Schiffahrtsdirektionen.*

Soweit besondere Vollstreckungsbehörden nicht bestimmt sind, sind die Vollstreckungsbehörden der Bundesfinanzverwaltung zuständig (§ 4 Buchst. b VwVG).[28] Das sind die Hauptzollämter (§ 249 Abs. 1 S. 3 AO).

Beispiel:
Die Hauptzollämter vollstrecken öffentlich-rechtliche Geldansprüche der Bundeswehrverwaltung. Des weiteren vollstrecken sie gemäß § 66 Abs. 1 SGB (X) die Sozialansprüche der Behörden des Bundes, der bundesunmittelbaren Körperschaften, Anstalten und Stiftungen des öffentlichen Rechts. Darunter fallen insbesondere die Ansprüche der bundesunmittelbaren Krankenkassen (Betriebskrankenkassen und Ersatzkassen), der Rentenversicherungsträger (BfA), der Berufsgenossenschaften und der Behörden der Arbeitsverwaltung.

Die Vollstreckungsfälle, die von den Hauptzollämtern für andere Bundesbehörden durchgeführt werden, übersteigen nach Anzahl und Summe der Einnahmen bei weitem die Vollstreckung eigener abgabenrechtlicher Vollstreckungen.

---

[26] Beispiele bei Tipke-Kruse, vor § 249, Tz. 4
[27] Engelhardt/App, § 4, 1
[28] Zum Rechtsbehelfsverfahren in diesen Fällen vgl. § 35, 3

B Allgemeine Vorschriften

§ 5 Die vollstreckbaren Leistungen

1. Verwaltungsakte als Vollstreckungsgrundlage

Die Finanzbehörden können Verwaltungsakte, mit denen eine Geldleistung, eine sonstige Handlung, eine Duldung oder Unterlassung gefordert wird, im Verwaltungsweg vollstrecken. Dies gilt auch für Steueranmeldungen (§§ 168, 249 Abs. 1 S. 1 und S. 2 AO).

Die Ansprüche des Steuergläubigers gegen den Steuerpflichtigen regeln die Steuergesetze. Sie bestimmen, wann und in welcher Höhe ein Steueranspruch entsteht, unter welchen Voraussetzungen der Steuerschuldner eine Steuererklärung abzugeben und er Bücher und Aufzeichnungen zu führen hat. Die Steuergesetze regeln die steuerrechtlichen Ansprüche allerdings nur abstrakt generell, d.h. für eine unbestimmte Anzahl von Fällen und für einen nach allgemeinen Merkmalen bestimmten Personenkreis. Da mit der Vollstreckung aber ein ganz bestimmter Anspruch gegen einen ganz bestimmten Steuerschuldner durchgesetzt werden soll, bedürfen die gesetzlichen Pflichten einer konkreten rechtlichen Grundlage, aus der sich ergibt, worauf die Vollstreckung gerichtet ist. Grundlage jeder Vollstreckung ist daher ein **Verwaltungsakt**, d.h. jede Verfügung, Entscheidung oder andere hoheitliche Maßnahme, die die Finanzbehörde zur Regelung des Einzelfalles auf dem Gebiet des öffentlichen Rechts trifft und die auf eine unmittelbare Rechtswirkung nach außen gerichtet ist (§ 118 AO).[29]

Beispiel:
A ist Inhaber eines Herstellungsbetriebes für Schaumwein und hat 10 hl Schaumwein aus seinem Steuerlager entfernt.

Nach der Regelung des SchaumwZwStG steht fest, daß ein Steueranspruch durch die Entfernung des Schaumweines aus dem Steuerlager entstanden ist (§ 7 SchaumwZwStG), die Steuerschuld 2.660,– DM beträgt (§ 2 Abs. 1 SchaumwZwStG) und A Steuerschuldner ist (§ 7 Abs. 1 S. 2 SchaumwZwStG). Zahlt A diese Schuld nicht, so kann nicht in sein Vermögen vollstreckt werden. Vielmehr muß das Hauptzollamt die Steuerschuld in einem Steuerbescheid, einem Verwaltungsakt, festsetzen. Erst wenn A auf diesen Bescheid hin den Betrag nicht entrichtet, können Zwangsmaßnahmen ergriffen werden.

Ansprüche des Steuergläubigers, die nicht durch Verwaltungsakt geltend gemacht werden können, sind nicht nach der Abgabenordnung vollstreckbar.[30] Hierzu zählen insbesondere **privatrechtliche Ansprüche**, die mittels ordentlicher Gerichte und Justizbehörden auf der Grundlage der Zivilprozeßordnung durchgesetzt werden müssen (siehe Anhang).

Beispiel:
A hat sich für Zollschulden des B selbstschuldnerisch verbürgt. Als B nicht zahlt, möchte sich das Hauptzollamt an A halten.

---

[29] Zur Titelfunktion des Verwaltungsaktes vgl. Baur-Stürner, Bd. 1, Tz. 2.36ff.; Schwarz, § 249, Tz. 2

[30] Tipke-Kruse, § 249, Tz. 2

Die Bürgschaft begründet eine auf den Vorschriften der §§ 765ff. BGB beruhende vertragliche Haftung des A. A kann allerdings nicht durch einen Verwaltungsakt in Form eines Haftungsbescheides, sondern nur nach den Vorschriften des Bürgerlichen Rechtes in Anspruch genommen werden (§ 192 AO). Eine Vollstreckung nach der Abgabenordnung ist daher unzulässig.

2. Sonderfälle

In einigen Ausnahmefällen verzichtet das Steuerrecht im Erhebungsverfahren darauf, die Verwirklichung von Geldleistungen von einem besonderen Bescheid abhängig zu machen. So können **Säumniszuschläge** auch ohne förmliche Festsetzung verwirklicht werden, sobald der gesetzlich normierte Tatbestand des § 240 AO verwirklicht ist (§ 218 Abs. 1 S. 1 AO). In diesen Fällen braucht der Schuldner nur durch Verwaltungsakt aufgefordert werden, den geschuldeten Betrag zu erbringen.

Beispiel:
Hat A am Fälligkeitstag eine festgesetzte Steuer nicht gezahlt, so kann die Finanzbehörde den A zur Zahlung des Säumniszuschlages ohne besondere Festsetzung auffordern und den Betrag entgegennehmen.

Dies bedeutet für das Vollstreckungsverfahren, daß eine ausdrückliche Festsetzung der Säumniszuschläge durch einen Verwaltungsakt ebenfalls nicht erforderlich ist. Nach § 254 Abs. 2 AO bedarf es auch keines Leistungsgebots bei Säumniszuschlägen, Zinsen und Vollstreckungskosten, wenn sie zusammen mit der Hauptforderung beigetrieben werden. Für Zinsen und Kosten ist allerdings als Grundlage für die Vollstreckung eine Festsetzung notwendig (vgl. § 218 Abs. 1 1. Halbsatz AO). Werden die Säumniszuschläge isoliert von der Hauptforderung vollstreckt, ist ein Leitungsgebot nach § 254 Abs. 2 AO erforderlich, nicht aber eine Festsetzung.

3. Vollziehbare Ansprüche

a) Die vollziehbare Leistung

Vollziehbar sind Verwaltungsakte, mit denen eine Geldleistung, eine sonstige Handlung, eine Duldung oder Unterlassung gefordert wird (§ 249 Abs. 1 S. 1 AO). Die Verwaltungsakte müssen also einen Anspruch, d.h. das Recht zum Inhalt haben, vom Vollstreckungsschuldner ein **Tun, Dulden oder Unterlassen** zu verlangen (vgl. § 241 BGB).

Geht man von der üblichen Einteilung der Verwaltungsakte nach dem Inhalt der Regelung aus, so können daher nur solche Verwaltungsakte Grundlage einer Vollstreckung bilden, die auf eine Leistung, sei es ein Gebot oder Verbot, gerichtet sind. Verwaltungsakte, die eine Rechtsstellung einräumen oder lediglich feststellende oder rechtsgestaltende Wirkung haben, sind einer Vollstreckung nicht zugänglich.[31]

Beispiel:
Wird einem Steuerschuldner Stundung seiner Steuern gewährt oder wird ihm das Zollverfahren einer aktiven Veredelung bewilligt, so stellen diese Verwaltungsakte keine vollziehbaren Verwaltungsakte dar.

---
[31] Schwarz, § 249, Tz. 2a

b) Leistung nach den Steuergesetzen

Die durch Verwaltungsakt festgesetzten Leistungen i.S.v. § 249 Abs. 1 AO müssen nach den Steuergesetzen geschuldet werden.[32] Dies folgt, ohne daß es vom Gesetz besonders erwähnt würde, daraus, daß sich das Vollstreckungsrecht der Abgabenordnung sachlich auf den Anwendungsbereich der Abgabenordnung bezieht (vgl. § 4). Vollstreckbar sind dementsprechend alle Ansprüche auf Steuern, überzahlte Vergütungen und Erstattungen sowie steuerliche Nebenleistungen gem. § 1 AO nebst allen Maßnahmen, die die Finanzbehörden zu deren Ermittlung, Festsetzung und Erhebung treffen und die ihre Rechtsgrundlage – unmittelbar oder mittelbar – in steuerrechtlichen Vorschriften haben.

c) Geldleistungen

Die Vollstreckung von Geldleistungen bildet den Hauptanwendungsbereich des finanzbehördlichen Vollstreckungsverfahrens. Auf Geld gerichtet sind alle **Ansprüche aus dem Steuerschuldverhältnis**, wie z.B. der Steueranspruch, der Haftungsanspruch, der Anspruch auf eine steuerliche Nebenleistung i.S.v. § 3 Abs. 3 AO sowie Erstattungsansprüche nach § 37 Abs. 2 AO (bei Überzahlungen). Auf Geldleistungen gerichtet sind auch die Ansprüche hinsichtlich deren Vollstreckung die Vorschriften der Abgabenordnung in Einzelgesetzen für anwendbar erklärt sind oder die von den Vollstreckungsbehörden der Bundesfinanzverwaltung für andere oberste Bundesbehörden oder bundesunmittelbare juristische Personen des öffentlichen Rechts ausgeführt werden (vgl. § 4,2).

d) Handlung, Duldung, Unterlassung

Vollziehbar sind Verwaltungsakte auch dann, wenn damit eine sonstige Handlung, Duldung oder Unterlassung gefordert wird. In Betracht kommen alle Ansprüche aus dem Steuerpflichtverhältnis, soweit sie nicht auf Geld gerichtet sind. Ohne Belang ist, ob sich diese Ansprüche aus der Abgabenordnung selbst oder anderen Gesetzen ergeben, die auf das Steuerpflichtverhältnis anwendbar sind.

Beispiele:

- *Verpflichtung zur Handlung:*
  Steuererklärungspflicht (§ 149 Abs. 1 S. 1 AO);
  Berichtigungspflicht (§ 153 Abs. 1 AO);
  Auskunftspflicht (§ 93 Abs. 1 S. 1 AO).
- *Duldungspflicht:*
  Pflicht zur Duldung des Betretens von Grundstücken und Räumen durch Amtsträger, um im Besteuerungsinteresse Feststellungen zu treffen (§ 99 Abs. 1 AO); Überholung (§ 11 ZollVG) Zollbeschau und Probeentnahmen; (Art. 68 b ZK).
- *Unterlassungspflicht:*
  Verbot an den Gewahrsamsinhaber von Waren, die der Sachhaftung unterliegen, über diese zu verfügen (§ 76 Abs. 3 S. 2 AO); das Verbot, über gepfändete Forderungen und Rechte zu verfügen; das Gebot ein stillgelegtes Kfz nicht zu benutzen.

[32] Tipke-Kruse, § 249, Tz. 2

4. Bestandskraft

Verwaltungsakte sind auch dann vollstreckbar, wenn sie noch nicht bestandskräftig sind. Die **Einlegung eines Rechtsbehelfes oder einer Klage** beeinträchtigt die Vollstreckung und damit eine zwangsweise Einziehung nicht (vgl. §§ 251 Abs. 1, 361 Abs. 1 AO, § 69 Abs. 1 FGO, Art. 244 ZK).[33] Der Grund dieser Regelung ist darin zu sehen, daß der Staat auf kontinuierlich fließende Einnahmen nicht verzichten kann und Abgabenleistungen, von denen sich später herausstellt, daß sie zu Unrecht erbracht wurden, durch die Finanzbehörde ohne Schwierigkeiten erstattet werden können. Ferner soll verhindert werden, daß sich der Steuerschuldner durch Einlegung eines Rechtsbehelfes stundungsgleiche Vorteile verschafft. Ansprüche können allerdings dann nicht vollstreckt werden, wenn die Vollziehung gem. § 361 Abs. 2 S. 1 und Abs. 3 S. 1 AO, § 69 Abs. 2 und 3 S. 1 FGO bzw. Art 244 ZK durch die Finanzbehörde oder das Gericht ausgesetzt wurde oder der Rechtsbehelf aufschiebende Wirkung entfaltet (§ 361 Abs. 4 AO, § 69 Abs. 1 FGO; vgl. § 251 Abs. 1 AO).

Beispiel:
Der Zollschuldner hat gegen einen Zollbescheid Einspruch eingelegt. Als er nicht zahlt, möchte das Hauptzollamt Zwangsmaßnahmen ergreifen.

Durch den Einspruch wird die Vollstreckbarkeit gem. § 251 Abs. 1 AO des angefochtenen Zollbescheides nicht gehemmt, insbesondere die Erhebung der Abgabe nicht aufgehalten (Art. 244 ZK). Das überragende Interesse des Staates am Eingang der festgesetzten Steuerbeträge hat Vorrang vor dem Begehren des Steuerschuldners auf rechtliche Überprüfung des Bescheides vor der Zahlung. Dieser Grundsatz gilt konsequenterweise auch in der Vollstreckung. Solange dem Vollstreckungsschuldner keine Aussetzung der Vollziehung gewährt wird, kann das Hauptzollamt Vollstreckungsmaßnahmen ergreifen.

5. Steuerbescheide unter dem Vorbehalt der Nachprüfung und vorläufige Steuerbescheide

Vollstreckbar sind Steuerbescheide auch dann, wenn sie unter dem Vorbehalt der Nachprüfung (§ 164 AO) oder vorläufig festgesetzt wurden (§ 165 AO).[34] Derartige Steuerfestsetzungen beseitigen zwar die materielle Rechtskraft, doch enthalten auch sie eine unbedingte Verpflichtung des Steuerschuldners zur Zahlung der Steuer. In gleicher Weise wie sie die Grundlage für die Verwirklichung im Erhebungsverfahren bilden können (§ 218 Abs. 1 S. 2 AO), ist eine Vollstreckung zulässig.

6. Steueranmeldung

Zwangsweise durchsetzbar sind kraft ausdrücklicher Vorschrift auch Steueranmeldungen (§ 249 Abs. 1 S. 2 AO). Eine Steueranmeldung steht auch im Vollstreckungsverfahren einer Steuerfestsetzung unter Vorbehalt der Nachprüfung gleich (§ 168 S. 1 AO). In Betracht kommen nur Steueranmeldungen, bei denen die Selbstberechnung gesetzlich vorgeschrieben ist (§ 150 Abs. 1 S. 2 AO) und eine Steuerfestsetzung im Sinne von § 167 AO nicht erforderlich ist.

[33] Kritisch Schwarz, vor § 249, Tz. 3

[34] Schwarz, § 249, Tz. 3; Klein-Orlopp, § 249, 2

Beispiele:
Steueranmeldungen bei § 8 SchaumwZwStG, § 10 MinöStG; § 12 TabStG.

7. Form der Verwaltungsakte

Vollstreckbar sind Verwaltungsakte, unabhängig in welcher Form sie erlassen wurden.[35] Verwaltungsakte können schriftlich, mündlich oder in anderer Weise erlassen werden (§ 119 Abs. 2 S. 1 AO). Auch mündlich erteilte Zollbescheide (§ 29a ZollVO) und die durch eine Handbewegung konkludent erteilte Aufforderung, den Kofferraum zu öffnen, können zwangsweise durchgesetzt werden.

8. Rechtswidrige Verwaltungsakte

Nichtige Verwaltungsakte, die an einem schwerwiegenden Fehler leiden, der bei verständiger Würdigung aller in Betracht kommenden Umstände offenkundig ist (§ 125 AO), sind unwirksam (§ 124 Abs. 3 AO) und können nicht Grundlage einer Vollstreckung bilden.[36] Vollstreckungsmaßnahmen, denen ein nichtiger Verwaltungsakt zugrunde liegt, sind unheilbar nichtig. Der Vollstreckungsschuldner kann – form- und fristlos – beantragen, die Nichtigkeit festzustellen, wenn er hieran ein berechtigtes Interesse hat (§ 125 Abs. 5 AO).

Abgesehen von diesen seltenen Fällen setzt eine wirksame Vollstreckung lediglich voraus, daß die Verpflichtung des Vollstreckungsschuldners zur Leistung in einem Verwaltungsakt konkretisiert wurde und durch Bekanntgabe gegenüber dem Betroffenen wirksam geworden ist (§ 124 Abs. 1 AO). **Ist der Verwaltungsakt wirksam, so kann er auch vollstreckt werden.** Es ist für die Wirksamkeit von Vollstreckungsmaßnahmen unerheblich, ob der Verwaltungsakt ansonsten rechtmäßig oder rechtswidrig ist. Dies folgt daraus, daß ein wirksamer Verwaltungsakt eine Rechtsfolge ausspricht, deren Befolgung nicht im Belieben des Vollstreckungsschuldners stehen kann. Solange die Vollziehung des Verwaltungsaktes nicht ausgesetzt oder durch Einlegung eines Rechtsbehelfes gehemmt ist, kann die Verwaltungsbehörde grundsätzlich verlangen, daß der Verwaltungsakt auch befolgt wird.

Die Rechtswidrigkeit des vollstreckbaren Verwaltungsaktes muß der Vollstreckungsschuldner mit Rechtsbehelfen gegen den Verwaltungsakt selbst außerhalb des Vollstreckungsverfahrens geltend machen (§ 256 AO). Im Vollstreckungsverfahren ist ihm die Behauptung verwehrt, die Vollstreckung sei deswegen rechtswidrig, weil der zu vollstreckende Verwaltungsakt zu Unrecht erlassen sei oder der darin ausgewiesene Geldanspruch nicht in richtiger Höhe festgesetzt sei. Auch Schadensersatz- oder Bereicherungsansprüche des Vollstreckungsschuldners kommen nach dem Abschluß einer „in Wahrheit ungerechtfertigten Vollstreckung“ nicht in Betracht.

Die strenge Trennung des Festsetzungs- und Erhebungsverfahrens vom Vollstreckungsverfahren wird aber in der Abgabenordnung nicht strikt durchgeführt. Es darf nämlich nicht verkannt werden, daß die Vollstreckung um eines materiellen, in einem Verwaltungsakt konkretisierten, Leistungsanspruchs willen stattfindet. Wird daher die Rechtswidrigkeit des Verwaltungsakts, aus dem vollstreckt

---

35 Kühn-Kutter-Hofmann, § 249, Tz. 2
36 Wolff-Bachhof-Stober I, § 43 Tz. 43

wird, rechtsförmlich festgestellt und aufgehoben (vgl. §§ 172ff., 367 AO), so ist die Vollstreckung einzustellen oder zu beschränken (§ 257 Abs. 1 Nr. 2 AO) (vgl. § 17, 2). Bereits getroffene Vollstreckungsmaßnahmen sind aufzuheben (§ 257 Abs. 2 S. 1 AO).

§ 6 Die Beteiligten am Vollstreckungsverfahren

Das Vollstreckungsverhältnis wird außer durch den vollstreckbaren Anspruch durch die am Vollstreckungsverfahren Beteiligten näher bestimmt. Beteiligte sind der Vollstreckungsgläubiger und der Vollstreckungsschuldner.

1. Vollstreckungsgläubiger

Im Vollstreckungsverfahren gilt die Körperschaft als Gläubigerin der zu vollstreckenden Ansprüche, der die Vollstreckungsbehörde angehört (§ 252 AO). Diese Regelung beseitigt die Schwierigkeiten, die dadurch entstehen können, daß die Finanzbehörden im Rahmen der Amtshilfe häufig mit der Vollstreckung von Ansprüchen befaßt werden, die materiell-rechtlich teilweise oder ganz einer anderen Körperschaft zustehen.

Beispiel:
A schuldet Biersteuern in Höhe von 1.000,– DM. Entrichtet er sie nicht freiwillig, so gilt als Gläubiger des Vollstreckungsverfahrens der Bund, vertreten durch das zuständige Hauptzollamt, obwohl das Steueraufkommen nicht dem Bund, sondern dem Land als Gläubiger des Steueranspruchs zusteht (Art. 106 Abs. 2 Nr. 5 GG).

2. Vollstreckungsschuldner

Vollstreckungsschuldner ist derjenige, gegen den sich ein Vollstreckungsverfahren nach § 249 AO richtet (§ 253 AO).

Der Begriff des Vollstreckungsschuldners ist danach nicht materiell-rechtlich, sondern verfahrensrechtlich definiert. Da die Vollstreckung der Verwirklichung materiell steuerrechtlicher Leistungspflichten dient, sind die Vollstreckungsmaßnahmen gegen den zu richten, der nach materiellem Recht zur Leistung verpflichtet ist. Der Vollstreckungsschuldner wird daher regelmäßig mit dem Schuldner der steuerlichen Leistung identisch sein. Da Vollstreckungsschuldner aber jeder ist, gegen den die Finanzbehörde einen Verwaltungsakt zwangsweise durchsetzen will, erlangt auch derjenige, der rechtswidrig in Anspruch genommen wird, die verfahrensrechtliche Stellung eines Vollstreckungsschuldners (Abschn. 3 Abs. 1 VollstrA). Als Vollstreckungsschuldner kommen regelmäßig in Betracht:

- **Der Steuerschuldner**
  Wer Steuerschuldner ist, bestimmen die Steuergesetze (§ 43 S. 1 AO). Es ist in der Regel derjenige, in dessen Person sich die subjektiven und objektiven Merkmale des Steuertatbestandes verwirklichen, an den die Leistungspflicht anknüpft. Steuerschuldner ist auch ein Gesamtrechtsnachfolger des Steuerschuldners (§ 45 Abs. 1 S. 1 AO)
- **Der Schuldner einer steuerlichen Nebenleistung**
  Die Person des zu einer steuerlichen Nebenleistung (§ 3 Abs. 3 AO) Verpflichteten, sowie die Entstehung und Höhe des jeweiligen Anspruches ist der kon-

kreten gesetzlichen Regelung zu entnehmen. Schuldner des Verspätungszuschlages gem. § 152 AO ist der zur Abgabe einer Steuererklärung Verpflichtete. Schuldner des Säumniszuschlages gem. § 240 AO ist der säumige Steuerschuldner.

- **Der Haftungsschuldner**
  Haftungsansprüche können kraft gesetzlicher Regelung oder kraft Vertrages entstehen. Gesetzliche Haftungsansprüche entstehen, sobald der Tatbestand verwirklicht ist, an den das Gesetz die Leistungspflicht knüpft (§ 38 AO). Gesetzliche Haftungstatbestände finden sich in den §§ 69-77 AO, in Einzelsteuergesetzen wie in § 11 Abs. 5 TabStG, aber auch in bürgerlich-rechtlichen Vorschriften wie §§ 25, 128, 171 HGB oder §§ 419, 1489, 2382 BGB. Wer einen dieser gesetzlichen Haftungstatbestände erfüllt, ist Haftungsschuldner (§ 191 Abs. 1 AO, Abschn. 3 Abs. 2 S. 1 VollstrA).

Als Fälle vertraglicher Haftung kommen in Betracht die kumulative Schuldübernahme (§ 305 BGB), das Schuldversprechen (§ 780 BGB), das Schuldanerkenntnis (§ 781 BGB) oder die Bürgschaft (§§ 765ff. BGB). Bei einer Haftung aufgrund Vertrages ist Haftungsschuldner derjenige, der sich vertraglich zur Erbringung der Leistung verpflichtet hat (§ 241 BGB). Eine Durchsetzung dieser Ansprüche durch Verwaltungszwang ist allerdings nicht möglich, da die Verpflichteten nur nach den Vorschriften des bürgerlichen Rechtes in Anspruch genommen werden können (§ 192 AO, Abschn. 3 Abs. 2 S. 2 VollstrA).

- **Der Duldungsschuldner**
  Duldungsschuldner ist, wer kraft Gesetzes verpflichtet ist, die Vollstreckung zu dulden (§ 191 Abs. 1 AO, Abschn. 3 Abs. 3 VollstrA). Eine solche Pflicht obliegt z.B. den Verwaltern fremden Vermögens oder den Eigentümern von Grundbesitz, auf dem eine öffentliche Last ruht (§ 77 AO).
- **Der Schuldner von Ansprüchen aus dem Steuerpflichtverhältnis**
  Steuerpflichtiger ist, wer eine Steuer schuldet, für eine Steuer haftet, eine Steuer für Rechnung eines Dritten einzubehalten und abzuführen hat, wer eine Steuererklärung abzugeben, Sicherheit zu leisten, Bücher und Aufzeichnungen zu führen oder andere ihm durch die Steuergesetze auferlegte Verpflichtungen zu erfüllen hat (§ 33 Abs. 1 AO).

Den Vollstreckungsschuldner treffen die ihm im Vollstreckungsverfahren auferlegten **Pflichten**. Ihm stehen die eingeräumten **Rechte** insbesondere Abwehrrechte gegen einzelne Vollstreckungsmaßnahmen zu. Der Vollstreckungsschuldner hat z.B. das Recht, eine besondere Verwertung zu beantragen (§ 305 AO). Er ist verpflichtet, ein Vermögensverzeichnis vorzulegen und darüber eine eidesstattliche Versicherung abzugeben (§ 284 AO). Er hat die Durchsuchung seiner Wohnung und die Pfändung von Sachen zu dulden (§§ 287, 286 AO). Soweit er durch Vollstreckungsmaßnahmen beschwert ist, kann er gegen sie Rechtsbehelfe einlegen.

Beispiel:
Gegen A soll ein Vollstreckungsverfahren wegen rückständiger Steuerschulden angeordnet werden. Durch ein Versehen werden die Namen und Adressen verwechselt, so daß der Vollziehungsbeamte die Wohnungseinrichtung des B pfändet.

Vollstreckungsschuldner dieser Maßnahme ist B (§ 253 AO). Er ist verpflichtet, zu dulden, daß der Vollziehungsbeamte die Sachen, die sich in seinem Gewahrsam befinden, in Besitz nimmt und abtransportiert. Dabei ist es ohne Bedeutung, daß gegen B mangels Steuerschulden eine Vollstreckung nicht durchgeführt werden darf. Will B die Verwertung seiner Sachen verhindern, muß er gegen die Pfändung Einspruch einlegen (§ 347 Abs. 1 AO).

3. Juristische Personen des öffentlichen Rechts

Gegen den Bund oder ein Land ist die Vollstreckung nicht zulässig. Gegen juristische Personen des öffentlichen Rechts, die der Staatsaufsicht unterliegen, wie Gemeinden, Handwerkskammern, Sozialversicherungsträger, ist sie nur mit Zustimmung der betreffenden Aufsichtsbehörde zulässig (§ 255 Abs. 1 AO).

Die juristischen Personen nehmen Aufgaben der öffentlichen Verwaltung wahr. Durch den Ausschluß bzw. die Beschränkung der Vollstreckungsmöglichkeiten soll gewährleistet werden, daß die Funktionsfähigkeit der Verwaltung und das Verwaltungsvermögen, das zur Erfüllung der öffentlichen Aufgaben dient, erhalten bleiben. Die Einschränkungen gelten nicht für öffentlich-rechtliche Kreditinstitute (§ 255 Abs. 2 AO).

4. Dritte

Alle Personen, die nicht Gläubiger oder Schuldner des Vollstreckungsverfahrens sind, bezeichnet das Gesetz als Dritte bzw. Drittschuldner. Als Dritte kommen in Betracht:

- Der Inhaber eines die Veräußerung hindernden Rechtes (§ 262 Abs. 1 AO);
- Der zur Herausgabe bereite Gewahrsamsinhaber (§ 286 Abs. 4 AO);
- Der Inhaber eines besitzlosen Pfandrechtes (§ 293 Abs. 1 AO);
- Der Schuldner einer zu pfändenden Geldforderung (§ 309 Abs. 1 AO).

Obwohl sie Nichtbeteiligte sind, **können Dritte gleichwohl von Vollstreckungsmaßnahmen betroffen werden**. Gegenstand der Vollstreckung ist allein das Vermögen des Schuldners. Welche Gegenstände dem Schuldner gehören, kann jedoch im Einzelfall schwierig zu beurteilen sein. Würde man von den Vollstreckungsorganen, insbesondere den Vollziehungsbeamten, eine sorgfältige und abschließende Prüfung der Rechtslage verlangen, so wäre die Vollstreckung in der Praxis schwerfällig und ohne Durchschlagskraft. Im Interesse der effektiven Durchsetzung nimmt es daher die Rechtsordnung hin, daß die Vollstreckung in das Vermögen Dritter eingreift. Diese Maßnahmen sind nicht unwirksam, doch kann der Betroffene sich hiergegen mit Rechtsbehelfen zur Wehr setzen und sie für unzulässig erklären lassen (vgl. § 35, 9f.).

Beispiel:
Der Vollziehungsbeamte pfändet in der Wohnung des Vollstreckungsschuldners eine Fotokamera. Der Vollstreckungsschuldner weist darauf hin, daß er sich die Kamera von einem Freund geliehen habe.

Der Vollziehungsbeamte hat die Kamera wirksam gepfändet. Er war zur Vollstreckung in bewegliche Sachen zuständig (§ 285 Abs. 1 AO) und hat das Gerät gepfändet, das sich im Gewahrsam des Vollstreckungsschuldners befand (§ 286 Abs. 1 AO). Die Eigentumsverhältnisse an der Kamera brauchte der Vollziehungsbeamte nicht zu überprüfen sondern er konnte sich an die leicht erfaßbare Tatsache des Gewahrsams halten. Will der Freund die Verwertung der Kamera verhindern, so muß er gegebenenfalls Drittwiderspruchsklage vor dem ordentlichen Gericht erheben (§ 262 Abs. 1 AO).

Bei Forderungs- oder Rechtspfändungen bietet der Verwaltungsakt, aus dem die Vollstreckungsbehörde gegen den Vollstreckungsschuldner vollstrecken will, keine rechtliche Grundlage, Zwangsmaßnahmen gegen einen betroffenen Dritten zu ergreifen. Leistet der Dritte nicht, so darf gegen ihn kein Vollstreckungsauftrag erteilt werden, sondern es bedarf einer Klage vor dem zuständigen Gericht und – soweit erforderlich – anschließender Vollstreckung (vgl. § 316 Abs. 3 AO i.V.m. §§ 841-843 ZPO, Abschn. 44 Abs. 3 VollstrA).

Beispiel:
Der Brauereiinhaber (B) schuldet dem Hauptzollamt Biersteuern in Höhe von 2.000,– DM. Die Vollstreckungsstelle pfändet ordnungsgemäß eine Kaufpreisforderung entsprechender Höhe, die dem B gegen den Gastwirt (G) zusteht und fordert G auf, den Betrag an die Zahlstelle zu entrichten.

G ist Drittschuldner. Zahlt er nicht, so muß das Hauptzollamt Klage vor dem Zivilgericht gegen ihn erheben. Verliert G den Prozeß, so muß das Hauptzollamt einen Gerichtsvollzieher mit der Vornahme von Vollstreckungshandlungen beauftragen (vgl. § 20, 6c).

§ 7 Die Vollstreckungsbehörde und ihre Organe; die Vollstreckungsstelle

1. Die Vollstreckungsbehörde

Die Vollstreckung wird von besonderen Vollstreckungsbehörden durchgeführt. Die wichtigsten Vollstreckungsbehörden sind die **Finanzämter und Hauptzollämter** (§ 249 Abs. 1 S. 3 AO). Als Vollstreckungsbehörden kommen ferner in Betracht, die Behörden, die einen Verwaltungsakt erlassen haben, der auf Vornahme einer Handlung oder auf Duldung oder Unterlassung gerichtet ist (§ 328 Abs. 1 S. 3 AO).

2. Rechtliche Stellung

Die Vollstreckung der steuerrechtlichen Geldansprüche und sonstiger Leistungen ist gem. § 249 Abs. 1 S. 3 AO den Finanzämtern und Hauptzollämtern, also den gleichen Behörden übertragen, die für die Verwaltung der Steuern zuständig sind (§§ 12, 17 FVG). Diese Ämter haben damit eine **Doppelstellung**.[37] Sie sind einerseits für die Ermittlung, Festsetzung und Erhebung zuständig und zugleich Vollstreckungsbehörde des Steuergläubigers, soweit seine Ansprüche nicht freiwillig beglichen werden. Allerdings sind dem Finanzamt und dem Hauptzollamt, soweit sie als Vollstreckungsbehörde handeln, eine gewisse Eigenständigkeit eingeräumt. Sie ordnen und leiten die Vollstreckung aus eigener Zuständigkeit und treffen die notwendigen Maßnahmen nach eigenem Ermessen. Die vorgesetzten Behörden können – unbeschadet ihrer Weisungsbefugnis – nicht anstelle der Vollstreckungsbehörden Vollstreckungsmaßnahmen vornehmen.[38] Nur den Vollstreckungsbehörden, nicht den Finanzämtern und Hauptzollämtern in ihrer Eigenschaft als Steuerermittlungsbehörden, steht es zu, Zwangsmaßnahmen gegen den Vollstreckungsschuldner zu ergreifen. Im finanzgerichtlichen Verfahren we-

[37] Schwarz, vor § 249, Tz. 2f.; Matern, DStZ A 1959, 353
[38] HHSp, § 249, Tz. 7

gen Maßnahmen der Vollstreckung sind sie unmittelbare Verfahrensbeteiligte (§§ 57, 63 FGO). Zur örtlichen und sachlichen Zuständigkeit der Vollstreckungsbehörde vgl. § 8, 2, 3.

Alle Amtshandlungen der Vollstreckungsbehörde, insbesondere die Ausübung staatlicher Zwangsgewalt, sind hoheitlicher Rechtsnatur. Verletzen die mit der Vollstreckung beauftragten Beamten die ihnen obliegenden Amtspflichten, so haftet an ihrer Stelle der Staat für den entstandenen Schaden (§ 839 BGB). Der Staat hat die Möglichkeit, bei groben Pflichtverletzungen Regreß zu nehmen (Art. 34 S. 2 GG).

3. Die Vollstreckungsorgane

a) Vollstreckungsbehörde und Vollziehungsbeamte

Die tatsächliche Durchführung der Vollstreckung ist Aufgabe der Vollstreckungsorgane.[39] Die Vollstreckung dient der Durchsetzung unterschiedlicher Leistungsansprüche. Die Realisierung einer Geldleistung erfordert andere Maßnahmen als die Durchsetzung eines Anspruches auf Vornahme einer bestimmten Handlung. Dem muß das Vollstreckungsrecht entsprechen und verschiedene Vollstreckungsorgane mit unterschiedlicher Verfahrensweise bereitstellen. Demgemäß führt die Vollstreckungsbehörde die Vollstreckung teils selbst durch, teils ist diese Aufgabe den Vollziehungsbeamten übertragen. Vollstreckungsorgane sind daher die Vollstreckungsbehörde und der Vollziehungsbeamte.[40] Die Amtswalter dieser Organe, nämlich die Beamten der Vollstreckungsstelle – Innendienst – und die Vollziehungsbeamten – Außendienst –, sind in der Vollstreckungsstelle organisatorisch zusammengefaßt.

b) Zuständigkeiten

Es ist der Vollstreckungsbehörde verwehrt, im Einzelfall zu bestimmen, welches Vollstreckungsorgan die beabsichtigte Vollstreckungsmaßnahme ausführen darf. Kraft gesetzlicher Regelung sind die **Zuständigkeiten für die einzelnen Vollstreckungsmaßnahmen zwischen der Vollstreckungsbehörde und den Vollziehungsbeamten aufgeteilt**.[41] Der Vollstreckungsbehörde und den für sie handelnden Innendienstbeamten der Vollstreckungsstelle obliegen im Grundsatz alle Maßnahmen der Vollstreckung, soweit nicht einzelne Aufgaben den Vollziehungsbeamten, dem Außendienst, übertragen sind. Die Funktionen werden den Vollziehungsbeamten jeweils durch gesetzliche Vorschrift übertragen. Diese Aufgabenzuweisungen bilden abschließende Regelungen.

Beispiele:
Die Vollstreckungsbehörde ist zuständig für die Erteilung des Vollstreckungsauftrags an den Vollziehungsbeamten (§ 285 Abs. 2 AO). Der Vollziehungsbeamte ist zuständig für die Pfändung beweglicher Sachen (§ 286 Abs. 1 AO). Die Anordnungen zur Versteigerung gepfändeter Sachen erteilt die Vollstreckungsbehörde (§ 296 Abs. 1 AO). Die Versteigerung selbst führt in der Regel der Vollziehungsbeamte durch (§ 296 Abs. 1 AO).

---

39 HHSp, § 249, Tz. 44; § 285, Tz. 2

40 So auch HHSp, § 285 Tz. 2; mißverständlich Tipke-Kruse, § 285, Tz. 1

41 Koch-Scholtz, § 285, Rz. 2; Schwarz, § 285, Tz. 1

4. Die Vollstreckungsstelle

Alle Einzelmaßnahmen, die im Zuge einer Vollstreckung anzuordnen oder auszuführen sind, werden innerhalb der Vollstreckungsbehörde (Finanz- oder Hauptzollämter) den Vollstreckungsstellen zwecks sachlicher Erledigung zugewiesen.

Die Vollstreckungsstelle ist **kein selbständiger Träger öffentlicher Verwaltung.** Sie ist keine Behörde mit eigenen Zuständigkeiten und Befugnissen, sondern ist wegen der Identität zwischen dem Hauptzollamt als Verwaltungsbehörde und dem Hauptzollamt als Vollstreckungsbehörde als weisungsabhängige Dienststelle innerhalb des Hauptzollamts eingerichtet. Die Vollstreckungsstelle ist kein Vollstreckungsorgan. Sie bildet zwar innerhalb des Hauptzollamtes ein eigenes Sachgebiet, das von den übrigen Sachgebieten wie dem Sachgebiet für Organisation, Personal und Haushalt, Sachgebiet für Zölle und den Zahlstellen getrennt ist und sich vorwiegend mit Vollstreckungsangelegenheiten befaßt, doch sind der Vollstreckungsstelle diese Aufgaben nur intern durch den Geschäftsverteilungsplan des Hauptzollamtes übertragen worden. Nur in diesem organisatorischen Sinn kann man von einer Zuständigkeit der Vollstreckungsstelle für Maßnahmen der Vollstreckung sprechen.

Die Vollstreckungsstelle gliedert sich intern in den **Vollstreckungsinnendienst** und den **Vollstreckungsaußendienst** (Vollziehungsbeamte). Die Beamten des Innendienstes gehören dem gehobenen Dienst an. Sie müssen neben besonderer Fachkenntnis die Fähigkeit besitzen, im Spannungsverhältnis zwischen den berechtigten Ansprüchen des Steuergläubigers und den legitimen und schutzwürdigen Interessen des Vollstreckungsschuldners im Einzelfall sachgerechte Entscheidungen zu treffen. Die Beamten des Außendienstes, die Vollziehungsbeamten, gehören dem mittleren Dienst an; ihnen sind bedeutungsvolle Aufgaben bei der tatsächlichen Durchführung der Vollstreckung zugewiesen (vgl. § 9).

§ 8 Die Vollstreckungsbehörde als Vollstreckungsorgan

1. Allgemeine Stellung

Das Finanzamt und das Hauptzollamt sind Vollstreckungsbehörden und gleichzeitig unmittelbare Vollstreckungsorgane.

In seiner Eigenschaft als Vollstreckungsorgan ist die Vollstreckungsbehörde im Grundsatz dazu berufen, die gesamte Vollstreckung von Verwaltungsakten, die auf eine Geldleistung, eine sonstige Handlung, eine Duldung oder Unterlassung gerichtet sind (§ 249 Abs. 1 AO) tatsächlich durchzuführen. Bei der Vollstreckung in das unbewegliche Vermögen ist sie darauf beschränkt, die Hilfe der ordentlichen Gerichte durch Vollstreckungsersuchen oder Anträge in Anspruch zu nehmen (§ 322 Abs. 3 AO). Um ihre Aufgaben sachgerecht ausführen zu können, stehen der Vollstreckungsbehörde weitreichende Rechte zu. Sie hat grundsätzlich dieselben Befugnisse wie das Hauptzollamt im Besteuerungsverfahren. Die Vollstreckungsbehörde entscheidet ferner über Rechtsbehelfe, die sich gegen die Art und Weise der Vollstreckung und das Verfahren der Vollziehungsbeamten richten. Sie übt auf diesem Wege die Sachaufsicht über die Vollziehungsbeamten aus.

2. Örtliche Zuständigkeit

Die örtliche Zuständigkeit der Vollstreckungsbehörde ist gesetzlich nicht gesondert geregelt. Es sind daher die allgemeinen Vorschriften über die örtliche Zuständigkeit der Finanzbehörden (§§ 17-29 AO) anzuwenden.[42]

Örtlich zuständig für die Vollstreckung von Zöllen, Verbrauchsteuern, Einfuhrumsatzsteuer und Abgaben der Europäischen Gemeinschaften ist das Hauptzollamt, in dessen Bezirk der Tatbestand verwirklicht wird, an den das Gesetz die Steuer knüpft (§ 23 Abs. 1 AO). Ferner ist das Hauptzollamt zuständig, von dessen Bezirk aus der Steuerpflichtige sein Unternehmen betreibt, oder in dessen Bezirk er seine Geschäfte ganz oder vorwiegend bewirkt (§ 23 Abs. 2 AO). Zuständig ist auch das Hauptzollamt, das für die Strafsache oder Bußgeldsache zuständig ist, wenn Steuern im Zusammenhang mit einer Steuerstraftat oder einer Steuerordnungswidrigkeit geschuldet werden (§ 23 Abs. 3 AO). Ist eine mehrfache Zuständigkeit begründet, so regelt sich die Zuständigkeit nach § 25 AO.

Soweit die Vollstreckungsbehörde nach diesen Regelungen zuständig ist, brauchen sich die Auswirkungen ihrer Vollstreckungsmaßnahmen nicht auf den Bezirk des Hauptzollamts zu beschränken. Es ist vielmehr auch zulässig, daß die Wirkungen in dem Bezirk einer anderen Vollstreckungsbehörde zu Tage treten.

Beispiele:

1. *Vollstreckungsschuldner ist der Hersteller von Tabakwaren, der sein Unternehmen im Bezirk des Hauptzollamts A-Stadt betreibt. Er selbst wohnt im Bezirk des Hauptzollamts B-Stadt. Die Vollstreckungsstelle des Hauptzollamts A-Stadt pfändet eine Forderung des Vollstreckungsschuldners, die diesem gegen den Großhändler G zusteht, der sein Unternehmen ebenfalls im Bezirk des Hauptzollamts B-Stadt betreibt.*
   Das Hauptzollamt in A-Stadt ist als Vollstreckungsbehörde für die Forderungspfändung örtlich zuständig, da in seinem Bezirk der Steuertatbestand verwirklicht wurde (§ 23 Abs. 1 AO). Zwar wirkt sich die Pfändungsmaßnahme bei G im Bezirk des Hauptzollamts B-Stadt aus, doch ist die Vollstreckungsbehörde mit ihren Maßnahmen nicht auf den Bezirk des Hauptzollamts beschränkt. Es kann daher auch die Forderungspfändung gem. § 309 AO dann ausbringen, wenn weder der Vollstreckungsschuldner noch der Drittschuldner zu seinem Bezirke gehört. In diesen Fällen ist es in der Regel nicht gerechtfertigt, ein Amtshilfeersuchen an das auswärtige Hauptzollamt zu richten, da das ersuchende Hauptzollamt selbst örtlich zuständig ist und die Maßnahme selbst durchführen kann.

2. *Das Hauptzollamt in Münster möchte auf dem Grundstück des A in Frankfurt eine Sicherungshypothek wegen unbezahlter Biersteuerschulden eintragen.*
   Das Hauptzollamt muß den Antrag auf Eintragung der Sicherungshypothek unmittelbar an das Grundbuchamt in Frankfurt richten (§ 322 Abs. 3 AO). Das Hauptzollamt in Frankfurt braucht nicht um Amtshilfe gebeten zu werden. Sie kommt im Einzelfall nur dann in Betracht, wenn die besonderen Orts- und Sachkenntnisse der ersuchten Behörde verwertet werden sollen (vgl. auch §§ 250, 112 Abs. 1 Nr. 3 AO, Abschn. 8 Abs. 2 S. 2 VollstrA).

---

[42] Tipke-Kruse, § 249 Tz. 8; Klein-Orlopp, § 249, 8

Bei **Gefahr im Verzuge** ist für unaufschiebbare Maßnahmen jede Finanzbehörde örtlich zuständig, in deren Bezirk der Anlaß für die Amtshandlung hervortritt. Sie liegt vor, wenn Anhaltspunkte dafür sprechen, daß infolge der Verzögerung, die durch ein Amtshilfeersuchen an die zuständige Behörde eintreten würde, der Erfolg der Vollstreckung gefährdet wäre. Die sonst örtlich zuständige Behörde ist unverzüglich zu unterrichten (§ 29 AO, Abschn. 8 Abs. 3 VollstrA).

Ein Verstoß gegen die Regelungen der örtlichen Zuständigkeit macht die Vollstreckungsmaßnahmen zwar anfechtbar, führt jedoch nicht zur Nichtigkeit (§ 125 Abs. 3 Nr. 1 AO). Der Vollstreckungsschuldner kann den Mangel der Zuständigkeit mit dem Einspruch rügen. Eine Aufhebung der Maßnahme allein aus diesem Grunde kann er jedoch nicht beanspruchen, wenn in der Sache selbst keine andere Entscheidung hätte getroffen werden können (§ 127 AO).

3. Sachliche Zuständigkeit

Die Finanzämter und Hauptzollämter sind dazu berufen, die gesamte Vollstreckung vorzubereiten, anzuordnen, zu überwachen und einzustellen, sowie einzelne Pfändungs- und Verwertungsmaßnahmen selbst durchzuführen (§ 249 Abs. 1 AO). Die Vollstreckungsbehörde darf diese Aufgaben allerdings nur insoweit wahrnehmen, als sie nicht durch gesetzliche Regelung dem Vollziehungsbeamten zugewiesen sind. Ein Selbsteintrittsrecht steht ihr nicht zu. Im Einzelfall, etwa bei besonders schwierigen oder gefährlichen Vollstreckungen, kann aber ein Beamter des Innendienstes zur Unterstützung hinzugezogen werden.[43] Dann kommt auch diesem Beamten der Status eines Vollziehungsbeamten zu. Maßnahmen der Vollstreckungsbehörde außerhalb ihrer sachlichen Zuständigkeit sind nichtig.

Beispiel:
Die Vollstreckungsstelle hat angeordnet, an einem bestimmten Termin beim Vollstreckungsschuldner Pfändungsmaßnahmen zu ergreifen. Da der Vollziehungsbeamte diesen Termin wegen starken Arbeitsanfalls nicht einhalten kann, begibt sich ein Beamter des Innendienstes der Vollstreckungsstelle zum Vollstreckungsschuldner und pfändet dessen Weinkeller durch Anlegen von Pfandsiegeln.

Die Pfändung ist nichtig und aufzuheben (§ 125 Abs. 1 AO). Für Pfändung beweglicher Sachen ist ausschließlich der Vollziehungsbeamte berufen (§ 285 Abs. 1 AO). Der Innendienstbeamte durfte die Vollstreckungsmaßnahme auch nicht an sich ziehen, da diese Befugnisse dem Vollziehungsbeamten originär durch die Abgabenordnung zugewiesen sind und sie ihm durch behördliche Weisung oder Selbsteintrittsrecht nicht entzogen werden können. Dem Beamten war die Rechtsstellung eines Vollziehungsbeamten auch nicht für den Einzelfall übertragen worden (Abschn. 24 Abs. 3 VollstrA).

a) Gesamtleitung des Verfahrens

Im einzelnen besitzt die Vollstreckungsbehörde folgende Zuständigkeiten im Rahmen der Gesamtleitung des Vollstreckungsverfahrens:

- Die Vollstreckungsbehörde bereitet die Vollstreckung vor und ermittelt die Vermögens- und Einkommensverhältnisse des Vollstreckungsschuldners (§ 249 Abs. 2 AO);

[43] Koch-Scholtz, § 285, Rz. 3; Tipke-Kruse, § 285, Tz. 1

- Die Vollstreckungsbehörde entscheidet über den Beginn der Vollstreckung und erteilt den Vollstreckungsauftrag (§ 285 Abs. 1 AO);
- Die Vollstreckungsbehörde überwacht die Ausführung der Vollstreckung, insbesondere die Arbeit der Vollziehungsbeamten (§ 249 Abs. 1 AO);
- Die Vollstreckungsbehörde ordnet die Verwertung der gepfändeten Gegenstände an (§ 296 Abs. 1 AO);
- Die Vollstreckungsbehörde leitet die Vollstreckung in das unbewegliche Vermögen durch sachdienliche Anträge beim zuständigen Vollstreckungsgericht (§ 322 AO);
- Die Vollstreckungsbehörde stellt die Vollstreckung ein oder beschänkt sie (§ 257 AO);
- Die Vollstreckungsbehörde gewährt Billigkeitsmaßnahmen im Einzelfall (§§ 258, 297 AO);
- Die Vollstreckungsbehörde beendigt das Zwangsverfahren (§ 335 AO).

b) Einzelne Vollstreckungsmaßnahmen

Die Zuständigkeiten der Vollstreckungsbehörde als ausführendes Organ bei einzelnen Vollstreckungsmaßnahmen:

- Die Vollstreckungsbehörde pfändet Forderungen und andere Vermögensrechte, soweit nicht der Vollziehungsbeamte zuständig ist (§§ 309ff., 321 AO);
- Die Vollstreckungsbehörde ordnet die Einziehung der Forderungen an (§ 314 AO);
- Die Vollstreckungsbehörde pfändet die Ansprüche auf Herausgabe oder Leistung von Sachen (§ 318 AO);
- Die Vollstreckungsbehörde ordnet die Verwertung von Sicherheiten an (§ 327 AO);
- Die Vollstreckungsbehörde führt die Vollstreckung wegen Handlung, Duldung oder Unterlassung durch (§§ 249 Abs. 1, 328ff. AO);
- Die Vollstreckungsbehörde vollzieht den dinglichen Arrest (§ 324 Abs. 3 S. 4 AO).

4. Allgemeine Verfahrensgrundsätze

Die Vollstreckungsbehörde führt die Vollstreckung als Verwaltungsverfahren durch (§ 249 Abs. 1 S. 1 AO). Sie hat daher bei allen Maßnahmen die **allgemeinen Grundsätze des Verwaltungshandelns** zu beachten. Insbesondere gilt das Prinzip der Gesetzmäßigkeit der Verwaltung. Vollstreckungsmaßnahmen dürfen nur ergriffen werden, wenn die im Gesetz vorgesehenen Voraussetzungen vorliegen; es dürfen nur die vom Gesetz vorgegebenen Vollstreckungsarten angewendet werden und es müssen die gesetzlich vorgeschriebenen Formen bei der Vornahme der Vollstreckungshandlungen eingehalten werden. Weiterhin ist die Vollstreckungsbehörde an den Grundsatz der Verhältnismäßigkeit gebunden und hat den Gleichheitsgrundsatz sowie das Gebot von Treu und Glauben zu beachten (vgl. § 2, 2).

§ 9 Der Vollziehungsbeamte

1. Allgemeine Stellung

Vollziehungsbeamte sind Vollstreckungsorganc,[44] die als Gehilfen der Vollstreckungsbehörden einzelne Maßnahmen der Vollstreckung tatsächlich durchführen.

Die Vollziehungsbeamten sind **eigenständige Organe der Vollstreckungsbehörden,** denen eine tragende Rolle bei der Durchführung der Vollstreckungsmaßnahmen zugewiesen ist. Ihre Aufgaben und Befugnisse sind nicht abgeleiteter Natur, sondern ergeben sich unmittelbar aus dem Gesetz.[45] Ihnen obliegen insbesondere solche Vollstreckungshandlungen, die einen körperlichen Zugriff oder ein persönliches Erscheinen notwendig machen.[46] Der Vollziehungsbeamte ist jedoch nicht selbständig, sondern sachlich der Vollstreckungsbehörde unterstellt und an deren Weisung gebunden.[47] Zur Ausübung seiner Befugnisse bedarf er stets einer Ermächtigung in Form eines schriftlichen Vollstreckungsauftrages. Im Rahmen dieses Auftrages handelt er jedoch gleichwohl weitgehend nach eigenem Ermessen.

Mit Vollstreckungsaufgaben werden regelmäßig Beamte des mittleren Dienstes betraut, die für ihre Aufgaben speziell vorbereitet und ständig in diesem besonderen Dienstzweig beschäftigt werden. Da diese Beamten mit hoheitlichen Aufgaben betraut werden und ggf. unmittelbaren Zwang anwenden müssen, ist die Verwendung von Angestellten nur in Ausnahmefällen zulässig. Die Vollziehungsbeamten erhalten besondere finanzielle Zuwendungen nach Maßgabe der Vollstreckungsvergütungsverordnung. Es handelt sich hierbei einerseits um eine Entschädigung, die den besonderen Aufwand im Zusammenhang mit den Vollstreckungshandlungen ersetzen soll. Darüber hinaus wird aber auch der Erfolg honoriert, um die Vollziehungsbeamten anzuspornen, durch Fleiß, Geschick und Tatkraft ihre Aufträge zügig und mit durchschlagendem Erfolg auszuführen.

2. Örtliche Zuständigkeit

Die Vollziehungsbeamten sind Angehörige der Vollstreckungsbehörde. Ihre örtliche Zuständigkeit bestimmt sich daher nach den Zuständigkeitsregelungen, die für die Vollstreckungsbehörde insgesamt maßgeblich sind; es sind somit die §§ 17-29 AO anzuwenden (vgl. § 8,2). Der Vollziehungsbeamte darf daher nur **innerhalb des Hauptzollamtsbezirks** tätig werden, dem er angehört (Abschn. 2 VollzA). Bei Gefahr im Verzug ist er für unaufschiebbare Maßnahmen auch in dem Bezirk örtlich zuständig, in dem der Anlaß für die Amtshandlung hervortritt (§ 29 AO).

Beispiel:
Der Vollziehungsbeamte hat einen Vollstreckungsauftrag gegen den Steuerschuldner A, bei dem er schon mehrfach fruchtlos gepfändet hatte. Zufällig trifft er in einem Reisebüro, das im Bezirk des benachbarten Hauptzollamtes liegt, den A, als er die Schiffskarten für eine Weltreise abholen und bezahlen will.

---

[44] HHSp, § 285, Tz. 2
[45] HHSp, § 249 Tz. 30
[46] HHSp, § 285, Tz. 3
[47] Tipke-Kruse, § 285, Tz. 1; HHSp, § 285, Tz. 7

Der Vollziehungsbeamte kann hier im Bezirk des benachbarten Hauptzollamtes tätig werden, da nur ein rasches Handeln den Erfolg der Vollstreckungsmaßnahmen sichern kann.

Verstöße gegen die Regelungen der örtlichen Zuständigkeit machen eine Vollstreckungsmaßnahme zwar rechtswidrig, jedoch nicht nichtig (§ 125 Abs. 3 Nr. 1 AO). Der Verwaltungsakt muß auf Einspruch des Voilstreckungsschuldners hin aufgehoben werden. Eine Aufhebung kann er jedoch nicht beanspruchen, wenn in der Sache selbst keine andere Entscheidung hätte getroffen werden können (§ 127 AO).

3. Vollstreckungsersuchen

Soweit Vollstreckungshandlungen des Vollziehungsbeamten in das bewegliche Vermögen außerhalb des Hauptzollamtsbezirks vorgenommen werden sollen, ist im Rahmen der **Amtshilfe** ein Vollstreckungsersuchen an das zuständige Hauptzollamt zu richten (§ 250 AO). Es soll i.d.R. schriftlich gestellt und kann auf bestimmte genau zu bezeichnende Maßnahmen beschränkt werden (Abschn. 8 Abs. 4 VollstrA). Die ersuchte Behörde tritt an die Stelle der ersuchenden Behörde; sie hat die Vollstreckung im eigenen Namen zu betreiben. Pfändungspfandrechte werden von der Körperschaft erworben, der die ersuchte Vollstreckungsbehörde angehört (Abschn. 9 Abs. 1 VollstrA). Für die Zulässigkeit der Zwangsmaßnahmen bleibt die ersuchende Behörde verantwortlich (§ 250 Abs. 1 S. 2 AO). Sie hat daher die ersuchte Behörde unverzüglich zu unterrichten, wenn die Vollstreckung einzustellen oder zu beschränken ist (Abschn. 9 Abs. 1 VollstrA). Kommt es zu Meinungsverschiedenheiten zwischen ersuchender und ersuchter Vollstreckungsbehörde, ob das Ersuchen zulässig ist, so entscheidet, wenn eine Einigung nicht zustande kommt, die Aufsichtsbehörde der ersuchten Vollstreckungsbehörde (§ 250 Abs. 2 AO, Abschn. 9 Abs. 2 VollstrA).

Beispiel:
Der Vollstreckungsschuldner, der seine Brauerei im Bezirk des Hauptzollamts Lindau betreibt, wohnt im Bezirk des Hauptzollamts Friedrichshafen. Wenn das Hauptzollamt Lindau wegen rückständiger Biersteuerschulden in die Wohnungseinrichtung des Schuldners vollstrecken will, muß ein Vollstreckungsersuchen an das Hauptzollamt Friedrichshafen gerichtet werden (§ 250 Abs. 1 AO, Abschn. 8 Abs. 1 VollstrA).

4. Sachliche Zuständigkeit

Der Vollziehungsbeamte kann in folgenden Fällen mit Maßnahmen der Vollstreckung beauftragt werden (vgl. Abschn. 24 Abs. 1 VollstrA):

- Durchsuchung von Wohn- und Geschäftsräumen; Anwendung von Gewalt bei Widerstand (§ 287 AO);
- Pfändung von beweglichen Sachen (§ 285 AO);
- Pfändung von Früchten, die vom Boden noch nicht getrennt sind (§ 294 AO);
- Pfändung von Forderungen aus Wechseln und anderen Papieren, die durch Indossament übertragen werden können, sowie Postsparguthaben (§ 312 AO);
- Vollstreckung zur Erwirkung der Herausgabe von Sachen (§§ 310 Abs. 1 S. 2, 315 Abs. 2 S. 2, 321 Abs. 4, 2. HS., 336 AO);
- Mitwirkung bei der Pfändung von Ansprüchen auf Herausgabe oder Leistung von beweglichen Sachen (§ 318 Abs. 2 AO);
- Verwertung von gepfändeten Sachen (§ 296 Abs. 1 AO);

- Anwendung von unmittelbarem Zwang zur Durchsetzung erzwingbarer Handlungen (§§ 331 AO).

Die Zuständigkeiten des Vollziehungsbeamten sind im Gesetz abschließend aufgezählt. Vollstreckungen in das sonstige bewegliche Vermögen (§§ 309ff. AO) oder in unbewegliche Sachen (§ 322 AO) sind unzulässig. Eine vom Vollziehungsbeamten unter Verletzung seiner sachlichen Zuständigkeit vorgenommene Vollstreckungsmaßnahme ist nichtig (§ 125 AO).

Die Vollziehungsbeamten können auch außerhalb des Vollstreckungsverfahrens mit anderen Aufgaben betraut werden. In Betracht kommen die Durchführung von Zustellungen (§ 5 VerwZustG), Entgegennahme von Zahlungsmitteln außerhalb des Kassenraumes (§ 224 Abs. 1 AO) und die Einsichtnahme in Geschäftsbücher zur Feststellung von Forderungen und anderen Vermögensrechten (Abschn. 24 Abs. 2 VollstrA).

5. Ausschließung von der Amtstätigkeit

Ein Beamter, der mit Aufgaben der Vollstreckung betraut ist, darf für die Vollstreckungsbehörde u.a. nicht tätig werden, wenn er selbst oder einer seiner Angehörigen beteiligt ist, oder wenn er selbst berechtigt ist, für einen Beteiligten als gesetzlicher Vertreter oder Bevollmächtigter aufzutreten (§ 82 Abs. 1 AO, Abschn. 3 VollzA). Hierdurch soll sichergestellt werden, daß Personen von der Vollstreckungstätigkeit ausgeschlossen werden, bei denen die Möglichkeit oder auch nur der Anschein besteht, daß ihre Entscheidungen nicht sachlich und unvoreingenommen, sondern aus Eigennutz oder parteiisch getroffen werden.

Liegt ein gesetzlicher Ausschließungsgrund vor, so muß sich der Vollziehungsbeamte jeder Mitwirkung bei der Vollstreckung enthalten. Dies gilt auch für vorbereitende oder ermittelnde Tätigkeiten. Einen erteilten Vollstreckungsauftrag hat er nicht auszuführen, sondern muß ihn unverzüglich unter Darlegung des Sachverhalts an die Vollstreckungsstelle zurückgeben (Abschn. 3 Abs. 4 VollzA). Bei Gefahr im Verzug darf er jedoch unaufschiebbare Maßnahmen treffen (§ 82 Abs. 2 AO). Hat ein Beamter entgegen § 82 AO an Vollstreckungsmaßnahmen mitgewirkt, so sind diese mit Ausnahme des § 82 Abs. 1 Nr. 1 AO rechtswidrig und bis zu ihrer Aufhebung wirksam. Im Falle des § 82 Abs. 1 Nr. 1 AO tritt gemäß § 125 Abs. 3 Nr. 2 AO Nichtigkeit ein.

6. Amtsenthaltung wegen Befangenheit

Hält sich ein Vollziehungsbeamter für befangen, oder wird von einem Beteiligten Befangenheit behauptet (§ 83 Abs. 1 AO), so hat der Beamte den Sachverhalt der Vollstreckungsstelle darzulegen (Abschn. 4 VollzA). § 83 AO ergänzt § 82 AO, um auch im Einzelfall die Unparteilichkeit des Vollstreckungsverfahrens zu gewährleisten.

Befangenheit ist anzunehmen, wenn ein Grund vorliegt, der geeignet ist, Mißtrauen gegen die Unparteilichkeit des Amtsträgers zu rechtfertigen (Abschn. 4 Abs. 2 VollzA). Solche Gründe, die objektiv feststellbar sein müssen, können aus entfernter Verwandtschaft, wirtschaftlichen Interessen oder sonstigen persönlichen Beziehungen (Freundschaft, Feindschaft) resultieren.[48]

---

[48] Tipke-Kruse, § 83 Tz. 1; Kühn-Kutter-Hofmann, § 83, 3; Klein-Orlopp, § 83

Beispiel:
Der Vollziehungsbeamte hat den Auftrag, bei Heinz Maier zu vollstrecken. Mit diesem ist der Vollziehungsbeamte seit Jahren freundschaftlich verbunden.

Ob der Vollziehungsbeamte wegen seiner freundschaftlichen Beziehung befangen ist, oder ob er gleichwohl den Auftrag korrekt und unparteiisch ausführen kann, unterliegt einer subjektiven Wertung. Da das Vertrauen in die Verwaltung möglichst geschützt werden soll, kommt es dabei nicht nur auf die Anschauung der Behörde, sondern auch auf die Sicht des Beteiligten an.

Liegt eine Besorgnis der Befangenheit vor, so hat der Vollziehungsbeamte die Vollstreckungsstelle unverzüglich zu unterrichten (Abschn. 4 Abs. 1 VollzA). Auch der Beteiligte kann die Besorgnis der Befangenheit äußern. Die Entscheidung steht im Ermessen des Behördenleiters. Sie ist behördenintern und nicht selbständig anfechtbar. Die Anordnung begründet das Mitwirkungsverbot. Wirkt der Beamte gleichwohl mit, so ist die Maßnahme rechtswidrig.

7. Steuergeheimnis

Vollziehungsbeamte sind Amtsträger und haben bei ihren Amtshandlungen das Steuergeheimnis zu wahren (§§ 30 Abs. 1, 7 AO). Diesem Gebot kommt gerade im Vollstreckungsverfahren eine erhebliche Bedeutung zu. Die Finanzbehörden haben zur Vorbereitung der Vollstreckung die Möglichkeit, die beruflichen, wirtschaftlichen, betrieblichen und auch persönlichen Verhältnisse des Steuerpflichtigen zu erforschen (§ 249 Abs. 2 AO). Der Vollstreckungsschuldner ist verpflichtet, seine gesamten Lebensverhältnisse offenzulegen (vgl. § 10, 3 b). Bei den Vollstreckungsmaßnahmen dringen die Vollziehungsbeamten unmittelbar in den privaten Lebensbereich ein. Zum Schutz der Persönlichkeit verpflichtet das Steuergeheimnis den Vollziehungsbeamten, die ihm dienstlich bekanntgewordenen Verhältnisse des Vollstreckungsschuldners nicht unbefugt zu offenbaren oder zu verwerten (§ 30 Abs. 2 AO). Zur Durchführung des Vollstreckungsverfahrens, einem Verwaltungsverfahren, ist es häufig notwendig, das Steuergeheimnis zu durchbrechen. Die Gründe, die die Offenbarung gestatten, sind vom Gesetzgeber im einzelnen festgelegt (§ 30 Abs. 4 AO).

Beispiel:
Der Vollziehungsbeamte will beim Vollstreckungsschuldner eine gepfändete Stereoanlage zur Versteigerung abholen. Der Vollstreckungsschuldner greift ihn tätlich an. Der Vollziehungsbeamte kann nun die Polizei um Unterstützung ersuchen und den Widerstand gewaltsam brechen (§ 287 Abs. 3 AO).

Zwar werden dadurch die steuerlichen und finanziellen Verhältnisse des Vollstreckungsschuldners offenbart, doch ist dies nicht unbefugt, da dies der Durchführung eines Verwaltungsverfahrens dient (§ 30 Abs. 4 Nr. 1 AO). Die Zulässigkeit ergibt sich nicht daraus, daß sie vom Gesetz ausdrücklich zugelassen wäre (§ 30 Abs. 4 Nr. 2 AO). Der bloße Rückschluß aus einer gesetzlichen Regelung, daß sie stillschweigend die Durchbrechung des Steuergeheimnisses gestatte, ist durch den Wortlaut versperrt.

Nach § 249 Abs. 2 Satz 2 AO verletzt die Behörde das Bankgeheimnis nicht, wenn sie ihr bekannte, nach § 30 AO geschützte Daten, die sie bei der Vollstreckung von Forderungen wegen Steuern und steuerlichen Nebenleistungen zugrundelegen kann, bei der Vollstreckung von Forderungen anderer Verwaltungsträger verwendet. So dürfen z.B. die Hauptzollämter bei der Vollstreckung von Forderungen der Sozialbehörden Kenntnisse verwenden, die sie für die Vollstreckung von Steuerforderungen haben.

Die Pflicht zur Wahrung des Steuergeheimnisses endet nicht, wenn der Vollziehungsbeamte aus dem Vollstreckungsdienst oder aus dem Dienst der Finanzverwaltung ausscheidet (Abschn. 5 Abs. 1 VollzA). Die Verletzung des Steuergeheimnisses ist mit Strafe bedroht (§ 355 StGB, Abschn. 5 Abs. 2 VollzA).

8. Ausweise des Vollziehungsbeamten

Der Vollziehungsbeamte hat seinen **Dienstausweis**, der ihn allgemein zu Vollstreckungshandlungen ermächtigt, im Dienst bei sich zu führen und auf Verlangen vorzuzeigen (Abschn. 6 VollzA). Diese Verpflichtung besteht gegenüber dem Vollstreckungsschuldner aber auch gegenüber Dritten, die zu den Amtshandlungen zugezogen oder von ihnen betroffen werden. Der Ausweis ist ebenfalls bei der Annahme von Zahlungsmitteln vorzuzeigen. Zur Vornahme der einzelnen Vollstreckungshandlung bedarf der Vollziehungsbeamte zusätzlich einer speziellen Ermächtigung durch den **Vollstreckungsauftrag** (§ 285 Abs. 2 AO). Der Vollstreckungsauftrag ist vor Beginn jeder Amtshandlung, d.h. schon vor der Aufforderung des Vollstreckungsschuldners zur Leistung, unaufgefordert vorzuzeigen (vgl. Abschn. 6 Nr. 2 VollzA).

9. Bedeutung des Vollstreckungsauftrags für den Vollziehungsbeamten

Der Vollziehungsbeamte kann nicht selbständig über den Beginn und die Durchführung von Vollstreckungsmaßnahmen bestimmen, sondern muß dem Vollstreckungsschuldner und Dritten gegenüber zur Vollstreckung durch besonderen schriftlichen Auftrag der Vollstreckungsbehörde ermächtigt werden (Vollstreckungsauftrag, § 285 Abs. 2 AO, Abschn. 7 VollzA).

a) Dienstliche Anweisung

Der Vollziehungsbeamte wird durch den Vollstreckungsauftrag dienstlich angewiesen, eine bestimmte Vollstreckungsmaßnahme vorzunehmen.[49] Er hat die ihm übertragenen Aufträge auszuführen (Abschn. 7 Abs. 1 VollzA). Ihm steht **kein Prüfungsrecht** darüber zu, ob die Voraussetzungen erfüllt sind, die zur Erteilung eines Vollstreckungsauftrages nötig sind. Auf offensichtliche Unrichtigkeiten hat der Vollziehungsbeamte die Vollstreckungsstelle aufmerksam zu machen (Abschn. 7 Abs. 4 VollzA).

Beispiel:
Der Vollziehungsbeamte bemerkt, daß im Vollstreckungsauftrag rückständige Steuerbeträge falsch zusammengezählt sind. Er darf den Fehler nicht selbst berichtigen, sondern muß die Vollstreckungsstelle um Berichtigung bitten.

b) Ermächtigung des Vollziehungsbeamten

Der Vollstreckungsauftrag ermächtigt den Vollziehungsbeamten, gegenüber dem Vollstreckungsschuldner und Dritten bestimmte Vollstreckungshandlungen vorzunehmen.[50] Seine Maßnahmen sind daher nur dann rechtmäßig, soweit er sich

[49] Schwarz, § 285, Tz. 4
[50] Tipke-Kruse, § 285 Tz. 3, HHSp, § 285, Tz. 12

innerhalb der Grenze der ihm erteilten Ermächtigung hält. Überschreitet der Vollziehungsbeamte die Ermächtigung, so sind die Vollstreckungsmaßnahmen nicht nichtig, aber mit dem Einspruch (§ 347 AO) anfechtbar.[51]

Der Vollziehungsbeamte darf nur Maßnahmen **gegen den Vollstreckungsschuldner** treffen, der in dem Vollstreckungsauftrag bezeichnet ist (Abschn. 7 Abs. 2 VollzA).

Beispiel:
Die A + B OHG schuldet dem Bund Mineralölsteuer in erheblicher Höhe. Der Vollziehungsbeamte erhält den Auftrag, in das bewegliche Vermögen der OHG zu vollstrecken. Aufgrund dieses Auftrages kann der Vollziehungsbeamte die Geschäftskasse, die Büroeinrichtung oder Wertpapiere der Gesellschaft pfänden. Er darf aber nicht den PkW eines Gesellschafters pfänden.

Der Vollziehungsbeamte darf nur die in dem Vollstreckungsauftrag **angeordneten Maßnahmen** treffen.

Beispiele:
1. *Der Vollziehungsbeamte erhält den Auftrag, beim Vollstreckungsschuldner eine wertvolle Briefmarkensammlung zu pfänden. Findet der Vollziehungsbeamte diese Sammlung nicht, so darf er nicht einen kostbaren Teppich des Schuldners pfänden.*
2. *Der Vollziehungsbeamte erhält den Vollstreckungsauftrag, beim Vollstreckungsschuldner bewegliche Sachen zu pfänden.*
   Er darf nur diese Maßnahme ausführen. Sollen die Sachen später abgeholt und in einer Versteigerung verwertet werden, so bedarf es hierzu eines erneuten Auftrages (§ 296 Abs. 1 AO).

Der Vollziehungsbeamte darf Vollstreckungsmaßnahmen nur **innerhalb der Frist** ausführen, die in jedem Vollstreckungsauftrag anzugeben ist. Kann er seinen Auftrag nicht fristgerecht erledigen, so ist der alte Auftrag zurückzugeben und gegebenenfalls ein neuer Auftrag auszustellen (Abschn. 9 Abs. 1 und Abs. 2 VollzA).

Häufig wird es unzweckmäßig sein, dem Vollziehungsbeamten sein Vorgehen bei einer Vollstreckungsmaßnahme im einzelnen vorzuschreiben. Die Vollstreckungsstelle kennt oft die Verhältnisse des Vollstreckungsschuldners nicht genau und räumt daher dem Vollziehungsbeamten ein, je nach Lage der Dinge flexibel und nach seinem Ermessen die Vollstreckung durchzuführen. In diesem Fall hat der Vollziehungsbeamte nach **Recht und Billigkeit** zu entscheiden (Abschn. 7 Abs. 3 VollzA).

Beispiel:
Die Vollstreckungsstelle hat dem Vollziehungsbeamten den Auftrag erteilt, bewegliche Sachen zu pfänden.

In diesem Fall steht es im pflichtgemäßen Ermessen des Vollziehungsbeamten, unter allen beweglichen Vermögensteilen des Vollstreckungsschuldners wie Bargeld, Möbel, Pkw, Wertpapiere, Kleidung, diejenigen auszuwählen, die für eine Pfändung und anschließende Verwertung am zweckmäßigsten sind. Die Belange des Vollstreckungsschuldners sind dabei angemessen zu berücksichtigen. Der Voll-

---
[51] Schwarz, § 285, Tz. 4

ziehungsbeamte wird daher in erster Linie Geld und Wertpapiere pfänden (Abschn. 42 Abs. 1 VollzA) nicht aber den Pkw, den der Vollstreckungsschuldner möglicherweise für seine Fahrt zur Arbeitsstelle benötigt.

c) Legitimation

Der Vollstreckungsauftrag legitimiert den Vollziehungsbeamten gegenüber dem Vollstreckungsschuldner und Dritten.[52] Er ist daher **unaufgefordert vorzuzeigen** (§ 285 Abs. 2, 2. HS., Abschn. 6 VollzA). Als Dritte kommen in Betracht Familienangehörige, Polizeibeamte oder Hilfspersonen.

Beispiel:
Der Vollziehungsbeamte beauftragt einen Schlüsseldienst, die verschlossene Wohnungstür des Vollstreckungsschuldners zu öffnen. Seine Berechtigung zu dieser Maßnahme weist er durch den Vollstreckungsauftrag nach. Zeigt der Vollziehungsbeamte den Vollstreckungsauftrag nicht vor, so braucht der Vollstreckungsschuldner die Vollstreckung nicht zu dulden und kann Widerstand leisten.

10. Das Verfahren des Vollziehungsbeamten

a) Die Vollziehungsanweisung

Die Verfahrensweise der Vollziehungsbeamten bei der Vornahme von Amtshandlungen regelt die Abgabenordnung nur in den Grundzügen. Nähere Bestimmungen über die Ausführung von Vollstreckungsmaßnahmen trifft die Vollziehungsanweisung.

Sie soll für das Vollstreckungsverfahren bedeutsame Vorschriften zusammenfassen und dem Vollziehungsbeamten das Verständnis der gesetzlichen Regelungen erleichten. Bei Zweifeln hat er sich an die Vollstreckungsstelle zu wenden (Abschn. 1 Abs. 3 VollzA). Ihrer Rechtsnatur nach ist die Vollziehungsanweisung kein Gesetz, sondern eine **allgemeine Verwaltungsvorschrift** (Art. 108 Abs. 7 GG) für den internen Dienstbetrieb. Sie ist für die Vollziehungsbeamten der Bundes- und Landesfinanzbehörden verbindlich (Abschn. 1 Abs. 1 VollzA).

b) Belange des Vollstreckungsgläubigers

Der Vollziehungsbeamte hat bei seinen Amtshandlungen die Belange des Vollstreckungsgläubigers zu wahren und daher die ihm erteilten Aufträge ohne Rücksicht auf die für die Erledigung bestimmte Frist schnell und nachdrücklich auszuführen (Abschn. 8 Abs. 1 VollzA). Der Erfolg der Vollstreckung besitzt damit Vorrang vor zeitlichen Gesichtspunkten. Dabei bestimmen die Umstände des Einzelfalles, wann eine Vollstreckung den besten Erfolg verspricht.

Beispiel:
Bei einem Mineralölhändler wird die Pfändung der Ladenkasse abends erfolgversprechender sein als morgens.

c) Belange des Vollstreckungsschuldners

Der Vollziehungsbeamte hat neben den Belangen des Vollstreckungsgläubigers auch die Belange des Vollstreckungsschuldners zu wahren, soweit hierdurch der Erfolg der Zwangsvollstreckung nicht beeinträchtigt wird (Abschn. 8 Abs. 2 VollzA).

---
[52] Tipke-Kruse, § 285, Tz. 3; Schwarz, § 285, Tz. 5; Klein-Orlopp, § 285, 3

Beispiel:
Der Vollziehungsbeamte möchte beim Vollstreckungsschuldner ein wertvolles Gemälde pfänden. Er wird die Pfandmarke nicht auf der Bildoberfläche, sondern an der Seitenfläche anbringen. Dagegen würde es den Belangen des Vollstreckungsgläubigers widersprechen, die Pfandmarke auf der Rückseite des Bildes anzukleben, da nunmehr die Pfändung nicht von jedermann bei verkehrsüblicher Sorgfalt erkennbar ist.

d) Rücksichtnahme

Der Vollziehungsbeamte hat auch auf Wünsche, die der Vollstreckungsschuldner hinsichtlich der Ausführung der Zwangsvollstreckung äußert, Rücksicht zu nehmen, wenn dies ohne besondere Kosten und Weitläufigkeiten und ohne Beeinträchtigung des Erfolges der Zwangsvollstreckung möglich ist (Abschn. 8 Abs. 2 VollzA).

Beispiel:
Der Vollziehungsbeamte will beim Vollstreckungsschuldner eine Münzsammlung pfänden. Der Schuldner bietet an, lieber seine Briefmarkensammlung zu pfänden und zu verwerten.

Da die Vollstreckung lediglich darauf abzielt, den materiellen Steueranspruch des Staates zu befriedigen, bestehen keine Bedenken, dieser Anregung des Vollstreckungsschuldners nachzukommen, soweit der Wert der Sammlung zur Erfüllung des Zahlungsanspruches nebst Kosten ausreicht.

e) Vermeidung von Kosten

Der Vollziehungsbeamte hat alle nicht unbedingt erforderlichen Kosten und Aufwendungen zu vermeiden (Abschn. 8 Abs. 3 VollzA). Gem. § 337 AO hat der Vollstreckungsschuldner die Kosten des Vollstreckungsverfahrens zu tragen; dem muß der Vollziehungsbeamte Rechnung tragen.

Beispiel:
Der Vollziehungsbeamte hat einen schweren westfälischen Eichenschrank gepfändet und möchte ihn durch eine Spedition zum Versteigerungsort bringen lassen. Bietet der Vollstreckungsschuldner an, diesen Transport mit seinem Lkw selbst durchzuführen, um die Speditionskosten zu sparen, so ist diesem Wunsch stattzugeben.

f) Vermeidung von Schädigungen

Pfandstücke sind pfleglich zu behandeln (Abschn. 8 Abs. 4 VollzA). Der Vollziehungsbeamte hat auch sonst jede unnötige Schädigung des Vollstreckungsschuldners zu vermeiden (Abschn. 8 Abs. 5 S. 1 VollzA).

Die Pfändung läßt das Eigentum des Vollstreckungsschuldners unberührt. Nimmt der Vollziehungsbeamte die gepfändete Sache mit, so entsteht ein öffentlich-rechtliches Verwahrungsverhältnis. Verletzungen der sich hieraus ergebenden Ansprüche verpflichten den Staat zum Schadensersatz. Der Staat kann bei grobem Verschulden beim Vollziehungsbeamten Regreß nehmen.

Beispiel:
Der Vollziehungsbeamte hat ein wertvolles Bild eines holländischen Meisters gepfändet. Er wird dieses Bild nicht in einem feuchten Kellerraum des Hauptzollamts

verwahren, sondern sachgerecht etwa in den Magazinräumen eines Museums deponieren.

g) Vermeidung von Aufsehen

Der Vollziehungsbeamte hat darauf zu achten, daß die Vollstreckungshandlung möglichst wenig Aufsehen erregt (Abschn. 8 Abs. 5 S. 2 VollzA). Da die Vollstreckung lediglich der Befriedigung des Steuergläubigers dient, ist soweit als möglich alles zu vermeiden, was den Vollstreckungsschuldner in seinem sozialen Achtungsanspruch herabsetzt.

Beispiel:
Muß in einem Ladengeschäft vollstreckt werden, so ist der Vollstreckungsschuldner nicht lauthals vor der gesamten Kundschaft zur Leistung aufzufordern.

h) Stellungnahme und Anregungen

Gegenüber dem Vollstreckungsschuldner hat sich der Vollziehungsbeamte jeder Stellungnahme zu der Entstehung und der Berechtigung der beizutreibenden Leistung zu enthalten. Er ist nicht berechtigt, Zahlungsvereinbarungen mit ihm zu treffen oder Billigkeitsanträge anzuregen (Abschn. 7 Abs. 5 VollzA).

Beispiel:
Als der Vollziehungsbeamte den Vollstreckungsschuldner auffordert, rückständige Zollschulden in Höhe von 5.000,– DM zu entrichten, bietet dieser an, 2.000,– DM sofort und den Rest in drei monatlichen Raten zu zahlen.

Der Vollziehungsbeamte ist nicht berechtigt, Ratenzahlungen mit dem Vollstreckungsschuldner zu vereinbaren. Er ist verpflichtet, den angebotenen Teilbetrag anzunehmen (Abschn. 25 Abs. 1 VollzA). Wegen des Restbetrages muß er außerdem den Vollstreckungsauftrag ausführen und Pfändungsmaßnahmen ergreifen.

i) Zeit der Vollstreckung

Der Vollziehungsbeamte soll die Vollstreckungsaufträge regelmäßig an Werktagen während der Tagesstunden erledigen, um den Schuldner nicht unnötig zu behelligen (§ 289 Abs. 1 AO, Abschn. 10 VollzA).

Feiertage sind die am Ort der Vollstreckungshandlung staatlich anerkannten allgemeinen Feiertage. **Dienstfreie Samstage** stehen der Vollstreckung offen.

Als **Nachtzeit** gilt gem. § 188 Abs. 1 ZPO:

- vom 1.4. bis 30.9. die Stunden von 21.00 Uhr bis 4.00 Uhr;
- vom 1.10. bis 31.3. die Stunden von 21.00 Uhr bis 6.00 Uhr.

Ausnahmen bedürfen der schriftlichen Erlaubnis der Vollstreckungsbehörde (§ 289 Abs. 1 AO). Sie kann bereits erteilt werden, wenn die Vollstreckung anders nicht möglich oder unzweckmäßig ist. Gefahr im Verzug ist nicht erforderlich.[53] Die Erlaubnis ist bei der Vollstreckungshandlung vorzuzeigen (§ 289 Abs. 2 AO).

Beispiele:
1. *Der Vollziehungsbeamte hat einen Vollstreckungsauftrag zur Kassenpfändung beim Vollstreckungsschuldner, der Inhaber eines Nachtlokals ist.*

[53] LG Berlin NJW 1957, 798

Die Vollstreckungsbehörde wird eine Erlaubnis zur Vollstreckung zur Nachtzeit erteilen. Zwar besteht generell die Möglichkeit, auch am Tag bei dem Vollstreckungsschuldner zu vollstrecken, doch ist die Erteilung der besonderen Erlaubnis bereits dann zulässig, wenn eine Vollstreckung zur Nachtzeit Aussicht auf Erfolg bietet.

2. *Der Vollziehungsbeamte hat einen Vollstreckungsauftrag gegen den Vollstreckungsschuldner. Als er erfährt, daß der Vollstreckungsschuidner eine längere Auslandsreise antreten will, begibt er sich am gleichen Tag um 22 Uhr zu ihm und pfändet dort eine Münzsammlung.*

   Die Pfändung ist rechtswidrig und auf Einspruch des Vollstreckungsschuldners hin aufzuheben.[54] *Die Vollstreckungsmaßnahmen gegen den Vollstreckungsschuldner waren unzulässig, da Pfändungen zur Nachtzeit ohne besondere Erlaubnis nicht vorgenommen werden dürfen (§ 289 Abs. 1 AO, § 188 Abs. 1 S. 2 ZPO). Auch der Umstand, daß die Vollstreckung möglicherweise gefährdet erschien, ändert hierbei nichts, da Gefahr im Verzuge (§ 29 AO) nur die mangelnde örtliche Zuständigkeit überwindet.*

11. Aufnahme von Urkunden

a) Allgemeines

Die Vollziehungsbeamten sind durch die Abgabenordnung und durch die Vollziehungsanweisung gehalten, bei der Vollstreckung Urkunden aufzunehmen. Im einzelnen kommen in Betracht Niederschriften, Quittungen, Nachweisungen, Rechenschaftsvermerke, Pfandanzeigen (Abschn. 19 Abs. 1 VollzA).

Die Urkunden dienen der **Beweissicherung** über die Tätigkeit des Vollziehungsbeamten und müssen daher mit besonderer Sorgfalt und Gewissenhaftigkeit erstellt werden. Fehler oder Mängel bei der Erstellung machen die Vollstreckungshandlung allerdings weder nichtig noch anfechtbar, stellen jedoch ihre Beweissicherungsfunktion in Frage.[55] Soweit die Urkunden Dritten gegenüber nach außen wirken und nicht nur für den internen Dienstbetrieb bestimmt sind, handelt es sich um öffentliche Urkunden (§ 415 ZPO). Vorsätzliche Falschbeurkundung oder Urkundenfälschung können strafrechtlich geahndet werden (§§ 267, 348 StGB).

Ausführliche Regelungen über den Inhalt von Urkunden, die Unterschrift, nachträgliche Änderungen u.a. trifft Abschn. 19 Abs. 2 VollzA.

b) Niederschriften

Der Vollziehungsbeamte hat über jede Vollstreckungshandlung eine Niederschrift aufzunehmen (§ 291 AO). Sie dient zu Beweiszwecken, erleichtert die Nachprüfbarkeit aller mit der Vollstreckung zusammenhängenden Vorgänge und dokumentiert die Tätigkeit des Vollziehungsbeamten und deren Ergebnis. Vollstreckungshandlungen sind alle Maßnahmen, die Vollziehungsbeamte zur Durchsetzung der vollstreckbaren Leistung vornehmen, mit Ausnahme reiner Vorbereitungshandlungen.[56]

---

[54] Koch-Scholtz, § 289, Rz. 6
[55] Kühn-Kutter-Hofmann, § 291, 4
[56] HHSp, § 291, Tz. 4

Zu den Vollstreckungshandlungen zählen z.B. die Durchsuchungen von Räumen (§ 287 Abs. 1 AO), Öffnen von Türen und Behältnissen (§ 287 Abs. 2 AO), Pfändungen (§ 286 AO), Hinzuziehung von Zeugen (§ 288 AO) sowie die Versteigerung gepfändeter Sachen (§ 289 AO).

Die Niederschrift muß gem. § 291 Abs. 2 AO folgende Angaben enthalten:

- Ort und Zeit der Aufnahme. Die Niederschrift soll in unmittelbarem Anschluß an Ort und Stelle aufgenommen werden. Fehler durch Erinnerungslücken sollen dadurch ausgeschlossen werden;
- den Gegenstand der Vollstreckungshandlung unter kurzer Erwähnung der Vorgänge. Hierzu gehören die Aufforderung zur Leistung, das Vorzeigen des Vollstreckungsauftrags und ähnliches;
- die Namen der Personen, mit denen verhandelt worden ist. Dazu gehören neben dem Vollstreckungsschuldner auch Zeugen, Sachverständige und sonstige Hilfspersonen;
- die Unterschriften der Personen und die Bemerkung, daß nach Vorlesung oder Vorlegung zur Durchsicht und nach Genehmigung unterzeichnet ist. Wird die Unterschrift verweigert, so ist der Grund anzugeben (§ 291 Abs. 3 AO);
- die Unterschrift des Vollziehungsbeamten. Unterzeichnete Niederschriften darf der Vollziehungsbeamte nicht eigenmächtig nachträglich ändern.

Nähere Regelungen über die Erstellung von Niederschriften trifft Abschn. 20 VollzA.

c) Quittungen

Der Vollziehungsbeamte hat **unaufgefordert** eine Quittung zu erteilen, wenn er

- eine Leistung – auch den Erlös aus einer Versteigerung oder aus einem freihändigen Verkauf – annimmt;
- gepfändetes Geld oder sonstige Pfandstücke an sich nimmt;
- eine Sache wegnimmt oder entgegennimmt.

Nähere Regelungen über Quittungen trifft Abschn. 21 VollzA.

d) Nachweisung Vz

Der Vollziehungsbeamte hat alle **Geldbeträge**, die er an die zuständige Kasse abzuführen hat, in einer Nachweisung Vz einzutragen. Hiervon können die Vollziehungsbeamten der Zollverwaltung nach näherer Weisung des Zahlstellenverwalters absehen.

Nähere Regelungen über die Nachweisung Vz trifft Abschn. 22 VollzA.

e) Rechenschaftsvermerke

Der Vollziehungsbeamte hat auf den Vollstreckungsauftrag einen Rechenschaftsvermerk zu setzen.

Näheres über Rechenschaftsvermerke regelt Abschn. 23 VollzA.

12. Kosten der Amtshandlungen

Die Amtshandlungen des Vollziehungsbeamten sind in der Regel kostenpflichtig. Die Kosten der Vollstreckung (Gebühren und Auslagen) sind vom Vollstreckungsschuldner zu begleichen. Rechtsgrundlage für ihre Erhebung sind die §§ 337ff. AO. Im einzelnen werden folgende Gebühren erhoben:

- Pfändungsgebühren (§ 339 AO);
- Wegnahmegebühren (§ 340 AO);
- Verwertungsgebühren (§ 341 AO).

Daneben sind die Auslagen vom Vollstreckungsschuldner zu entrichten, die durch die Amtshandlungen des Vollziehungsbeamten tatsächlich entstanden sind (§ 344 AO). Reisekosten und Aufwandsentschädigungen braucht der Vollstreckungsschuldner nicht zu erstatten (§ 345 AO). Kosten sind gemäß § 346 AO in einem Kostenansatz festzusetzen und zu erheben (vgl. § 36).

§ 10 Das Verwaltungsverfahren bis zum Beginn der Vollstreckung

1. Das Verfahren bei den Zahlstellen

Die Finanzbehörden haben die Steuern nach Maßgabe der Gesetze gleichmäßig festzusetzen und zu erheben (§ 85 Abs. 1 S. 1 AO). Die Festsetzung erfolgt i.d.R. durch die Festsetzungsstelle des Finanzamtes oder des Hauptzollamtes bzw. des Zollamtes; die Erhebung ist Aufgabe der Kasse bzw. der Zahlstelle im Bereich der Zollverwaltung (Abschn. 61 VollzA). Sind daher Steuern entstanden und festgesetzt oder gibt der Steuerschuldner eine Steueranmeldung ab, so leiten die Festsetzungsstellen die Steuerbescheide an die Zahlstelle weiter. Die Zahlstellen haben die rechtzeitige und vollständige Entrichtung von Einzahlungen in regelmäßigen Zeitabschnitten, insbesondere nach den Fälligkeitstagen, zu überwachen. Sind die Ansprüche bereits fällig, so wird der Zahlungseingang ohne besondere Erfassung an Hand der Anmeldungen oder sonstigen Unterlagen überwacht.

Ansprüche, die gestundet oder aufgeschoben sind, sind in besonderen Büchern zu erfassen (Stundungsüberwachungsbuch, Aufschubbuch) und anhand dieser zu überwachen. Gewährt die Festsetzungsstelle dem Steuerschuldner nach Abgabe der Unterlagen an die Zahlstelle eine Stundung oder sonstige Maßnahme, die die Fälligkeit hinausschiebt oder vorverlegt (§ 221 AO), so hat sie dies der Zahlstelle unverzüglich mitzuteilen.

Geht zum Fälligkeitszeitpunkt, gegebenenfalls nach Ablauf der Stundungs- oder Aufschubfrist, der geschuldete Betrag nicht oder nicht vollständig ein, so soll die Zollzahlstelle den Schuldner schriftlich mahnen (vgl. Abschnitt 81ff. der Zollzahlstellenbestimmungen). Zwar ist die Zahlstelle gehalten, den rückständigen Betrag bereits bei Fälligkeit anzumahnen, doch ist es in der Praxis üblich, das Mahnschreiben erst später zu fertigen, um einen unnötigen Aufwand des Verwaltungsverfahrens zu vermeiden. Der Steuerschuldner kann nämlich den geschuldeten Betrag noch binnen einer Frist von 5 Tagen nach Fälligkeit überweisen, ohne daß dies zu einer Erhebung von Säumniszuschlägen führt (§ 240 Abs. 3 AO). Daher soll die Mahnung erst eine Woche, spätestens jedoch zwei Wochen nach Ablauf des Fälligkeitstages erfolgen. Zudem ist der Beginn von Vollstreckungsmaßnahmen vom Ablauf der Wochenfrist abhängig (§ 254 Abs. 1 AO).

Die Mahnung ist Aufgabe der Zahlstelle und noch keine Maßnahme der Vollstreckung. Daran ändert auch nichts, daß die Mahnung in der Regel vor Beginn der Vollstreckung erfolgen soll (§ 259 AO) und in ihr in der Regel der Beginn von Vollstreckungsmaßnahmen in Aussicht gestellt wird (vgl. § 13). Ist die Zahlungsfrist von einer Woche, die dem Steuerschuldner regelmäßig in dem Mahnschreiben gesetzt wird, ergebnislos verlaufen, so wird die Kasse/Zahlstelle den Steuerfall mit einer Rückstandsanzeige an die Vollstreckungsstelle abgeben.

2. Die Rückstandsanzeige

Die Rückstandsanzeige ist ihrer Rechtsnatur nach eine **verwaltungsinterne Mitteilung** ohne Außenwirkung.[57] Sie wird dem Steuerschuldner nicht bekanntgegeben und ist mit Rechtsbehelfen nicht anfechtbar. Ihrem Inhalt nach enthält sie die Erklärung der Zahlstelle an die Vollstreckungsstelle, daß das Erhebungsverfahren des fünften Teiles der Abgabenordnung (§§ 218-248 AO) ergebnislos geblieben ist. Weder der Steuerschuldner noch ein Dritter (§ 48 Abs. 1 AO) haben durch freiwillige Leistungen den Steuergläubiger wegen seines Anspruchs befriedigt, so daß Vollstreckungsreife eingetreten ist. Freiwillige Leistungen bleiben jedoch weiterhin möglich.

3. Vorbereitung der Vollstreckung

a) Prüfung der rechtlichen Voraussetzungen

Geht eine Rückstandsanzeige ein, so wird die Vollstreckungsstelle die Vollstreckung vorbereiten (Abschn. 20 Abs. 1 VollstrA). Zunächst wird die Vollstreckungsstelle prüfen, ob die rechtlichen Voraussetzungen vorliegen, an die die Abgabenordnung den Beginn von Vollstreckungsmaßnahmen geknüpft hat (vgl. § 11). Sie wird prüfen:

- ob gegen den Vollstreckungsschuldner ein Verwaltungakt mit vollziehbarem Inhalt bekanntgegeben ist (§ 249 AO);
- ob die Vollziehung des Verwaltungsaktes ausgesetzt ist oder durch Einlegung eines Rechtsbehelfes gehemmt ist, § 361 AO, § 69 FGO (§ 251 Abs. 1 AO);
- ob dem Vollstreckungsschuldner das Leistungsgebot bekanntgegeben ist und seit der Bekanntgabe mindestens eine Woche verstrichen ist (§ 254 AO);
- ob die Leistung fällig (§ 254 AO) ist;
- ob der Vollstreckungsschuldner gemahnt oder vor Eintritt der Fälligkeit an die Zahlung erinnert worden ist (§ 259 AO);
- ob Rechtskraft eingetreten ist, soweit wegen Geldbußen oder Kosten des Bußgeldverfahrens vollstreckt werden soll.

In der Regel genügt es, diese Voraussetzungen **nur formal** anhand des Inhaltes der Rückstandsanzeige, des Steuerbescheides und des Leistungsgebotes zu überprüfen (Abschn. 22 Abs. 1 VollstrA). In eine Überprüfung des vollstreckbaren Anspruchs nach materiellem Recht braucht die Vollstreckungsstelle nicht einzutreten, da der vollstreckbare Verwaltungsakt in diesem Zeitpunkt häufig bestandskräftig sein wird und der Beginn von Vollstreckungsmaßnahmen in der Regel selbst dann nicht gehindert ist, wenn der Vollstreckungsschuldner einen Rechtsbehelf gegen den Verwaltungsakt eingelegt hat (vgl. § 5, 4).

Stellt die Vollstreckungsstelle fest, daß es an einer Voraussetzung für den Beginn der Vollstreckung mangelt, so hat sie sich mit der Festsetzungsstelle oder Zahlstelle in Verbindung zu setzen und sie um Abhilfe zu ersuchen (Abschn. 22

[57] Kussmann, S. 51

Abs. 1 und Abs. 2 VollstrA). Unter Umständen kann sie auch selbst die notwendigen Maßnahmen nachholen.

Beispiel:
Die Vollstreckungsstelle hält den zu vollstreckenden Steuerbescheid für nichtig oder stellt fest, daß eine erforderliche Mahnung des Vollstreckungsschuldners nicht erfolgt ist. Die Vollstreckungsstelle ersucht dann die Festsetzungsstelle um Erlaß eines ordnungsgemäßen Steuerbescheides oder um Mahnung durch die Zahlstelle. Die Vollstreckungsstelle kann die Mahnung auch selbst nachholen, wenn zu erwarten ist, daß sich dadurch Vollstreckungsmaßnahmen erübrigen (Abschn. 22 Abs. 2 VollstrA).

b) Ermittlung der Vollstreckungsmöglichkeit

Bevor über die Einleitung von Zwangsmaßnahmen entschieden wird, kann die Finanzbehörde sodann die Vermögens- und Einkommensverhältnisse des Vollstreckungsschuldners ermitteln (§ 249 Abs. 2 AO, Abschn. 20 Abs. 2 VollstrA). Die Vorschrift dient den Interessen des Vollstreckungsgläubigers und des Vollstreckungsschuldners.[58] Sie erleichtert den Finanzbehörden die Vollstreckung, da von vornherein erfolglose Vollstreckungsversuche vermieden werden und sich häufig auch ein eidesstattliches Verfahren zur Offenlegung der Vermögensverhältnisse erübrigt (§ 284 AO). Dem Vollstreckungsschuldner bleibt es erspart, daß sich die Finanzbehörde im Wege der „Auspfändung" einen Überblick über die Vollstreckungsmöglichkeiten verschafft. Die Ermittlungen sind insofern das mildere Mittel und ersparen dem Vollstreckungsschuldner unnötige Vollstreckungskosten.

Die Ermittlung der Vermögensverhältnisse des Vollstreckungsschuldners ist nicht zwingend erforderlich und **keine Zulässigkeitsvoraussetzung der Vollstreckung**, sondern steht im pflichtgemäßen Ermessen der Vollstreckungsstelle.[59] Ist beim Vollstreckungsschuldner in der letzten Zeit bereits mehrfach fruchtlos gepfändet worden oder ist seine Vermögenslage amtsbekannt, so kann auf Ermittlungstätigkeiten verzichtet werden. Die Vollstreckungsstelle kann auch dann sofort Vollstreckungsmaßnahmen ergreifen, wenn durch weitere Nachforschungen der Erfolg der Vollstreckung gefährdet wäre.

Die Vollstreckungsstelle wird zunächst auf ihre eigenen Erkenntnisquellen zurückgreifen. Häufig enthalten die Steuerakten oder frühere Vollstreckungsniederschriften Hinweise auf Arbeitseinkommen, Gehaltskonten, Sparbücher, Grundstücke oder sonstige Vermögenswerte des Vollstreckungsschuldners.

Im übrigen hat die Vollstreckungsbehörde die gleichen allgemeinen **Befugnisse**, die den Finanzbehörden im Besteuerungsverfahren zustehen (§§ 85-107 und §§ 111-117 AO).[60] Die Vollstreckungsbehörde ermittelt die Vermögensverhältnisse von Amts wegen. Der Umfang der Ermittlungspflicht richtet sich nach den Umständen des Einzelfalles (§ 99 Abs. 1 AO). Der **Vollstreckungsschuldner** ist verpflichtet, bei der Ermittlung mitzuwirken (§ 90 Abs. 1 AO). Er hat über seine finanziellen Verhältnisse Auskunft zu erteilen, wenn er hierzu schriftlich aufgefordert wird (§ 93 Abs. 1 und Abs. 2 AO). Die Auskunft ist wahrheitsgemäß nach

---

58 Klein-Orlopp, § 249, 1
59 Schwarz, § 249, Tz. 6
60 Schwarz, § 249, Tz. 6; Klein-Orlopp, § 249, 10

bestem Wissen und Gewissen zu erteilen (§ 93 Abs. 3 AO). Die Vollstreckungsstelle kann vom Vollstreckungsschuldner auch die Vorlage von Büchern, Aufzeichnungen, Geschäftspapieren und anderen Urkunden zur Einsicht und Prüfung verlangen (§ 97 Abs. 1 AO). Kommt der Vollstreckungsschuldner den Auskunfts- und Vorlagepflichten nicht freiwillig nach, so kann die Vollstreckungsbehörde diese Pflichten zwangsweise durchsetzen (§§ 328 ff. AO). Ein Auskunftsverweigerungsrecht besitzt der Vollstreckungsschuldner nicht. Seine Mitwirkungspflicht geht bis zur Grenze der Zumutbarkeit.

Neben dem Vollstreckungsschuldner kann die Vollstreckungsstelle auch **andere Personen** um Auskunft über die Vermögensverhältnisse des Vollstreckungsschuldners ersuchen. Diese Möglichkeit besteht aber erst dann, wenn vom Vollstreckungsschuldner keine Aufklärung zu erlangen ist (§ 93 Abs. 1 S. 3 AO). Zur Auskunft sind daher gegebenenfalls auch **Banken** oder Kreditinstitute verpflichtet. Ein Auskunftsverweigerungsrecht zur Wahrung des Bankgeheimnisses steht ihnen nicht zu. In diesem Zusammenhang sind jedoch die Regelungen des § 30 a AO zum Schutz von Bankkunden zu beachten.

Die Vollstreckungsbehörde kann den Vollstreckungsschuldner auffordern, daß er die Richtigkeit seiner **Angaben an Eides Statt versichert**. Sie ist das letzte Mittel zur Erforschung der Wahrheit (§ 95 Abs. 1 AO). Die Versicherung an Eides Statt ist von der Vollstreckungsbehörde zur Niederschrift aufzunehmen (§ 95 Abs. 2 AO). Sie kann nicht nach § 328 AO erzwungen werden (§ 95 Abs. 6 AO). Andere Personen als der Vollstreckungsschuldner können eidlich vernommen werden, wenn es die Vollstreckungsbehörde mit Rücksicht auf die Bedeutung der Auskunft oder aber zur Herbeiführung einer wahrheitsgemäßen Auskunft für geboten hält. Für diese Maßnahme ist aber nicht die Vollstreckungsbehörde, sondern das Finanzgericht, unter Umständen auch das Amtsgericht zuständig (§ 94 Abs. 1 AO). In geeigneten Fällen kann die Vollstreckungsbehörde zur Ermittlung der Vermögensverhältnisse des Vollstreckungsschuldners eine Außenprüfung anregen (§§ 193-203 AO) und gegebenenfalls die Steuer- oder Zollfahndung um Mitwirkung ersuchen (§ 208 Abs. 2 Nr. 1 AO, Abschn. 20 Abs. 2 S. 3 VollstrA).

Ergeben die Ermittlungshandlungen, daß angesichts der Vermögens- und Einkommensverhältnisse eine Vollstreckung beim Vollstreckungsschuldner aussichtslos erscheint, so soll eine Vollstreckung nicht versucht werden (Abschn. 20 Abs. 3 S. 1 VollstrA).

c) Vorlage eines Vermögensverzeichnisses und eidesstattliche Versicherung

Der Vollstreckungsschuldner hat der Vollstreckungsbehörde auf Verlangen ein Verzeichnis seines Vermögens vorzulegen und für seine Forderungen den Grund und die Beweismittel zu bezeichnen, wenn anzunehmen ist, daß eine vollständige Befriedigung durch Vollstreckungsmaßnahmen nicht zu erlangen sein wird (§ 284 Abs. 1 AO). Die Vollständigkeit und Richtigkeit dieser Angaben hat der Vollstreckungsschuldner an Eides Statt zu versichern. Auf diese Weise, die neben den Möglichkeiten gem. § 85ff. AO besteht, kann sich die Vollstreckungsbehörde eine **umfassende Übersicht** über die wirtschaftliche und finanzielle Situation des Vollstreckungsschuldners verschaffen. Die Anordnung der eidesstattlichen Versicherung stellt ein einschneidendes Mittel zur Ermittlung der Vermögensverhältnisse des Vollstreckungsschuldners dar. Sie ist nur anzuordnen, wenn andere Erkenntnisquellen nicht zur Verfügung stehen.[61] Eine anschließende Eintragung ins **Schuldnerverzeichnis des Amtsgerichtes** führt nämlich in der Regel zum Verlust der Kreditwürdigkeit und birgt die Gefahr eines völligen wirtschaftlichen Zusammenbruches des Vollstreckungsschuldners in sich. Die Vorlage des Vermögensverzeichnisses und die eidesstattliche Versicherung sind nur zulässig, wenn für eine eventuelle Erfolglosigkeit der Vollstreckung konkrete Anhaltspunkte vorliegen.[62]

Beispiele:
Die Vollstreckungsbehörde hat erfahren, daß bereits andere Gläubiger erfolglos beim Vollstreckungsschuldner vollstreckt haben.

Der Vollstreckungsschuldner weigert sich kategorisch, Angaben über seinen Aufenthaltsort und seine Vermögensverhältnisse zu machen.

Erkennt die Vollstreckungsbehörde, daß überhaupt kein pfändbares Vermögen vorhanden ist, so kann die Abgabe einer eidesstattlichen Erklärung nicht verlangt werden.[63]

Die Abnahme der eidesstattlichen Versicherung ist **unzulässig**:

- wenn die letzte Abgabe einer eidesstattlichen Versicherung im Schuldnerverzeichnis noch nicht gelöscht ist und weniger als drei Jahre zurückliegt, es sei denn, es lägen konkrete Anhaltspunkte vor, aus denen zu vermuten ist, daß er später Vermögen erworben hat, oder daß ein bisher mit ihm bestehendes Arbeitsverhältnis aufgelöst worden ist (§ 284 Abs. 3 AO).

Beispiel:
Der Vollstreckungsschuldner, der bisher als Abteilungsleiter in einem Warenhaus gearbeitet hat, ist nun als selbständiger Einzelhandelskaufmann tätig.

- solange über Einwendungen des Vollstreckungsschuldners gegen die Verpflichtung zur Abgabe der eidesstattlichen Versicherung nicht unanfechtbar entschieden ist, es sei denn, in gleicher Sache sind frühere Einwendungen dieser Art bereits unanfechtbar zurückgewiesen worden (§ 284 Abs. 5 AO).

Für die Abnahme der eidesstattlichen Versicherung ist die Vollstreckungsbehörde zuständig, in deren Bezirk sich der Wohnsitz oder Aufenthaltsort des Vollstreckungsschuldners befindet (§ 284 Abs. 4 S. 1 AO). Der Vollstreckungsschuldner ist zu laden und kann seine Versicherung entweder schriftlich oder mündlich zu Protokoll erklären. Anschließend übersendet die Vollstreckungsbehörde eine beglaubigte Abschrift des Vermögensverzeichnisses an das Amtsgericht, das dann die Eintragung in das Schuldnerverzeichnis vornimmt (§ 284 Abs. 6 AO). Erscheint der Vollstreckungsschuldner unentschuldigt nicht oder weigert er sich grundlos, das Vermögensverzeichnis vorzulegen oder die eidesstattliche Versicherung abzugeben, so kommt eine Erzwingung gem § 328 AO nicht in Betracht. Statt dessen kann die Vollstreckungsbehörde das Amtsgericht um Anordnung der Haft zur Erzwingung der eidesstattlichen Versicherung ersuchen (§ 284 Abs. 7 AO). Der Vollstreckungsschuldner kann gegen das Verlangen auf Abgabe der eidesstattlichen Versicherung Einspruch einlegen (§ 347 AO).

[61] Tipke-Kruse, § 284, Tz. 4
[62] Schwarz, § 284, Tz. 5
[63] Klein-Orlopp, § 284, 2

Die Vollstreckungsbehörde hat gegen den Bescheid des Amtsgerichtes, in dem es die Verhaftung des Vollstreckungsschuldners ablehnt, binnen zwei Wochen (§ 577 ZPO) die sofortige Beschwerde (§ 284 Abs. 8 AO, § 739 ZPO).

Nähere Regelungen über die eidesstattliche Versicherung trifft Abschn. 52 VollstrA.

4. Aussonderung der zur Vollstreckung nicht geeigneten Fälle

a) Aufrechnung

Die Ermittlungen der Vermögensverhältnisse des Vollstreckungsschuldners können zu der Feststellung führen, daß dem Vollstreckungsschuldner Forderungen gegen die Finanzbehörde zustehen. Wenn mit der zu vollstreckenden Forderung gegen Ansprüche des Vollstreckungsschuldners aufgerechnet werden kann, ist aus Gründen der Verwaltungsvereinfachung von Vollstreckungsmaßnahmen abzusehen. Für die Aufrechnung durch den Steuergläubiger ist in der Regel die **Vollstreckungsstelle zuständig**. Sie hat auch zu prüfen, ob die Voraussetzungen einer Aufrechnung nach materiellem Recht vorliegen. Für die Aufrechnung durch die Vollstreckungsbehörde gelten die allgemeinen Regelungen (§ 226 AO, Art. 233 ZK, §§ 387ff. BGB).

Zusätzliche Regelungen für die Aufrechnung enthält Abschn. 22 Abs. 4 VollstrA. Eine Aufrechnung ist unzulässig, wenn die Forderung des Vollstreckungsschuldners unpfändbar, nicht übertragbar oder aus einer vorsätzlich begangenen unerlaubten Handlung entstanden ist (§ 394 BGB, § 851 ZPO, § 393 BGB entsprechend).

b) Stundung und Erlaß

Angesichts drohender Vollstreckungsmaßnahmen wird der Vollstreckungsschuldner häufig Stundungs- oder Erlaßanträge stellen. Auch die Vollstreckungsstelle wird bei der Ermittlung der Vermögensverhältnisse des Vollstreckungsschuldners gelegentlich auf Umstände aufmerksam werden, die eine Stundung oder einen Erlaß des zu vollstreckenden Anspruches gerechtfertigt erscheinen lassen. Für die Entscheidung über derartige Anträge oder Feststellungen ist allerdings nicht die Vollstreckungsbehörde, sondern die **Festsetzungsstelle zuständig**. Es empfiehlt sich daher für die Vollstreckungsstelle, enge Fühlung mit dieser Stelle zu halten und gegebenenfalls von Amts wegen diese Maßnahmen anzuregen. In jedem Fall ist eine **unverzügliche Entscheidung** zu treffen, um nach Möglichkeit die für den Vollstreckungsschuldner einschneidenden Vollstreckungsmaßnahmen noch zu vermeiden. Ist eine rasche Entscheidung nicht möglich, so ist i.d.R. die Vollstreckung aus Billigkeitsgründen vorläufig einzustellen (§ 258 AO).[64] Wenn allerdings solche Anträge aussichtslos erscheinen oder offensichtlich nur den Zweck verfolgen, das Vollstreckungsverfahren hinauszuschieben, oder wenn Gefahr im Verzug besteht, so ist die Einleitung des Vollstreckungsverfahrens weiter zu betreiben (§ 5 Abs. 4 VollstrA). Entsprechendes gilt, wenn der Vollstreckungsschuldner Anträge auf vorläufigen Rechtsschutz stellt (§ 361 AO, §§ 69, 114 FGO, Art. 244 ZK). Die Entscheidung, ob Stundung oder Erlaß gewährt wird, richtet sich nach § 222 AO bzw. § 227 AO.

---

64 FG Düsseldorf EFG 1984, 105f.

5. Anordnung der Vollstreckung

Haben die Ermittlungen der Vollstreckungsstelle ergeben, daß die rechtlichen Voraussetzungen für den Beginn der Vollstreckung vorliegen und angesichts der Vermögensverhältnisse des Vollstreckungsschuldners Zwangsmaßnahmen auch erfolgversprechend erscheinen sowie eine Erledigung des Verfahrens auf andere Weise nicht möglich ist, so muß die Vollstreckungsbehörde entscheiden, ob die Vollstreckung gegen den Vollstreckungsschuldner eingeleitet werden soll **(Entschließungsermessen)** (Abschn. 20 Abs. 1 VollstrA).

Die Vollstreckung steht im pflichtgemäßen Ermessen der Vollstreckungsbehörde (§ 249 Abs. 1 AO). Sie hat ihr Ermessen entsprechend dem Zweck der Ermächtigung auszuüben und die gesetzlichen Grenzen des Ermessens einzuhalten (§ 5 AO). Angesichts der erheblichen Eingriffsbefugnisse der Vollstreckungsbehörden und der einschneidenden Auswirkungen von Vollstreckungsmaßnahmen auf die wirtschaftliche und soziale Stellung des Vollstreckungsschuldners wäre es unzulässig, den Interessen des Vollstreckungsgläubigers und damit letztlich der Allgemeinheit, stets den Vorrang einzuräumen. Der der Vollstreckungsbehörde eingeräumte Freiraum der Gestaltung dient nicht allein dazu, die Vollstreckung möglichst effektiv zu gestalten; daneben ist die Behörde auch verpflichtet, auf der gesetzlichen Grundlage die schutzwürdigen Belange des Betroffenen zu berücksichtigen und einen vernünftigen Ausgleich der Interessen herbeizuführen.

Der **Ermessensspielraum** der Vollstreckungsbehörde ist allerdings **weitgehend eingeschränkt**. Die Finanzbehörden haben nämlich die Steuern nach Maßgabe der Gesetze gleichmäßig festzusetzen und zu erheben (§ 85 Satz 1 AO). Diese Verpflichtung, die den verfassungsrechtlich verankerten Grundsätzen der Gleichmäßigkeit (Art. 3 GG) und Gesetzmäßigkeit (Art. 20 Abs. 3 GG) des Besteuerungsverfahrens entspringt, gilt entsprechend auch für das Vollstreckungsverfahren. Liegen daher die gesetzlichen Voraussetzungen für eine Vollstreckung vor und bietet sie Aussicht auf Erfolg, so muß sich die Vollstreckungsbehörde in der Regel dazu entschließen, die Vollstreckung gegen den Vollstreckungsschuldner anzuordnen. Sie kann von einer Einleitung der Vollstreckung nur dann absehen, wenn sie offensichtlich aussichtslos ist, oder überragende Interessen des Vollstreckungsschuldners die Vollstreckung im Einzelfall als unbillig erscheinen lassen.

Beispiel:
Eine Vollstreckung hat zunächst zu unterbleiben, wenn die Ehefrau des Vollstreckungsschuldners verstirbt.

Die Anordnung der Vollstreckung erfolgt in der Regel nicht durch Erlaß einer besonderen Anordnungsverfügung. Die Vollstreckungsstelle ordnet vielmehr die Vollstreckung dadurch an, daß sie bestimmte Vollstreckungsmaßnahmen selbst vornimmt oder durch den Vollziehungsbeamten vornehmen läßt (Abschn. 22 Abs. 3 VollstrA).

Beispiel:
Die Vollstreckungsstelle pfändet eine Kaufpreisforderung, die dem Vollstreckungsschuldner, einem Hersteller von Schaumwein, gegen einen Großhändler zusteht und erteilt dem Vollziehungsbeamten einen Vollstreckungsauftrag, beim Vollstreckungsschuldner bewegliche Sachen zu pfänden.

In der Anordnung dieser Maßnahmen ist zugleich die Entschließung der Vollstreckungsbehörde zu sehen, gegen den Vollstreckungsschuldner das Vollstreckungsverfahren tatsächlich durchzuführen.

Die Anordnung des Vollstreckungsverfahrens ist ihrer Rechtsnatur nach eine **behördeninterne Entschließung** ohne Außenwirkung. Sie ist kein Verwaltungsakt, wird dem Vollstreckungsschuldner nicht bekanntgegeben und ist nicht anfechtbar.[65] Die Vollstreckungsstelle kann jedoch aus Gründen der Zweckmäßigkeit dem Vollstreckungsschuldner ankündigen, daß demnächst Vollstreckungsmaßnahmen ergriffen werden, wenn damit zu rechnen ist, daß er daraufhin leisten wird. Auch gegen diese **Ankündigung** ist kein förmlicher Rechtsbehelf gegeben (Abschn. 22 Abs. 5 VollstrA).

6. Entscheidung über die Vollstreckungsmaßnahmen

Mit der Anordnung der Vollstreckung ist zugleich zu entscheiden, welche konkreten Vollstreckungsmaßnahmen ergriffen werden sollen. Auch diese Entscheidung steht im pflichtgemäßen Ermessen der Vollstreckungsbehörde **(Auswahlermessen)** (Abschn. 20 Abs. 1 VollstrA). In Betracht kommen folgende Möglichkeiten:

- die Vollstreckungsstelle führt die Vollstreckung selbst aus;
- die Vollstreckungsstelle beauftragt den Vollziehungsbeamten, die Vollstreckung auszuführen;
- die Vollstreckungsstelle stellt beim Amtsgericht als Vollstreckungs- oder Konkursgericht oder beim Grundbuchamt den Antrag, Vollstreckungsmaßnahmen zu ergreifen;
- die Vollstreckungsstelle macht den Anspruch des Vollstreckungsgläubigers in einem beim Amtsgericht anhängigen Vollstreckungsverfahren geltend;
- die Vollstreckungsstelle ersucht eine andere Behörde, die Vollstreckung auszuführen;
- die Vollstreckungsstelle nimmt einen Dritten nach dem Anfechtungsgesetz in Anspruch.

Die Vollstreckungsmaßnahme muß in angemessenem Verhältnis zu dem erstrebten Erfolg stehen und die Höhe der Forderung den mit ihr verbundenen Verwaltungsaufwand rechtfertigen.

Nähere Regelungen über die verschiedenen Möglichkeiten der Vollstreckung trifft Abschn. 23 VollstrA.

7. Der Vollstreckungsauftrag

Hält die Vollstreckungsbehörde die Vollstreckung für zulässig und eine Vollstreckung in bewegliche Sachen des Vollstreckungsschuldners für erfolgversprechend, so kann sie nach pflichtgemäßem Ermessen dem Vollziehungsbeamten einen Vollstreckungsauftrag erteilen.

Der Vollstreckungsauftrag ist weder Auftrag im privatrechtlichen Sinn noch Verwaltungsakt, sondern **dienstinterne Weisung an** den Vollziehungsbeamten, die ihn zu bestimmten Vollstreckungshandlungen ermächtigt und dem Voll-

[65] Schwarz, § 249, Tz. 4; Engelhardt/App, Anhang AO § 289, 5

streckungsschuldner sowie Dritten gegenüber legitimiert (vgl. § 9, 9). Der Vollstreckungsschuldner kann nicht die Auftragserteilung, sondern nur die nachfolgenden Vollstreckungsmaßnahmen mit Rechtsbehelfen anfechten. Vollstreckungshandlungen, die ein Vollziehungsbeamter ohne oder aufgrund eines rechtswidrigen Vollstreckungsauftrages vornimmt, sind rechtswidrig aber nicht nichtig. Es liegt kein besonders schwerwiegender offenkundiger Verstoß gegen absolute sachliche oder funktionelle Zuständigkeitsregeln vor (§ 125 Abs. 1 AO), da der Vollziehungsbeamte grundsätzlich zu Pfändungen in bewegliche Sachen berufen ist (§ 285 Abs. 1 AO).

Der Vollstreckungsauftrag ist **schriftlich** zu erteilen (§ 285 Abs. 2 AO, Abschn. 34 Abs. 1 VollstrA). Der Vollstreckungsauftrag ist mit der Unterschrift des zuständigen Beamten sowie dem Dienststempel der Vollstreckungsbehörde zu versehen (Abschn. 34 Abs. 2 Nr. 11 VollstrA). Formfehler machen die Vollstreckung anfechtbar.

Der Vollstreckungsauftrag ist dem Vollziehungsbeamten auszuhändigen (§ 285 Abs. 2 AO, Abschn. 34 Abs. 1 VollstrA). Die Aushändigung soll jedoch nicht vor Ablauf der Wochenfrist gem. § 254 Abs. 1 AO erfolgen, um rechtswidrige Vollstreckungsmaßnahmen zu vermeiden (Abschn. 34 Abs. 5 VollstrA).

Der Vollstreckungsauftrag dient dazu, für den Vollziehungsbeamten den Vollstreckungsschuldner sowie den Gegenstand und Umfang der Vollstreckung eindeutig festzulegen. Ungenaue Vollstreckungsaufträge machen die Vollstreckung anfechtbar. Er soll daher folgenden **Inhalt** haben:

- Der **Vollstreckungsschuldner** ist mit Steuernummer, Name, Anschrift (ggf. Betriebsanschrift) zu bezeichnen. Eine Identifizierung des Vollstreckungsschuldners muß einwandfrei möglich sein (Abschn. 34 Abs. 2 Nr. 1 und Nr. 2 VollstrA).
- Sodann sind für die beizutreibenden Geldbeträge der **Schuldgrund** anzugeben (§ 260 AO). Der Vollstreckungsschuldner muß zweifelsfrei erkennen können, welche Ansprüche zwangsweise durchgesetzt werden sollen. Mehrere Ansprüche müssen nach Steuerart, Entrichtungszeitraum und Höhe getrennt aufgeführt werden. Erforderlich sind ferner Berechnungen über aufgelaufene Säumniszuschläge und Kosten bis zum Tage der Vollstreckung, sowie die Feststellung, daß die Leistung und die Kosten geschuldet werden (Abschn. 34 Abs. 2 Nr. 3 – Nr. 7 VollstrA). Durch diese detaillierten Angaben sollen Überpfändungen vermieden werden (§§ 281 Abs. 2 AO).
- Im Vollstreckungsauftrag sind die **Vollstreckungsmaßnahmen** zu bezeichnen, die getroffen werden sollen. Dabei steht es im Ermessen der Vollstreckungsbehörde, Art und Umfang der Vollstreckungsmaßnahme im Vollstreckungsauftrag allgemein zu halten und damit dem Vollziehungsbeamten einen – mehr oder weniger – weiten Handlungsspielraum einzuräumen oder ihm einen speziellen Auftrag für eine ganz bestimmte Vollstreckungsmaßnahme zu erteilen (Abschn. 34 Abs. 2 Nr. 8 VollstrA). Üblicherweise werden Vollstreckungsaufträge in folgener Weise ausgestellt:
    - Dem Vollziehungsbeamten wird ein **Auftrag zur Pfändung beweglicher Sachen** erteilt. Dieser Auftrag ermächtigt ihn neben beweglichen Sachen auch Wertpapiere im Sinne von § 286 Abs. 2 S. 2 AO, nämlich Inhaber- und Namenspapiere, sowie die vom Boden noch nicht getrennten Früchte (§ 294

AO) zu pfänden, ohne daß dazu eine besondere Erwähnung in der Pfändungsverfügung nötig wäre (Abschn. 32 Abs. 2 VollzA).

Beispiel:
Die Vollstreckungsstelle ermächtigt den Vollziehungsbeamten, bewegliche Sachen zu pfänden. Der Vollziehungsbeamte kann nunmehr Möbel, aber auch Geld und nicht indossable Wertpapiere wie Aktien oder Steuerzeichen pfänden (§ 286 Abs. 1 und Abs. 2 AO). Er ist jedoch nicht ermächtigt, indossable Wertpapiere wie Wechsel oder Schecks oder ein Postsparbuch zu pfänden. Hierzu wäre eine besondere Ermächtigung erforderlich (§ 312 AO). Die Regelungen des PostG für das Postsparguthaben treten allerdings mit Ablauf des 31.12.1997 außer Kraft (§ 31 PostG i.d.F. des Postneuordnungsgesetzes vom 14.9.1994, BGBl. I S. 2325).

●● Der **Vollstreckungsauftrag** kann dem Vollziehungsbeamten **in erweiterter Form** erteilt werden und ihn ermächtigen, indossable Wertpapiere nach § 312 AO zu pfänden. Dieser Auftrag ermächtigt ihn, Wechsel und sonstige Orderpapiere sowie Postsparbücher durch Inbesitznahme zu pfänden (Abschn. 32 Abs. 3 VollzA).

●● Der Vollziehungsbeamte kann beauftragt werden, **Beweisurkunden** (Abschn. 15 Abs. 4 VollzA) im Wege einer Hilfspfändung an sich zu nehmen und der Vollstreckungsstelle hiervon unverzüglich Anzeige zu machen (Abschn. 32 Abs. 4 VollzA). Diese Anordnung ist nötig, da diese Legitimationsurkunden keine Wertpapiere i.S.v. Abschn. 15 Abs. 2 und Abs. 3 VollzA sind.

● Zu dem Vollstreckungsauftrag können Erläuterungen erteilt werden.[66] Verstöße gegen mündliche Weisungen führen nicht zur Anfechtbarkeit, da sie nur dienstinterne Weisungen enthalten. Für die Rechtmäßigkeit einer Vollstreckungsmaßnahme ist allein der Umfang des erteilten Vollstreckungsauftrages maßgeblich (§ 285 Abs. 2 AO). Der Vollziehungsbeamte hat sich im Rahmen der erteilten Ermächtigung zu halten. Überschreitet er seine Befugnisse, so sind die Vollstreckungsmaßnahmen wirksam aber anfechtbar.

● Für die in einer Rückstandsanzeige zusammengefaßten Rückstände wird nur ein Vollstreckungsauftrag erteilt. Liegen für einen Vollstreckungsschuldner mehrere Rückstandsanzeigen vor, kann für sämtliche Rückstände ein **gemeinsamer Vollstreckungsauftrag** erteilt werden (Abschn. 34 Abs. 4 VollstrA).

● Dem Vollziehungsbeamten ist zudem zweckmäßigerweise eine **Frist** zu bestimmen, innerhalb deren der Vollstreckungsauftrag auszuführen ist. Die Einhaltung der Frist ist zu überwachen (Abschn. 34 Abs. 2 Nr. 9 VollstrA). Über die Erledigung des Vollstreckungsauftrags hat der Vollziehungsbeamte schriftlich Rechenschaft abzulegen (Abschn. 9 Abs. 1 und Abschn. 60 Abs. 1 VollzA).

● Der Vollstreckungsauftrag enthält üblicherweise den Hinweis, daß der Vollziehungsbeamte befugt ist, die geschuldete Leistung anzunehmen und über den Empfang Quittung zu erteilen (Abschn. 34 Abs. 2 Nr. 10 VollstrA). An ihn kann dann außerhalb des Kassenraums befreiend gezahlt werden (§ 224 Abs. 1 S. 2 AO; vgl. § 15, 3).

Nähere Regelungen zur Erteilung des Vollstreckungsauftrags trifft Abschn. 34 VollstrA.

---

[66] Tipke-Kruse, § 285, Tz. 4

Beispiel:
Vollstreckungsauftrag

Der Vollziehungsbeamte ... wird beauftragt, wegen folgender Rückstände ... von ... DM – zuzügl. der bis zur Erledigung dieses Auftrages noch anfallenden Zinsen und Säumniszuschläge und der durch die Vollstreckung entstehenden Kosten gegen den Vollstreckungsschuldner die Pfändung beweglicher Sachen vorzunehmen und Wechsel und sonstige Wertpapiere, die an Order lauten sowie Postsparbücher wegzunehmen.

Der Vollziehungsbeamte ist befugt, die geschuldeten Beträge anzunehmen; er hat über den Empfang namens der Bundesrepublik Deutschland Quittung zu erteilen.

Zu erledigen bis ....

Datum *Dienststempel* *Hauptzollamt (Vollstreckungsstelle)*

Unterschrift

§ 11 Die Voraussetzungen für den Beginn der Vollstreckung

1. Allgemeines

Grundlage der Vollstreckung bilden die Verwaltungsakte, mit denen eine Geldleistung, eine sonstige Handlung, eine Duldung oder eine Unterlassung gefordert wird (§ 249 AO).

Unter welchen Voraussetzungen mit einer Vollstreckung dieser Verwaltungsakte begonnen werden kann, bestimmt sich nach § 254 AO. Diese Vollstreckungsvoraussetzungen sind unabdingbar und von der Vollstreckungsbehörde vor jeder Vollstreckungshandlung besonders sorgfältig zu prüfen (vgl. § 10, 3). Fehlt eine Voraussetzung, so ist die Vollstreckungshandlung meist unheilbar nichtig. Die Vollstreckung darf in der Regel nur beginnen, wenn

- die vollstreckbare Leistung fällig ist;
- der Vollstreckungsschuldner zur Leistung oder Duldung oder Unterlassung aufgefordert worden ist (Leistungsgebot);
- das Leistungsgebot dem Vollstreckungsschuldner bekannt gegeben worden ist;
- seit der Aufforderung zur Leistung mindestens 1 Woche verstrichen ist.

2. Fälligkeit der Leistung

Die Vollstreckung kann grundsätzlich erst beginnen, wenn die Leistung, deretwegen vollstreckt werden soll, fällig ist. Erst von diesem Zeitpunkt an kann die Finanzbehörde vom Schuldner die Leistung nach materiellem Recht verlangen. Erfüllt der Steuerpflichtige den Anspruch nicht, so kann die Leistung im Verwaltungswege erzwungen werden. Die Fälligkeit von Ansprüchen aus dem Steuerschuldverhältnis richtet sich nach den Vorschriften der Steuergesetze (§ 220 Abs. 1 AO). Eine einheitliche Regelung der Fälligkeit gibt es somit im Steuerrecht nicht. Die meisten **Einzelsteuergesetze** enthalten besondere Fälligkeitsregelungen.

Beispiele:

- *Die Steuer für Mineralöl, für das die Steuerschuld nach § 9 Abs. 1, Abs. 3 Satz 1 oder Abs. 4 MinöStG in einem Monat entstanden ist, ist grundsätzlich am zehnten Tag des zweiten Monats nach der Entstehung zu entrichten (§ 11 Abs. 1 Satz 1 MinöStG).*
- *Die Biersteuer hat der Schuldner bis zum 20. des Monats zu entrichten, der auf den Monat folgt, in dem sie entstanden ist (§ 9 Abs. 1 BierStG).*
- *Die Fälligkeit von Einfuhrabgaben regelt sich nach Art. 222 ZK. Danach ist der Abgabenbetrag innerhalb einer von der Zahlstelle bestimmten Frist zu zahlen.*

Fehlt es an einer besonderen gesetzlichen Regelung über die Fälligkeit, so wird der Anspruch mit der Entstehung fällig, es sei denn, daß dem Pflichtigen in einem nach § 254 AO erforderlichen **Leistungsgebot** eine **Zahlungsfrist** eingeräumt worden ist (§ 220 Abs. 2 S. 1 AO). Fälligkeit vor der Entstehung des Anspruches ist ausgeschlossen.

Beispiel:

Der Steuerschuldner hat seine Steuern nicht am Fälligkeitstage gezahlt, so daß gem. § 240 AO Säumniszuschläge entstanden sind. Für die Fälligkeit dieser Säumniszuschläge findet sich in § 240 AO keine gesonderte Regelung. Sie bedürfen auch keiner Festsetzung (§ 218 Abs 1 S. 1 AO) und sind daher grundsätzlich mit ihrer Entstehung fällig.

Ergibt sich die Fälligkeit in den Fällen des § 220 Abs. 2 AO aus der Festsetzung einer Steuer, einer Steuervergütung oder einer steuerlichen Nebenleistung, so tritt die Fälligkeit nicht vor **Bekanntgabe der Festsetzung** ein (§ 220 Abs. 2 S. 2 AO). Diese Regelung hat besondere Bedeutung bei den Veranlagungssteuern.

Beispiele:

1. *Eine veranlagte Einkommensteuer entsteht mit Ablauf des Kalenderjahres und ist sofort fällig. Der Restbetrag, der sich bei Anrechnung der Vorauszahlungen auf die Steuerschuld ergibt, ist durch Abschlußzahlung zu entrichten. Er wird allerdings erst nach Ablauf eines Monats seit Bekanntgabe des Steuerbescheides fällig (§ 36 Abs. 4 EStG).*
2. *Dem Steuerschuldner ist der Steuerbetrag für 6 Monate gestundet worden. Mit Bekanntgabe der Stundungsverfügung entstehen die Stundungszinsen und wären, da es an einer besonderen Regelung fehlt, auch sofort zu zahlen. Sie werden jedoch gem. § 220 Abs. 2 S. 2 AO nicht eher fällig, als bis der Zinsbetrag in einem Zinsbescheid festgesetzt und dem Steuerschuldner bekanntgegeben worden ist (§§ 239 Abs. 1, 155 Abs. 1 AO).*

Die Finanzbehörde kann die **Fälligkeit** von Ansprüchen aus dem Steuerschuldverhältnis durch Verwaltungsakt **modifizieren**. Gem. § 221 AO kann die Finanzbehörde die Fälligkeit vorverlegen. Durch Stundung (§§ 222 AO, Art. 229 ZK), Zahlungsaufschub (§ 223 AO, Art. 225 ZK) oder Aussetzung der Vollziehung (§ 361 AO, § 69 FGO, Art. 244 ZK) wird die Fälligkeit hinausgeschoben. Die in § 259 S. 1 AO grundsätzlich als Voraussetzung für den Beginn der Vollstreckung vorgeschriebene Mahnung, mit einer Zahlungsfrist von einer Woche, läßt die Fälligkeit des Anspruchs unberührt. Gleiches gilt für die Wochenfrist gem § 254 Abs. 1 AO, die Niederschlagung (§ 261 AO) und den Vollstreckungsaufschub (§ 258 AO).[67]

---

[67] Tipke-Kruse, § 220, Tz. 5 d

3. Das Leistungsgebot

a) Begriff und Bedeutung

Das Leistungsgebot ist die Aufforderung der Finanzbehörde an den Steuerpflichtigen, die ihm durch Verwaltungsakt oder durch Gesetz auferlegten Leistungs-, Duldungs- oder Unterlassungspflichten zu erfüllen. Dem Steuerschuldner wird hierdurch z.B. geboten, die Steuer zu zahlen, eine Bilanz vorzulegen, eine Außenprüfung zu dulden oder etwas zu unterlassen. Das Leistungsgebot ist ein **selbständiger Verwaltungsakt**. Sein Regelungsinhalt erschöpft sich allerdings in dem Befehl an den Steuerpflichtigen, die Leistung zu bewirken, zu der er aufgrund eines anderen Verwaltungsaktes oder ausnahmsweise aufgrund des Gesetzes selbst verpflichtet ist.[68] Das Leistungsgebot ist daher zu unterscheiden von dem Verwaltungsakt, der die Leistung des Steuerpflichtigen konkretisiert (vgl. § 5). Dieser Bescheid setzt für den Steuerpflichtigen verbindlich fest, welche Verpflichtungen ihm aufgrund der Steuergesetze obliegen. Er ist die rechtliche Grundlage der Vollstreckung. Das Leistungsgebot fordert demgegenüber den Steuerpflichtigen auf, diese Leistung tatsächlich zu bewirken.[69]

Beispiel:
A hat seinen Betrieb zur Schaumweinherstellung dem B im ganzen übereignet. Anläßlich dieser Betriebsübernahme findet eine Außenprüfung statt, bei der festgestellt wird, daß A im letzten Jahr 1000 Flaschen Schaumwein zur Steuer angemeldet, aber nicht bezahlt hat. Das Hauptzollamt erläßt gegen B einen Haftungsbescheid gem. § 75 AO. Als sich später herausstellt, daß die Steuern bei A uneinbringlich sind, fordert es den B zur Zahlung des Haftungsbetrages auf (§ 219 AO).

Zahlt B den Betrag nicht, so kann der Verwaltungsakt, mit dem die Haftung festgesetzt wurde, gem. § 249 AO vollstreckt werden. Auf der Grundlage dieses Verwaltungsaktes kann die Vollstreckung des Haftungsanspruchs allerdings erst beginnen, sobald die Voraussetzungen gem. § 254 AO vorliegen. Das noch notwendige Leistungsgebot gibt die Finanzbehörde dem Vollstreckungsschuldner bekannt, indem sie ihn gem. § 219 AO zur Zahlung auffordert. Erst durch diese Zahlungsaufforderung, einen Verwaltungsakt, wird dem B geboten, den Haftungsanspruch tatsächlich zu erfüllen.

Das Leistungsgebot kann allerdings **formal** mit dem zu vollstreckenden Verwaltungsakt **verbunden** werden (§ 254 Abs. 1 S. 2 AO). Die Verbindung dieser zwei Verwaltungsakte ist die Regel bei dem Erlaß von Steuerbescheiden. Bei Steuerbescheiden liegt das Leistungsgebot nicht schon in der Steuerfestsetzung selbst. Durch die Steuerfestsetzung gem. § 155 Abs. 1 S. 1 AO wird lediglich verbindlich festgestellt, wie hoch die Steuer ist, die ein bestimmter Steuerschuldner nach den Steuergesetzen schuldet. Das Leistungsgebot liegt erst in der konkreten Aufforderung, diese festgesetzte Steuerschuld zu bezahlen. Es wird dadurch erteilt, daß die Finanzbehörde dem Steuerschuldner mitteilt, wo, wann und wie die Steuer zu erbringen ist. Diese Aufforderung ist in der Ausfertigung des Steuerbescheides formularmäßig aufgenommen, die dem Steuerschuldner auszuhändigen ist. Beide Verwaltungsakte sind aber rechtlich zu unterscheiden. Sie können ge-

[68] Schwarz, § 254, Tz. 3; Kühn-Kutter-Hofmann, § 254, 1; Klein-Orlopp, § 254, 4
[69] Grundsätzlich a.A. Thiem, S. 250 m.w.N., der den Leistungsbescheid als Vollstreckungsgrundlage ansieht.

sondert mit Rechtsbehelfen angegriffen werden, wobei gegen den Steuerbescheid und gegen das Leistungsgebot jeweils der Einspruch (§ 347 AO) gegeben ist. Ergeht ein Steuerbescheid versehentlich ohne Leistungsaufforderung, so bleibt die Steuerfestsetzung hiervon unberührt. Die Zahlungspflicht muß dann durch ein gesondertes Leistungsgebot herbeigeführt werden.[70]

Für den Erlaß des Leistungsgebotes ist nicht die Vollstreckungsbehörde, sondern die **Finanzbehörde zuständig**, die die steuerliche Leistung festsetzt. Für sie handeln die Festsetzungsstellen, das sind grundsätzlich die zuständigen Sachgebiete. Das Leistungsgebot ist daher keine Maßnahme der Vollstreckung. Es ist allerdings unabdingbare Vollstreckungsvoraussetzung.

Vollstreckungsmaßnahmen, die **ohne** vorheriges **Leistungsgebot** durchgeführt werden, sind rechtswidrig.[71]

b) Form und Inhalt

Das Leistungsgebot ist **formfrei**. Es kann mündlich, schriftlich oder in anderer Weise erlassen werden (§ 119 Abs. 2 AO). Regelmäßig wird es die Form des den Anspruch festsetzenden Verwaltungsaktes teilen. Die Schriftform empfiehlt sich wegen der Bedeutung des Leistungsgebotes und zu Beweiszwecken. Der **Inhalt** des Leistungsgebotes ergibt sich aus § 254 Abs. 1 S. 1 AO. Es muß eindeutig sein und folgende Angaben enthalten:

- Die Bezeichnung des Vollstreckungsschuldners. Bei Schuldnermehrheit ist jeder einzelne Schuldner aufzuführen;
- den Gegenstand der Leistung, wie Geldleistung, Duldung oder Unterlassung. Bei Geldleistungen ist der Betrag anzugeben;
- den Grund der Leistung, Duldung oder Unterlassung, wie Biersteuer, Zwangsgeld oder Kosten;
- die ausdrückliche Aufforderung, die Leistung, Duldung oder Unterlassung zu bewirken.

Zweckmäßigerweise wird das Leistungsgebot zusätzlich enthalten:

- Die Anweisung, wo, wann und wie die Leistung zu erbringen ist;
- bei Geldleistungen, die Postscheck- oder Bankverbindung der erhebenden Kasse/Zahlstelle.

Soweit diese Angaben bereits im Steuerbescheid (§ 157 Abs. 1 AO) enthalten sind, brauchen sie nur einmal aufgenommen zu werden. Eine **inhaltliche Verbindung** ist zulässig (§ 254 Abs. 1 S. 2 AO).

Wird nach Erlaß des Leistungsgebots Zahlungsaufschub oder Stundung gewährt, so bedarf es bei Eintritt der Fälligkeit keines erneuten Leistungsgebots.[72]

Beispiel:

Das Hauptzollamt hatte dem A am 10. Januar einen Zollbescheid nebst Leistungsgebot erteilt und die Zollschuld anschließend bis zum 20. Februar gestundet. Am 1. März sind noch keine Zahlungen eingegangen.

---

[70] Kussmann, S. 41

[71] str., Nichtigkeit nehmen an: BFH BStBl. 53, 312; 62, 321; 79, 589; Klein-Orlopp, § 254, 3; von Rechtswidrigkeit gehen aus: BFH/NV 89/114; FG München, EFG 89, 194; HHSp, § 254, Tz. 62; Tipke-Kruse, § 254, Tz. 14

[72] Tipke-Kruse, § 254, Tz. 5 m.w.N.

Das Hauptzollamt kann Vollstreckungsmaßnahmen ergreifen. Die Zollschuld war in einem Verwaltungsakt festgesetzt worden (§ 249 AO). Sie wurde mit Fristablauf (vgl. Art. 229 ZK) fällig. Zwar war die Fälligkeit durch Gewährung der Stundung hinausgeschoben, doch trat sie am 20. Februar wieder ein. Ein Leistungsgebot hatte die Behörde am 10. Januar zusammen mit dem Zollbescheid erteilt. Seine Wirksamkeit wurde durch die Stundung nicht berührt, da sich diese nur auf die materielle Fälligkeit bezieht. Es brauchte allerdings mangels Fälligkeit des Anspruchs, auf den es sich bezog, nicht befolgt zu werden. Eines erneuten Leistungsgebotes bedurfte es daher nicht, als der Anspruch am 20. Februar wieder fällig wurde. Auch die Wochenfrist nach § 254 Abs. 1 S. 1 AO ist abgelaufen.

c) Rechtsbehelfsentscheidungen

Rechtsbehelfsentscheidungen sind deklaratorischer Natur und entscheiden lediglich darüber, ob der im Steuerbescheid ausgewiesene Steueranspruch nach Maßgabe der Steuergesetze zu Recht festgesetzt wurde. Sie enthalten daher kein Leistungsgebot. Bestätigt die Rechtsbehelfsentscheidung den Steuerbescheid, so bedarf es keines erneuten Leistungsgebotes. Wird der angefochtene Steuerbescheid geändert, so muß ein neues Leistungsgebot nur ergehen, soweit sich die Leistungsfestsetzung erhöht. Es ist darauf zu achten, daß wegen des ursprünglich festgesetzten Betrages kein erneutes Leistungsgebot ergeht.

d) Steueranmeldungen

Eines **Leistungsgebotes bedarf es nicht**, soweit der Vollstreckungsschuldner eine von ihm aufgrund der Steueranmeldung (§§ 150 Abs. 1, 168 AO) geschuldete Leistung nicht erbracht hat (§ 254 Abs. 1 S. 4 AO). Die Steueranmeldungen haben insbesondere für das Zoll- und Verbrauchsteuerrecht große Bedeutung.

Beispiele:
Der Steuerschuldner hat den zu versteuernden Schaumwein anzumelden und in der Anmeldung den Steuerbetrag zu errechnen (§ 7 SchaumwZwStG). Der Zollschuldner hat bei Entnahme von Nichtgemeinschaftsware aus dem offenen Zolllager die Ware anzumelden und den Zoll zu berechnen (Art. 76, 221 Abs. 2 ZK).

Diese Steueranmeldungen machen eine gesonderte Steuerfestsetzung entbehrlich (§ 155 Abs. 1 AO). Dies gilt nicht, wenn die Finanzbehörde eine Steuer festsetzen will, die von der berechneten abweicht (§ 167 AO, Art. 221 Abs. 2 ZK). Entsprechendes gilt, wenn die Steuer durch Verwendung von Steuerzeichen oder Steuerstemplern zu entrichten ist. Die Steueranmeldung steht zwar einer Steuerfestsetzung unter dem Vorbehalt der Nachprüfung gleich (§ 168 AO) und ist daher auf eine vollstreckbare Leistung gerichtet (§ 249 Abs. 1 S. 2 AO), doch fehlt es in diesen Fällen an einem besonderen Leistungsgebot. Es ist auch nicht erforderlich, da dem Steuerschuldner aufgrund der Selbstberechnung die Zahlungsverpflichtung bekannt ist und das Gesetz ihn selbst zur Zahlung der Schuld am Fälligkeitstage verpflichtet (gesetzliches Leistungsgebot).[73]

Beispiele:
Gem. § 9 SchaumwZwStG hat der Steuerschuldner die angemeldete Steuer bis zum 25. des zweiten Monats zu entrichten, der auf den Monat folgt, in dem die

[73] Schwarz, § 254, Tz. 6, der den Begriff gesetzlicher Leistungsbefehl verwendet.

Steuer entstanden ist. Gem. § 11 MinöStG hat der Steuerschuldner die Steuer spätestens am zehnten Tag des zweiten Monats nach der Entstehung zu entrichten.

Wird in diesen Fällen **keine Steueranmeldung** abgegeben, oder will die Finanzbehörde eine höhere als die angemeldete Steuer festsetzen, so bedarf es eines gesonderten Leistungsgebotes als Voraussetzung für den Beginn der Vollstreckung.

Beispiel:
A hat für einen Monat 100 hl Schaumwein zur Steuer angemeldet. Eine Steuerprüfung ergibt, daß insgesamt 200 hl ausgeliefert wurden. Das Hauptzollamt erläßt daher einen Steuerbescheid über die nicht angemeldeten 100 hl Schaumwein. Dieser muß mit einem Leistungsgebot versehen werden. Hätte das Hauptzollamt die Steueranmeldung des A ganz aufgehoben und durch einen neuen Bescheid über 200 hl ersetzt, so hätte das Leistungsgebot den gesamten Steuerbetrag umfassen müssen.

e) Steuerliche Nebenleistungen

Sollen Säumniszuschläge, Zinsen und Vollstreckungskosten zusammen mit der Steuer beigetrieben werden, so bedarf es keines Leistungsgebotes (§ 254 Abs. 2 AO). Der enge Zusammenhang zwischen der Steuer und diesen von ihr abhängenden steuerlichen Nebenleistungen, macht ein gesondertes **Leistungsgebot entbehrlich**. Dies gilt auch dann, wenn die Nebenleistungen in dem Bescheid gesondert berechnet und ausgewiesen werden. Diese Vorschrift ist auf die Vollstreckung von Zwangsgeldern und Verspätungszuschlägen nicht anwendbar. Verspätungszuschläge werden mit der Steuer zusammen festgesetzt (§ 152 Abs. 3 AO) und regelmäßig in das Leistungsgebot für die Steuer mit aufgenommen.[74] Sollen steuerliche Nebenleistungen gesondert geltend gemacht werden, so muß stets ein Leistungsgebot ergehen.[75]

Beispiel:
Der Vollstreckungsschuldner schuldet dem Hauptzollamt folgende Beträge:

Schaumweinsteuer	*5.000,– DM*
Zinsen für die Stundung der o.a. Steuer	*250,– DM*
Vollstreckungskosten	*60,– DM*
	5.310,– DM

Als der Vollziehungsbeamte den Vollstreckungsschuldner zur Zahlung auffordert, legt dieser ihm eine Bankquittung vor, aus der sich ergibt, daß die Schaumweinsteuer zugunsten der Zahlstelle eingezahlt worden ist.

Der Vollziehungsbeamte darf wegen der Schaumweinsteuer keine Vollstreckungsmaßnahmen mehr ergreifen (§ 292 Abs. 1 AO). Auch Pfändungsmaßnahmen wegen der offenen Zinsen und Kosten sind unzulässig, da für die gesonderte Vollstreckung wegen steuerlicher Nebenleistungen ein Leistungsgebot für diese Beträge erforderlich ist.

f) Rechtsbehelfe

Gegen das Leistungsgebot kann der Vollstreckungsschuldner **Einspruch** einlegen (§ 347 Abs. 1 AO). Allerdings können nur Einwendungen geltend gemacht wer-

---

74 Tipke-Kruse, § 254, Tz. 10; HHSp, § 254 Tz. 71
75 Schwarz, § 254, Tz. 7; Klein-Orlopp, § 255, 8

den, die sich gegen die Zulässigkeit des Leistungsgebotes, nicht aber gegen den zu vollstreckenden Verwaltungsakt richten. In der Regel wird der Vollstreckungsschuldner nur rügen können, das Leistungsgebot weiche inhaltlich von der Steuerfestsetzung ab, oder die Voraussetzungen für den Erlaß eines Leistungsgebotes seien nicht gegeben. Ist ein Leistungsgebot in rechtswidriger Weise erteilt, aber durch Bekanntgabe an den Betroffenen wirksam geworden, so sind nachfolgende Vollstreckungsmaßnahmen gleichwohl rechtmäßig. Die Rechtswidrigkeit des Leistungsgebots kann der Vollstreckungsschuldner nicht in einem Rechtsbehelfsverfahren gegen die nachfolgende Vollstreckungsmaßnahme geltend machen.

Beispiel:
Das Hauptzollamt hat den A für rückständige Einfuhrabgaben mit einem Haftungsbescheid in Anspruch genommen, weil er von dem Steuerschuldner B einen Betrieb übernommen hat und ihn unter derselben Firma fortführt (§ 25 HGB). Gleichzeitig fordert es A auf, den Haftungsbetrag zu zahlen und ergreift später Vollstreckungsmaßnahmen.

Die Aufforderung an den A, den Haftungsbetrag zu zahlen, ist ein Leistungsgebot im Sinne von § 254 AO. Gem. § 219 AO darf ein Haftungsschuldner auf Zahlung regelmäßig aber nur in Anspruch genommen werden, soweit die Vollstreckung in das bewegliche Vermögen des Steuerschuldners ohne Erfolg geblieben oder anzunehmen ist, daß die Vollstreckung aussichtslos sein würde. Da das Hauptzollamt bisher keine Maßnahmen ergriffen hatte, um von B den Betrag zwangsweise einzuziehen, war der Erlaß der Zahlungsaufforderung rechtswidrig. Die nachfolgenden Vollstreckungsmaßnahmen gegen A sind gleichwohl wirksam und rechtmäßig. Die Rechtswidrigkeit des Leistungsgebotes, eine Maßnahme des Festsetzungsverfahrens, kann A nur außerhalb des Vollstreckungsverfahrens geltend machen (§ 256 AO analog).

4. Bekanntgabe des Leistungsgebots

Der Vollstreckungsschuldner ist zur Leistung aufzufordern (§ 254 Abs. 1 S. 1 AO). Ihm ist das Leistungsgebot bekanntzugeben, damit er von seiner Rechtspflicht zur Zahlung Kenntnis erlangt. Erst im Zeitpunkt der Bekanntgabe wird das Leistungsgebot dem Adressaten oder dem sonst Betroffenen gegenüber wirksam. Es wird mit dem Inhalt wirksam, mit dem es bekanntgegeben wird (§ 124 Abs. 1 S. 2 AO).

Besondere **Formvorschriften** für die Bekanntgabe **bestehen nicht**, so daß die Behörde das Leistungsgebot nach ihrem Ermessen mündlich, schriftlich oder in sonstiger Weise bekanntgeben kann.[76] Es wird im Regelfall jedoch in der gleichen Form bekanntgegeben wie der Bescheid, der die Leistung festsetzt. Bei mündlichen Leistungsgeboten, die namentlich bei Zollbescheiden möglich sind (§ 29a ZollVO), muß die Leistungsaufforderung akustisch verstehbar sein. Leistungsgebote, die Verbrauchsteuern betreffen, werden meist schriftlich erteilt.

Ein schriftliches Leistungsgebot, das **durch die Post** im Inland übermittelt wird, gilt mit dem dritten Tage nach der Aufgabe zur Post als bekanntgegeben, außer wenn es nicht oder zu einem späteren Zeitpunkt zugegangen ist. Im Zwei-

[76] Tipke-Kruse, § 254, Tz. 7; Klein-Orlopp, § 254, 4

fel hat die Behörde den Zugang des Leistungsgebotes und den Zeitpunkt des Zuganges nachzuweisen (§ 122 Abs. 2 AO).

Leistungsgebote, die Geldbußen betreffen, sind nach den Vorschriften des Verwaltungszustellungsgesetzes bekanntzugeben (§ 412 Abs. 1 AO).

5. Ablauf der Wochenfrist

Die Vollstreckung darf erst beginnen, wenn seit der Aufforderung zur Leistung mindestens eine Woche verstrichen ist (§ 254 Abs. 1 AO). Der Steuerschuldner soll Gelegenheit erhalten, seine Schuld, die durch das behördliche Leistungsgebot von ihm angefordert wurde, in angemessenem Zeitraum zu bewirken. Diese Frist soll es ihm rein tatsächlich ermöglichen, die Leistungshandlung vorzunehmen und bei unbarer Zahlungsweise die technische Buchungsabwicklung sicherstellen. Eine Schonfrist ist hierin nicht zu sehen.[77]

Hat der Steuerschuldner eine **Steueranmeldung** abgegeben und kennt er daher den gesetzlichen Fälligkeitszeitpunkt, so bedarf es dieser Wochenfrist nicht. Der Schuldner muß dann die Leistungshandlung so rechtzeitig vornehmen, daß der Leistungserfolg am Fälligkeitstage eintritt (§ 254 Abs. 1 S. 4 AO).

Für die **Berechnung der Wochenfrist** gelten nach § 108 Abs. 1 AO die Vorschriften der §§ 187ff. BGB entsprechend. Die Wochenfrist wirkt sich allerdings nicht aus, wenn der angeforderte Anspruch erst später als eine Woche nach Bekanntgabe des Leistungsgebotes fällig wird, oder dem Schuldner im Leistungsgebot eine längere Zahlungsfrist als eine Woche gesetzt wird.

Beispiel:

Gegen A werden nach einer Außenprüfung vom Hauptzollamt am 1.1. rückständige Zollschulden in Höhe von 5.000,– DM festgesetzt; er wird aufgefordert den Betrag binnen 10 Tagen zu zahlen.

Zahlt A bis zum 11.1. die Steuern nicht, so kann mit der Vollstreckung begonnen werden. Es fehlt insbesondere nicht am Ablauf der Wochenfrist nach §§ 254 Abs. 1 AO. Die Berechnung der Wochenfrist knüpft an die Bekanntgabe des Leistungsgebots am 1.1. an. Der Fristlauf ist nicht abhängig von der Fälligkeit oder Festsetzung des Steueranspruchs oder dem Ablauf eines von der Behörde gesetzten Zahlungszeitraumes. Die Wochenfrist endet daher am 8.1. Da dem A im Leistungsgebot eine Zahlungsfrist von 10 Tagen eingeräumt war, überdecken sich beide Fristen teilweise.

Vollstreckungsmaßnahmen, die vor Ablauf der Wochenfrist vorgenommen werden, sind wirksam aber anfechtbar.[78] Die Fristvorschrift gilt nur, soweit nichts anderes vorgeschrieben ist (§ 254 Abs. 1 S. 1 AO). So kann z.B. ein Arrest (§ 324 AO) gleichzeitig mit der Arrestanordnung oder noch vor Zustellung der Arrestverfügung an den Vollstreckungsschuldner vollzogen werden.

6. Beginn der Vollstreckung

Liegen alle Voraussetzungen des § 254 AO vor und bestehen auch keine Vollstreckungshemmnisse (§ 251 AO), so kann mit der Vollstreckung begonnen wer-

[77] a.A. Schwarz, § 254 Tz. 5; Kussmann, S. 47
[78] BFH BStBl. 1979 II 589 m.w.N.; Klein-Orlopp, § 255, 6

den. Dabei liegt der Beginn der Vollstreckung weder in der innerbehördlichen Entscheidung, ein Vollstreckungsverfahren durchzuführen, noch in der Ermittlung der Vermögensverhältnisse des Vollstreckungsschuldners oder der Erteilung eines Vollstreckungsauftrages (vgl. § 10, 5ff.). Der Beginn der Vollstreckung ist vielmehr in dem **ersten tatsächlichen Akt** zu sehen, den das funktionell zuständige Organ zur **unmittelbaren und zwangsweisen Befriedigung** wegen des zu vollstreckenden Anspruches ergreift. Bei Vollstreckungshandlungen des Vollziehungsbeamten liegt sie z.B. in dem Öffnen einer verschlossenen Tür, in der Durchsuchung eines Wohnraumes oder in dem Anlegen eines Pfandsiegels. Die Aufforderung des Vollstreckungsschuldners zur freiwilligen Zahlung gem. Abschn. 24 Abs. 1 VollzA ist keine Maßnahme, die auf eine zwangsweise Befriedigung abzielt. Sie stellt noch keinen Beginn der Vollstreckung dar. Die Vollstreckung durch Maßnahmen der Vollstreckungsbehörde beginnt mit dem Beschluß oder der Anordnung einer einzelnen Vollstreckungsmaßnahme.[79]

Beispiel:
Dem Vollstreckungsschuldner ist ein Steuerbescheid nebst Leistungsgebot am 10.1. bekanntgegeben worden. Am 15.1. erteilt die Vollstreckungsstelle dem Vollziehungsbeamten einen Vollstreckungsauftrag zur Pfändung beweglicher Sachen und unterzeichnet gleichzeitig eine Pfändungsverfügung, mit der ein Guthaben des Vollstreckungsschuldners bei einer Bank gepfändet wird.

Die Erteilung des Vollstreckungsauftrages erfolgt zwar vor Ablauf der für den Beginn der Vollstreckung vorgeschriebenen Wochenfrist seit Bekanntgabe des Leistungsgebotes (§ 254 Abs. 1 AO). Derartige vorbereitende Tätigkeiten, die noch keine unmittelbaren Zwangsmaßnahmen gegen den Vollstreckungsschuldner zum Inhalt haben, stellen noch keinen Beginn der Vollstreckung dar und sind daher auch vor Ablauf der Wochenfrist zulässig. Die Ausfertigung der Pfändungsverfügung ist rechtswidrig. Bei der Pfändung von Forderungen durch die Vollstreckungsstelle beginnt die Vollstreckung bereits, wenn die Pfändung angeordnet, also die Verfügung unterzeichnet, nicht erst, wenn die Verfügung der Bank zugestellt wird.

[79] Tipke-Kruse, vor § 249, Tz. 7

Zweiter Teil
Vollstreckung wegen Geldforderungen

§ 12 Übersicht

Der zweite Abschnitt des sechsten Teiles der Abgabenordnung (§§ 259-327 AO) regelt mit der Vollstreckung wegen Geldforderungen den bedeutsamsten Teil des Vollstreckungsrechtes. In der Praxis sind diese Vollstreckungen weitaus überwiegend. Sie sichern die finanziellen Grundlagen des Staates, indem sie eine Realisierung von Geldansprüchen auch gegenüber solchen Steuerschuldnern ermöglichen, die freiwillig ihren gesetzlichen Zahlungsverpflichtungen nicht nachkommen. Die Vollstreckung wegen Handlungen, Duldungen oder Unterlassungen ist demgegenüber von untergeordneter Bedeutung. Sie wird durch Zwangsgeld (§ 329 AO), Ersatzvornahme (§ 330 AO), unmittelbaren Zwang (§ 331 AO) und Ersatzzwangshaft (§ 334 AO) durchgesetzt.

Geldforderungen sind Forderungen, die auf Leistung einer Geldsumme gerichtet sind. Hierzu zählen alle Anprüche aus dem Steuerschuldverhältnis wie der Steueranspruch, der überzahlte Steuervergütungsanspruch, der Haftungsanspruch, der Anspruch auf eine steuerliche Nebenleistung im Sinne von § 3 Abs. 3 AO sowie überzahlte Erstattungsansprüche nach § 37 Abs. 2 AO oder den Einzelsteuergesetzen (§ 37 Abs. 1 AO). Ansprüche auf Sicherheitsleistung (§ 336 AO) werden nur dann als Geldleistungen vollstreckt, wenn die Sicherheit durch Geldleistung zu bestellen ist (§ 241 Abs. 1 Nr. 1 AO).

Übersicht:

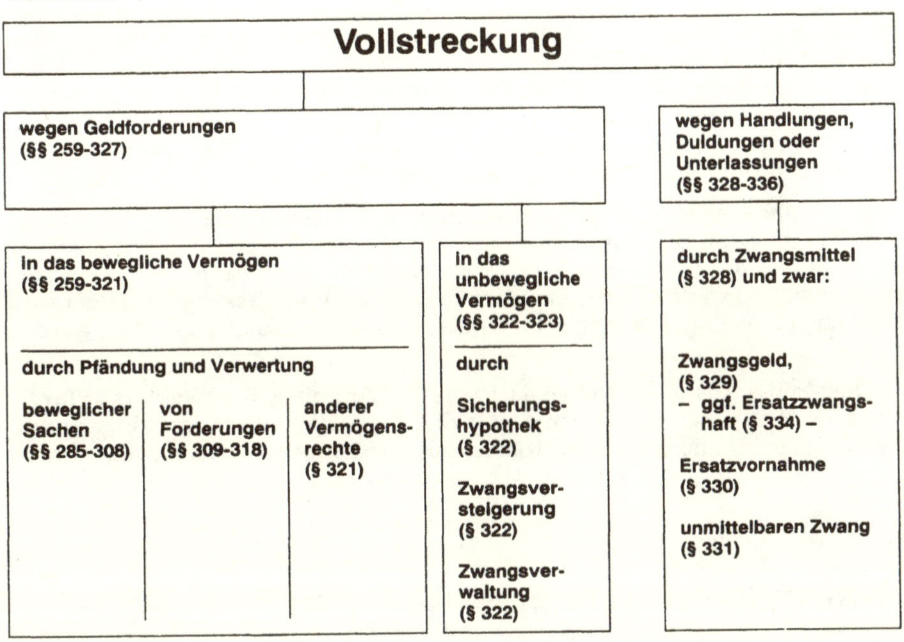

Die Vollstreckung wegen Geldforderungen gestaltet sich unterschiedlich je nach dem Gegenstand, in den vollstreckt werden soll. Nach dem Vollstreckungsobjekt ist zu unterscheiden zwischen der Vollstreckung in das bewegliche und der Vollstreckung in das unbewegliche Vermögen. Dies erklärt sich daraus, daß die Vollstreckung in das bewegliche Vermögen eine schnellere wirtschaftliche Realisierung ermöglicht als das Immobiliarvermögen. Die Vollstreckung in das bewegliche Vermögen erfolgt durch Pfändung. Innerhalb des beweglichen Vermögens ist zu unterscheiden zwischen der Vollstreckung in bewegliche Sachen und Wertpapiere und der Vollstreckung in Forderungen und sonstige Vermögensrechte. Das Vollstreckungsverfahren trägt damit dem Umstand Rechnung, daß greifbare Objekte durch tatsächlichen Akt beschlagnahmt werden können, während bei Forderungen und Rechten ein körperliches Zugriffsobjekt fehlt. Die Auswahl der Vorgehensweise und der Vollstreckungsgegenstände steht im Ermessen des Vollstreckungsgläubigers. Grundsätzlich haftet ihm der Steuerschuldner mit seinem gesamten Vermögen.

§ 13 Die Mahnung

Der Vollstreckungsschuldner einer Geldforderung soll in der Regel vor Beginn der Vollstreckung mit einer Zahlungsfrist von einer Woche gemahnt werden (§ 259 Abs. 1 AO).

Die Mahnung ist eine formfreie, empfangsbedürftige Erinnerung des Schuldners, die fällige und gebotene Geldleistung zu bewirken, in der zum Ausdruck kommt, daß das Ausbleiben der Leistung Folgen haben wird.[1]

Die Mahnung besitzt **keinen rechtlichen Regelungscharakter**. Sie weist den Schuldner lediglich auf seine Pflicht zur Zahlung hin, der nachzukommen ihm bereits durch das behördliche Leistungsgebot oder das Gesetz selbst geboten worden war. Ein Rechtsbehelf gegen die Mahnung ist daher unzulässig. Nur soweit der Mahnung noch kein Leistungsgebot vorausgegangen ist, sie aber dessen notwendigen Inhalt enthält, kann die Mahnung in ein Leistungsangebot umgedeutet werden. In diesem Fall kommt der Einspruch als Rechtsbehelf in Betracht, da insoweit ein Verwaltungsakt gegeben ist.

Die Mahnung ist noch **keine Maßnahme der Vollstreckung**, sondern erfolgt vor deren Beginn und gehört demnach dem Erhebungsverfahren an. Daher ist sie nicht von der Vollstreckungsstelle, sondern von den Kassen/Zahlstellen vorzunehmen und an den Steuerschuldner zu richten.[2] Vollstreckungsschuldner wird der Gemahnte erst, wenn gegen ihn Vollstreckungsmaßnahmen ergriffen werden (§ 253 AO).

Die Mahnung ist ihrem **Inhalt** nach eine **Wiederholung der Zahlungsaufforderung**. Sie setzt daher voraus, daß die Geldleistung fällig ist, der Schuldner bereits durch das behördliche oder gesetzliche Leistungsgebot zur Zahlung aufgefordert

[1] FG Hamburg EFG 1974, 86; Schwarz, § 259, Tz. 1
[2] Schwarz, § 259, Tz. 2; Tipke-Kruse, § 259, Tz. 2

wurde[3] und – im Regelfalle – die Wochenfrist gem. § 254 AO verstrichen ist.[4] Ist einer Mahnung kein Leistungsgebot vorausgegangen, enthält sie aber dessen Inhalt, so kann im Einzelfall eine Umdeutung in Betracht kommen.[5] Die Mahnung muß inhaltlich bestimmt und wie das Leistungsgebot eindeutig erkennen lassen, welche Leistung vom Steuerschuldner verlangt wird. Ihm soll eine Zahlungsfrist von einer Woche gesetzt werden. Für die Fristberechnung gilt § 108 Abs. 1 AO, §§ 187ff. BGB. Eine kürzere oder längere Fristsetzung ist wegen des Ermessenscharakters der Vorschrift zulässig. Die Mahnung muß erkennen lassen, daß der Gläubiger das Ausbleiben der Leistung an dem angegebenen Termin als eine **Pflichtwidrigkeit** erachtet, an die er die Geltendmachung von Rechten knüpfen kann. Eine Androhung bestimmter Folgen oder Vollstreckungsmaßnahmen ist nicht erforderlich.[6]

Die Mahnung ist **formfrei**, sie wird in der Regel schriftlich erfolgen. Bei fernmündlichen Mahnungen besteht die Gefahr der Verletzung des Steuergeheimnisses.[7] Als Mahnung gilt auch ein Postnachnahmeauftrag (§ 259 S. 2 AO). Die Mahnung wird wirksam, wenn sie dem Betroffenen bekanntgegeben wird (§§ 122 Abs. 2, 124 AO analog).[8]

Die Mahnung steht im pflichtgemäßen **Ermessen** der Behörde. Sie ist nicht erforderlich,

- wenn im Einzelfall, nach Erlaß des Leistungsgebotes, an die Fälligkeit erinnert worden ist (§ 259 S. 3 AO);
- wenn an den Fälligkeitstermin öffentlich erinnert worden ist (§ 259 S. 4 AO);
- wenn durch eine Mahnung der Erfolg etwaiger Vollstreckungsmaßnahmen gefährdet wird;[9]
- wenn gegen den Schuldner bereits wegen anderer Geldforderungen Vollstreckungsmaßnahmen eingeleitet sind und es am Rechtsschutzbedürfnis fehlt;[10]
- wenn der Schuldner vor oder nach Fälligkeit die Leistung bestimmt und endgültig verweigert hat.[11]

---

[3] Schwarz, § 259, Tz. 3

[4] Der Ansicht von Kühn-Kutter-Hofmann, § 259, 4; Klein-Orlopp, § 259, 1; Tipke-Kruse, § 259, Tz. 7, Mahnung setze – begrifflich, Schwarz, § 259, Tz. 3 – voraus, daß die Frist nach § 254 AO abgelaufen sei, ist nicht zuzustimmen. Mahnung bezieht sich inhaltlich auf ein vorausgegangenes Leistungsgebot und setzt im übrigen lediglich Nichtzahlung trotz Fälligkeit voraus. Die Fälligkeit wird aber durch die Wochenfrist gem. § 254 AO nicht berührt.

[5] HHSp, § 259, Tz. 5

[6] a.A. Tipke-Kruse, § 259, Tz. 2

[7] Schwarz, § 259, Tz. 5

[8] Tipke-Kruse, § 259, Tz. 3 bezogen auf § 122 Abs. 2 AO

[9] Schwarz, § 259, Tz. 6

[10] Schwarz, § 259, Tz. 6

[11] Palandt, § 284, 24 m.w.N.

Vollstreckungsmaßnahmen, die ermessensfehlerhaft ohne Mahnung oder vor Ablauf der Wochenfrist ausgeführt werden, sind gleichwohl wirksam. Sie sind aber auf einen Rechtsbehelf hin aufzuheben.[12]

Es kann aber auch berechtigte Gründe für ein Unterlassen der Mahnung geben, z.B. wenn durch sie der Erfolg der Vollstreckung gefährdet würde oder wenn der Schuldner schon bei der Stundung auf die Folgen einer nicht rechtzeitigen Zahlung hingewiesen worden ist.[13] Die dem Schuldner durch die Mahnung eingeräumte Wochenfrist ist weder als Vollstreckungsaufschub (§ 258 AO) noch als Stundung (§ 222 AO) anzusehen, sondern hat den Charakter einer konzilianten Verschonung des Schuldners.[14] Die Verwirkung von Säumniszuschlägen (§ 240 AO) bleibt allerdings unberührt.[15] Kosten werden für das Mahnverfahren nicht erhoben (§ 337 Abs. 2 AO). Der Vollstreckungsschuldner hat jedoch die Kosten zu tragen, die durch einen Postnachnahmeauftrag (§ 259 S. 2 AO) entstehen. Eine bedeutsame materiell-rechtliche Folge der Mahnung besteht darin, daß der Lauf der Zahlungsverjährung unterbrochen wird (§ 231 Abs. 1 AO).

A Die Vollstreckung in das bewegliche Vermögen

§ 14 Pfandverstrickung, Pfändungspfandrecht

1. Bewegliches Vermögen

Wegen seiner Geldforderungen kann der Vollstreckungsgläubiger in das bewegliche Vermögen des Vollstreckungsschuldners vollstrecken und sich nach Verwertung aus dem Erlös befriedigen. Der Begriff des beweglichen Vermögens ist in keiner gesetzlichen Vorschrift definiert. Er umfaßt alle vermögenswerten Gegenstände und Rechtspositionen, die nicht gem. § 322 Abs. 1 AO i.V.m. §§ 864-871 ZPO der Vollstreckung in das unbewegliche Vermögen unterliegen.[16] Hierzu gehören:

- bewegliche Sachen soweit sie nicht durch gesetzliche Regelungen der Vollstreckung in das unbewegliche Vermögen unterliegen (§ 285 Abs. 1 AO, § 90 BGB);
- Früchte, die vom Boden noch nicht getrennt sind (§ 294 AO);
- Forderungen aus Wechseln und anderen Papieren, die durch Indossament übertragen werden (§ 312 AO);
- Forderungen, die auf Geld gerichtet sind (§ 309 AO);
- Forderungen, die durch eine Hypothek gesichert sind (§ 310 AO);

[12] Tipke-Kruse, § 259, Tz. 10 m.w.N.; mißverständlich Abschn. 19 Abs. 3 VollstrA, wonach Vollstreckungsmaßnahmen nicht deshalb unzulässig sind, weil eine nach § 259 AO gebotene Mahnung unterblieben oder vor Ablauf der Mahnfrist mit der Vollstreckung begonnen worden ist.

[13] Klein-Orlopp, § 259, 2

[14] Kühn-Kutter-Hofmann, § 259, 4

[15] Schwarz, § 259, Tz. 4; Tipke-Kruse, § 259, Tz. 9

[16] Zur Abgrenzung Tipke-Kruse, § 281, Tz. 1f.; ausführlich zum unbeweglichen Vermögen Tipke-Kruse, § 322, Tz. 1ff.

- Ansprüche, die auf Herausgabe oder Leistung von Sachen gerichtet sind (§ 318 AO);
- andere Vermögenswerte, soweit sie nicht Gegenstand der Vollstreckung in das unbewegliche Vermögen sind (§ 321 AO).

Die **Zwangsvollstreckung** erfolgt stets **nur in einzelne Teile** des beweglichen Vermögens, da nur dann die Klarheit und Sicherheit des Vollstreckungsaktes gewährleistet ist. Das Vermögen als Ganzes oder eine Sachgesamtheit kann nicht Gegenstand der Vollstreckung sein. Soll das gesamte Vermögen verwertet werden, so ist dies nur möglich, wenn ein Vollstreckungsgläubiger die Durchführung eines Konkursverfahrens beantragt.[17]

Beispiel:
Der Vollstreckungsschuldner betreibt einen Handel mit Mineralölerzeugnissen. In diesen Vermögenswert des gewerblichen Unternehmens (Handelsgeschäft) kann der Vollstreckungsgläubiger nicht im ganzen vollstrecken. Es ist nötig, die einzelnen Betriebsmittel, die Vorräte, das Bargeld und die Kasse sowie die Außenstände zu pfänden und entweder einzeln zu versteigern oder als Ganzes zu verwerten (§§ 305, 317 AO).

Der Vollstreckung unterliegt **nur das gegenwärtige Vermögen** des Vollstreckungsschuldners. Vermögensgegenstände, die im Zeitpunkt des Beginnes der Vollstreckung veräußert sind, werden grundsätzlich nicht von ihr erfaßt.[18] Allerdings besteht die Möglichkeit, durch Anfechtung nach dem Anfechtungsgesetz diese Vermögensgegenstände der Vollstreckung zugängig zu machen, wenn sie zum Nachteil des Gläubigers verringert wurden (vgl. § 31).

2. Pfändung

Die Vollstreckung in das bewegliche Vermögen erfolgt durch Pfändung und anschließende Verwertung. § 281 Abs. 1 AO erwähnt zwar nur die Pfändung, doch führt der Pfändungsakt allein noch nicht zur Befriedigung des Vollstreckungsgläubigers. Regelmäßig erlischt der zu vollstreckende Anspruch nur, wenn die Pfandsachen verwertet werden und der Erlös vereinnahmt wird.[19]

Die Pfändung ist ein **staatlicher Hoheitsakt**, durch den das Vollstreckungsorgan dem Vollstreckungsschuldner die Verfügungsmacht an einer Sache oder einem Recht zwangsweise entzieht und dem Vollstreckungsgläubiger zur Verwertung und Befriedigung bereitstellt.[20] Die Pfändung ist ein Verwaltungsakt;[21] sie äußert als Fall einer staatlichen Beschlagnahme **drei Rechtswirkungen**:

- die Verstrickung des gepfändeten Gegenstandes;
- die Entstehung des Pfändungspfandrechtes;
- die Rangfolge bei Mehrfachpfändungen.

Die Art und Weise, wie das Vollstreckungsorgan die Pfändung durchzuführen hat, ist unterschiedlich, je nachdem, in welchen Vermögensgegenstand vollstreckt werden soll. Bewegliche Sachen werden dadurch gepfändet, daß der Vollzie-

[17] Baur-Stürner, Bd. 2, Tz. 1.5
[18] Baur-Stürner, Bd. 1, Tz. 22.5
[19] Bruns-Peters, § 20 III
[20] Bruns-Peters, § 20 III1; Baur-Stürner, Bd. 1, Tz. 27.1
[21] Tipke-Kruse, § 281, Tz. 4 m.w.N.

hungsbeamte sie in Besitz nimmt (§ 286 Abs. 1 AO). Forderungen und andere Vermögensrechte werden durch Pfändungsverfügung gepfändet (§§ 309, 321 AO). Die Anschlußpfändung erfolgt durch Erklärung des Vollziehungsbeamten (§ 307 Abs. 1 AO).

3. Verstrickung

a) Begriff

Die Verstrickung begründet ein **öffentlich-rechtliches Gewaltverhältnis** an der Pfandsache. Die Verfügungsbefugnis wird dem Vollstreckungsschuldner entzogen und geht auf den Vollstreckungsgläubiger über, soweit es die Durchführung der Vollstreckung erfordert.[22] Die Verstrickung bildet die **Grundlage für die nachfolgenden hoheitlichen Verwertungsmaßnahmen**. Diese Verfügungsbeschränkung ist nur bei der Pfändung von Forderungen und anderen Vermögensrechten ausdrücklich erwähnt (§§ 309, 321 AO), sie besteht aber auch an gepfändeten beweglichen Sachen.

Das Verfügungsverbot wirkt nicht absolut gegen jedermann, sondern **nur relativ** zugunsten des Vollstreckungsgläubiges (§§ 135, 136 BGB). Verfügt der Vollstreckungsschuldner trotz der Verstrickung über den Pfandgegenstand, so ist diese Verfügung Dritten gegenüber wirksam. Nur dem Vollstreckungsgläubiger gegenüber ist sie unwirksam.[23] Allerdings ist ein gutgläubiger lastenfreier Erwerb der Pfandsache möglich (§ 135 Abs. 2 BGB). Wer durch die zuständige Behörde oder Beamte gepfändete oder mit Beschlag belegte Gegenstände vorsätzlich beiseite schafft, zerstört oder in anderer Weise der Verstrickung ganz oder teilweise entzieht, macht sich strafbar (§ 136 StGB).

b) Entstehung der Verstrickung

Die Verstrickung entsteht **durch jede ordnungsgemäße Pfändung**, bei der die wesentlichen Verfahrensvorschriften beachtet werden.[24] Leichte formelle Mängel des Pfändungsaktes oder ein Verstoß gegen Ordnungsvorschriften machen die Pfändung zwar rechtswidrig und sind auf Einspruch hin aufzuheben; der Eintritt der Verstrickung wird hierdurch aber nicht gehindert. Als leichtere Mängel gelten der Verstoß gegen das Gebot der Überpfändung (§ 281 Abs. 2 AO),[25] Pfändungsmaßnahmen ohne Vollstreckungsauftrag (§ 285 Abs. 2 AO)[26] sowie die Nichtbeachtung von Pfändungsschutzvorschriften.[27]

Beispiel:
Der Vollziehungsbeamte pfändet einen Trauring des Vollstreckungsschuldners.

Die Pfändung ist rechtswidrig, da Trauringe zu den unpfändbaren Gegenständen gehören (§ 295 AO, § 811 Nr. 11 ZPO). Die Verstrickung ist gleichwohl eingetreten, da die Pfändung wirksam geworden ist (§ 124 AO) und der Verstoß gegen Pfändungsschutzvorschriften nur als minderschwerer Mangel gewertet werden muß (§ 125 Abs. 1 AO).

---

22 Baur-Stürner, Bd. 1, Tz. 27.1; Tipke-Kruse, § 282, Tz. 1
23 Bruns-Peters, § 20 III 1
24 Bruns-Peters, § 20 III; Schwarz, § 281, Tz. 5, § 282 Tz. 2ff.
25 Bruns-Peters, § 20 III
26 Tipke-Kruse, § 285, Tz. 3
27 Jauernig, § 33 I J; BGH NJW 1979, 2046

Die Verstrickung entsteht auch unabhängig davon, ob dem Vollstreckungsgläubiger gegen den Vollstreckungsschuldner nach materiellem Recht eine Geldforderung zusteht, oder ob der gepfändete Gegenstand zum Vermögen des Vollstreckungsschuldners gehört.[28]

Eine Verstrickung entsteht dann nicht, wenn der Pfändungsakt an einem besonders schwerwiegenden Fehler leidet und deshalb nichtig ist (§ 125 AO). Eine nichtige Pfändung liegt z.B. vor, wenn sie von einem funktionell unzuständigen Vollstreckungsorgan vorgenommen wurde,[29] bewegliche Sachen nicht in Besitz genommen wurden (§ 286 Abs. 1 AO)[30] oder die Pfändung nicht sichtbar gemacht wurde (§ 286 Abs. 2 S. 2 AO). Nichtig ist die Pfändung auch, wenn entweder ein vollstreckbarer Verwaltungsakt fehlt, oder wenn die staatlichen Grenzen hoheitlicher Wirksamkeit übersehen wurden.

c) Umfang der Verstrickung

Die Verstrickung ergreift den Pfandgegenstand in den einzelnen Verwertungsstufen, also auch den anstelle des gepfändeten Gegenstandes getretenen Erlös (§ 301 AO) und die herausgegebene Sache bei Pfändung eines Herausgabeanspruches (§ 318 Abs. 1 AO). Auch Sach- und Rechtsfrüchte der Pfandsache, wie das Ferkel der Sau (§ 1212, 99 Abs. 1 BGB analog) oder Zinsen von Forderungen (§ 1289 BGB analog), werden von der Verstrickung erfaßt.

d) Verfolgungsrecht des Vollziehungsbeamten

Ist eine Sache nach wirksamer Pfändung in den Gewahrsam eines Dritten gelangt, der ihre Herausgabe verweigert, so kann der Vollziehungsbeamte sie ihm erst wegnehmen, wenn die Finanzbehörde gegen ihn einen **Duldungsbescheid** (§ 191 Abs. 1 AO) erlassen hat und die Voraussetzungen für den Beginn der Vollstreckung gegen den Dritten vorliegen.

Die wirksame Verstrickung verpflichtet kraft Gesetzes (§ 282 Abs. 1 AO) zugunsten des Vollstreckungsgläubigers jedermann, die Befriedigung aus dem Gegenstand zu dulden. Einen eventuellen gutgläubigen lastenfreien Eigentumserwerb muß der Dritte mit der Drittwiderspruchsklage geltend machen.[31] Der vollstreckbare Verwaltungsakt gegen den Vollstreckungsschuldner bietet keine Ermächtigung, Vollstreckungsmaßnahmen gegen dritte Personen zu ergreifen.[32]

e) Ende der Verstrickung

Die Verstrickung endet, wenn das zuständige Vollstreckungsorgan die Sache im Rahmen der Verwertung einem Erwerber kraft hoheitlicher Gewalt übereignet (§ 299 Abs. 2 AO). Sie erlischt ferner durch Entstrickung, indem das zuständige Vollstreckungsorgan, zu Recht oder Unrecht, die Pfandzeichen abnimmt und die Sache an den Vollstreckungsschuldner zurückgibt oder diesen zur Abnahme ermächtigt. Sie kann auch enden durch gutgläubigen Erwerb eines Dritten (§ 135 Abs. 2 BGB). Die Verstrickung endet nicht durch Diebstahl der Pfandsache, Abfallen des Pfandzeichens oder dessen Entfernung ohne Zustimmung der Vollstreckungsbehörden.

---

28 Schwarz, § 282, Tz. 1ff.
29 BLAH, Grundz § 704, Tz. 57
30 Baur-Stürner, Bd. 1, Tz. 27.11
31 LG Köln MDR 1965, 213
32 Jauernig, § 17 III m.w.N.

Beispiel:
Der Vollziehungsbeamte hat beim Vollstreckungsschuldner wegen Zollschulden formgerecht eine Standuhr gepfändet. Der Vollstreckungsschuldner hat gegen den Zollbescheid Einspruch eingelegt. Diesem wird stattgegeben und der Zollbescheid aufgehoben. Anschließend entfernt der Vollstreckungsschuldner im Beisein des A sofort das Pfandsiegel und veräußert diesem die Uhr.

A hat an der Uhr kein Eigentum erlangt. Der Vollstreckungsschuldner hat sie ihm zwar gem. § 929 BGB übereignet, doch war er nicht zur Verfügung über die Sache befugt, da der Vollziehungsbeamte sie ordnungsgemäß gepfändet hatte und daher Verstrickung eingetreten war. Die Verstrickung hatte weder durch die Aufhebung des Zollbescheides noch durch die eigenmächtige Entfernung des Pfandsiegels durch den Vollstreckungsschuldner ihr Ende gefunden. Die mangelnde Verfügungsbefugnis wird auch nicht durch einen Gutglaubenserwerb des A überwunden (§§ 135 Abs. 2, 932 BGB). A wußte, daß die Uhr mit der Verstrickung belastet war, da der Vollstreckungsschuldner in seinem Beisein die Siegelmarke entfernt hatte.

4. Pfändungspfandrecht

Durch die Pfändung erwirbt die Körperschaft, der die Vollstreckungsbehörde angehört, ein Pfandrecht an dem gepfändeten Gegenstand (§ 282 Abs. 1 AO, Abschn. 44 Abs. 1 VollzA). Das Pfandrecht gewährt ihr im Verhältnis zu anderen Gläubigern dieselben Rechte wie ein Pfandrecht i.S.d. Bürgerlichen Gesetzbuches (§ 282 Abs. 2 AO).

a) Inhalt

Das Pfandrecht belastet den gepfändeten Gegenstand in der Weise, daß der Vollstreckungsgläubiger berechtigt ist, **Befriedigung aus dem Gegenstand** zu suchen (§ 1204 Abs. 1 BGB). Während die Verstrickung dem Vollstreckungsschuldner verbietet, über das Pfandobjekt zu verfügen, gewährt das Pfändungspfandrecht dem Vollstreckungsgläubiger das Recht, den Pfandgegenstand zu verwerten und sich aus dem Erlös zu befriedigen.[33]

b) Rechtsnatur des Pfändungspfandrechts

Das Pfändungspfandrecht ist **öffentlich-rechtlicher Rechtsnatur**[34]. Der für die Zwangsvollstreckung im Rahmen des § 804 ZPO ausgetragene Theorienstreit ist für die Vollstreckung nach der Abgabenordnung bedeutungslos. Die Vollstreckung nach der Abgabenordnung ist insgesamt als öffentlich-rechtliches Verwaltungsverfahren ausgestaltet (§ 249 Abs. 1 S. 1 AO). Es werden öffentlich-rechtliche Ansprüche durch Hoheitsakt und ggf. mit Zwangsmitteln durchgesetzt. Das Verwertungsverfahren einschließlich der Verteilung des Erlöses ist öffentlich-rechtlich geregelt. Ein privat-rechtliches Pfandrecht erweist sich in diesem öffentlich-rechtlichen Aufbau der Vollstreckung als Systembruch und verkennt die Eigenständigkeit des öffentlich-rechtlichen Steuerrechtssystems. Zweifelhaft ist lediglich, inwieweit die für anwendbar erklärten bürgerlich-rechtlichen Pfandrechtsregelungen (§ 282 Abs. 2 AO, §§ 1204ff. BGB) durch das öffentlich-rechtliche Pfändungspfandrecht modifiziert oder vollständig ausgeschlossen wer-

---

33 Schwarz, § 282, Tz. 8

34 vgl. zum folgenden Schwarz, § 282, Tz. 7 m.w.N.; Baur-Stürner Bd. 1, Tz. 27.6 m.w.N.; Jauernig, § 16

den. Die privatrechtlichen Regelungen sind grundsätzlich nur insoweit heranzuziehen, als sie mit dem öffentlich-rechtlichen Charakter des Pfändungspfandrechtes vereinbar sind.

c) Entstehung des Pfändungspfandrechts

Das Pfändungspfandrecht entsteht durch den Hoheitsakt der Pfändung, d.h. **mit jeder wirksamen Verstrickung**. Ist die Pfändung nichtig (vgl. § 14,3b), so entsteht das Pfändungspfandrecht nicht. Das Pfändungspfandrecht ist, anders als das Faustpfand (§ 1204 BGB), nicht akzessorisch. Es entsteht daher auch dann, wenn die beizutreibende Forderung nach materiellem Recht nicht besteht. Voraussetzung ist allerdings, daß ein Verwaltungsakt vorliegt (§ 249 Abs. 1 AO), der das Bestehen eines Anspruches bekundet. Das Pfandrecht entsteht ferner, wenn die gepfändete Sache nicht dem Vollstreckungsschuldner gehört. Das Pfändungspfandrecht haftet dem gepfändeten Gegenstand untrennbar an. Wie die Verstrickung ergreift es die Pfandsache in allen Verwertungsstufen (vgl. § 14,3c).

d) Stellung des Pfandrechtsgläubigers

Das Pfändungspfandrecht gewährt dem Vollstreckungsgläubiger im Verhältnis zu anderen Gläubigern dieselben Rechte wie ein Pfandrecht im Sinne des Bürgerlichen Gesetzbuches (§ 282 Abs. 2 AO). Diese Vorschriften können allerdings nur in dem Umfang angewendet werden, soweit nicht die Vollstreckungsregelungen der Abgabenordnung als Spezialregelungen Platz greifen. Der Vollstreckungsgläubiger ist berechtigt:

- die Pfandsache in Besitz zu nehmen (§ 286 AO);
- die Pfandsache zu verwerten (§§ 296ff. AO);
- sich aus dem Erlös zu befriedigen (§ 1228 BGB).

Gegen Dritte ist der Vollstreckungsschuldner geschützt. Er hat:

- den Herausgabeanspruch (§§ 985ff., 1227, 869 S. 2 BGB);
- den Abwehr- und Beseitigungsanspruch (§ 1004 BGB);
- den Schadensersatzanspruch (§ 823 BGB);
- den Anspruch auf getrennte Erzeugnisse (§ 1212 BGB);
- bei Forderungspfändungen den Anspruch auf Herausgabe der zur Geltendmachung notwendigen Schuld- und Beweisurkunden (§ 952 BGB, § 315 Abs. 2 AO).

e) Rangfolge bei Mehrfachpfändungen

Seine große praktische Bedeutung erlangt das Pfändungspfandrecht dadurch, daß es im Verhältnis mehrerer Pfandgläubiger zueinander eine Rangfolge für die Befriedigung ihrer Ansprüche aufstellt. Das durch eine frühere Pfändung begründete Pfandrecht geht demjenigen vor, das durch eine spätere Pfändung begründet wurde (§ 282 Abs. 3 AO). Wer zuerst pfändet, hat den Vorrang vor allen anderen Gläubigern; seine Forderungen werden zuerst befriedigt **(Prioritätsprinzip)**. Bei gleichzeitiger Pfändung für mehrere Gläubiger stehen die Pfandrechte im gleichen Rang. Der gutgläubige Erwerb eines rangbesseren Pfandrechtes ist allerdings möglich (§ 1208 BGB, § 366 Abs. 2 HGB).

Das Pfändungspfandrecht geht allen **Pfand- und Vorzugsrechten** vor, die im Konkurs nicht dem durch Rechtsgeschäft bestellten Pfandrecht (§ 1205 BGB) gleichstehen (§ 282 Abs. 2, 2. HS. AO). Zu den gleichgestellten Pfand- und Zurückbehaltungsrechten zählen das Pfandrecht des Vermieters (§ 599 BGB), des Verpächters (§§ 581,585 BGB), des Werkunternehmers (§ 647 BGB), des Lagerhalters (§ 421 HGB) und des Frachtführers (§ 440 HGB) (§ 49 Abs. 1 Nr. 2 – Nr. 4 KO).

Beispiel:
Der Vollziehungsbeamte hat beim Vollstreckungsschuldner, der Mieter im Haus des A ist, eine Schmalfilmkamera gepfändet. Nach der Versteigerung, die 2.800,– DM erbringt, verlangt A von dem Erlös 1.800,– DM, da der Vollstreckungsschuldner ihm die Miete für 3 Monate vor den Pfändungsmaßnahmen schuldig war.

A hat an der Filmkamera, die der Vollstreckungsschuldner in die Mieträume eingebracht hatte, ein Vermieterpfandrecht für seine rückständigen Mietansprüche (§ 559 BGB). Außerdem bestand seit der Pfändung an der Kamera ein Pfändungspfandrecht zugunsten des Vollstreckungsgläubigers (§ 282 Abs. 1 AO). Die Versteigerung durch die Vollstreckungsbehörde erfolgte für alle beteiligten Gläubiger, also auch für A (§ 308 Abs. 2 AO). Der Erlös ist nach der Reihenfolge der Pfändungen zu verteilen (§ 308 Abs. 3 AO). Da das Pfandrecht des A schon früher entstanden war, als das Pfändungspfandrecht zugunsten des Vollstreckungsgläubigers, sind 1.800,– DM an A auszukehren (§ 282 Abs. 3 AO). Das Pfändungspfandrecht geht dem Vermieterpfandrecht nicht vor, da das Vermieterpfandrecht (§ 559 BGB) im Konkurs (§ 48, 49 KO) dem Pfändungspfandrecht gleichgestellt ist (§ 282 Abs. 2 AO).

Den in § 49 Abs. 1 Nr. 2-4 KO und dem vertraglich bestellten Faustpfand (§ 1205 BGB) gem. § 48 KO gehen die Ansprüche allerdings vor, die die Staatskassen wegen öffentlicher Abgaben in Ansehung der zurückgehaltenen oder in Beschlag genommenen zoll- und steuerpflichtigen Sachen haben (§ 49 Abs. 2 KO).

Dem Pfändungspfandrecht gehen daher immer vor Rechte aus der **Sachhaftung** (§ 76 AO), auch schon vor Beschlagnahme der Waren (§ 76 Abs. 3 S. 1 AO). Die Beschlagnahme dient lediglich der Verwirklichung der Sachhaftung, die bei verbrauchsteuerpflichtigen Waren in der Regel mit Beginn der Herstellung und bei zollpflichtigen Waren mit ihrem Verbringen in den Geltungsbereich der AO entstehen (§ 76 Abs. 2 AO).

f) Erlöschen des Pfändungspfandrechts

Das Pfändungspfandrecht erlischt **mit jeder wirksamen Pfandentstrickung**, d.h. wenn der Vollziehungsbeamte die Pfandstücke freigibt oder den Vollstreckungsschuldner zur Abnahme der Siegel ermächtigt. Es erlischt ferner durch Verwertung (§ 299 AO), durch den Wegfall der Forderung (§ 1252 BGB), z.B. durch Zahlung,[35] oder wenn ein Dritter die Sache gutgläubig erwirbt.[36] Bei Forderungspfändungen erlischt das Pfändungspfandrecht auch durch Verzichterklärung gegenüber dem Vollstreckungsschuldner (§ 316 Abs. 3 AO, § 843 ZPO).

---

35 Bruns-Peters, § 23 III 2

36 Baur-Stürner, Bd. 1, Tz. 27.4

B Die Vollstreckung in bewegliche Sachen

§ 15 Die Tätigkeit des Vollziehungsbeamten

1. Allgemeines

Die Vollstreckung in bewegliche Sachen ist dem Vollziehungsbeamten übertragen (§§ 285 Abs. 1, 286 Abs. 1 AO). Von dieser Kompetenz kann er jedoch nicht selbständig Gebrauch machen. Auch zur Pfändung beweglicher Sachen bedarf er eines schriftlichen Vollstreckungsauftrages, der ihn gerade zur Vollstreckung in bewegliche Sachen anweist und ermächtigt (§ 285 Abs. 2 AO). Dabei steht es der Vollstreckungsbehörde frei, dem Vollziehungsbeamten einen generellen Auftrag zu erteilen, alle Möglichkeiten einer Befriedigung zu nutzen oder die Pfändung auf bestimmte bewegliche Sachen zu beschränken. Pfändet der Vollziehungsbeamte bewegliche Sachen ohne Vollstreckungsauftrag oder überschreitet er die ihm erteilte Ermächtigung, so sind seine Vollstreckungshandlungen anfechtbar (vgl. § 9, 9 und § 10, 7).

Beispiel:
Der Vollziehungsbeamte erhält den Vollstreckungsauftrag, eine Kassenpfändung beim Vollstreckungsschuldner vorzunehmen. Da die Kasse leer ist, pfändet er einen Teppich.

Die Pfändung ist auf Einspruch des Vollstreckungsschuldners hin aufzuheben, da der Vollziehungsbeamte seine Kompetenz überschritten hat. Zwar ist der Vollziehungsbeamte zur Pfändung beweglicher Sachen zuständig, doch bildet erst der schriftliche Vollstreckungsauftrag die rechtliche Grundlage, diese Aufgabe wahrzunehmen.

2. Aufforderung zur Leistung

Der Vollziehungsbeamte hat bei Vornahme der Vollstreckungshandlungen die Verfahrensvorschriften zu beachten, die die Abgabenordnung, der Vollstreckungsauftrag sowie die Vollziehungsanweisung enthalten (vgl. § 9, 9). Bevor der Vollziehungsbeamte Vollstreckungsmaßnahmen ergreift, hat er den Vollstreckungsschuldner zur Leistung aufzufordern (Abschn. 24 Abs. 1 VollzA). Mit dieser Aufforderung, die mündlich zu erlassen und vollständig in die Niederschrift aufzunehmen ist (§ 290 AO), soll dem Vollstreckungsschuldner Gelegenheit gegeben werden, die geschuldete Leistung freiwillig zu erbringen und Zwangsmaßnahmen abzuwenden. Gleichzeitig ist der **Vollstreckungsauftrag unaufgefordert**[37] vorzuzeigen (Abschn. 6 Nr. 2 VollzA). Die Aufforderung zur Leistung ist nur Ordnungsvorschrift. Ihre Verletzung macht den Pfändungsakt rechtswidrig, berührt aber die Wirksamkeit nachfolgender Vollstreckungsmaßnahmen nicht.[38]

a) Aufforderung an den Vollstreckungsschuldner und Dritte

Die Aufforderung zur Leistung kann sich an den Vollstreckungsschuldner selbst oder an Dritte richten. Der **Vollstreckungsschuldner** kann sowohl innerhalb sei-

[37] HHSp, § 285, Tz. 17 und 18; Klein-Orlopp, § 285, 3
[38] Tipke-Kruse, § 285, Tz. 3

nes Besitztums (Wohnung, Geschäftsräume, Werkstatt, Stallung, Hof usw.) aufgefordert werden, als auch bei jeder anderen Gelegenheit außerhalb seines Besitzes, wenn es kein größeres Aufsehen erregt (Abschn. 24 Abs. 1 und Abs. 2 VollzA).

Beispiel:
Der Vollziehungsbeamte trifft den Vollstreckungsschuldner am Auszahlungsschalter einer Sparkasse mit starkem Publikumsverkehr.

Eine Aufforderung, seine Steuerschulden zu zahlen, wäre zwar auch außerhalb des Besitztums des Vollstreckungsschuldners zulässig; sie ist jedoch wegen des unvermeidlichen Aufsehens nicht angebracht. Zudem besteht die Gefahr, daß das Steuergeheimnis verletzt wird (§ 30 AO).

Trifft der Vollziehungsbeamte den Vollstreckungsschuldner nicht an, so darf er **andere Personen** zur Leistung auffordern. Andere Personen dürfen nur im Besitztum des Vollstreckungsschuldners aufgefordert werden. Die Aufforderung darf sich nur an Erwachsene richten. Es genügt, daß die Personen körperlich und geistig als erwachsen erscheinen. Volljährigkeit ist nicht erforderlich. Erwachsene dürfen nur zur Leistung aufgefordert werden, wenn angenommen werden kann, daß sie befugt sind, über die Geldmittel des Vollstreckungsschuldners zu verfügen (Abschn. 24 Abs. 2 VollzA).

Beispiel:
Der Vollziehungsbeamte hat den Vollstreckungsschuldner nicht angetroffen. Auf dem Rückweg zum Hauptzollamt trifft er auf der Straße die Haushälterin des Vollstreckungsschuldners, als sie gerade von ihrem täglichen Einkaufsgang zurückkehrt.

Der Vollziehungsbeamte darf sie nicht zur Leistung auffordern. Sie ist zwar erwachsen und es ist anzunehmen, daß sie über Geldmittel des Vollstreckungsschuldners verfügen kann. Andere Personen als den Vollstreckungsschuldner darf der Vollziehungsbeamte aber nur im Besitztum des Vollstreckungsschuldners zur Leistung auffordern.

b) Umfang der Aufforderung

Der Vollziehungsbeamte hat die geschuldete Leistung zu verlangen (Abschn. 24 Abs. 1 S. 1 VollzA). Wird vom Vollstreckungsschuldner eine Geldleistung verlangt, so muß der Vollziehungsbeamte ihn auffordern, die Schuldsumme nebst den angefallenen steuerlichen Nebenleistungen zu zahlen. Der Vollziehungsbeamte hat Säumniszuschläge, Zinsen und die Kosten der Vollstreckung bis zum Tag der Vollstreckung zu berechnen und mit der Hauptschuld einzuziehen (Abschn. 16 und Abschn. 17 Abs. 1 VollzA). Werden diese Nebenleistungen zusammen mit der Steuer beigetrieben, so bedarf es eines Leistungsgebotes nicht (§ 254 Abs. 2 AO). Hat der Vollziehungsbeamte den Auftrag, Sachen vom Vollstreckungsschuldner abzuholen, so muß er ihn auffordern, die betreffenden Gegenstände herauszugeben.

c) Vollstreckung gegen Soldaten

Für die Vollstreckung gegen deutsche Soldaten gelten keine gesetzlichen Sondervorschriften. Auch sie sind zunächst zur Leistung aufzufordern. Soll die Vollstreckung in Räumen der Bundeswehr oder an Bord eines Schiffes durchgeführt werden, so ist eine vorherige Anzeige an die militärische Dienststelle des Vollstreckungsschuldners erforderlich, um eine reibungslose Durchführung der Vollstreckung zu gewährleisten. Wird dem Vollziehungsbeamten aus Gründen des Geheimnisschutzes das Betreten von Räumen, Anlagen, Schiffen oder sonstigen Fahrzeugen verweigert, so hat er sich mit dem Disziplinarvorgesetzten des Soldaten in Verbindung zu setzen, damit die Vollstreckung trotzdem durchgeführt werden kann.

Beispiel:
Der Vollstreckungsschuldner ist Soldat und lebt in einer Kaserne, die auf einem geschlossenen militärischen Sperrgebiet liegt.

Der Vollziehungsbeamte hat sich mit dem Disziplinarvorgesetzten des Vollstreckungsschuldners in Verbindung zu setzen und darauf hinzuwirken, daß ihm die Habe des Soldaten an einem Ort außerhalb des Sperrbezirks vorgelegt wird.

Nähere Regelungen über die Vollstreckung gegen deutsche Soldaten trifft Abschn. 14 VollzA.

Für Vollstreckungsmaßnahmen gegen **Soldaten ausländischer Streitkräfte** sind die Vorschriften des NATO-Truppenstatutes zu beachten.

3. Abwendung der Pfändung

Hat der Vollziehungsbeamte den Vollstreckungsschuldner angetroffen und zur Leistung aufgefordert, so darf er sich grundsätzlich nicht durch Einwendungen, sei es gegen den vollstreckbaren Anspruch, sei es gegen die Art und Weise der Vollstreckung, von Vollstreckungsmaßnahmen abhalten lassen (vgl. § 15, 8). Er hat den Vollstreckungsschuldner darauf hinzuweisen, daß diese Einwendungen mit den üblichen Rechtsbehelfen beim Hauptzollamt geltend zu machen sind. Der Vollstreckungsschuldner kann die Pfändung nur abwenden, wenn er den geschuldeten Betrag an den Vollziehungsbeamten zahlt oder nachweist, daß ihm eine Zahlungsfrist bewilligt worden ist, oder daß die Schuld erloschen ist (§ 292 Abs. 1 AO) bzw. der Vollstreckungsschuldner eine Entscheidung vorlegt, nach der die vorzunehmende Pfändung unzulässig ist oder wenn er eine Post- oder Bankquittung vorlegt, aus der sich ergibt, daß er den geschuldeten Betrag eingezahlt hat (§ 292 Abs. 2 AO).

a) Zahlung durch den Vollstreckungsschuldner

Der Vollstreckungsschuldner wird angesichts der unmittelbar bevorstehenden Zwangsmaßnahmen häufig geneigt sein, den rückständigen Schuldbetrag zu begleichen. Er ist berechtigt, die geschuldete Leistung zur Abwendung der Vollstreckung ganz oder teilweise an den Vollziehungsbeamten zu zahlen. Zahlt der Vollstreckungsschuldner auf die Aufforderung des Vollziehungsbeamten hin (vgl. § 15, 2), so leistet er **freiwillig.**[39] **Reicht der Betrag nicht zur Tilgung sämtlicher Schulden aus, so wird die Schuld getilgt, die der Vollstreckungsschuldner bei der Zahlung bestimmt** (§ 225 Abs. 1 AO, Abschn. 27 Abs. 1 VollzA). Trifft er **keine Bestimmung**, so gilt die in § 225 Abs. 2 AO zwingend festgelegte Reihenfolge der Tilgung (Abschn. 27 Abs. 2 VollzA). Es handelt sich hierbei nicht um eine Pfändung von Geld (§ 286 Abs. 2 AO), die eine im Verwaltungsweg erzwungene Zahlung des Vollstreckungsschuldners darstellt (§ 296 Abs. 2, 225 Abs. 3 AO).

[39] Schwarz, § 292, Tz. 2; Tipke-Kruse, § 225, Tz. 2

Beispiel:

Der Vollstreckungsschuldner schuldet der Finanzbehörde folgende Beträge:

Schaumweinsteuer	*1.000,– DM*
Säumniszuschläge	*200,– DM*
Zinsen fällig seit dem 1.1.	*100,– DM*
Zinsen fällig seit dem 1.2.	*300,– DM*
Kosten	*50,– DM*

Er zahlt auf die Aufforderung des Vollziehungsbeamten hin 1.200,– DM mit dem Hinweis, es sollten zunächst seine Steuerschulden beglichen werden.

Die Zahlungen sind insgesamt als freiwillig erbracht anzusehen (§ 225 Abs. 2 und Abs. 3 AO).

Die Beträge sind wie folgt zu verrechnen:

- *Die Schaumweinsteuer ist insgesamt getilgt, da der Vollstreckungsschuldner insoweit eine Bestimmung bei der Zahlung vorgenommen hat (§ 225 Abs. 1 AO), Abschn. 27 Abs. 1 VollzA).*

Im übrigen sind getilgt entsprechend der Reihenfolge gem. § 225 Abs. 2 AO, Abschn. 27 Abs. 2 VollzA:

● *Kosten*	*50,– DM*
● *Zinsen fällig seit dem 1.1.*	*100,– DM*
● *Zinsen fällig seit dem 1.2.*	*50,– DM*

Der Restzinsanspruch fällig seit dem 1.2. in Höhe von 250,– DM und der Säumniszuschlag in Höhe von 200,– DM sind nicht erloschen, da die Zahlung des Vollstreckungsschuldners insoweit nicht ausreicht.

Mit der Übergabe der Zahlungsmittel an den Vollziehungsbeamten gilt die Zahlung als entrichtet (§ 224 Abs. 2 Nr. 1 AO). Der Anspruch aus dem Steuerschuldverhältnis erlischt ganz oder teilweise (§ 47 AO). Bei Zahlung mit Scheck einschließlich Postscheck hängt die befreiende Wirkung allerdings von der Einlösung ab (Abschn. 25 Abs. 1 S. 4 VollzA).[40] Verliert der Vollziehungsbeamte das Geld oder veruntreut er den Betrag, so braucht der Vollstreckungsschuldner nicht nochmals zu zahlen.[41]

b) Annahme der Leistung durch den Vollziehungsbeamten

Die Erlöschenswirkung tritt aber nur ein, wenn der Vollziehungsbeamte zur Entgegennahme des Geldes berechtigt ist. Hierzu bedarf es einer **besonderen Ermächtigung** (§ 224 Abs. 1 S. 2 AO). Allein aus der Erteilung eines Vollstreckungsauftrages kann nicht geschlossen werden, daß der Vollziehungsbeamte ermächtigt ist, Zahlungsmittel im Empfang zu nehmen, da der Vollstreckungsauftrag den Vollziehungsbeamten zunächst nur zu Maßnahmen zwangsweiser Befriedigung ermächtigt. Andererseits bedarf diese Ermächtigung keiner Form, so daß sie auch mündlich erteilt werden kann. Ist eine Ermächtigung nicht erteilt, so erlischt der Anspruch erst mit der Ablieferung des Betrages bei der Finanzkasse/Zahlstelle (§ 224 Abs. 1 S. 1, Abs. 2 Nr. 1 AO).

---

[40] KHM, S. 90; Schwarz, § 224, Tz. 2

[41] Tipke-Kruse, § 292, Tz. 3

Zum Schutz des Vollstreckungsschuldners empfiehlt es sich daher, die Ermächtigung ausdrücklich in den Vollstreckungsauftrag aufzunehmen (Abschn. 34 Abs. 2 Nr. 10 VollstrA). In diesem Fall ist der Vollziehungsbeamte, solange er den Vollstreckungsauftrag in Händen hat, berechtigt und verpflichtet, den beizutreibenden Geldbetrag anzunehmen. Dies gilt auch für Teilleistungen (Abschn. 25 Abs. 1 VollzA).

Beispiel:
Der Vollziehungsbeamte trifft den Vollstreckungsschuldner im Gebäude des Hauptzollamts und fordert ihn auf, rückständige Steuerschulden in Höhe von 1.000,– DM zu zahlen.

Eine Aufforderung des Vollstreckungsschuldners zur Zahlung ist auch außerhalb seines Besitztumes zulässig (Abschn. 24 Abs. 1 VollzA). Ist der Vollstreckungsschuldner bereit zu zahlen, so hat der Vollziehungsbeamte ihn an die Zahlstelle des Hauptzollamts zu verweisen. Er selbst kann das Geld im Hauptzollamt nur entgegennehmen, wenn die Zahlstelle geschlossen ist und der Sachgebietsleiter der Entgegennahme zustimmt (Abschn. 25 Abs. 4 VollzA).

Die Ermächtigung zur Empfangnahme von Zahlungsmittel erlischt, wenn sie von der Vollstreckungsstelle zurückgenommen wird. Diese Rücknahme ist regelmäßig in der Rücknahme oder Aufhebung des Vollstreckungsauftrages zu sehen.

c) Zahlungsmittel

Der Vollziehungsbeamte darf vom Vollstreckungsschuldner nur folgende Zahlungsmittel annehmen:

- Bargeld (Banknoten der Deutschen Bundesbank und Münzen der Bundesrepublik Deutschland in DM und Pf);
- Schecks einschließlich Postschecks, die auf Deutsche Mark lauten und auf Kreditinstitute oder Postscheckämter im Währungsgebiet der Deutschen Mark bezogen sind.

Übersteigt das angebotene Bargeld den geschuldeten Betrag, so ist der Mehrbetrag dem Vollstreckungsschuldner zurückzugeben. Ist eine sofortige Rückgabe nicht möglich, hat der Vollziehungsbeamte den gesamten Betrag an die zuständige Kasse abzuführen (Abschn. 26 Abs. 6 VollzA).

Für die Entgegennahme von Schecks und Postschecks trifft Abschn. 26 VollzA eingehende Regelungen.

d) Vorbehalte bei der Zahlung

Macht der Leistende bei der Zahlung dem Vollziehungsbeamten gegenüber einen Vorbehalt oder stellt er eine Bedingung, so hat der Vollziehungsbeamte den Vorbehalt oder die Bedingung in die Niederschrift aufzunehmen und den Leistenden darauf hinzuweisen, daß ihm die Vollstreckungsstelle schriftlich mitteilen wird, ob die Vollstreckungsbehörde den Vorbehalt oder die Bedingung annimmt (Abschn. 25 Abs. 2 VollzA).

e) Nachweis der Bewilligung einer Zahlungsfrist

Die Pfändung kann der Vollstreckungsschuldner auch abwenden, wenn er nachweist, daß ihm durch die Finanzbehörde eine Zahlungsfrist bewilligt worden ist (§ 292 Abs. 1 AO). In Betracht kommt die Gewährung einer Stundung (§ 222 AO, Art. 229 ZK), eines Zahlungsaufschubes (§ 223 AO, Art. 224 ZK) oder eines

Vollstreckungsaufschubes (§ 258 AO). Gleiches gilt, wenn der Vollstreckungsschuldner eine Entscheidung vorlegt, aus der sich die Unzulässigkeit der vorzunehmenden Pfändung ergibt, etwa durch Vorlage einer Anordnung der Finanzbehörde, durch die ihm Aussetzung der Vollziehung (§ 361 AO) oder Vollstreckungsaufschub (§ 258 AO) gewährt wurde (§ 292 Abs. 2 AO). Die Pflicht des Nachweises trifft in diesen Fällen den Vollstreckungsschuldner. Hat der Vollziehungsbeamte Zweifel an der Richtigkeit der vorgelegten Urkunden, so muß er die Vollstreckungsmaßnahmen durchführen. Der Nachweis ist insbesondere dann nicht erbracht, wenn der Vollstreckungsschuldner lediglich einen Antrag auf Stundung oder Aussetzung der Vollziehung vorweisen kann und die Entscheidung über den Antrag noch aussteht.[42]

Näheres regelt Abschn. 11 VollzA.

f) Nachweis des Erlöschens der Schuld

Vollstreckungsmaßnahmen haben auch zu unterbleiben, wenn der Vollstreckungsschuldner nachweist, daß die Schuld erloschen ist (§ 292 Abs. 1 AO). In Betracht kommt ein Erlöschen durch vorausgegangene Zahlung, Erlaß oder Aufrechnung. Der Nachweis gilt als erbracht, wenn eine **Post- oder Bankquittung** vorgelegt wird, aus der sich ergibt, daß der Betrag eingezahlt wurde (§ 292 Abs. 2 AO). Ein bloßer Antrag auf Erlaß oder eine einseitige Aufrechnungserklärung reicht als Nachweis für das Erlöschen der Schuld nicht aus.[43]

Näheres regelt Abschn. 11 VollzA.

4. Abwesenheit des Vollstreckungsschuldners

Ist weder der Vollstreckungsschuldner noch eine andere Person im Besitztum des Vollstreckungsschuldners anwesend, so steht es im **Ermessen** des Vollziehungsbeamten, ob er sich gewaltsam Zugang zur Wohnung verschaffen und die Pfändungsmaßnahmen durchführen will, oder ob er von Vollstreckungsmaßnahmen zunächst Abstand nimmt. In der Regel wird er die Wohnung erst dann gewaltsam öffnen, nachdem er eine entsprechende **Ankündigung** und eine **Zahlungsaufforderung** verschlossen in der Wohnung des Vollstreckungsschuldners hinterlassen hat. Die Zahlungsaufforderung muß erkennen lassen, daß der Vollziehungsbeamte versucht hat, die geschuldete Leistung zwangsweise einzuziehen und nur die Erbringung der Leistung den Vollstreckungsschuldner vor der Wiederaufnahme von Zwangsmaßnahmen schützt.

Die Ankündigung soll ferner den Hinweis auf die Befugnisse des Vollziehungsbeamten (§ 287 AO), die richterliche Durchsuchungsanordnung und auf strafrechtliche Folgen enthalten, die eintreten können, wenn der Vollstreckungsschuldner nach dieser Ankündigung Teile seines Vermögens veräußert oder beiseite schafft (§ 288 StGB).

Vergleiche zum Verhalten des Vollziehungsbeamten bei Abwesenheit des Vollstreckungsschuldners Abschn. 29 Abs. 1 VollzA.

Soweit sich der Vollziehungsbeamte dazu entschließt, auch in Abwesenheit des Vollstreckungsschuldners oder einer Person, die zu seiner Familie gehört oder

[42] Tipke-Kruse, § 292, Tz. 4
[43] Schwarz, § 292, Tz. 3

bei ihm beschäftigt ist, zu vollstrecken, etwa weil Gefahr im Verzuge oder zu befürchten ist, daß der Vollstreckungsschuldner die Pfändung vereitelt, so kann er sich gewaltsam Zugang zum Besitztum des Vollstreckungsschuldners verschaffen (Abschn. 29 Abs. 1 VollzA). Vor Beginn der Amtshandlung muß er zwei Erwachsene oder einen Gemeinde- oder Polizeibeamten als **Zeugen** zuziehen (§ 288 AO, Abschn. 29 Abs. 2 VollzA). Sie sollen die Niederschrift mit unterschreiben (§ 291 Abs. 2 Nr. 3 und Nr. 4 AO).

5. Tod des Vollstreckungsschuldners

Ist der Vollstreckungsschuldner gestorben, bevor der Vollziehungsbeamte mit der Ausführung des Vollstreckungsauftrages gegen den Vollstreckungsschuldner begonnen hatte, so hat der Vollziehungsbeamte von Vollstreckungsmaßnahmen abzusehen und dies der Vollstreckungsstelle unverzüglich anzuzeigen (Abschn. 12 Abs. 1 VollzA).

6. Verhalten bei Nichtleistung

Trifft der Vollziehungsbeamte den Vollstreckungsschuldner oder einen anderen erwachsenen Verfügungsberechtigten an und leisten diese trotz Aufforderung nicht, so hat der Vollziehungsbeamte zur Pfändung zu schreiten; bleibt seine Aufforderung, eine Sache herauszugeben, ohne Erfolg, so muß er versuchen, diese wegzunehmen (Abschn. 28 Abs. 1 VollzA). Zu diesem Zweck ist der Vollziehungsbeamte befugt, die Wohn- und Geschäftsräume sowie die Behältnisse des Vollstreckungsschuldners nach geeigneten Pfandgegenständen zu durchsuchen soweit es der Zweck der Vollstreckung erfordert (§ 287 Abs. 1 AO).

Das Recht zur **Durchsuchung** gestattet dem Vollziehungsbeamten, in die Wohnung des Vollstreckungsschuldners **einzudringen** und in ihr zu **verweilen**, um Vollstreckungsmaßnahmen durchzuführen (Abschn. 28 Abs. 2 VollzA).[44] Es gibt ihm ferner das Recht ziel- und zweckgerichtet **Sachen aufzuspüren**, die der Vollstreckungsschuldner von sich aus nicht offenlegen oder herausgeben will.[45]

Das Recht zur Durchsuchung bezieht sich auf **Wohn- und Geschäftsräume** sowie auf **Behältnisse** (§ 287 Abs. 1 AO). Der Begriff der Wohnung ist weit auszulegen. Zu ihr gehören die eigentlichen Wohnräume, aber auch die Nebenräume sowie Betriebs-, Arbeits- und Geschäftsräume, mithin jeder Bereich, den ein Mensch der allgemeinen Zugänglichkeit entzieht und zur Stätte seines Lebens und Arbeitens macht.[46]

Beispiele:

- *Zu den Wohn- und Geschäftsräumen zählen: Kellerräume, Dachböden, Hofräume, Garagen, Wohnwagen, Hotelzimmer, Ställe usw.*
- *Zu den Behältnissen zählen: Schubladen, Koffer, aber auch die Kleidung am Körper des Vollstreckungsschuldners sowie seine Brieftasche.*

---

[44] Zur Frage, unter welchen Voraussetzungen ein Betreten der Wohnung zur Vornahme von Amtshandlungen, die keine Durchsuchungen sind, zulässig ist, Schwarz, § 287, Tz. 2; Tipke-Kruse, § 287, Tz. 2f.

[45] BVerfGE 51, 97 (107)

[46] BVerfGE 44, 371

Gemäß Art. 13 Abs. 1 GG ist die **Wohnung unverletzlich**. Die Unverletzlichkeit der Wohnung schützt den engsten Bereich der persönlichen Lebensgestaltung und gibt als negatorisches Individualrecht dem Betroffenen das Recht, Eingriffe des Staates oder seiner Organe abzuwehren. Dieses Grundrecht entfaltet seine Wirkung auch gegenüber den Befugnissen des Vollziehungsbeamten gem. § 287 AO.[47] Das Betreten von Wohnungen zum Zwecke von Durchsuchungen ist daher nur dann zulässig:

- wenn die angetroffene Person die Durchsuchung freiwillig gestattet. Wird die Einwilligung zur Durchsuchung verweigert oder eine erteilte Einwilligung widerrufen, hat der Vollziehungsbeamte von weiteren Vollstreckungsmaßnahmen abzusehen;
- wenn Gefahr im Verzug besteht (Art. 13 Abs. 2 GG). Sie liegt vor, wenn anzunehmen ist, daß infolge der Verzögerung, die durch die Erwirkung der richterlichen Anordnung eintreten würde, der Erfolg der Durchsuchung gefährdet wäre.[48] Gefahr im Verzug ist regelmäßig bei der Vollziehung einer Arrestanordnung gegeben (§ 324 AO);
- wenn eine richterliche Anordnung zur Durchsuchung der Wohnung vorliegt (Art. 13 Abs. 2 GG).

Die Grundsätze gelten auch für das bloße Betreten von Wohnungen. Dies ergibt sich aus dem Grundrecht des Art. 13 Abs. 1 GG, wonach die Wohnung grundsätzlich unverletzlich ist.[49]

Bei Betriebs- und Geschäftsräumen wertet die Rechtsprechung den Grundrechtsschutz aus Art. 13 GG gegenüber Wohnungen geringer. Dies ergibt sich aus der Überlegung, daß Geschäfts- und Betriebsräume nach ihrer Zweckbestimmung eine größere Offenheit nach außen haben; der Inhaber entläßt in gewissem Umfang diese Räume aus der privaten Intimsphäre, zu der die Wohnung im engeren Sinne gehört. Die Vorschrift des § 287 Abs. 1 AO ermächtigt zum Betreten der Geschäftsräume zu einem grundsätzlich erlaubten und aus dem Gesetz erkennbaren Zweck, nämlich zur Vollstreckung. Daher ist das bloße Betreten und Besichtigen von Geschäftsräumen oder Betriebsräumen des Steuerpflichtigen durch Vollziehungsbeamte des Hauptzollamts oder des Finanzamts auch ohne richterlichen Durchsuchungsbeschluß zulässig. Das gilt auch für das Verweilen in diesen Räumen mit der Absicht, nach erfolgloser Zahlungsaufforderung zu einer Sachpfändung zu schreiten. Die Pfändung von offen ausgelegten Waren und Gegenständen, die für die Vollziehungsbeamten ohne weiteres Nachforschen zugänglich sind, stellt noch keine Durchsuchungshandlung im Sinne von Art. 13 Abs. 2 GG dar.[50]

Durchsuchungshandlungen, für die es einer richterlichen Anordnung bedarf, liegen vielmehr erst dann vor, wenn die zu pfändenden Gegenstände aus Schränken, Schubladen oder ähnlichen, den Vollziehungsbeamten nicht ohne weiteres zugänglichen Behältnissen oder Orten entnommen werden.

Den erforderlichen **Antrag** für die Durchsuchung und das Betreten von Wohnungen stellt die Vollstreckungsstelle beim **Amtsgericht**, in dessen Bezirk die

---

47 BVerfG DB 1979, 1403
48 BVerfGE 51, 97 (111)
49 Klein-Orlopp, § 287, 3; Tipke-Kruse, § 287 Tz. 2
50 BFH BStBl 89, 55; Tipke-Kruse, § 287 Tz. 2; a.A. Klein-Orlopp, § 287, 3

Durchsuchung vorgenommen werden soll (§ 287 Abs. 4 AO). Die Anordnung ist bei der Vollstreckungshandlung vorzuzeigen (Abschn. 28 Abs. 2 Nr. 3 VollzA).

Zu beachten ist, daß die gegen den Vollstreckungsschuldner erlassene richterliche Durchsuchungsanordnung auch gegen etwaige Mitbewohner wirkt. Ein besonderer Vollstreckungstitel gegen diese Personen ist nicht erforderlich (vgl. LG Hamburg vom 20.8.1984, DGVZ 1985 S. 116).

Beispiel:
Der Vollziehungsbeamte hat Vollstreckungsmaßnahmen gegen eine GmbH durchzuführen. Der Geschäftsführer (G) hatte ihm zunächst die Durchsuchung der Geschäftsräume gestattet. Bei der Durchsuchung findet der Vollziehungsbeamte plötzlich in einem Schreibtisch versteckt einen Leinensack, der die Tageseinnahme des Betriebes enthält. Nun widerruft G seine Einwilligung. Ungeachtet dessen pfändet der Vollziehungsbeamte das Geld.

Gemäß Art. 13 GG ist die Wohnung unverletzlich. Hierunter fallen nicht nur die Wohnung im engeren Sinn, sondern auch Betriebs- und Geschäftsräume. Auf den Schutz dieser Vorschrift kann sich auch die GmbH (vertreten durch G) berufen, da Grundrechte auch für inländische juristische Personen gelten, soweit sie ihrem Wesen nach auf sie anwendbar sind (Art. 19 Abs. 3 GG). Dies gilt insbesondere für das Grundrecht aus Art. 13 GG, da auch eine GmbH des verfassungsrechtlichen Schutzes ihres Wirkungsbereichs gegen Eingriffe der staatlichen Organe bedarf. Durchsuchungen der Geschäftsräume und des Schreibtisches (Behältnis) durften daher nur mit Zustimmung des G durchgeführt werden. Wird die Einwilligung später widerrufen, so dürfen keine weiteren Vollstreckungsmaßnahmen getroffen werden.

Den Leinensack mit der Tageskasse kann der Vollziehungsbeamte trotzdem noch pfänden. Hat der Vollstreckungsschuldner Geld versteckt, um es der Vollstreckung zu entziehen, so rechtfertigt dies die Annahme, daß Gefahr im Verzug besteht (Art. 13 Abs. 2 GG). Würde erst eine richterliche Anordnung erwirkt, so wäre zu befürchten, daß zwischenzeitlich das Geld beiseite geschafft würde.

Das Betreten der Geschäftsräume der GmbH und Pfändungen von offen ausgelegten Waren, die für den Vollziehungsbeamten ohne weiteres Nachforschen zugänglich sind, sind im Rahmen des § 287 AO zulässig.

Die Durchsuchung soll durchgeführt werden, soweit es der **Zweck** der Vollstreckung erfordert (§ 287 Abs. 1 AO). Liegen geeignete Pfandgegenstände offen zutage, so ist es unnötig, die Wohnung und die Schränke näher zu inspizieren. Die Durchsuchung ist einzustellen, sobald so viele Pfandgegenstände in Beschlag genommen sind, als zur Befriedigung des Vollstreckungsgläubigers erforderlich sind. Durchsuchungen dürfen nicht gegen den **Grundsatz der Verhältnismäßigkeit** verstoßen (vgl. § 2, 2a). Eine Verletzung käme in Betracht, wenn die Durchsuchung mit einer schweren gesundheitlichen Gefährdung des Schuldners oder eines Familienangehörigen verbunden ist. Eine Verletzung des Verhältnismäßigkeitsgrundsatzes kommt jedoch nicht allein deswegen in Betracht, weil es sich um eine geringfügige Forderung handelt. In diesem Fall ist allerdings eine besonders sorgfältige Abwägung mit den Schutzinteressen des Schuldners erforderlich.[51] Bei einer Durchsuchung zur Nachtzeit oder an Sonn- und Feiertagen müssen die besonderen Voraussetzungen des § 289 AO vorliegen (vgl. § 9, 9i).

Der Vollziehungsbeamte ist befugt, verschlossene Türen und Behältnisse öffnen zu lassen (§ 287 Abs. 2 AO). Unnötige Schädigungen des Vollstreckungsschuldners sind zu vermeiden. Soweit er zu sachgerechter Öffnung nicht in der Lage ist, muß er einen Handwerker hinzuziehen.

Nähere Regelungen für Durchsuchungen trifft Abschn. 28 VollzA.

7. Verhalten bei Widerstand

Trifft der Vollziehungsbeamte auf Widerstand, so darf er Gewalt anwenden und hierzu um Unterstützung durch Polizeibeamte nachsuchen (§ 287 Abs. 3, Abschn. 30 VollzA). Widerstand ist dann gegeben, wenn die Vollstreckung nicht ohne Gewalt möglich erscheint.

Gleichgültig ist, ob der Widerstand von Personen oder Sachen geleistet wird. Die Gewaltanwendung ist auch zulässig, wenn nicht der Vollstreckungsschuldner, sondern Dritte Widerstand leisten.[52]

Beispiel:
Der Nachbar des Vollstreckungsschuldners droht damit, er werde seinen Schäferhund auf den Vollziehungsbeamten hetzen, wenn er nicht die Vollstreckungsmaßnahmen einstellt.

Schon die Androhung, den Hund auf den Beamten zu hetzen, ist Widerstand i.S.v. § 287 AO, da die Ausführung der Vollstreckungsmaßnahme nicht ohne Gewalt möglich erscheint (Abschn. 30 Abs. 1 VollzA). Ohne Bedeutung ist dabei, daß die Behinderung nicht durch den Vollstreckungsschuldner oder eine Person, sondern den Hund erfolgen soll.

Bei Widerstand hat der Vollziehungsbeamte zwei Erwachsene oder einen Gemeinde- oder Polizeibeamten als Zeugen hinzuzuziehen (§ 288 AO). Dies gilt auch dann, wenn der Vollziehungsbeamte den Widerstand allein brechen könnte (Abschn. 30 Abs. 2 VollzA).

8. Verhalten bei Einwendungen

Durch Einwendungen des Vollstreckungsschuldners oder eines Dritten darf sich der Vollziehungsbeamte regelmäßig nicht von der Ausführung der Vollstreckung abhalten lassen (Abschn. 31 Abs. 1 VollzA). Er darf die Vollstreckung grundsätzlich nur auf Anweisung der Vollstreckungsstelle einstellen oder beschränken (§§ 257, 258 AO). So hat der Vollziehungsbeamte seinen Auftrag auszuführen, selbst wenn der Schuldner einwendet, der Anspruch auf die beizutreibende Leistung sei nicht oder nicht in voller Höhe entstanden oder gar erloschen oder gestundet. Hier ist der Vollstreckungsschuldner an das zuständige Finanzamt oder Hauptzollamt zu verweisen (Abschn. 31 Abs. 2 VollzA). Wendet sich der Vollstreckungsschuldner gegen die Vollziehung der Vollstreckungsmaßnahmen selbst z.B. wegen fehlenden Vollstreckungsauftrags oder einer Überpfändung (vgl. den Katalog Abschn. 31 Abs. 3 VollzA), so ist er an die Vollstreckungsstelle zu verwei-

---

[51] OLG Düsseldorf NJW 1980, 1181; BFH BStBl. II 1980, 399; Klein-Orlopp, § 287, 3
[52] Tipke-Kruse, § 287, Tz. 14

sen. Auch einen Dritten, der Einwendungen gegen die vorgenommene Pfändung erhebt, hat der Vollziehungsbeamte an die Vollstreckungsstelle zu verweisen (Abschn. 31 Abs. 4 VollzA).

Zu den Einwendungen des Vollstreckungsschuldners und Dritter im Rechtsbehelfsverfahren vgl. § 35, 8 und 9.

Beispiel:

Der Vollziehungsbeamte will bei A wegen Biersteuerschulden in Höhe von 50.000,– DM einen Lastwagen pfänden. Der Vollstreckungsschuldner meint, die Vollstreckungsmaßnahmen hätten zu unterbleiben, da die Steuer falsch berechnet worden sei; er habe bereits Einspruch eingelegt.

Der Vollziehungsbeamte hat die Pfändung durchzuführen. Die Einlegung des Rechtsbehelfs hindert die Vollstreckung nicht (vgl. § 5,4). Der materiell-rechtliche Einwand des A, die Steuerschuld sei nicht in der im Steuerbescheid angegebenen Höhe entstanden, kann nicht angesichts der Pfändungsmaßnahmen, sondern nur außerhalb des Vollstreckungsverfahrens im außergerichtlichen Rechtsbehelfsverfahren oder im Rechtsmittelverfahren vor dem Finanzgericht geltend gemacht werden (§ 256 AO).

§ 16 Die Pfändung beweglicher Sachen

1. Bewegliche Sachen

Der Pfändung durch den Vollziehungsbeamten unterliegen bewegliche Sachen (§ 285 Abs. 1 AO). Hierzu gehören gem. § 90 BGB nur **körperliche Gegenstände**. Gemäß § 90a BGB gehören Tiere nicht zu den beweglichen Sachen. Die Vorschriften für bewegliche Sachen finden allerdings auf Tiere entsprechende Anwendung. Den Gegensatz zu den beweglichen Sachen bilden die Grundstücke mit ihren wesentlichen Bestandteilen sowie Forderungen und andere Vermögensrechte. Wesentliche Bestandteile eines Grundstücks sind nach §§ 93, 94 Abs. 1 BGB die mit dem Grund und Boden fest verbundenen Sachen, insbesondere Gebäude. Zu den wesentlichen Bestandteilen des Grundstücks zählen auch die wesentlichen Bestandteile des Gebäudes. Nach § 94 Abs. 2 BGB sind dies die zur Herstellung des Gebäudes eingefügten Sachen, z.B. Türen, Fenster, Waschbecken, Heizungsanlagen usw. Für die Vollstreckung in diese Vermögensobjekte ist der Vollziehungsbeamte nicht befugt (vgl. § 8, 3 und § 20).

Das Gesetz führt jedoch aus Gründen wirtschaftlicher Zweckmäßigkeit diese Trennung nicht streng durch.

Scheinbestandteile eines Grundstücks, d.h. Sachen, die nur zu einem vorübergehenden Zweck mit dem Grund und Boden verbunden sind (§ 95 BGB) unterliegen der Pfändung durch den Vollziehungsbeamten (Abschn. 39 Abs. 1 Nr. 1 VollzA). Nach der Vorstellung des Gesetzes sind sie keine Grundstücksbestandteile, sondern bewegliche Sachen.

Beispiele:

1. *Ein Gartenbaubetrieb zieht auf seinem Freigelände Ziersträucher und Rosen heran.*

Die Pflanzen sind ihrer Zweckbestimmung nach zum Verkauf bestimmt. Die Verbindung mit dem Boden ist nur vorübergehend. Sie bilden lediglich Scheinbestandteile.

2. *Der Vollstreckungsschuldner hat in einem gepachteten Schrebergarten ein Hobbygewächshaus auf einem Betonfundament errichtet.*

   Das Gewächshaus ist zwar wie ein wesentlicher Grundstücksbestandteil mit dem Erdboden fest verbunden (§ 94 Abs. 1 BGB), doch ist es nur scheinbar Bestandteil des Grundstückes (§ 95 Abs. 1 BGB). Die Verbindung geschah lediglich zu einem vorübergehenden Zweck, da der Abbau, wenn auch erst nach Ablauf des Pachtvertrages, beabsichtigt oder zu erwarten ist. Eine Pfändung durch den Vollziehungsbeamten ist daher möglich.

Früchte des Grundstücks, die vom Boden noch nicht getrennt sind, können vom Vollziehungsbeamten gepfändet werden, obwohl sie wesentliche Bestandteile des Grundstücks sind (§§ 93, 94 BGB). Eine Pfändung ist allerdings nur zulässig, solange sie nicht durch Vollstreckung in das unbewegliche Vermögen in Beschlag genommen worden sind (§ 294 Abs. 1 AO, §§ 20, 21 ZVG). Die Früchte dürfen nicht früher als einen Monat vor der gewöhnlichen Zeit der Reife gepfändet werden (§ 294 Abs. 1 S. 2 AO). Eine verfrühte Pfändung durch den Vollziehungsbeamten ist wirksam aber anfechtbar, Rechtsbehelfe werden mit dem Eintritt der Reifezeit gegenstandslos.

Beispiele:
Zu den Früchten eines Grundstücks gehören: Getreide, Kartoffeln, Obst. Als Früchte sind jedoch nicht anzusehen die Bäume eines Waldes, da sie für einen längeren Zeitraum als für eine periodische (jährliche) Zeitspanne angepflanzt sind.

Der Vollziehungsbeamte kann die Rüben auf dem Feld des Vollstreckungsschuldners schon einen Monat vor der gewöhnlichen Zeit der Reife pfänden, indem er eine Pfandanzeige am Feldrand anbringt.

Grundstückszubehör, das dem Grundstückseigentümer gehört, kann vom Vollziehungsbeamten nicht gepfändet werden, obwohl es bewegliche Sachen sind. Diese Zubehörstücke sind nicht Bestandteile des Grundstücks, sondern selbständige bewegliche Sachen (§§ 93ff. BGB). Wenn sie aber dazu bestimmt sind, dem wirtschaftlichen Zweck des Grundstücks dauernd zu dienen, zu ihm in einem entsprechenden räumlichen Verhältnis stehen und nach der Verkehrsauffassung als Zubehör angesehen werden (§ 97 BGB), bilden Zubehör und Grundstück eine wirtschaftliche Einheit. Grundstückszubehör unterliegt dem Hypothekenpfandverband (§ 322 Abs. 1 AO, § 1120 BGB, § 865 Abs. 1 ZPO, § 20 Abs. 2 ZVG) und wird vom Vollstreckungsgericht gemeinsam mit dem Grundstück nach den Regeln der Immobiliarvollstreckung verwertet. Dabei spielt es keine Rolle, ob das Grundstück bereits mit einem Grundpfandrecht (Hypothek, Grund- oder Rentenschuld) belastet ist oder nicht.[53] Bei gewerblich genutzten Gebäuden und bei einem Landgut dient das Inventar stets dem wirtschaftlichen Zweck des Grundstücks (§ 98 BGB).

Beispiele:
Zubehör einer Gaststätte: Tische, Stühle, Geschirr (§ 98 Nr. 1 BGB);

---

53 Tipke-Kruse, § 322, Tz. 12

Zubehör eines Hotels: Hotelbus
Zubehör einer Spedition: Gabelstapler (§ 98 Nr. 1 BGB), nicht aber Lastwagen;[54]
Zubehör einer Brauerei: Fahrzeuge, Gerätschaften und Maschinen wie Braupfannen, Filter, Pumpe (§ 98 Nr. 1 BGB), nicht aber Rohstoffvorräte oder zum Verkauf bestimmtes Bier;
Zubehör eines Bauernhofes: Mähdrescher, Pflug, Traktor, Vieh (§ 98 Nr. 2 BGB).

Pfändet der Vollziehungsbeamte Zubehör, das der Hypothekenhaftung unterliegt, so ist nach Auffassung der Rechtsprechung der Vollstreckungsakt nichtig.[55] Nach der überwiegenden Auffassung in der Literatur ist die Pfändung, außer wenn der Vollziehungsbeamte in bewußter Überschreitung seiner Zuständigkeit handelt, zunächst wirksam aber auf Einspruch hin aufhebbar.[56]

2. Wertpapiere

Wertpapiere sind Urkunden, die das in ihnen verbriefte Recht derart verkörpern, daß sie selbst zum Träger des Rechts werden und daß der Besitz der Urkunden zur Ausübung des Rechts notwendig ist (Abschn. 15 Abs. 2 VollzA). Da bei diesen „echten Wertpapieren“ das Recht aus dem Papier dem Recht am Papier folgt, ihr sachenrechtlicher Charakter also dominiert, werden sie den **Pfändungsvorschriften für bewegliche Sachen** unterworfen, obwohl in ihnen Forderungsrechte verbrieft sind.

a) Inhaber- und Namenspapiere

Zu den Wertpapieren, die durch den Vollziehungsbeamten gepfändet werden können, gehören zunächst die Wertpapiere, die auf den Inhaber oder auf den Namen lauten. Das verbriefte Recht kann bei diesen Papieren von dem jeweiligen Inhaber oder der Person geltend gemacht werden, die namentlich als Berechtigter bezeichnet ist.

Beispiele:
Aktien, Schuldverschreibungen auf den Inhaber (auch Grundschuld- und Rentenschuldbriefe, die auf den Inhaber lauten), Zinsscheine, Gewinnanteilsscheine, Erneuerungsscheine, Investmentzertifikate (Abschn. 15 Abs. 3 Nr. 1 VollzA).

Diese Wertpapiere darf der Vollziehungsbeamte pfänden, soweit ihm ein Vollstreckungsauftrag zur Pfändung beweglicher Sachen erteilt ist (§§ 285 Abs. 2, 286 Abs. 1 AO, Abschn. 32 Abs. 1 Nr. 1 VollzA). Indem der Vollziehungsbeamte die Wertpapiere in Besitz nimmt (Abschn. 44 Abs. 2 Nr. 1 VollzA), ist damit die in der Urkunde verbriefte Forderung gepfändet. Um die Forderung anschließend geltend zu machen, ist die Vorlage der Urkunde beim Schuldner erforderlich.

b) Orderpapiere

Als Orderpapiere bezeichnet man Wertpapiere, wenn der Aussteller die Leistung einer bestimmten Person oder aber derjenigen anderen Person verspricht, welche die zuerst genannte Person durch Indossament als Gläubiger bezeichnet. Das in dem Orderpapier verbriefte Recht wird durch Indossament und Weitergabe des Papiers übertragen (vgl. Art. 11 und 16 WG, § 364 HGB). Unter einem Indos-

[54] BGH NJW 1983, 746f.
[55] RGZ 135, 197 (206); OLG München MDR 56, 428
[56] Baur-Stürner, Bd. 1, Tz. 28.3

sament versteht man die auf der Urkunde angebrachte und unterschriebene Erklärung des bisherigen Berechtigten, durch die er die Rechte aus dem Papier auf einen anderen überträgt. Daher kann der Vollziehungsbeamte davon ausgehen, daß dem, der ein auf seinen Namen lautendes oder mit einem Indossament versehenes Orderpapier in Besitz hat, das verbriefte Recht zusteht.

Beispiele:
Wechsel, Scheck, an Order gestellte kaufmännische Anweisungen und Verpflichtungsscheine, an Order gestellte Konnossemente der Seeschiffe, an Order gestellte Lagerscheine, Ladescheine, Transportversicherungspolicen (Abschn. 15 Abs. 3 Nr. 2 VollzA).

Die Pfändung von Orderpapieren (§ 312 AO) setzt voraus, daß der Vollziehungsbeamte hierzu durch den Vollstreckungsauftrag ermächtigt wurde. Ein Auftrag zur Pfändung beweglicher Sachen i.S.v. § 286 Abs. 1 AO ist hierzu nicht ausreichend (Abschn. 32 Abs. 2 VollzA).

c) Wertzeichen

Zu den Wertpapieren i.S.v. § 286 Abs. 2 AO gehören auch die Wertzeichen. Sie können wie bewegliche Sachen gepfändet werden.

Beispiele:
Wertzeichen sind: Lotterielose, Eintrittskarten, Fahrscheine, Steuer- und Stempelmarken, Postwertzeichen und Steuerzeichen (Abschn. 15 Abs. 5 VollzA).

d) Legitimationspapiere

Legitimationspapiere zählen nicht zu den Wertpapieren i.S.v. §§ 286 Abs. 2, 312 AO, selbst wenn in ihnen ein Recht verbrieft ist. Von den echten Wertpapieren unterscheiden sich diese vor allem dadurch, daß der Inhaber die Leistung nicht verlangen kann.

Beispiele:
Legitimationspapiere sind: Sparkassenbücher, Versicherungsscheine, Leihhausscheine, Hypothekenbriefe, nicht auf den Inhaber lautende Grundschuld- und Rentenschuldbriefe, Kraftfahrzeugbriefe (vgl. Abschn. 15 Abs. 4 VollzA).

Die Forderungen, die in diesen Urkunden verbrieft werden, können nur durch Pfändung der Forderung gepfändet werden (§ 309 AO; vgl. § 21, 4). Grundsätzlich darf der Vollziehungsbeamte derartige Urkunden nur aufgrund eines besonderen Auftrages der Vollstreckungsstelle durch **Hilfspfändung** wegnehmen (Abschn. 32 Abs. 4 VollzA). Besitzt der Vollziehungsbeamte keinen ausdrücklichen Auftrag, so wird es gleichwohl für zulässig erachtet, daß er die Urkunden an sich nimmt, um sich den Besitz des Legitimationspapiers zu sichern **(vorweggenommene Hilfspfändung)** (vgl. Abschn. 32 Abs. 4 VollzA). Hierdurch ist aber keineswegs die Forderung selbst gepfändet; dies muß die Vollstreckungsstelle anschließend nachholen (§ 309 AO).

3. Gewahrsam

a) Allgemeines

Pfändbar sind nur bewegliche Sachen, die sich im Gewahrsam des Vollstreckungsschuldners befinden (§ 286 Abs. 1 AO). Diese Regelung dient der Effektivität und Durchschlagskraft der Vollstreckung. Der Vollstreckungsgläubiger soll sich zwar allein aus den Sachen befriedigen, die dem Vollstreckungsschuldner zu Eigentum gehören; der Vollziehungsbeamte hat aber nur zu prüfen, ob sich die Sache im Gewahrsam des Vollstreckungsschuldners befindet. Wäre der Vollziehungsbeamte gezwungen, die Eigentumslage der beim Vollstreckungsschuldner vorgefundenen beweglichen Sachen zu klären, so würde dies zu umfangreichen und schwierigen Nachprüfungen führen, die den schnellen Zugriff der Vollstreckung in unerträglicher Weise verzögern würden.[57] Der Vollziehungsbeamte kann daher (ähnlich § 1006 BGB) zunächst unterstellen, daß alle Sachen dem Vollstreckungsschuldner gehören, die sich in seinem Alleingewahrsam befinden. Befinden sich die Sachen nur im Mitgewahrsam des Vollstreckungsschuldners oder ist ein Dritter Besitzer, so können sie nur gepfändet werden, wenn der Dritte zur Herausgabe der Sache bereit ist (§ 286 Abs. 4 AO). Soweit die **Indizfunktion des Gewahrsams** reicht, ist eine Pfändung möglich und wirksam. Eine erschöpfende Klärung der eigentumsrechtlichen Verhältnisse bleibt dann einem gesonderten Widerspruchsverfahren vorbehalten (§ 262 AO).

Beispiel:
Der Vollziehungsbeamte möchte beim Vollstreckungsschuldner eine Stereoanlage pfänden. Der Vollstreckungsschuldner legt einen Vertrag vor, nach dem die Anlage auf Raten und unter Eigentumsvorbehalt bei einem Elektrohaus gekauft wurde. Der Vollstreckungsschuldner weist darauf hin, daß die Raten noch nicht gezahlt seien und die Vollstreckung zu unterbleiben habe; Eigentümer sei noch die Elektrofirma.

Durch die Behauptung des Vollstreckungsschuldners, die Sache gehöre einem Dritten, darf sich der Vollziehungsbeamte nicht von einer Pfändung abhalten lassen. Er ist nicht befugt zu prüfen, ob die Sache tatsächlich dem Vollstreckungsschuldner gehört. Er hat allein den Gewahrsam des Vollstreckungsschuldners zu beachten. Sind die Raten noch nicht gezahlt und ist das Elektrohaus noch Eigentümer, so muß es seine Rechte gem. § 262 AO geltend machen.

Eine **Ausnahme** ist nur dann zu machen, wenn bereits für den Vollziehungsbeamten nach Lage der Dinge vernünftigerweise überhaupt kein Zweifel daran bestehen kann, daß die Sache einem anderen als dem Vollstreckungsschuldner gehört (Abschn. 43 Abs. 5 VollzA).

Beispiele:
Trotz Gewahrsam dürfen nicht gepfändet werden: In einer chemischen Reinigung die gereinigten Kleidungsstücke der Kunden; Kraftfahrzeuge in einer Autoreparaturwerkstatt; Frachtgut beim Spediteur oder Frachtführer; Leergebinde mit der Aufschrift „Eigentum der Brauerei" beim Kunden.

Nähere Hinweise über die Beachtung des Gewahrsams bei der Pfändung enthält Abschn. 43 VollzA.

b) Begriff

Der Gewahrsam ist die rein **tatsächliche Herrschaft** des Vollstreckungsschuldners über die Sache.[58] Er deckt sich regelmäßig mit dem unmittelbaren Besitz (vgl. § 854 Abs. 1 BGB). Keinen Gewahrsam hat der mittelbare Besitzer (§ 868 BGB) und der Besitzdiener (§ 855 BGB).

---

57 Jauernig, § 17 II

58 Baur-Stürner, Bd. 1, Tz. 28.5; Schwarz, § 286 Tz. 3

Vgl. hierzu Abschn. 43 Abs. 4 VollzA.

Beispiel:
Der Vollziehungsbeamte will beim Vollstreckungsschuldner, einem Inhaber eines Schaumweinherstellungsbetriebes, 5000 Flaschen Schaumwein im Lagerkeller pfänden. Für den Lagerkeller ist der Küfermeister (K) verantwortlich, der auch die Schlüssel hierzu verwaltet.

Die tatsächliche Gewalt über die Flaschen besitzt der K. Allerdings beruht seine besitzrechtliche Stellung auf seiner Tätigkeit im Geschäftsbereich des Vollstreckungsschuldners. K übt den Gewahrsam für den Vollstreckungsschuldner aus und muß Anweisungen des Geschäftsherrn Folge leisten. Er ist daher nur Besitzdiener (§ 855 BGB). Besitzer ist allein der Vollstreckungsschuldner, so daß eine Pfändung möglich ist. Etwaigen Widerstand des K könnte der Vollziehungsbeamte mit Gewalt brechen (§ 287 AO).

Der Inhaber eines Betriebes oder Unternehmens hat Gewahrsam an allen Sachen, die sich im räumlichen Bereich des Betriebes oder Unternehmens befinden.[59] Ist der Inhaber eine **juristische Person**, so ist sie Gewahrsamsinhaber. Der Gewahrsam wird durch die Organe ausgeübt.[60]

Wer die tatsächliche Herrschaft ausübt und damit Gewahrsam hat, richtet sich nach der **Auffassung des täglichen Lebens**.[61] Nur der Mieter einer Wohnung, nicht der Hauseigentümer, hat Gewahrsam an allen Einrichtungsgegenständen, die sich in der Wohnung befinden. Dies gilt sowohl von Sachen, die dem Mieter gehören, als auch von Gegenständen, mit denen der Eigentümer die Wohnung ausgestattet hat. Der Vermieter hat in der Regel keinen Gewahrsam an den Sachen, die sich in einem untervermieteten Raum befinden.

Beispiel:
Der Vollstreckungsschuldner hat ein möbliertes Zimmer seiner Wohnung an einen Studenten vermietet. Der Vollziehungsbeamte möchte den dort aufgestellten Schreibtisch, der dem Vermieter gehört, pfänden.

Der mittelbare Besitz, den der Vollstreckungsschuldner kraft des Mietverhältnisses mit dem Studenten an dem Schreibtisch hat (§ 868 BGB), begründet keinen Gewahrsam. Auch der Umstand, daß der Schreibtisch unzweifelhaft im Eigentum des Vollstreckungsschuldners steht, ist unbeachtlich.[62]

c) Gewahrsam bei Ehegatten

Für die Vollstreckung gegen Ehegatten sind gemäß § 263 AO die Vorschriften der §§ 739, 740, 741, 743 und 745 ZPO entsprechend anzuwenden (vgl. Abschn. 43 Abs. 2 VollzA). Ehegatten, die in ehelicher Gemeinschaft leben, haben in der Regel Mitgewahrsam am gemeinsam genutzten Hausrat. Der Ehepartner des Vollstreckungsschuldners könnte sich somit regelmäßig auf diese Rechtsposition berufen und die Vollstreckung vereiteln. Denkbare Manipulationen werden durch § 739 ZPO unterbunden. Danach gilt, unbeschadet der Rechte Dritter, zu Gunsten des Vollstreckungsgläubigers allein der Vollstreckungsschuldner als Ge-

---

[59] Baumann-Brehm, § 18 II 2 m.w.N.
[60] Baur-Stürner, Bd. 1, Tz. 28.6 m.w.N.; a.A. BGH JZ 1978, 200
[61] Baur-Stürner, Bd. 1, Tz. 28.6
[62] Bruns-Peters, § 21 III 3; Jauernig, § 17 II

wahrsamsinhaber und Besitzer einer beweglichen Sache, soweit die Vermutung des § 1362 BGB reicht. Nach dieser Vorschrift wird zu Gunsten der Gläubiger des Mannes und der Gläubiger der Frau vermutet, daß die im Besitz eines Ehegatten oder beider Ehegatten befindlichen beweglichen Sachen dem Schuldner gehören (§ 1362 Abs. 1 S. 1 BGB).

Beispiel:
Der Vollziehungsbeamte findet in der ehelichen Wohnung des Vollstreckungsschuldners einen wertvollen Teppich. Die Ehefrau widerspricht der Pfändung mit dem Hinweis, der Teppich sei ihr von ihrem Ehemann zum Geburtstag geschenkt worden.

Der Vollziehungsbeamte darf den Teppich pfänden, obwohl der Vollstreckungsschuldner keinen Alleingewahrsam an der beweglichen Sache hat. Er gilt jedoch als Eigentümer (§ 1362 BGB) und als alleiniger Gewahrsamsinhaber (§ 739 ZPO). Sollte die Ehefrau Eigentümerin sein, wie sie behauptet, so muß sie ggf. Klage erheben und die Vermutung widerlegen (§ 262 AO).

Die Vermutung gilt nicht, wenn die Ehegatten getrennt leben (§ 1362 Abs. 1 S. 2 BGB) oder es sich um Sachen handelt, die ausschließlich zum persönlichen Gebrauch eines Ehegatten bestimmt sind (§ 1362 Abs. 2 BGB).

Beispiel:
Der Vollziehungsbeamte pfändet in der ehelichen Wohnung des Vollstreckungsschuldners einige antike Gemmen. Die Ehefrau erhebt Widerspruch und meint, die Schmuckstücke, die man als Kapitalanlage gekauft habe, würden allein von ihr bei besonderen Anlässen getragen.

Zugunsten des Vollstreckungsgläubigers gilt auch in diesem Fall die Vermutung des § 1362 Abs. 1 S. 1 BGB. Zwar handelt es sich bei Schmuckstücken, die nur von einem Ehegatten getragen werden, regelmäßig um Gegenstände, die zu seinem ausschließlichen Gebrauch bestimmt sind. Dies kann aber nicht angenommen werden, wenn Schmuckstücke auch als Kapitalanlage dienen.[63] *Sie sind daher pfändbar.*

Die Gewahrsamsvermutung nach § 739 ZPO ist im Vollstreckungsverfahren nicht widerlegbar. Der Betroffene kann daher gegen den Pfändungsakt keinen Einspruch wegen der Verletzung seiner Rechte einlegen. Ihm steht – außerhalb des Vollstreckungsverfahrens – nur die Möglichkeit offen, Drittwiderspruchsklage zu erheben.[64]

d) Gewahrsam bei eheähnlichen Lebens- und Wohngemeinschaften

Die bei Ehegatten zugunsten eines Ehegatten bestehende Gewahrsams- und Eigentumsvermutung des schuldenden Ehegatten (§ 263 AO, § 739 ZPO, § 1362 BGB) ist auf eheähnliche Lebensgemeinschaften und Wohngemeinschaften nicht anwendbar (h. M.). Die in der gemeinsamen Wohnung befindlichen Sachen stehen im Mitgewahrsam der in der Lebens- oder Wohngemeinschaft lebenden Personen. Bei der Vollstreckung ist zu beachten:

- Gestattet der Dritte die Herausgabe und die Verwertung der beweglichen Sachen, so ist deren Pfändung nach § 286 Abs. 4 AO zulässig.

[63] Palandt, § 1362, 9; BGH NJW 59, 142
[64] So die h. M.; zum Streitstand vgl. Baur-Stürner, Bd. 1 Tz. 19.3ff.

Nach der Pfändung kann der Dritte die Zustimmungserklärung nicht mehr wirksam widerrufen.

- Wird die Zustimmung zur Herausgabe verweigert, so muß der Anspruch des Vollstreckungsschuldners gegen den Dritten auf Herausgabe gemäß § 318 AO gepfändet und die Einziehung angeordnet werden.

Widerspricht der Partner einer Wohngemeinschaft, der nicht Vollstreckungsschuldner ist, unter Hinweis auf seinen Gewahrsam der Pfändung oder Wegnahme einer Sache, so ist allerdings der Widerspruch unbeachtlich, wenn er die Sache offensichtlich nur dem Zugriff des Vollstreckungsgläubigers entziehen soll. Der widersprechende Partner ist auf die Möglichkeit, durch Einwendungen bei der Finanzbehörde bzw. durch Drittwiderspruchsklage bei Gericht der Pfändung zu widersprechen (§ 262 AO), hinzuweisen.

4. Pfändung bei Dritten

Sachen, die sich im (Mit-)Gewahrsam eines Dritten befinden, können grundsätzlich nicht gepfändet werden. Eine Pfändung ist nur zulässig, wenn der Dritte zur **Herausgabe bereit** ist (§ 286 Abs. 4 AO). Er muß sich ausdrücklich oder stillschweigend, aber vorbehaltlos mit der Wegnahme der Sache zum Zwecke der Verwertung einverstanden erklären.[65] Nach der Pfändung kann die Erklärung nicht mehr wirksam widerrufen werden (Abschn. 43 Abs. 6 VollzA).

Beispiel:
Der Vollstreckungsschuldner hat seinem Freund (F) eine Videokamera geliehen. Er erklärt dem Vollziehungsbeamten, er könne die Kamera pfänden, doch müsse sie während seines Urlaubs in seinem Besitz bleiben.

Eine Pfändung ist nicht zulässig. Zwar hat sich der F mit der Pfändung einverstanden erklärt. Sein Einverständnis schloß aber nicht die Bereitschaft ein, daß der Vollziehungsbeamte die Kamera zum Zwecke der Verwertung in Besitz nahm. Pfändet der Vollziehungsbeamte gleichwohl, so ist die Pfändung zwar wirksam, doch kann (nur) F Einspruch wegen der Verletzung seiner Rechte aus § 286 Abs. 4 AO einlegen (§ 347 AO).

Seine Bereitschaft zur Herausgabe muß der Dritte selbst dann erklären, wenn seine Pflicht zur Herausgabe unzweifelhaft und offensichtlich ist,[66] oder wenn der Dritte die Sachen nur in Gewahrsam genommen hat, um sie im Zusammenwirken mit dem Vollstreckungsschuldner der Vollstreckung zu entziehen.[67] Lehnt der Dritte eine Herausgabe der Sachen ab, so muß die Vollstreckungsbehörde den Herausgabeanspruch des Vollstreckungsschuldners gegen den Dritten pfänden (§ 318 AO).

Hat der Vollstreckungsschuldner einen gesetzlichen Vertreter und befinden sich die beweglichen Sachen des Vollstreckungsschuldners in dessen Gewahrsam, so können sie gepfändet werden als befänden sie sich im Gewahrsam des Vollstreckungsschuldners. Der gesetzliche Vertreter ist kein Dritter i.S.v. § 286 Abs. 4 AO, sondern übt nur den Gewahrsam für den Vertretenen aus (Abschn. 43 Abs. 3

---

[65] Baur-Stürner, Bd. 1, Tz. 28.10 m.w.N.
[66] Jauernig, § 17 III; Bruns-Peters, § 21 III 3 m.w.N.
[67] sehr str, vgl. Baur-Stürner, Bd. 1 Tz. 28.10; Jauernig, § 17 III; Bruns-Peters, § 21 III 3

VollzA).[68] Soll nicht in das Vermögen des Vollstreckungsschuldners vollstreckt werden, sondern in ein von ihm verwaltetes fremdes Vermögen, zum Beispiel in den von einem Testamentsvollstrecker verwalteten Nachlaß, so reicht die Feststellung, daß sich pfändbare Sachen in Gewahrsam des Vollstreckungsschuldners befinden, als Voraussetzung für deren Pfändung nicht aus. Der Vollziehungsbeamte hat vielmehr zu prüfen, ob die Sachen zu dem der Vollstreckung unterworfenen Vermögen gehören, das im Vollstreckungsauftrag besonders bezeichnet ist (Abschn. 43 Abs. 7 VollzA).

Beispiel:
Vollstreckungsschuldner ist der minderjährige M. Wertvolle Briefmarken des M kann der Vollziehungsbeamte pfänden (§ 286 Abs. 1 und 2 AO), auch wenn sie für M von seinen Eltern aufbewahrt werden.

5. Durchführung der Pfändung

Der Vollziehungsbeamte pfändet bewegliche Sachen dadurch, daß er sie in Besitz nimmt (§ 286 Abs. 1 AO). Die Pfändung ist ein **Verwaltungsakt**, da durch sie über Art und Weise der Vollstreckung entschieden wird.[69] Den Besitz, d.h. die alleinige tatsächliche Gewalt über die Sache unter Ausschluß der Verfügungsgewalt des Vollstreckungsschuldners, kann der Vollziehungsbeamte auf zweierlei Arten erlangen.

a) Pfändung durch Inbesitznahme

Der Vollziehungsbeamte kann die Pfandsache an sich nehmen und sie bis zur Verwertung aufbewahren. Auf diese Weise müssen Geld, Kostbarkeiten, Wertpapiere und Wertzeichen (§§ 286, 312 AO) gepfändet werden (Abschn. 44 Abs. 2 Nr. 1 VollzA). Kostbarkeiten sind bewegliche Sachen, die im Verhältnis zu ihrem Umfang oder Gewicht einen außerordentlichen Wert haben (Abschn. 15 Abs. 6 VollzA).

Beispiel:
Ein 8 Zentner schwerer barocker Eichenschrank ist kostbar, aber keine Kostbarkeit im Sinne von § 286 Abs. 2 AO. Eine hochwertige Kamera oder eine Blaue Mauritius ist dagegen als Kostbarkeit anzusehen.

Entgegen dem Wortlaut des Gesetzes kann der Vollziehungsbeamte im Einzelfall auch Kostbarkeiten im Gewahrsam des Vollstreckungsschuldners oder eines herausgabebereiten Dritten belassen, wenn der Abtransport oder die sachgerechte Aufbewahrung mit Schwierigkeiten verbunden ist. Die Zustimmung der Vollstreckungsstelle ist vorher einzuholen und die Gegenstände sind mit einem Pfandsiegel zu versehen.[70]

Beispiel:
Der Vollstreckungsschuldner besitzt eine Sammlung sehr feingearbeiteter zerbrechlicher Porzellanfiguren. Der Vollziehungsbeamte kann in diesem Falle mit Zustimmung der Vollstreckungsstelle auf eine Wegnahme verzichten.

---

[68] Tipke-Kruse, § 286, Tz. 3
[69] Tipke-Kruse, § 281, Tz. 4 m.w.N., Klein-Orlopp, § 281, 3
[70] BLAH, § 808, 18; Tipke-Kruse, § 286, Tz. 9

Andere Sachen kann der Vollziehungsbeamte in Besitz nehmen, wenn durch ihre Belassung beim Vollstreckungsschuldner die Befriedigung des Vollstreckungsgläubigers gefährdet wird (§ 286 Abs. 2 AO, Abschn. 44 Abs. 6 VollzA). Hierzu wird sich der Vollziehungsbeamte entschließen, wenn zu befürchten ist, daß der Vollstreckungsschuldner die gepfändete Sache verbotenerweise wegschafft, veräußert, abnutzt oder zerstört. Auch der Vollstreckungsschuldner oder der Gewahrsamsinhaber kann den Abtransport der Pfandsache verlangen (Abschn. 44 Abs. 6 VollzA).

Beispiel:

Als der Vollziehungsbeamte beim Vollstreckungsschuldner die Stereoanlage pfändet, äußert dieser, bevor er die Anlage versteigern lasse, werde er sie lieber in Stücke schlagen.

Ist diese Drohung ernst gemeint, muß der Vollziehungsbeamte die Anlage mitnehmen, um das Recht des Steuergläubigers auf Befriedigung seiner Ansprüche sicher zu stellen.

Bei der **Pfändung von Kraftfahrzeugen oder Kraftfahrzeuganhängern** wird in der Regel davon auszugehen sein, daß die Befriedigung des Vollstreckungsgläubigers gefährdet ist. Wird dem Vollstreckungsschuldner das Fahrzeug überlassen und nutzt er es weiterhin, was trotz Pfändung erlaubt ist, so besteht stets die Gefahr einer Wertminderung durch Unfall. Ausnahmen bestimmt die Vollstreckungsstelle.

Fahrzeugschein und Fahrzeugbrief hat der Vollziehungsbeamte an sich zu nehmen, wenn er sie findet. Dies gilt besonders dann, wenn das Fahrzeug dem Vollstreckungsschuldner überlassen wird. Es ist dem Vollziehungsbeamten untersagt, gepfändete Kraftfahrzeuge selbst zu einem Abstellplatz zu steuern. Ist der Vollstreckungsschuldner nicht bereit, selbst das Fahrzeug sofort zu überführen, so ist eine Hilfsperson damit zu beauftragen.

Nähere Regelungen über die Pfändung von Kraftfahrzeugen und Kraftfahrzeuganhängern trifft Abschn. 46 VollzA.

Hat der Vollziehungsbeamte eine Sache zunächst im Gewahrsam des Vollstreckungsschuldners belassen, so kann er sie wegnehmen, wenn er nachträglich die Gefährdung erkennt. Umgekehrt kann er auch später eine Pfandsache an den Vollstreckungsschuldner zurückgeben. Soll die Pfändung in diesem Fall aufrecht erhalten bleiben, so ist die Sache mit einem Pfandzeichen zu versehen (Abschn. 44 Abs. 6 VollzA).

b) Pfändung durch Siegel

Der Vollziehungsbeamte wird im Regelfall die Pfandsache beim Vollstreckungsschuldner belassen, ihm also den unmittelbaren Besitz wieder einräumen. Die Inbesitznahme durch den Akt der Pfändung ist dann nur wirksam, wenn sie durch Anlegung von Siegeln oder in sonstiger Weise ersichtlich gemacht wird (§ 286 Abs. 2 S. 2 AO). Als Siegel sind die amtlich gelieferten Pfandzeichen mit der Aufschrift „Pfandsiegel" zu verwenden. Das Pfandsiegel ist an einer nicht zu übersehenden Stelle so an der Pfandsache anzubringen, daß es jedermann bei verkehrsüblicher Sorgfalt ohne Mühe erkennen kann **(Publizität)**. Es ist mit der gepfändeten Sache fest zu verbinden (Abschn. 44 Abs. 3 VollzA).

Beispiele:
Die Pfandmarke ist bei einem Klavier auf der Vorderseite, nicht auf der Innenseite des Deckels anzubringen.
Die Pfändung ist nichtig, wenn die Pfandmarke lediglich in die Schublade eines Schrankes gelegt wird.

Grundsätzlich ist jede gepfändete Sache mit einem Pfandsiegel zu versehen, selbst wenn die Einzelgegenstände eine zusammengehörende Einheit bilden.[71]

Beispiel:
Bei einer Polstergarnitur, bestehend aus einem Sofa und drei Sesseln, ist jedes Einzelstück mit einem Pfandsiegel zu versehen.

Bei Pfändung mehrerer Sachen brauchen nicht alle Gegenstände einzeln mit dem Pfandsiegel versehen zu werden; es reicht aus, wenn die Sachen in einem Raum oder Behältnis zusammengefaßt werden können und dem Vollstreckungsschuldner der Zugang oder Zugriff ohne Zerstörung des Pfandsiegels unmöglich gemacht wird. Die Schlüssel der Behältnisse oder des Raumes hat der Vollziehungsbeamte an sich zu nehmen (Abschn. 44 Abs. 3 VollzA).

Beispiel:
Das Warenlager eines Schaumweinherstellungsbetriebes ist zu pfänden, indem man die Tür des Lagerkellers abschließt und das Schloß versiegelt.

c) Pfändung in sonstiger Weise

Kann eine Siegelmarke nicht angebracht werden oder ist sie unzweckmäßig, so steht es im Ermessen des Vollziehungsbeamten, bewegliche Sachen in sonstiger Weise (§ 286 Abs. 2 AO) z.B. durch das Anbringen einer **schriftlichen Pfandanzeige** zu pfänden. Die Pfandanzeige muß den Akt der Pfändung nach außen hin kundtun und klar erkennen lassen, welche Sachen gepfändet sind. Die Pfandanzeige muß Ort und Zeit ihrer Ausfertigung enthalten und vom Vollziehungsbeamten mit dem Zusatz „Vollziehungsbeamter des Hauptzollamtes" unterschrieben sein (Abschn. 19 Abs. 2 VollzA). Sie ist in unmittelbarer Nähe der gepfändeten Sache sichtbar anzubringen. Wird nur ein Teil eines Vorrates oder Warenlagers gepfändet, so müssen die Sachen ausgesondert werden.

Nähere Regelungen zur Pfändung mittels Pfandanzeige trifft Abschn. 44 Abs. 4 VollzA.

Beispiele:
1. *Sollen die Pferde eines Reitstalles gepfändet werden, so ist eine Pfandanzeige an der Stalltür anzubringen mit dem Hinweis, daß die sich im Stall befindlichen (näher bezeichneten) Tiere gepfändet sind.*
2. *Soll bei einem Getreideimporteur ein Teil seines Weizens, der in einem Vorratsschuppen gelagert ist, gepfändet werden, so reicht es nicht, eine Pfandanzeige über die Pfändung von „etwa 200 Zentner Getreide" an dem Schuppen anzubringen. Der zu pfändende Weizen muß vorher aus dem Vorrat ausgeschieden und in dem Vorratsschuppen gesondert gelagert werden. Die Pfandanzeige ist in unmittelbarer Nähe des gepfändeten Weizens sichtbar anzubringen.*

---
[71] Tipke-Kruse, § 286, Tz. 1; Baur-Stürner, Bd. 1, Tz. 28.15

Ist zu befürchten, daß eine Pfandanzeige aus Papier im Freien durch Witterungseinflüsse zerstört oder unleserlich wird, so kann die Pfändung in sonstiger Weise kenntlich gemacht werden (§ 286 Abs. 2 S. 2 AO).

Beispiel:
Der Vollziehungsbeamte soll den Ertrag eines ungeernteten Rübenfeldes pfänden. Er wird auf dem Acker eine Pfandanzeige anbringen, die aus einem Brett oder aus Blech besteht, um sie gegen Witterungseinflüsse zu schützen. Die notwendigen Angaben sind in wetterfester Farbe auszuführen. Die Kosten hat der Vollstreckungsschuldner zu tragen (§ 344 AO).

d) Benachrichtigung des Vollstreckungsschuldners

Der Vollziehungsbeamte hat dem Vollstreckungsschuldner die Pfändung mitzuteilen (§ 286 Abs. 3 AO). Die Mitteilung kann mündlich erfolgen (§ 290 AO). Wird bei einem herausgabebereiten Dritten gepfändet, so ist auch er von der Pfändung zu benachrichtigen (§ 286 Abs. 4 und Abs. 3 AO). Die Verpflichtung zur Mitteilung ist nur Ordnungsvorschrift. Ein Verstoß macht die Pfändung anfechtbar aber nicht unwirksam.[72] Neben der Mitteilung hat der Vollziehungsbeamte den Vollstreckungsschuldner oder Gewahrsamsinhaber über die Wirkungen der Pfändung zu belehren (Abschn. 44 Abs. 8 VollzA). Unterbleibt die Belehrung, so ist die Pfändung gleichwohl wirksam.[73]

e) Rechtsfolgen vorschriftswidriger Pfändungen

Der Erfolg einer Pfändung hängt in hohem Maße von der genauen Beachtung aller Formvorschriften ab (Abschn. 44 Abs. 1 VollzA). Für die Wirksamkeit der Pfändung ist die Inbesitznahme des Pfandgegenstandes (§ 286 Abs. 1 AO) und deren Kenntlichmachung nach außen (§ 286 Abs. 2 AO) unverzichtbar. Fehlt es an der Inbesitznahme oder ist die Pfändung nicht jedem bei Anwendung der im Verkehr üblichen Aufmerksamkeit erkennbar oder werden die gepfändeten Sachen in der Pfandanzeige ungenau bezeichnet, so ist die Pfändung nichtig. Die Nichtigkeit wird nicht dadurch geheilt, daß der Vollziehungsbeamte später die Sachen abholt und ordnungsgemäß versteigert. Eine nichtige Pfändung liegt insbesondere bei folgenden Verstößen vor:

- der Vollziehungsbeamte nimmt die Pfandsache nicht in Besitz;
- Kostbarkeiten und gleichgestellte Sachen nimmt der Vollziehungsbeamte nicht an sich;
- bei Sachen, die im Besitz des Vollstreckungsschuldners bleiben, werden Pfandzeichen oder Pfandanzeigen nicht angebracht;
- das Pfandzeichen macht die Pfändung nicht genügend deutlich;
- bei sonstigen wesentlichen Formmängeln.

Andere Formfehler oder Verstöße gegen Ordnungsvorschriften berühren die Wirksamkeit von Pfändungsmaßnahmen nicht. Sie sind allerdings auf eine Rüge des Betroffenen hin aufzuheben. Die Wirksamkeit der Pfändung wird nicht berührt, wenn das Pfandsiegel unleserlich wird, später abfällt oder der Vollstreckungsschuldner es widerrechtlich entfernt.[74] Der Vollziehungsbeamte hat

---

[72] Schwarz, § 286, Tz. 9; Klein-Orlopp, § 286, 8
[73] Tipke-Kruse, § 286, Tz. 15
[74] Bruns-Peters, § 21 V 1

alsbald ein neues Pfandzeichen anzubringen. Besteht der Verdacht des Pfandbruches, so muß er dies der Vollstreckungsbehörde unverzüglich anzeigen (Abschn. 44 Abs. 5 VollzA).

f) Verbleib der gepfändeten Sachen

Wertpapiere, Beweisurkunden, Wertzeichen oder Kostbarkeiten, die der Vollziehungsbeamte gepfändet hat, sind an die Zahlstelle des Hauptzollamtes abzuführen. Bei Verwechslungsgefahr sind sie ausreichend zu kennzeichnen (Abschn. 59 Abs. 1 VollzA). Andere Pfandsachen, die nicht von der Zahlstelle aufbewahrt werden können, muß der Vollziehungsbeamte unverzüglich in die von der Vollstreckungsstelle bestimmte Pfandkammer oder in eine öffentliche Niederlage einliefern (Abschn. 44 Abs. 7 VollzA). Zwischen dem Staat und dem Vollstreckungsschuldner entsteht ein **öffentlich-rechtliches Verwahrungsverhältnis**, auf das §§ 633ff. BGB analog Anwendung finden. Gehen Pfandsachen schuldhaft verloren oder werden sie beschädigt, so haftet der Staat zusätzlich aus Amtspflichtverletzung (§ 839 BGB, Art. 34 GG). Wegen der Ersatzansprüche ist der ordentliche Rechtsweg gegeben (§ 40 Abs. 2 VwGO, § 33 Abs. 1 FGO).

g) Besitzverhältnisse an gepfändeten Sachen

Pfändet der Vollziehungsbeamte Sachen des Vollstreckungsschuldners und überläßt er sie anschließend wieder dem Vollstreckungsschuldner, so wird dieser erneut unmittelbarer Besitzer. Der Vollstreckungsgläubiger ist mittelbarer Besitzer erster Stufe (§ 868 BGB); er übt seinen Besitz durch den Vollziehungsbeamten aus. Der Vollstreckungsgläubiger ist Fremdbesitzer, da er die Gegenstände nicht für sich, sondern für den Vollstreckungsschuldner aufbewahrt. Der Vollstreckungsschuldner ist kraft des öffentlich-rechtlichen Verwahrungsverhältnisses gleichzeitig mittelbarer Eigenbesitzer. Schafft der Vollziehungsbeamte die Pfandsachen fort, so ist der Vollstreckungsgläubiger unmittelbarer Fremdbesitzer, der Schuldner nur noch mittelbarer Eigenbesitzer.

6. Anschlußpfändung

Eine bereits gepfändete Sache kann bis zur Verwertung noch eimal gepfändet werden. Hierzu genügt es, wenn der Vollziehungsbeamte in die Niederschrift die Erklärung aufnimmt, daß er die Sache für die zu bezeichnende Forderung pfändet (§ 307 Abs. 1 S. 1 AO). Dem Vollstreckungsschuldner ist die weitere Pfändung mitzuteilen (§ 307 Abs. 1 S. 2 AO). Eine Anschlußpfändung ist nur möglich, wenn die Erstpfändung zu einer wirksamen Pfandverstrickung geführt hat. Darüber hat sich der Vollziehungsbeamte zu vergewissern. Hat er Zweifel an der Wirksamkeit, so soll er die Pfändung in der Form einer Erstpfändung vornehmen.

Die Anschlußpfändung wird wirksam durch die **Pfändungserklärung** des Vollziehungsbeamten, die in einer Niederschrift aufgenommen wird. Diese Erklärung soll der Vollziehungsbeamte regelmäßig angesichts der Pfandsache abgeben. Die Mitteilung an den Vollstreckungsschuldner ist bloße Ordnungsvorschrift; unterbleibt sie, so ist die Pfändung nur anfechtbar.

Der nachpfändende Vollstreckungsgläubiger erhält die Stellung eines nachrangigen aber selbständigen Pfändungspfandgläubigers. Stellt ein vorpfändender Vollstreckungsgläubiger das Vollstreckungsverfahren ein, so hat dies keinen Einfluß auf das Pfändungspfandrecht aus der Anschlußpfändung.

Nähere Regelungen über die Pfändung bereits gepfändeter Sachen treffen Abschn. 47 und Abschn. 42 Abs. 4 VollzA.

7. Fruchtlose Pfändung

Pfändungen können ganz oder teilweise fruchtlos bleiben, wenn beim Vollstreckungsschuldner keine oder nur geringwertige pfändbare Vermögensgegenstände aufgefunden werden.

Damit ist allerdings noch nicht gesagt, daß die gesamte Vollstreckung fehlgeschlagen ist. Dem Vollstreckungsschuldner können nämlich erhebliche Vermögenswerte wie Forderungen und Grundvermögen gehören, die allerdings nicht vom Vollziehungsbeamten gepfändet werden können. Die Niederschrift des Vollziehungsbeamten darf sich daher nicht auf allgemeine Bemerkungen über die Fruchtlosigkeit der Vollstreckung beschränken, sondern sie soll – neben den allgemeinen Angaben – Hinweise geben, auf welche Vollstreckungsobjekte die Vollstreckungsbehörde nunmehr eventuell zugreifen könnte.

Der Vollziehungsbeamte muß daher Angaben machen, daß alle zulässigen Mittel zur Befriedigung vergeblich versucht worden sind. Die unpfändbaren Sachen sind genau zu bezeichnen, damit erkennbar ist, ob die Pfändung zu Recht unterlassen worden ist (Abschn. 49 Abs. 2 Nr. 1 VollzA). Vorgefundene Beweisurkunden sollen genau bezeichnet sein (Abschn. 49 Abs. 2 Nr. 2 VollzA).

Die wirtschaftlichen Verhältnisse des Vollstreckungsschuldners sind zu ermitteln. Er ist zu befragen, ob er weitere pfändbare Sachen, Forderungen oder andere Vermögensrechte besitzt. Forderungen sind unter Angabe des Schuldners nach Grund und Höhe möglichst genau zu bezeichnen (Abschn. 49 Abs. 2 Nr. 3 VollzA). Der Vollstreckungsschuldner ist darauf hinzuweisen, daß von ihm die Abgabe einer eidesstattlichen Versicherung nach § 284 AO verlangt werden kann (Abschn. 49 Abs. 2 Nr. 4 VollzA).

Anhand dieser Angaben wird die Vollstreckungsbehörde entscheiden, auf welchem Weg der ausstehende Anspruch am zweckmäßigsten vollstreckt werden kann. Ergeben sich keine Hinweise darauf, daß weitere Vollstreckungsmaßnahmen zur Befriedigung des Anspruchs führen oder bleibt die Vollstreckung in das bewegliche Vermögen ergebnislos, so kann vom Vollstreckungsschuldner als letztes Mittel die Vorlage eines Vermögensverzeichnisses gemäß § 284 AO verlangt werden (vgl. hierzu § 10, 3 c).

8. Aufhebung der Pfändung

Grundsätzlich darf der Vollziehungsbeamte Pfändungsmaßnahmen nur auf **schriftliche Weisung** der Vollstreckungsstelle hin aufheben (Abschn. 57 Abs. 2 VollzA).

Beispiel:
Der Vollziehungsbeamte hat beim Vollstreckungsschuldner dessen Trauringe gepfändet und mitgenommen. Nach seiner Rückkehr sagt ihm ein Kollege, daß dies unzulässig war.

Trauringe sind unpfändbar (§ 811 Nr. 11 ZPO). Der Vollziehungsbeamte darf nun nicht selbständig hingehen und die Trauringe zurückbringen, weil er die Unzulässigkeit seiner Amtshandlung erkannt hat. Er darf die Pfändung nur auf schriftliche Weisung der Vollstreckungsstelle hin aufheben (Abschn. 57 Abs. 2 S. 2

VollzA). Die Pfandsachen sind dem Vollstreckungsschuldner gegen Quittung zurückzugeben (Abschn. 57 Abs. 3 VollzA).

Ausnahmsweise darf der Vollziehungsbeamte eine Pfändung dann aufheben, wenn der Vollstreckungsschuldner an ihn die gesamte Schuldsumme zahlt. Das gleiche gilt, wenn eine Teilverwertung von Pfandgegenständen zur Deckung der Schuldsumme nebst Kosten ausreicht (Abschn. 57 Abs. 1 VollzA).

Beispiel:
Der Vollziehungsbeamte hat bei einem Vollstreckungsschuldner verschiedene Sachen im Wert der ausstehenden Beträge gepfändet. Als er das Haus verlassen will, erscheint die Ehefrau und zahlt den gesamten Schuldbetrag.

Der Vollziehungsbeamte darf die Pfändung aufheben und die Pfandsiegel entfernen (Abschn. 57 Abs. 1 VollzA). Nach § 48 Abs. 1 AO ist die Ehefrau berechtigt, die Schuldsumme mit befreiender Wirkung zu zahlen.

§ 17 Die Überwachung der Vollstreckung durch die Vollstreckungsbehörde

1. Allgemeines

Die Vollstreckungsbehörden haben das gesamte Vollstreckungsverfahren zu leiten und seinen Fortgang zu überwachen (§ 249 Abs. 1 AO). Soweit die Vollstreckungsstelle die Vollstreckung nicht selbst ausführt, ist sie verpflichtet, die Tätigkeit der Vollziehungsbeamten zu kontrollieren. Sie hat darauf zu achten, daß die Vollstreckungsaufträge fristgerecht ausgeführt werden und daß sich die Vollziehungsbeamten im Rahmen ihrer Befugnisse halten. Der Vollziehungsbeamte hat über die Ausführung des Vollstreckungsauftrags Rechenschaft abzulegen (Abschn. 60 Abs. 1 VollzA). Der Kontrolle dienen insbesondere die Vollstreckungsniederschriften (§ 291 AO) und sonstige vom Vollziehungsbeamten zu fertigende Urkunden (vgl. § 9, 11). Zusätzlich kann es bei schwierigen Vollstreckungsmaßnahmen erforderlich sein, daß ein Innendienstbeamter an den Amtshandlungen des Vollziehungsbeamten unmittelbar teilnimmt und ihm bei seiner Arbeit mit Rat zur Seite steht.

Besondere Kontakte sind mit den Festsetzungsstellen und Kassen/Zahlstellen zu pflegen. Der Vollstreckungsschuldner wird häufig geneigt sein, drohende Vollstreckungsmaßnahmen noch durch freiwillige Zahlungen abzuwenden. Auch werden Stundungs- oder Erlaßanträge oder Anträge auf Aussetzung der Vollziehung häufig gestellt, um Zwangsmaßnahmen zu entgehen. Zudem können anläßlich von Vollstreckungsmaßnahmen Gründe zutage treten, die die Fortsetzung der Vollstreckung als unbillig, aussichtslos oder unverhältnismäßig erscheinen lassen. In diesen Fällen muß die Vollstreckungsbehörde auf die veränderte Situation flexibel reagieren und das Verwaltungsverfahren unter Wahrung der Interessen aller Beteiligten sachgerecht zu Ende führen.

2. Einstellung und Beschränkung der Vollstreckung

Ist über den Beginn der Vollstreckung entschieden oder sind bereits konkrete Vollstreckungsmaßnahmen ergriffen, so ist die Vollstreckung unter den Voraussetzungen des § 257 AO einzustellen oder zu beschränken. Etwaige Vollstreckungsmaßnahmen sind aufzuheben (§ 257 Abs. 2 S. 1 AO).

Die Vorschrift dient dem Schutz des Vollstreckungsschuldners. Mit ihr soll Einwendungen Rechnung getragen werden, deren Rechtsgrund nach Erlaß des zu vollstreckenden Verwaltungsaktes liegen und die der Vollstreckungsstelle erst bekannt werden, nachdem über die Einleitung von Vollstreckungsmaßnahmen entschieden ist. Einwendungen des Vollstreckungsschuldners im Sinne von § 257 AO, die nach dem Erlaß des zu vollstreckenden Verwaltungsaktes aber vor der Entscheidung über die Einleitung von Zwangsmaßnahmen der Vollstreckungsbehörde bekannt werden, führen dazu, daß die Anordnung der Vollstreckung ganz zu unterbleiben hat (vgl. § 10,4b).

Die Entscheidung über die Einstellung und Beschränkung hat allein die **Vollstreckungsbehörde** zu treffen. Der Vollziehungsbeamte darf die Vollstreckung grundsätzlich nur auf ausdrückliche Weisung der Vollstreckungsstelle einstellen und beschränken (Abschn. 11 Abs. 1 VollzA). Macht der Vollstreckungsschuldner gegenüber dem Vollziehungsbeamten Gründe geltend, die eine Einstellung oder Beschränkung der Vollstreckung rechtfertigen würden, so muß er von Vollstreckungshandlungen vorläufig nur dann Abstand nehmen, wenn die Voraussetzungen der Abwendung einer Pfändung gem. § 292 AO vorliegen (vgl. § 15,3 und Abschn. 11 Abs. 2 VollzA). Der Vollziehungsbeamte hat seine Entscheidung unverzüglich der Vollstreckungsstelle anzuzeigen, die sodann die erforderlichen Einstellungsverfügungen trifft (Abschn. 11 Abs. 5 VollzA und Abschn. 5 Abs. 1 VollstrA).

Die Einstellung der Vollstreckung ist **kein Verwaltungsakt**, sondern eine behördeninterne Entscheidung.[75] Sie ist von der Vollstreckungsstelle von Amts wegen anzuordnen, wobei die Vollstreckungsstelle die Voraussetzungen des § 257 AO nicht selbst prüfen darf, sondern an die Mitteilungen der Veranlagungsstellen und Zahlstellen gebunden ist. Mangels eines Verwaltungsakts (§ 118 AO) kann der Vollstreckungsschuldner keinen Rechtsbehelf einlegen, wenn er der Meinung ist, Vollstreckungsmaßnahmen seien nach § 257 AO einzustellen oder zu beschränken. Das Rechtsinstitut der **Vollstreckungsgegenklage** (§ 767 ZPO analog), die es dem Vollstreckungsschuldner ermöglichen würde, die Vollstreckung schlechthin für unzulässig zu erklären, ist in der Vollstreckung nach der Abgabenordnung nicht anwendbar.[76] Der Vollstreckungsschuldner kann eine Einstellung nur erreichen, indem er innerhalb des Vollstreckungsverfahrens Einspruch gegen die nachfolgenden Vollstreckungsakte einlegt oder Feststellungsklage vor dem Finanzgericht erhebt.[77] Wenn die Vollstreckungsstelle einen Antrag auf Einstellung oder Beschränkung ablehnt, so kann der Vollstreckungsschuldner hiergegen Einspruch einlegen.

Eine **Einstellung oder Beschränkung** der Vollstreckung hat zwingend zu erfolgen, sobald:

- die Vollziehung des zu vollstreckenden Verwaltungsaktes ausgesetzt wird oder die Vollziehung durch Einlegung eines Rechtsbehelfs gehemmt ist (§ 361 AO, § 69 FGO, Art. 244 ZK, § 257 Abs. 1 Nr. 1 AO);
- der Verwaltungsakt, aus dem vollstreckt wird, aufgehoben wird (§ 257 Abs. 1 Nr. 2 AO). Damit entfällt die Vollstreckungsgrundlage. Der Verwaltungsakt

---

75 Schwarz, § 257, Tz. 10
76 BFH BStBl. 1971 II 702
77 Schwarz, § 257, Tz. 10

kann durch die Behörde selbst aufgehoben werden (§§ 367f., 172ff., 130ff. AO). Wird er durch einen Gerichtsentscheid aufgehoben, so ist die Vollstreckung erst dann einzustellen, wenn die Entscheidung rechtskräftig ist;

- der Anspruch auf die Leistung erloschen ist (§ 257 Abs. 1 Nr. 3 AO). Dies kann geschehen durch Zahlung (§ 224 AO, Art. 232 ZK), Aufrechnung (§ 226 AO, Art. 223 ZK), Erlaß (§ 227 AO, Art. 235ff. ZK) oder Verjährung (§§ 169, 232 AO, Art. 224 Abs. 3 ZK);
- der Anspruch gestundet worden ist (§ 257 Abs. 1 Nr. 4 AO, Art. 229 ZK). Gleiches gilt, über den Wortlaut des § 257 Abs. 1 Nr. 4 AO hinaus, für die Gewährung eines Zahlungsaufschubes (§ 223 AO, Art. 224 ZK) nicht aber im Falle der Niederschlagung (§ 261 AO) und des Vollstreckungsaufschubes (§ 258 AO).

Hat der Vollstreckungsschuldner für Rückstände, die der Vollstreckungsstelle bereits mitgeteilt sind, Stundung (§ 222 AO, 229 ZK), Erlaß (§ 227 AO, Art. 235ff. ZK) oder Aussetzung der Vollziehung (§ 361 AO, § 69 FGO, Art. 244 ZK) beantragt, so soll von der Festsetzungsstelle über die Anträge unverzüglich entschieden werden. Ist dies nicht möglich, so soll sie sich vorab zu den Erfolgsaussichten des Antrages äußern. Die Vollstreckungsstelle hat sodann zu entscheiden, ob bereits begonnene Vollstreckungsmaßnahmen eingestellt, beschränkt oder fortgeführt werden sollen. Das Vollstreckungsverfahren ist fortzuführen, wenn der Antrag aussichtslos erscheint, er offensichtlich zur Verschleppung des Vollstreckungsverfahrens dient oder Gefahr im Verzuge besteht (Abschn. 5 Abs. 4 VollStrA).

Ist der Verwaltungsakt aufgehoben oder der Anspruch auf die Leistung erloschen (§ 257 Abs. 1 Nr. 2 und Nr. 3 AO), so sind bereits getroffene **Vollstreckungsmaßnahmen aufzuheben** (§ 257 Abs. 2 S. 1 AO). Ist der Verwaltungsakt durch eine gerichtliche Entscheidung aufgehoben worden, so gilt dies nur, soweit die Entscheidung unanfechtbar geworden ist und nicht auf Grund der Entscheidung ein neuer Verwaltungsakt zu erlassen ist (§ 257 Abs. 2 S. 2 AO). Dies bedeutet einen systemwidrigen Austausch der Vollstreckungsgrundlage, da die Verwertungsrechte des Hauptzollamtes nunmehr auf einem neuen Verwaltungsakt beruhen. Man wird zumindest fordern müssen, daß der neue Verwaltungsakt den gleichen Lebenssachverhalt regelt, der durch den aufgehobenen Verwaltungsakt erfaßt werden sollte.[78]

Näheres über die Aufhebung von Vollstreckungsmaßnahmen regelt Abschn. 6 VollstrA.

3. Einstweilige Einstellung oder Beschränkung der Vollstreckung

Soweit im Einzelfall die Vollstreckung unbillig ist, kann die Vollstreckungsbehörde sie einstweilen einstellen oder beschränken oder eine Vollstreckungsmaßnahme gemäß § 258 AO, Abschn. 7 Abs. 1 VollstrA aufheben **(Vollstreckungsaufschub)**.

Die Vollstreckung einer Steuer kann unbillig sein. Die Vorschrift gewährt daher die Möglichkeit, die formale Strenge der Vollstreckungsvorschriften zu durchbrechen und wegen sachlicher oder persönlicher Besonderheiten im Ein-

[78] Schwarz, § 257, Tz. 5

zelfall das Prinzip der materiellen Gerechtigkeit zu verwirklichen. **Unbilligkeit** ist anzunehmen, wenn die Vollstreckung insgesamt oder eine einzelne Vollstreckungsmaßnahme dem Vollstreckungsschuldner einen unangemessenen Nachteil bringen würde, der durch kurzfristiges Zuwarten oder durch eine andere Vollstreckungsmaßnahme vermieden werden könnte (Abschn. 7 Abs. 2 VollstrA).

Die Unbilligkeit kann in der Tatsache der Vollstreckung selbst liegen **(sachliche Unbilligkeit)**, wobei Nachteile, die üblicherweise mit der Vollstreckung verbunden sind, allerdings keine Unbilligkeit begründen.

Die Unbilligkeit kann sich auch aus den persönlichen Verhältnissen des Vollstreckungsschuldners ergeben **(persönliche Unbilligkeit)**. Dies ist der Fall, wenn durch die Vollstreckung die wirtschaftliche Existenz, die Gesundheit oder das Leben des Vollstreckungsschuldners und seiner Angehörigen gefährdet würden. Ein Vollstreckungsaufschub kommt ferner in Betracht, wenn eine Stundung bevorsteht, der Anspruch erlassen werden soll oder ein eingelegter Rechtsbehelf Aussicht auf Erfolg bietet.

Es können stets nur Billigkeitsgründe geltend gemacht werden, die einer Vollstreckung im gegenwärtigen Zeitpunkt entgegenstehen. Die Einstellung oder Beschränkung hat nur vorläufigen Charakter und ähnelt der Stundung. Bei Gründen, die einer Verwirklichung des Steueranspruches dauernd entgegenstehen, ist der Anspruch zu erlassen (§ 227 AO, Art. 239 ZK).

Als zulässige Maßnahmen kommen in Betracht:

- einstweilige Einstellung jeder Vollstreckungstätigkeit;
- Vollstreckung nur in bestimmte Vermögenswerte des Vollstreckungsschuldners;
- Freigabe gepfändeter Gegenstände.

Beispiel:
Der Vollstreckungsschuldner ist Importeur von Tiefkühlkost. Der Vollziehungsbeamte pfändet bei ihm alle Lastwagen und stellt sie im Hof des Hauptzollamts sicher. Der Vollstreckungsschuldner wendet ein, er besitze nicht genügend Lagerraum, um die in den nächsten Tagen hereinkommenden Tiefkühlfische unterzubringen. Ein sofortiger Weiterverkauf sei wegen der Marktlage aber nur zu Schleuderpreisen möglich.

Hier nehmen die an sich zulässigen Vollstreckungsmaßnahmen teilweise schädigenden Charakter an und bedrohen den Vollstreckungsschuldner in seiner wirtschaftlichen Existenz stärker als es angesichts des Zweckes der Vollstreckung nötig wäre. Eine Veräußerung der Ware zu unzumutbarem Preis kann dem Vollstreckungsschuldner nicht zugemutet werden. Die Pfändung der Lastwagen ist aufzuheben soweit sie erforderlich sind, um Teile seines Lagers zu räumen und Platz für die hereinkommenden Kühlfische zu schaffen. Ist die Ware abtransportiert, wäre eine erneute Pfändung zulässig.

Eine einstweilige Einstellung oder Beschränkung der Vollstreckung bedarf keines Antrags des Vollstreckungsschuldners. Die Vollstreckungsbehörde hat von Amts wegen schädigende Auswirkungen der Vollstreckungsmaßnahmen zu verhindern.[79]

[79] Schwarz, § 258, Tz. 2; Klein-Orlopp, § 258, 4

Die Maßnahmen selbst stehen im **Ermessen** der Vollstreckungsbehörde. Sie können nicht davon abhängig gemacht werden, daß sie nicht zu einer Gefährdung des Anspruches führen. Das Verlangen von Sicherheitsleistungen ist unzulässig.[80] Die einstweilige Einstellung oder Beschränkung berührt die Fälligkeit des materiellen Anspruchs nicht, so daß grundsätzlich Säumniszuschläge (§ 240 AO) zu erheben sind.[81]

Nähere Regelungen über die Einstellung der Vollstreckung bei Unbilligkeit trifft Abschn. 7 VollstrA.

4. Niederschlagung

Ansprüche aus dem Steuerschuldverhältnis dürfen niedergeschlagen werden, wenn feststeht, daß die Einziehung keinen Erfolg haben wird, oder wenn die Kosten der Einziehung außer Verhältnis zu dem Betrage stehen (Niederschlagung) (§ 261 AO).

Durch die Niederschlagung verzichtet der Vollstreckungsgläubiger vorläufig auf Vollstreckungsmaßnahmen, um einen unnötigen oder aussichtslosen Verwaltungsaufwand zu vermeiden. Die Niederschlagung ist kein Verwaltungsakt, sondern eine **behördeninterne Maßnahme**;[82] sie wird dem Vollstreckungsschuldner nicht bekanntgegeben. Teilt die Vollstreckungsbehörde dem Vollstreckungsschuldner die Niederschlagung mit oder erlangt er hiervon auf andere Weise Kenntnis, so ändert sich die Rechtsnatur nicht. Der Betroffene kann sich insbesondere nicht darauf berufen, ihm sei der Anspruch auf unbestimmte Zeit gestundet (§ 222 AO, Art. 229 ZK) oder erlassen worden (§ 227 AO, Art. 235ff. ZK). Allerdings können im Einzelfall nach dem Grundsatz von Treu und Glauben Vollstreckungshandlungen rechtswidrig sein, wenn der Vollstreckungsschuldner auf den vorläufigen Bestand der Niederschlagung vertrauen durfte und er sich wirtschaftlich darauf eingerichtet hat.[83]

Ein Anspruch kann niedergeschlagen werden, wenn feststeht, daß die **Einziehung keinen Erfolg** haben wird. Die Vollstreckungsbehörde muß in der Regel mindestens einen Vollstreckungsversuch unternommen haben, der erfolglos geblieben ist.[84] Legt der Vollstreckungsschuldner eine eidesstattliche Versicherung vor, wonach verwertbares Vermögen nicht vorhanden ist (§ 284 AO), so kann der Anspruch niedergeschlagen werden, soweit keine Anhaltspunkte vorliegen, daß der Vollstreckungsschuldner Vermögen verborgen hält. Erreicht der Vollstreckungsschuldner durch vorsätzlich falsche Angaben eine Niederschlagung, begeht er eine Steuerhinterziehung nach § 370 Abs. 1 AO (Verschaffen von nicht gerechtfertigten Steuervorteilen). Ist pfändbares Vermögen vorhanden, so kommt eine Niederschlagung nicht in Betracht; für Billigkeitsmaßnahmen ist im Rahmen des § 261 AO kein Raum.[85]

---

80 Kühn-Kutter-Hofmann, § 258, 3
81 Tipke-Kruse, § 258, Tz. 5 m.w.N.
82 Schwarz, § 261, Tz. 2; Klein-Orlopp, § 261, 2
83 Kühn-Kutter-Hofmann, § 261, 2
84 Schwarz, § 261, Tz. 6; Klein-Orlopp, § 261, 3
85 Tipke-Kruse, § 261, Tz. 4

Aus Gründen der Rentabilität kann der Anspruch auch niedergeschlagen werden, wenn die **Kosten der Einziehung außer Verhältnis zur Höhe der Schuld** stehen. Davon ist auszugehen, wenn

- die Summe der rückständigen Beträge weniger als fünfzig Deutsche Mark beträgt, es sei denn, der Vollstreckungsauftrag kann zusammen mit Vollstreckungsaufträgen gegen andere Vollstreckungsschuldner ohne übermäßigen Zeitaufwand ausgeführt werden,
- die Summe der rückständigen Beträge weniger als fünfhundert Deutsche Mark beträgt, die Vollstreckung in das bewegliche Vermögen durch den Vollziehungsbeamten erfolglos verlaufen ist und andere Vollstreckungsmöglichkeiten, zum Beispiel Lohn- oder Kontenpfändungen, auch nach Auswertung der Steuerakten, nicht ersichtlich sind,
- die Summe der rückständigen Beträge weniger als fünfhundert Deutsche Mark beträgt, der Vollstreckungsschuldner aber unbekannt verzogen ist, Aufenthaltsermittlungen bei den zuständigen Behörden ergebnislos verlaufen sind und im übrigen auch keine Vollstreckungsmöglichkeiten i.S. des vorstehenden Absatzes bestehen.

Die Niederschlagung berührt den materiell-rechtlichen Bestand des zu vollstreckenden Anspruchs nicht. Sie ist kein Erlöschenstatbestand (§ 47 AO), noch beseitigt sie die Fälligkeit, so daß weiterhin Säumniszuschläge anfallen (§ 231 AO). Die Zahlungsverjährung wird nicht unterbrochen (§ 231 AO). Die Vollstreckungsbehörde kann Vollstreckungsmaßnahmen wieder aufnehmen, sobald die Voraussetzungen für die Niederschlagung weggefallen sind.[86]

Nähere Regelungen über das Verwaltungsverfahren bei Niederschlagungen treffen Abschn. 14-17 VollstrA.

Beispiel:
Der Importeur (I) schuldet dem Hauptzollamt 5.000,– DM Zoll. Die Vollstreckungsbehörde weiß durch Vollstreckungsversuche aus jüngster Zeit in anderer Angelegenheit, daß I vermögenslos ist.

Die Vollstreckungsbehörde kann den rückständigen Betrag niederschlagen, weil feststeht, daß die Einziehung keinen Erfolg haben wird (§ 261 AO). Weiß die Vollstreckungsbehörde sicher, daß eine Vollstreckung angesichts der Vermögens- und Einkommensverhältnisse aussichtslos ist, so soll eine Vollstreckung nicht versucht werden (vgl. Abschn. 20 Abs. 3 S. 1 VollstrA). Erneute Ermittlungshandlungen, der Vorlage eines Vermögensverzeichnisses (Abschn. 20 Abs. 3 S. 2 VollstrA) oder Vollstreckungsversuche bedarf es dann nicht. Die Vollstreckungsbehörde muß jedoch stichprobenweise überprüfen, ob sich die Vermögensverhältnisse des Vollstreckungsschuldners gebessert haben, so daß die niedergeschlagenen Beträge ganz oder teilweise nachträglich eingezogen werden können (Abschn. 17 Abs. 1 VollstrA). Besteht die Gefahr der Zahlungsverjährung (§ 47, 228ff. AO), so ist sie durch geeignete Maßnahmen – wie eine Mahnung oder Vollstreckungsmaßnahmen – zu unterbrechen (§ 231 Abs. 1 AO, Abschn. 17 Abs. 1 VollstrA).

[86] Tipke-Kruse, § 261, Tz. 6

§ 18 Der Schuldnerschutz bei der Pfändung beweglicher Sachen

1. Bedeutung des Schuldnerschutzes

Die Vollstreckung ist darauf gerichtet, den Vollstreckungsgläubiger wegen seiner Ansprüche zu befriedigen. Doch wäre es mit der **Menschenwürde** (Art. 1 GG) und dem **Prinzip des Sozialstaates** (Art. 20 Abs. 1 GG) nicht zu vereinbaren, dieses Ziel ohne Rücksicht auf die existenziellen Bedürfnisse des Vollstreckungsschuldners und die sozialen Auswirkungen durchzusetzen. Es geht nicht an, den Schuldner kahl zu pfänden und seine wirtschaftliche Existenz so vollständig zu vernichten, daß er letztlich der öffentlichen Fürsorge zur Last fällt. Die Zwangsvollstreckung muß daher dem Vollstreckungsschuldner und seiner Familie die für den Lebensunterhalt und das wirtschaftliche Fortkommen notwendigen Mittel belassen.

2. Die unpfändbaren Sachen

Gem. § 295 AO gelten die Pfändungsverbote und Pfändungsbeschränkungen der §§ 811-812 und 813 Abs. 1 – Abs. 3 ZPO auch im Vollstreckungsverfahren. Sie sind zwingendes Recht, von Amts wegen zu beachten, und nicht abdingbar, da sie nicht nur im Interesse des Schuldners, sondern darüber hinaus aus sozial-politischen Gründen bestehen. Der Vollziehungsbeamte darf daher unpfändbare Sachen selbst dann nicht pfänden, wenn der Vollstreckungsschuldner der Pfändung zustimmt (Abschn. 33 Abs. 1 VollzA). Es ist dabei ohne Belang, ob er die Verzichtserklärung vor, bei oder nach der Pfändung abgibt.[87] Ein Verstoß gegen Pfändungsschutzvorschriften macht die Pfändung anfechtbar (§ 349 AO). Die Pfändungsschutzvorschriften sind sehr kasuistisch gefaßt und aus sich heraus verständlich. Es sollen daher nur einige erklärende Hinweise gegeben werden.

Näheres über die Unpfändbarkeit von Sachen regelt § 33 VollzA.

a) Sachen, die dem persönlichen Gebrauch oder dem Haushalt dienen

Gem. § 811 Nr. 1 ZPO sind Sachen unpfändbar, die dem persönlichen Gebrauch oder dem Haushalt des Schuldners und seiner Familienangehörigen dienen. Dem Schuldner sind die Sachen zu belassen, die eine angemessene und bescheidene aber nicht ärmliche Lebensführung ermöglichen.[88] Stets pfändbar sind Gegenstände des gehobenen Bedarfs, die einen höheren Lebensstandard repräsentieren. Im Einzelfall entscheidet die Verkehrsauffassung.

Beispiele:
- *Unpfändbar sind: Tisch, Stuhl, Schrank, Besteck, Geschirr, Kochplatten, Radiogerät, Farbfernsehgerät, Fahrrad, Kühlschrank, Nähmaschine.*
- *Pfändbar sind: Bügelmaschine, Fotoapparat, Tiefkühltruhe.*

Die Rechtsprechung zur Frage der Unpfändbarkeit ist unübersehbar.[89] Zu berücksichtigen ist der steigende Wohlstand und die sich **wandelnde Anschauung** über eine angemessene und bescheidene Lebensführung, die die Pfändungsgrenzen verschieben kann.

---

[87] str.; vgl. Tipke-Kruse, § 295, Tz. 5; HHSp, § 295, Tz. 9; Jauernig, § 32 I; OLG Bamberg, MDR 81,50

[88] Jauernig, § 32 IID 1; BLAH, § 811, 15

[89] Beispiele bei BLAH, § 811; Baur-Stürner, Bd. 1, Tz. 23.1ff.

Beispiel:
Der Vollziehungsbeamte pfändet beim Vollstreckungsschuldner ein Farb-Fernsehgerät. Ein Rundfunkgerät besitzt der Vollstreckungsschuldner nicht.

Der Vollziehungsbeamte darf keinen Hausrat pfänden, der zu einer bescheidenen Lebensführung notwendig ist (§ 811 Nr. 1 ZPO). Die Rechtsprechung zählte Fernsehgeräte solange zu den Gütern einer gehobenen Lebenshaltung, als sich der überwiegende Teil der Bevölkerung durch Radio und Zeitungen über das öffentliche Leben informierte. Heute gilt ein Fernsehgerät nicht mehr als Luxusgegenstand, da es vielfach die Funktion eines Radios übernommen hat. Hat der Vollstreckungsschuldner kein Radio, so dient es der Information, Bildung und Unterhaltung und gehört damit zu den Gegenständen einer bescheidenen Lebenshaltung.[90] Im Zuge der fortschreitenden Entwicklung wird neuerdings weitergehend vertreten, daß ein Fernsehgerät auch dann unpfändbar ist, wenn der Vollstreckungsschuldner ein Radio besitzt.[91] Befindet sich im Gewahrsam des Vollstreckungsschuldners dagegen z.B. mehr als ein Fernsehgerät, erstreckt sich der Pfändungsschutz lediglich auf ein Gerät. Besonders wertvolle Geräte unterliegen allerdings der Austauschpfändung nach § 295 AO i.V. mit § 811a ZPO.

b) Nahrungs-, Feuerungs- und Beleuchtungsmittel

Sie sind unpfändbar, soweit sie für die Familie des Vollstreckungsschuldners und seiner Hausangehörigen für vier Wochen erforderlich sind. Gegebenenfalls ist dem Vollstreckungsschuldner ein entsprechender Geldbetrag zu belassen (§ 811 Nr. 2 ZPO). Ein Verstoß gegen diese Vorschrift beschwert sowohl den Vollstreckungsschuldner als auch Familienmitglieder oder Hausangehörige und kann von ihnen gerügt werden.

Beispiel:
Der Vollziehungsbeamte pfändet beim Vollstreckungsschuldner im Dezember den gesamten Heizölvorrat von 5.000 Litern.

Gegen diese Maßnahme kann die Ehefrau und ggf. eine Hauswirtschafterin Einspruch einlegen, da auch sie durch die Pfändung beschwert sind (§ 350 AO). Die Vorschrift über die Unpfändbarkeit von Brennmaterial (§ 811 Nr. 2 ZPO) beschützt nicht nur den Vollstreckungsschuldner, sondern, wie sich aus dem Wortlaut ergibt, auch Familienmitglieder und Hausangehörige, die dem Vollstreckungsschuldner im Haushalt helfen.

c) Kleintiere und Pfändung bei Landwirten

Kleintiere sind nebst Futtermitteln in beschränkter Zahl unpfändbar (§ 811 Nr. 3 ZPO). Landwirten sind die für ihre Existenz und Fortführung der Wirtschaft notwendigen Mittel zu belassen (§ 811 Nr. 4 ZPO).

d) Tiere im häuslichen Bereich

Gemäß § 811 c ZPO sind Tiere, die im häuslichen Bereich und nicht zu Erwerbszwecken gehalten werden der Pfändung nicht unterworfen. Die Vollstreckungsstelle kann jedoch die Pfändung zulassen, wenn wegen des hohen Wertes des Tieres die Unpfändbarkeit eine Härte für den Gläubiger bedeuten würde, die auch

---

[90] BLAH, § 811, 18f.; BFH NJW 90, 1871
[91] LG Lahn-Gießen NJW 1979, 769

unter Würdigung der Belange des Tierschutzes und der berechtigten Belange des Schuldners nicht zu rechtfertigen ist.

e) Arbeitsmittel

Bei Personen, die aus persönlicher, körperlicher oder geistiger Arbeit ihren Erwerb ziehen, sind die zur Fortsetzung der Erwerbstätigkeit erforderlichen Gegenstände unpfändbar (§ 811 Nr. 5 ZPO). Den **Gegensatz** bilden Gegenstände, mit denen auf Grund **kapitalistischer Arbeitsweise** Verdienste erzielt werden, bei der also die persönliche Arbeitsleistung gänzlich fehlt oder nur von geringer Bedeutung ist und hinter dem Einsatz von Kapital zurücktritt.

Beispiele:

- *Unpfändbar sind: Lehrbücher eines Finanzanwärters, Handwerkszeug eines Handwerksgesellen, die Schreibmaschine eines Journalisten, der LKW eines kleinen Fuhrunternehmers, der selbst fährt, Fotokopiergerät eines Steuerberaters.*
- *Pfändbar sind: Maschinen eines Fabrikanten, Lastwagen eines großen Fuhrunternehmers mit mehreren Fahrern, da hier der Erwerb weniger auf persönlicher Leistung als auf dem Einsatz von Kapital beruht.*

Problematisch können Fälle sein, bei denen jemand in eigener Person Arbeiten erbringt, hierfür aber besonders hochwertige und teure Spezialmaschinen einsetzt.

Beispiel:

Der Vollstreckungsschuldner betreibt mit einer Hilfskraft eine vollautomatische Autowaschanlage.

Der Waschanlagenbesitzer, der die Anlage selbst betreibt, übt eine Erwerbstätigkeit in eigener Person aus. Das gilt selbst dann, wenn er einen Gehilfen beschäftigt.[92] *Andererseits setzt er aber auch erhebliche Kapitalmittel in Form der Waschanlage ein, so daß eine kapitalistische Arbeitsweise gegeben sein könnte, die nicht durch § 811 Nr. 5 ZPO geschützt ist. Bei derartigen Fällen kommt es darauf an, welchem Aspekt bei verständiger Betrachtungsweise die größere Bedeutung zugemessen werden muß.*[93] *Vergleicht man die wertschaffenden Faktoren Arbeit und Kapital, so bildet der Kapitaleinsatz das Schwergewicht. Die bloße Arbeitskraft hat angesichts der erheblichen Investitionskosten nur untergeordnete Bedeutung, so daß insgesamt eine kapitalistische Arbeitsweise anzunehmen ist.*

Kaufleute, insbesondere **Handelsgesellschaften** und **juristische Personen** gehören i.d.R. nicht zum geschützten Personenkreis, da sie – trotz persönlicher Arbeitsleistung – ihren Erwerb aus Warenumsätzen und Nutzung sachlicher Betriebsmittel oder ihres Kapitals ziehen.[94] Ausnahmen können gelten für Minderkaufleute und Personen, bei denen die persönliche Arbeitsleistung überwiegt.[95] Auch eine OHG oder KG kann sich ausnahmsweise auf Pfändungsschutz berufen, wenn Gegenstände gepfändet werden, die für die persönliche Arbeitslei-

---

92 BLAH, § 811, 33f.
93 BLAH, § 811, 33
94 Thomas-Putzo, § 811, 18
95 Thomas-Putzo, § 811, 22

stung eines Gesellschafters innerhalb des Betriebes benötigt werden, nicht aber für kapitalistisch eingesetzte Gegenstände.[96]

Beispiele:

1. *Pfändungsschutz genießt der Inhaber eines kleinen Schuhgeschäftes, in dem er selbst mitarbeitet, oder ein Gastwirt, der selbst bedient.*
2. *Keinen Pfändungsschutz besitzt eine KG für einen Schwerlastkran, mag auch der Komplementär im kaufmännischen Bereich des Unternehmens mitarbeiten.*

Erbringt jemand persönliche Arbeitsleistungen, so sind **Warenvorräte**, die zur Veräußerung oder Verarbeitung dienen, grundsätzlich pfändbar. Unpfändbar ist lediglich ein begrenzter Mindestbedarf.[97]

Beispiel:

Unpfändbar wäre ein geringer Biervorrat eines Gastwirts.

f) Wiederkehrende Einkünfte

Bei Personen, die bestimmte wiederkehrende Einkünfte beziehen, ist ein Geldbetrag unpfändbar, der dem der Pfändung nicht unterworfenen Teil der Einkünfte für die Zeit von der Pfändung bis zu dem nächsten Zahlungstermin entspricht (§ 811 Nr. 8 ZPO). Sonst würde zwar ein Teil des Arbeitslohnes unpfändbar sein, solange er nicht ausgezahlt ist. Er würde aber sofort mit Auszahlung pfändbar, was dem Sinn der Unpfändbarkeitsregelung widersprechen würde.

Beispiel:

Der verheiratete Vollstreckungsschuldner besitzt 2 Kinder und verdient als kaufmännischer Angestellter monatlich 2.700,– DM. Der Vollziehungsbeamte, der zur Monatsmitte Pfändungsmaßnahmen ergreifen will, findet Bargeld in Höhe von 1.600,– DM vor.

Arbeitseinkünfte, die dem Vollstreckungsschuldner ausgezahlt sind, unterliegen dem Pfändungsschutz nach § 811 Nr. 8 ZPO (Abschn. 33 Abs. 1 Nr. 8 VollzA).

Der pfändbare Betrag bestimmt sich gem. § 850ff. ZPO nach der Anlage 2 zu § 850 c ZPO. Der unpfändbare Monatsbetrag ist auf den Zeitraum bis zum nächsten Gehaltstermin umzurechnen:

• Nettolohn	2.700,00 DM
• davon pfändbar gem. Anlage 2 zu § 850 c ZPO	96,30 DM
• unpfändbarer Betrag für den Monat	2.603,70 DM
• unpfändbarer Betrag für den halben Monat	1.301,85 DM
• vorgefundener Betrag	1.600,00 DM
• hiervon unpfändbar	1.301,85 DM
• pfändbarer Betrag	298,15 DM

g) Sonstiges

Unpfändbar sind ferner Dienstkleidung, Geräte und Waren von Apotheken, Gebetbücher usw., Trauringe, Hilfsmittel zur Krankenpflege usw.

---

[96] FG Berlin EFG 1984, 217

[97] Noack, DB 1977, 195; BLAH, § 811, 44

3. Verbot der Überpfändung und zwecklosen Pfändung

a) Allgemeines

Die Pfändung dient dazu, den Vollstreckungsgläubiger wegen seiner Ansprüche zu befriedigen (vgl. § 2, 4). Diese Zielsetzung begrenzt gleichzeitig den Umfang der Vollstreckungsmaßnahmen und verbietet Überpfändung und zwecklose Pfändung (§ 281 Abs. 2 und Abs. 3 AO). Die Vorschriften konkretisieren den allgemeinen **Grundsatz des Übermaßverbotes**. Das Verbot gilt gleichermaßen für Sach- und Forderungspfändungen, nicht aber für die Immobiliarvollstreckung.[98] Schikane- oder Willkürmaßnahmen gegen den Vollstreckungsschuldner sind ausnahmslos verboten und verpflichten zum Schadensersatz (§ 823 Abs. 2 BGB). Überpfändungen oder zwecklose Pfändung führen allerdings nicht zur Unwirksamkeit der Pfändung. Diese Schutzgesetze besitzen lediglich Ordnungsfunktion; ihre Verletzung kann der Vollstreckungsschuldner mit dem Einspruch rügen (§ 347 AO).

b) Überpfändung

Die Pfändung darf nicht weiter ausgedehnt werden, als es zur Deckung der beizutreibenden Geldbeträge und der Kosten der Vollstreckung erforderlich ist (§ 281 Abs. 2 AO). Der Vollziehungsbeamte muß daher vor jeder Pfändung den Wert des Pfandgegenstandes möglichst genau schätzen und die Summe mit dem beizutreibenden Betrag (Hauptschulden, Zinsen, Säumniszuschläge und Kosten) vergleichen (Abschn. 41 Abs. 1 VollzA). Die Vollstreckungsstelle kann in schwierigen Fällen die Schätzung durch einen Sachverständigen überprüfen lassen (§ 295 AO i.V.m. § 813 ZPO).

Erreicht der Schätzwert der gepfändeten Gegenstände die beizutreibende Geldsumme, so ist die Pfändung einzustellen. Kommen mehrere Gegenstände als Pfandobjekte in Betracht, so kann in der falschen Auswahl durch den Vollziehungsbeamten eine Überpfändung liegen. Besitzt der Vollstreckungsschuldner nur Gegenstände, deren Schätzwert jeweils höher ist als der einzuziehende Geldbetrag, so darf der Vollziehungsbeamte auch einen höherwertigen, einheitlichen Gegenstand pfänden, ohne den Grundsatz der Überpfändung zu verletzen.[99]

Beispiel:
Der Vollziehungsbeamte findet bei dem Vollstreckungsschuldner, der dem Hauptzollamt 1.000,– DM schuldet, als einzige pfändbare Gegenstände einen Orientteppich im Wert von 1.500,– DM und einen PKW im Wert von 3.000,– DM.

Pfändet der Vollziehungsbeamte den PKW, so verstößt er gegen das Gebot der Überpfändung, da er von mehreren vorhandenen Gegenständen den wertvolleren gepfändet hat, obwohl auch der Erlös aus der Versteigerung des Teppichs zur Befriedigung des Vollstreckungsgläubigers ausreichend wäre. Pfändet der Vollziehungsbeamte den Teppich, so liegt eine Überpfändung nicht schon deswegen vor, weil der Schätzwert den vollstreckbaren Anspruch nebst Kosten übersteigt. Die Pfändung dieser einheitlichen Sache wäre nur dann rechtswidrig, wenn andere geeignete, pfändbare Gegenstände, die den Wert der Forderung des Vollstreckungsgläubigers nicht übersteigen, vorhanden wären.

---

98 Tipke-Kruse, § 281, Tz. 5
99 Tipke-Kruse, § 281, Tz. 5; HHSp § 281, Tz. 24

Der Vollziehungsbeamte kann auch über die in § 281 Abs. 2 AO gezogene Grenze hinaus Pfändungsmaßnahmen ergreifen, wenn der Vollstreckungsschuldner oder Dritte gegen die Pfändung einzelner oder aller Gegenstände **Einwendungen** erheben oder ankündigen (Abschn. 41 Abs. 2 VollzA). Der Schätzwert dieser Gegenstände ist in solchen Fällen niedriger anzusetzen, da nicht abzusehen ist, welche Pfandobjekte letztlich verwertet werden können und der Befriedigung des Vollstreckungsschuldners dienen.

Bei der Pfändung von **Wertpapieren**, Wechseln und Schecks ist als Schätzwert in der Regel nicht der Nennwert anzusetzen. Der Vollziehungsbeamte kann bei der Pfändung kaum ermessen, ob sich die ausgewiesene Forderung in voller Höhe auch realisieren läßt. Mangelnde Zahlungswilligkeit oder -fähigkeit des Drittschuldners können u.U. den tatsächlichen Wert der Forderung erheblich mindern. Wertpapiere sind daher in der Regel in voller Höhe zu pfänden, selbst wenn der vollstreckbare Anspruch hinter dem im Wertpapier ausgewiesenen Betrag zurückbleibt. Das Verbot der Überpfändung ist in diesen Fällen bei der Verwertung der Wertpapiere zu beachten.

Beispiel:
Der Vollziehungsbeamte pfändet beim Vollstreckungsschuldner, der dem Vollstreckungsgläubiger 500,– DM schuldet, einen Wechsel über 1.000,– DM.

Der Vollziehungsbeamte darf den Wechsel pfänden, sofern andere Vollstreckungsobjekte nicht zur Verfügung stehen. Bei der Einziehung muß die Vollstreckungsstelle das Verbot der Überpfändung beachten und die Forderung nur in Höhe von 500,– DM einziehen (Abschn. 37 Abs. 3 VollstrA).

c) Zwecklose Pfändung

Die Pfändung hat zu unterbleiben, wenn die Verwertung der pfändbaren Gegenstände einen Überschuß über die Kosten der Vollstreckung nicht erwarten läßt (§ 281 Abs. 3 AO). Die Vollstreckung soll Steueransprüche des Staates befriedigen, nicht aber nur die Vollstreckungskosten hereinbringen. Ist ein Überschuß nicht zu erwarten, so haben Vollstreckungsmaßnahmen zu unterbleiben (Abschn. 42 Abs. 2 VollzA).

Beispiel:
Der Vollstreckungsschuldner schuldet 1.100,– DM Steuern nebst 20,– DM Pfändungsgebühren. Zahlt der Vollstreckungsschuldner die 1.100,– DM in bar und findet der Vollziehungsbeamte in der Wohnung nur einen pfändbaren gebrauchten Kochtopf im Wert von 10,– DM, so ist die Pfändung einzustellen. Der Versteigerungserlös würde nicht die Kosten der Verwertung decken (§ 281 Abs. 3 AO).

4. Austauschpfändung und vorläufige Austauschpfändung

a) Austauschpfändung

Die Unpfändbarkeit einer Sache hängt nicht von ihrem Wert ab, sondern von ihrer Funktion. Daher können unentbehrliche Sachen unpfändbar sein (§ 811 Nrn. 1, 5, 6 ZPO), obwohl sie einen hohen Wert haben, der den Nutzungswert übersteigt. Hier ermöglicht die Austauschpfändung, den Vermögenswert für die Vollstreckung zu realisieren. Die Vollstreckungsstelle kann anordnen, vor Wegnahme der unpfändbaren Sache ein **Ersatzstück** zu beschaffen, dieses dem Vollstreckungsschuldner auszuhändigen und Eigentum daran zu verschaffen. Sie kann aber auch dem Vollstreckungsschuldner einen **Geldbetrag** überlassen, mit dem er sich selbst ein Ersatzstück beschaffen kann. Der Geldbetrag kann auch aus dem Verwertungserlös entnommen werden (§ 811a ZPO, § 295 AO, Abschn. 35 VollzA).

Beispiel:
Der Vollstreckungsschuldner, der in ärmlichen Verhältnissen lebt, besitzt eine Stereoanlage mit CD-Player Kassettendeck und Tuner im Wert von 3.500,– DM.

Die gesamte Anlage ist unpfändbar, da mit ihr das unpfändbare Radio (§ 811 Nr. 1 ZPO) untrennbar verbunden ist. Die Vollstreckungsbehörde kann im Wege der Austauschpfändung die Pfändung der Stereoanlage anordnen, nachdem sie dem Vollstreckungsschuldner ein einfaches Radio zur Verfügung gestellt hat.

Nähere Regelungen über das Verfahren bei Austauschpfändungen trifft Abschn. 35 VollzA.

b) Vorläufige Austauschpfändung

Da die Vollstreckungsstelle das Schuldnervermögen im einzelnen nicht kennt, wird sie meist erst durch den Vollziehungsbeamten von der Möglichkeit einer Austauschpfändung Kenntnis erlangen. Um den Erfolg der Pfändung nicht zu gefährden, kann der Vollziehungsbeamte eine vorläufige Austauschpfändung vornehmen, wenn er annehmen kann, daß die Vollstreckungsstelle eine Austauschpfändung anordnen wird (§ 295 AO, § 811b ZPO). Zu dieser Maßnahme wird sich der Vollziehungsbeamte aber nur entschließen, wenn er keine ausreichenden pfändbaren Sachen beim Vollstreckungsschuldner vorfindet. Die gepfändeten Sachen sind im Gewahrsam des Vollstreckungsschuldners zu belassen. Die Vollstreckungsstelle wird dann entscheiden, ob der Austausch vorzunehmen ist. Diese Entscheidung ist für die Pfändung konstitutiv. Lehnt die Vollstreckungsstelle die Austauschpfändung ab, so ist die Pfändung aufzuheben.

Nähere Regelungen zur vorläufigen Austauschpfändung trifft Abschn. 36 VollzA.

5. Zukünftige Pfändbarkeit; zukünftige Unpfändbarkeit

Der Vollziehungsbeamte darf eine unpfändbare Sache schon gem. § 295 AO, § 811 c ZPO pfänden, wenn sie erst demnächst pfändbar wird **(Vorwegpfändung)**. Diese Vorschrift soll die Verwertung einer demnächst pfändbaren Sache durch den Vollstreckungsschuldner verhindern.

Beispiel:
Der Vollziehungsbeamte erfährt beim Vollstreckungsschuldner, der als Handelsvertreter arbeitet, er werde seinen Beruf in einem Monat aufgeben und Geschäftsführer eines Supermarktes werden.

Der Personenwagen des Vollstreckungsschuldners ist eigentlich zur Zeit unpfändbar (§ 295 AO, § 811 Nr. 5 ZPO). Er kann allerdings schon jetzt gepfändet werden (§ 295 AO, § 811 c ZPO).

Die Pfandsache ist im Gewahrsam des Vollstreckungsschuldners zu lassen; sie kann zunächst nicht abgeholt und verwertet werden. Die Pfändung ist aufzuheben, wenn die gepfändete Sache innerhalb eines Jahres nicht pfändbar geworden ist.

Vgl. zur zukünftigen Pfändbarkeit Abschn. 34 Abs. 1 VollzA.

Ist zu erwarten, daß eine pfändbare Sache demnächst unpfändbar wird, so kann diese Sache gleichwohl gepfändet werden.

Beispiel:
Der Vollstreckungsschuldner ist Autoschlosser und beabsichtigt, demnächst ein Fuhrgeschäft zu eröffnen. Er hat bereits einen gebrauchten Lastwagen gekauft.

Dieser Lastkraftwagen ist noch pfändbar, da der Vollstreckungsschuldner ihn für seine derzeitige Erwerbstätigkeit nicht benötigt; andernfalls könnte der Vollstreckungsschuldner nicht geschützte Pfandgegenstände bei drohender Pfändung veräußern und sich auf die Unpfändbarkeit der verbleibenden Pfandstücke berufen.[100]

Fraglich ist, auf welchen Zeitpunkt abzustellen ist, wenn der Vollstreckungsschuldner einen Rechtsbehelf gegen die Vollstreckungsmaßnahme einlegt.

Beispiel:
In Fortführung des vorstehenden Beispiels legt der Vollstreckungsschuldner Einspruch gegen die Pfändung des Lastwagens ein, nachdem er das Fuhrgeschäft eröffnet hat.

Die zunächst wirksame Pfändung ist wegen der sozialpolitischen Bedeutung der Schuldnerschutzvorschriften, die stets zeitnah zu beurteilen ist, aufzuheben. Abzustellen ist auf den Zeitpunkt der Einspruchsentscheidung.[101]

Vgl. zur künftigen Unpfändbarkeit die Regelung Abschn. 34 Abs. 2 VollzA.

§ 19 Die Verwertung gepfändeter beweglicher Sachen

1. Allgemeines

Die Pfändung beweglicher Sachen allein führt nicht zum Ziel der Vollstreckung, nämlich der Befriedigung des Steuergläubigers. An den Pfändungsakt schließt sich daher die Verwertung der Pfandsachen als zweiter Akt der Vollstreckung an. Häufig entschließt sich der Vollstreckungsschuldner unter dem Eindruck der drohenden Verwertung seines Eigentums, den Anspruch des Steuergläubigers noch freiwillig zu begleichen.

2. Gepfändetes Geld

Hat der Vollziehungsbeamte Bargeld beim Vollstreckungsschuldner vorgefunden und gepfändet, so gestaltet sich die Verwertung einfach. Bei der Pfändung von Geld gilt die **Wegnahme als Zahlung** des Vollstreckungsschuldners (§ 296 Abs. 2 AO). Der Anspruch des Vollstreckungsgläubigers erlischt (§ 47 AO).[102] Die Transportkosten und die Verlustgefahr trägt der Vollstreckungsgläubiger.[103] Mit der Ablieferung endet die Vollstreckung. Bis zu diesem Zeitpunkt ist also eine

---

[100] Tipke-Kruse, § 295, Tz. 5,11; HHSp, § 295, Tz. 10, der diesem Vorgehen des Vollstreckungsschuldners mit dem Arglisteinwand begegnen will

[101] wie hier HHSp, § 295, Tz. 11 m.w.N.; Stein-Jonas, § 811, Tz. 17; a.A. Tipke-Kruse, § 295, Tz. 4; Baur-Stürner, Bd. 1, Tz. 23.8

[102] HHSp, § 296, Tz. 29; a.A. Tipke-Kruse, § 296, Tz. 4; Schwarz, § 296, Tz. 1

[103] allgemeine Ansicht, Tipke-Kruse, § 296, Tz. 4

Einstellung, ein Rechtsbehelf oder eine weitere Pfändung im Rahmen dieses Verfahrens möglich.

Beispiel:
Der Vollziehungsbeamte hat beim Vollstreckungsschuldner eine Kassenpfändung vorgenommen und 1.000,– DM Bargeld gepfändet und an sich genommen. Auf dem Weg zur Zahlstelle des Hauptzollamts wird der Vollziehungsbeamte bestohlen.

Die Wegnahme des Geldes galt als Zahlung seitens des Vollstreckungsschuldners (§ 296 Abs. 2 AO). Der Anspruch ist daher erloschen und kann von der Vollstreckungsstelle nicht durch erneute Pfändungsmaßnahmen eingezogen werden.

3. Vorbereitung der Verwertung

Die übrigen gepfändeten Sachen sind in der Regel in öffentlicher Versteigerung zu verwerten (§ 296 Abs. 1 AO). Die Vorbereitung, Anordnung und Überwachung der Versteigerung obliegt der Vollstreckungsstelle. Sie trifft ihre Maßnahmen nach pflichtgemäßem Ermessen.

a) Tätigkeit der Vollstreckungsstelle

Die Versteigerung darf **nicht vor Ablauf einer Woche** seit dem Tag der Pfändung stattfinden (§ 298 Abs. 1 AO). Die Frist ermöglicht es dem Vollstreckungsschuldner, den Anspruch noch freiwillig zu begleichen und gibt ihm und Dritten Gelegenheit, Rechtsbehelfe einzulegen. Mit Einverständnis des Vollstreckungsschuldners oder bei außergewöhnlichen Umständen kann hiervon abgewichen werden (§ 298 Abs. 1 AO). Ein Verstoß gegen diese Regelung berührt die Wirksamkeit der Versteigerung allerdings nicht.[104]

Beispiel:
Der Vollziehungsbeamte hat beim Vollstreckungsschuldner zwei Eisenbahnwaggons reifer Bananen gepfändet. Besteht keine Möglichkeit der Lagerung in einem Kühlhaus, so sind die Bananen sofort zu versteigern, um eine beträchtliche Wertminderung der Ware durch Verderben abzuwenden.

Zeit und Ort der Versteigerung sind öffentlich bekannt zu machen. Die Versteigerungsobjekte sind im allgemeinen zu bezeichnen (§ 298 Abs. 2 S. 1 AO). Auch der Vollstreckungsschuldner und ggf. andere Gläubiger sind zu benachrichtigen (Abschn. 51 Abs. 4 VollzA).

Gemeindebedienstete oder Polizeibeamte können zur Versteigerung zugezogen werden (§ 298 Abs. 2 S. 2 AO).

Sodann hat sich die Vollstreckungsstelle einen Überblick über den Wert der gepfändeten Gegenstände zu verschaffen, um einer Verschleuderung der Habe des Vollstreckungsschuldner vorzubeugen und den größtmöglichen Gewinn zu erzielen. Kostbarkeiten, Kraftfahrzeuge sowie Pfandsachen aus Edelmetall sind durch einen Sachverständigen schätzen zu lassen (Abschn. 51 Abs. 5 VollzA).

b) Der Verwertungsauftrag

Hat die Vollstreckungsstelle sich dazu entschlossen, die Pfandsachen zu verwerten, so erteilt sie dem Vollziehungsbeamten einen schriftlichen Verwertungs-

---

[104] Tipke-Kruse, § 298, Tz. 1

auftrag (§ 296 Abs. 1 AO). Dieser kann als Versteigerungsauftrag oder Auftrag zu freihändigem Verkauf erteilt werden (§ 51 Abs. 1 VollzA).

Der Verwertungsauftrag ist im Gegensatz zum Vollstreckungsauftrag ein **Verwaltungsakt**, der mit Wirkung für den Vollstreckungsschuldner die Versteigerung der gepfändeten Gegenstände anordnet. Er wird durch Bekanntgabe an den Vollstreckungsschuldner wirksam[105] und ist mit dem Einspruch angreifbar (§ 347 AO).

Erst der Verwertungsauftrag ermächtigt den Vollziehungsbeamten, die Einzelmaßnahmen zu treffen, die zur Vorbereitung und Durchführung der Versteigerung nötig sind. Ein früher erteilter Vollstreckungsauftrag berechtigt den Vollziehungsbeamten nicht zur Verwertung; er hat mit Abschluß der Pfändungsmaßnahmen seine Erledigung gefunden (Abschn. 51 Abs. 1 VollzA). Der Vollziehungsbeamte ist an den erteilten Auftrag gebunden. Fehlt ein Versteigerungsauftrag ganz, so sind etwaige Verwertungsmaßnahmen nichtig. Überschreitet der Vollziehungsbeamte seine Befugnisse, so sind seine Maßnahmen anfechtbar. Der Verwertungsauftrag hat die beabsichtigten Maßnahmen genau festzulegen. Er muß enthalten:

- Ort und Zeit der Verwertung;
- Art der Verwertung;
- Person, die verwerten soll;
- Maßnahmen zur Vorbereitung der Verwertung.

Mit dem Verwertungsauftrag erhält der Vollziehungsbeamte die Urkunden, die im bisherigen Verlauf der Vollstreckung entstanden und für die Durchführung des Verwertungsauftrags erforderlich sind (Abschn. 51 Abs. 6 VollzA).

Beispiel:
Beizufügen sind z.B. Pfändungsniederschriften, Gutachten von Sachverständigen, Fahrzeugpapiere.

Mit dem Verwertungsauftrag erteilt die Vollstreckungsstelle dem Vollziehungsbeamten, soweit erforderlich, genauere Anweisungen. Werden die Sachen von den Vollstreckungsstellen der Hauptzollämter verwertet, so haben sie die „Richtlinien für die Verwertung von beweglichen Sachen im Bereich der Zollverwaltung“ zu beachten.

c) Tätigkeit des Vollziehungsbeamten

Zur Vorbereitung der Versteigerung wird der Vollziehungsbeamte im Verwertungsauftrag in der Regel beauftragt, die Pfandsachen abzuholen, die im Gewahrsam des Vollstreckungsschuldners oder eines Dritten belassen wurden. Er hat dann die zur Versteigerung bestimmten Sachen rechtzeitig bereitzustellen. Er ist auf Grund des Versteigerungsauftrages befugt, Pfandstücke entgegenzunehmen, die sich im Gewahrsam des Hauptzollamtes, des Vollstreckungsschuldners oder eines Dritten befinden (Abschn. 52 Abs. 1 VollzA). Ihm obliegen hierbei die gleichen Rechte und Pflichten wie bei den Vollstreckungsmaßnahmen auf Grund eines Vollstreckungsauftrages.

---
[105] Tipke-Kruse, § 296, Tz. 2; Koch-Scholtz, § 296, Rz. 5

Beispiele:
Der Vollziehungsbeamte kann die Wohnung des Vollstreckungsschuldners nach den gepfändeten Sachen durchsuchen. Verwehrt der Vollstreckungsschuldner den Zutritt, so ist eine gerichtliche Durchsuchungsanordnung erforderlich (§ 287 Abs. 1 AO, Art. 13 GG). Der Vollziehungsbeamte kann bei Widerstand Gewalt anwenden (§ 287 Abs. 3 AO). Seine Maßnahmen darf er zur Nachtzeit und an Sonn- und Feiertagen nur mit besonderer schriftlicher Erlaubnis vornehmen (§ 289 Abs. 1 AO).

Sodann hat er die Pfandstücke auf Vollständigkeit und Unversehrtheit zu prüfen (Abschn. 52 Abs. 2 VollzA).

Hatte er den Auftrag erhalten, Früchte abernten und verwerten zu lassen, so hat er die Arbeiten zu überwachen und die Ernte ordnungsgemäß verwahren zu lassen (Abschn. 52 Abs. 3 VollzA).

4. Aussetzung der Verwertung

Die Vollstreckungsbehörde kann die Verwertung gepfändeter Sachen unter Anordnung von Zahlungsfristen zeitweilig aussetzen, wenn die alsbaldige Verwertung unbillig wäre (§ 297 AO).

Die Vorschrift eröffnet die Möglichkeit, aus **Billigkeitsgründen** eine Verwertung auszusetzen, um dem Vollstreckungsschuldner Gelegenheit zu geben, den vollstreckbaren Anspruch alsbald noch freiwillig zu begleichen. Will der Vollstreckungsschuldner die Versteigerung nur hinauszögern oder liegen Anhaltspunkte vor, daß er die Zahlungspflichten nicht einhalten kann, so kann diese Vollstreckungsschutzmaßnahme nicht gewährt werden. § 297 AO bindet die Aussetzung der Verwertung stets an die Anordnung von **Zahlungsfristen**. Kann der Vollstreckungsschuldner solche Zahlungen nicht leisten, kommt nur eine Einstellung der Vollstreckung nach § 258 AO in Betracht. Lehnt die Vollstreckungsbehörde einen Antrag des Vollstreckungsschuldners auf diese Billigkeitsmaßnahme ab, so steht ihm der Einspruch zu (§ 347 AO).

5. Versteigerung

a) Begriff und Rechtsnatur

Durch die Versteigerung wird das Eigentum an einer Pfandsache kraft Hoheitsaktes nach Art des Verkaufs durch den Vollziehungsbeamten auf den Erwerber übertragen.[106] Die Versteigerung ist insgesamt öffentlich-rechtlicher Natur. Der Vollziehungsbeamte gibt keine privatrechtliche Willenserklärung ab, sondern handelt bei allen Maßnahmen kraft staatlicher Gewalt.

b) Durchführung der Versteigerung

Die Versteigerung wird vom Vollziehungsbeamten durchgeführt. Sie beginnt mit der Bekanntgabe der Versteigerungsbedingungen (Abschn. 53 VollzA). Sodann ist der gewöhnliche Verkaufswert der Sache und das **Mindestgebot**, nämlich die Hälfte des gewöhnlichen Verkaufswertes, bekanntzugeben (§ 300 Abs. 1 AO).

Beispiel:
Der Vollziehungsbeamte will eine Armbanduhr versteigern; er bewertet sie wie folgt:

[106] str. Jauernig, § 18 IV A m.w.N.

Gewöhnlicher Verkaufswert: 350,– DM
Mindestgebot: 175,– DM
Ein Gebot unter 175,– DM darf vom Vollziehungsbeamten nicht angenommen, d.h. der Zuschlag darf nicht erteilt werden.

Wurden bei zoll- oder verbrauchsteuerpflichtigen Erzeugnissen und Waren der Zoll oder die Verbrauchsteuer noch nicht entrichtet, so muß das Mindestgebot so hoch sein, daß diese Abgaben gedeckt sind (Abschn. 54 Abs. 3 VollzA). Anschließend sind die Sachen einzeln oder in Teilposten den Erschienenen zur Besichtigung vorzuzeigen (Abschn. 54 Abs. 3 und Abs. 4 VollzA) und es können **Gebote** abgegeben werden. Auch der Vollstreckungsschuldner oder, falls ihm die Sache nicht gehört, der Eigentümer, kann mitbieten. Sein Gebot kann zurückgewiesen werden, wenn der gebotene Betrag nicht sofort bar erlegt wird (§ 298 Abs. 3 AO, § 1239 Abs. 1 und Abs. 2 BGB). Jedes Gebot erlischt durch Übergebot oder zuschlaglosen Schluß der Versteigerung (§ 156 BGB, § 299 Abs. 1 AO). Nach **dreimaligem Aufruf** soll der **Zuschlag an den Meistbietenden** erteilt werden (§ 299 Abs. 1 AO). Der Vollziehungsbeamte hat hierbei unparteiisch zu verfahren (Abschn. 54 Abs. 6 VollzA). Einen Anspruch auf Zuschlag hat der Meistbietende nicht. Wird das Mindestgebot nicht erreicht, bleibt das Pfandrecht bestehen; es ist dann von der Vollstreckungsbehörde ein neuer Versteigerungstermin zu bestimmen oder eine anderweitige Verwertung anzuordnen (§ 300 Abs. 2 AO). Gold- und Silbersachen dürfen nicht unter dem Metallwert zugeschlagen werden (§ 300 Abs. 3 AO).

c) Zuschlag

Durch Gebot und Zuschlag kommt kein bürgerlich-rechtlicher Kaufvertrag zustande. Das Gebot ist das Angebot zum Abschluß eines öffentlich-rechtlichen Vertrages. Der Zuschlag bringt diesen Vertrag konstitutiv zwischen dem Vollstreckungsgläubiger und dem Meistbietenden zustande. Aus diesem Vertrag erwächst dem Erwerber ein **öffentlich-rechtlicher Anspruch auf Übereignung der Sache.**[107] Eine nach bürgerlichem Recht mögliche Anfechtung oder eine Sachmängelhaftung sind ausgeschlossen (§ 283 AO, Abschn. 53 Abs. 7 VollzA).

d) Auslieferung

Der Vollziehungsbeamte hat die zugeschlagene Sache nur gegen bare Zahlung an den Meistbietenden auszuliefern (§ 299 Abs. 2 AO). Abschnitt 53 Abs. 5 VollzA läßt allerdings zu, daß die zugeschlagene Sache auch durch einen durch Scheckkarte gesicherten Scheck ausgehändigt wird.[108] Sind zoll- oder verbrauchsteuerpflichtige Erzeugnisse versteigert worden, für die die Abgaben noch nicht entrichtet sind, so sind die Waren erst auszuhändigen, wenn nach näherer Weisung der Vollstreckungsstelle die Zoll- und Verbrauchsteuerbelange gewahrt sind. (Abschn. 54 Abs. 8 VollzA). Dem Ersteher eines Kraftfahrzeugs sind der Fahrzeugschein und der Fahrzeugbrief bei der Übergabe auszuhändigen (Abschn. 54 Abs. 9 VollzA). Wird der Zuschlag dem Gläubiger erteilt, so ist dieser von der Verpflichtung zur baren Zahlung so weit befreit, als der Erlös nach Abzug der Kosten der Vollstreckung zu einer Befriedigung zu verwenden ist. So-

[107] Tipke-Kruse, § 299, Tz. 5
[108] Tipke-Kruse, § 299, Tz. 6 m.w.N.; a.A. Koch-Scholtz, § 299, Rz. 6

weit der Gläubiger von der Verpflichtung zur baren Zahlung befreit ist, gilt der Betrag als von dem Schuldner an den Gläubiger gezahlt (§ 299 Abs. 4 AO).

Durch die Auslieferung wird dem Erwerber kraft hoheitlicher Gewalt das Eigentum übertragen. Der Vollziehungsbeamte überträgt nicht das Eigentum des Vollstreckungsschuldners, sondern der **Ersteher erwirbt originär neues Eigentum** dadurch, daß ihm der Vollziehungsbeamte den unmittelbaren Besitz an der Sache verschafft und beide darüber einig sind, daß das Eigentum übergehen soll (§ 929 BGB analog).[109]

Der Eigentumserwerb hängt nur davon ab, ob im Zeitpunkt des Zuschlages die Sache durch ordnungsgemäße Pfändung noch wirksam verstrickt war und die wesentlichen Versteigerungsvorschriften beachtet wurden. Wesentliche Verwertungsvorschriften sind z.B. die Öffentlichkeit der Versteigerung, die Befugnis des Vollziehungsbeamten zur Versteigerung, Einhaltung der Mindestgebotsgrenze, Aushändigung gegen Barzahlung.

Beispiel:
Der Vollziehungsbeamte versteigert versehentlich eine Sache, die er gar nicht gepfändet hatte und händigt sie dem Erwerber aus.

Der Erwerber hat kein Eigentum erlangt, da die Sache nicht verstrickt war. Die Verstrickung als Grundlage der Verwertung ist unverzichtbare Gültigkeitsvoraussetzung; ihr Fehlen verhindert den Eigentumserwerb.

Ohne Belang ist es, ob die Pfandsache dem Vollstreckungsschuldner gehörte. Die Unpfändbarkeit der Sache oder Verstöße gegen Ordnungsvorschriften der Versteigerung berühren die Wirksamkeit des Eigentumserwerbs ebensowenig wie das Fehlen der Geschäftsfähigkeit oder Willensmängel auf seiten des Erwerbers.[110]

Beispiel:
Der Vollziehungsbeamte schlägt die Sache einem Bieter zu, der nicht das Höchstgebot abgegeben hat und übergibt sie ihm.

Der Erwerber hat wirksam Eigentum an der Sache erlangt. Der Zuschlag an den Meistbietenden (§ 299 Abs. 1 AO) ist nur Ordnungsvorschrift. Wird sie verletzt, so macht es den Eigentumsübergang durch Staatsakt nicht nichtig.

Werden schuldnerfremde Sachen versteigert, so ist ein Ausgleich zwischen dem früheren Eigentümer und dem Gläubiger herbeizuführen (§§ 812ff. BGB).[111] Der Erwerber erlangt lastenfreies Eigentum selbst dann, wenn er wußte, daß die Sache nicht dem Vollstreckungsschuldner gehörte oder sie mit Rechten Dritter belastet war. Der Geschädigte kann lediglich Ersatzansprüche gem. §§ 823 Abs. 1, 826 BGB geltend machen.[112]

e) Einstellung der Versteigerung

Die Versteigerung wird eingestellt, sobald der Erlös zur Deckung der beizutreibenden Beträge einschließlich der Kosten der Vollstreckung ausreicht (§ 301 Abs. 1 AO). Der Vollziehungsbeamte hat also fortlaufend den erzielten Erlös und

109 Kühn-Kutter-Hofmann, § 299, 2; Schwarz, § 299, Tz. 3; HHSp, § 299, Rz. 17
110 Jauernig, § 18 IV A
111 Zum Problemkreis vgl. BLAH, § 817, 8 m.w.N.; Baur-Stürner, Bd. 1, Tz. 29.7
112 BGHZ 55, 20 (25); a.A. Marotzke, NJW 1978, 133 m.w.N.

die einzutreibende Forderung gegenüberzustellen. Die Empfangnahme des Erlöses durch den versteigernden Beamten gilt als Zahlung des Vollstreckungsschuldners (§ 301 Abs. 2 AO). Die Forderung erlischt damit durch Erfüllung, so daß die Gefahr einer ordnungsgemäßen Ablieferung an die Kasse der Vollstreckungsgläubiger trägt.[113] Gefahrübergang tritt nicht ein, wenn der Erlös hinterlegt wird (§§ 308 Abs. 4, 301 Abs. 2 AO). Reicht die beigetriebene Summe zur Begleichung aller rückständigen Ansprüche nicht aus, so richtet sich die Reihenfolge der Tilgung nach § 225 Abs. 3 AO. Mit der Befriedigung des Vollstreckungsgläubigers ist die Vollstreckung beendet. Bis zu diesem Zeitpunkt besteht die Möglichkeit zur Anschlußpfändung (§ 307 AO) oder der Drittwiderspruchsklage (§ 262 AO).

6. Besondere Formen der Verwertung

In einigen Fällen ist es der Vollstreckungsstelle gestattet, gepfändete Sachen in anderer Weise als durch Versteigerung zu verwerten. Freihändig verkauft werden Wertpapiere, die einen Börsen- oder Marktpreis haben (§ 302, 1. HS. AO). Hierunter fallen Aktien, Investmentanteile, Pfandbriefe usw., jedoch nicht indossable Papiere wie Wechsel und andere kaufmännische Orderpapiere (vgl. § 363 HGB). Diese sind nach den allgemeinen Vorschriften zu verwerten (§§ 312, 314 AO).

Häufig werden Gegenstände gepfändet, deren Verwertung schwierig ist.

Beispiele:
Spezialhochdruckpresse, Behandlungsstuhl eines Arztes, 100 Tonnen nahtlose Stahlrohre.

Daher eröffnet § 305 AO der Vollstreckungsbehörde die Möglichkeit, auf Antrag des Vollstreckungsschuldners oder aus besonderen Zweckmäßigkeitsgründen eine abweichende Verwertung anzuordnen. Auch in diesen Fällen erfolgt die Veräußerung durch staatlichen Hoheitsakt.

- Geändert werden kann der **Ort der Verwertung**.

  Beispiel:
  Die Versteigerung in der Stadt, wenn in einer ländlichen Gegend kein besonders günstiger Verwertungserlös zu erwarten ist.

- Geändert werden kann die **Art der Verwertung**.

  Beispiel:
  Verwertung der Spezialpresse durch freihändigen Verkauf.

- Geändert werden kann die **Person der Versteigerung**.

  Beispiel:
  Versteigerung einer Gemäldesammlung durch einen Kunstauktionator.

  Nähere Regelungen über den freihändigen Verkauf enthält Abschn. 56 VollzA.

7. Verwertung mehrfach gepfändeter Sachen

Wird diesselbe Sache mehrfach durch Vollziehungsbeamte oder durch Vollziehungsbeamte und Gerichtsvollzieher gepfändet, so begründet ausschließlich die

[113] Tipke-Kruse, § 301, Tz. 2

erste Pfändung die Zuständigkeit zur Versteigerung (§ 308 Abs. 1 AO). Die Sache wird für alle beteiligten Gläubiger versteigert (§ 308 Abs. 2 AO), also solange fortgesetzt, bis der Erlös zur Befriedigung aller Ansprüche ausreicht. Die Versteigerung kann jeder Gläubiger verlangen. Der Erlös wird nach der Reihenfolge der Pfändungen oder nach abweichender Vereinbarung der beteiligten Gläubiger verteilt (§ 308 Abs. 3 AO). Vorweg sind die Kosten der Verwertung zu begleichen.

Reicht der Erlös zur Befriedigung aller Forderungen nicht aus und verlangt einer der Nachpfändenden eine von der Reihenfolge der Pfändung abweichende Verteilung, ohne daß die übrigen Gläubiger zustimmen, so wird der Erlös unter Einschaltung des Amtsgerichts im gerichtlichen Verteilungsverfahren verteilt (§§ 873-882 ZPO). Bis zum Abschluß des Verteilungsverfahrens ist der Versteigerungserlös beim Amtsgericht zu hinterlegen (§ 308 Abs. 4 AO).

8. Behandlung des Versteigerungserlöses und Rechenschaftslegung

Aus dem Versteigerungserlös und den freiwilligen Zahlungen des Vollstreckungsschuldners sind vom Vollziehungsbeamten die Auslagen zu begleichen, die ihm entstanden sind. Den Restbetrag hat der Vollziehungsbeamte sicher aufzubewahren und von seinen eigenen Zahlungsmitteln getrennt zu halten (Abschn. 58 Abs. 6 VollzA). Das Geld ist regelmäßig am gleichen Tag an die zuständige Kasse abzuführen. Nähere Regelungen trifft Abschn. 58 Abs. 2 VollzA. Übersteigt der Versteigerungserlös die beizutreibenden Leistungen, so ist der Überschuß an den Berechtigten gegen Quittung abzuliefern (Abschn. 58 Abs. 1 VollzA).

Der Vollziehungsbeamte hat über jede Versteigerung eine detaillierte Niederschrift zu fertigen (vgl. Abschn. 55 und Abschn. 56 Abs. 2 VollzA), um der Vollstreckungsstelle die Überprüfung der Amtshandlungen zu ermöglichen.

Über die Ausführung des Verwertungsauftrages hat der Vollziehungsbeamte der Vollstreckungsstelle schriftlich Rechenschaft abzulegen (Abschn. 60 Abs. 1 VollzA). Ihr sind alle Niederschriften, Quittungen und Belege beizufügen, die bei der Ausführung des Auftrages entstanden sind (Abschn. 60 Abs. 3 VollzA). Ergeben sich beim Nachprüfen Beanstandungen, so hat der Vollziehungsbeamte diesen nach Weisung der Vollstreckungsstelle abzuhelfen (Abschn. 60 Abs. 4 VollzA).

C Die Vollstreckung in Forderungen und andere Vermögensrechte

§ 20 Die Vollstreckung in Geldforderungen

1. Allgemeines

Die Sachpfändung führt nicht immer zu einer Befriedigung des Steuergläubigers. Einerseits sind die Grenzen der Unpfändbarkeit sehr weit gezogen, zum anderen unterliegen gebrauchte Konsumgüter einem erheblichen Wertverlust, der einen Zugriff oft nicht lohnend erscheinen läßt. Dem Steuergläubiger muß daher auch der Zugriff auf andere Teile des Vermögens des Vollstreckungsschuldners offen stehen. Als Gegenstand der Vollstreckung kommen in Betracht:

- **Geldforderungen** (§ 309 AO); Besonderheiten gelten für Forderungen, für die eine Hypothek bestellt ist (§§ 310, 311 AO) und für die Pfändung von Arbeitseinkommen (vgl. § 22);
- **Sachforderungen**, d.h. Ansprüche, die auf Herausgabe oder Leistung von Sachen gerichtet sind (§ 318 AO);
- **andere Vermögensrechte,** d.h. Rechtspositionen, die keine Geld- oder Sachforderungen und die nicht Gegenstand der Vollstreckung in das unbewegliche Vermögen sind (§ 321 AO).

Unter diesen Vollstreckungsobjekten ist die Pfändung von Geldforderungen von beachtlicher praktischer Bedeutung. Insbesondere die Pfändung von Gehalts- oder Lohnforderungen wird erfolgreich sein, wenn der Vollstreckungsschuldner einer regelmäßigen Arbeit nachgeht. Schwieriger gestaltet sich die Pfändung anderer Außenstände des Vollstreckungsschuldners, von denen sich der Vollstreckungsgläubiger erst durch Auskunft und Ermittlungen Kenntnis verschaffen muß.

Ziel des Vollstreckungsgläubigers bei der Pfändung von Forderungen ist es, sich in die Gläubigerposition zu setzen, die der Vollstreckungsschuldner gegenüber einem Dritten, dem sogenannten Drittschuldner, einnimmt und an dessen Stelle die Forderung einzuziehen. Es sind daher stets drei Personen an einer Forderungspfändung beteiligt:

Übersicht:

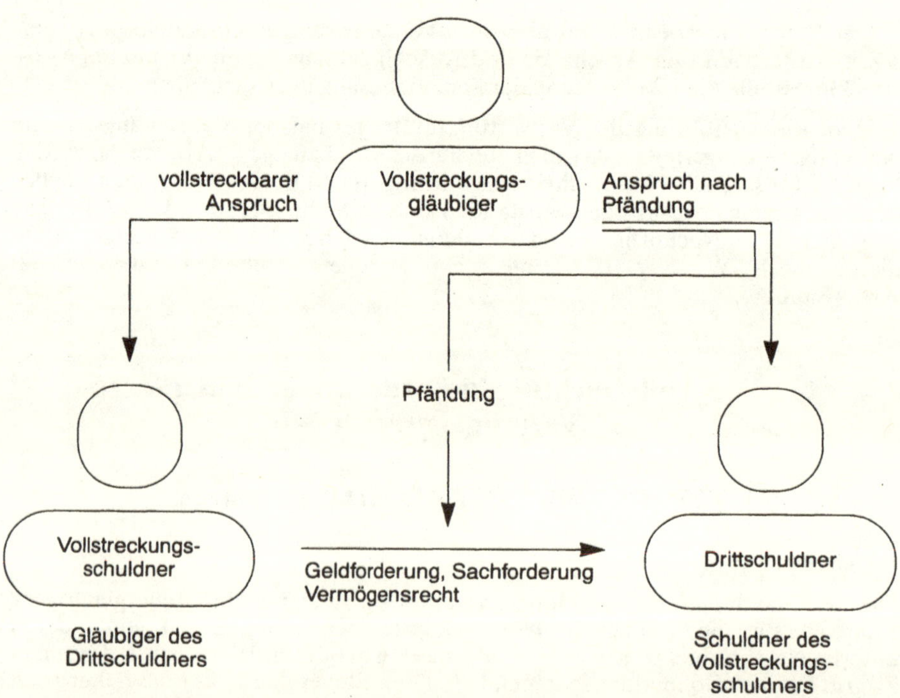

Die Pfändung von Forderungen und anderen Vermögensrechten kann mangels Körperlichkeit der Vollstreckungsobjekte nicht sichtbar gemacht werden. Pfändung und Verwertung müssen sich daher notwendigerweise auf anderem Wege als die Sachpfändung vollziehen. Der Pfändungsakt erfolgt durch Verfügung der Vollstreckungsbehörde, die Verwertung durch Übertragung des Rechtes die Forderung einzuziehen.

2. Geldforderungen

Gegenstand der Pfändung sind alle Forderungen die auf Leistung einer Geldsumme gerichtet sind (§ 309 Abs. 1 AO). Ohne Belang ist es, ob es sich um bürgerlich-rechtliche oder öffentlich-rechtliche Forderungen handelt, ob die Ansprüche aufgrund Vertrages oder kraft Gesetz entstanden sind. Zulässig ist auch die Pfändung bedingter, befristeter, noch nicht fälliger, oder von einer Gegenleistung abhängiger Forderungen.[114]

Beispiele:
Pfändbar sind: Kaufpreisanspruch (auch vor Lieferung der Ware); Anspruch auf Rückzahlung eines Darlehens (auch vor dem Fälligkeitstermin); Anspruch auf eine entstandene Steuervergütung (auch vor Festsetzung); Anspruch auf das Gehalt eines Beamten; Anspruch auf Schadensersatz oder ungerechtfertigte Bereicherung.

a) Bestehen der Forderung

Gegenstand der Pfändung können nur Forderungen sein, die im Zeitpunkt, in dem die Pfändung wirksam wird, dem Vollstreckungsschuldner gegen den Drittschuldner zustehen. Das Bestehen und die Inhaberschaft einer Forderung bestimmt sich nach den Vorschriften des materiellen Rechtes. Um die Pfändung effektiv und zügig durchführen zu können, braucht die Vollstreckungsbehörde jedoch nicht zu prüfen, ob die Forderung dem Vollstreckungsschuldner gegen den Drittschuldner tatsächlich zusteht. Gepfändet wird stets nur die „angebliche" Forderung. Besteht die „gepfändete Forderung" nicht, ist sie erloschen, oder ist der Vollstreckungsschuldner nicht Forderungsgläubiger, so ist die Pfändung gegenstandslos.[115] Ist der Vollstreckungsstelle das Nichtbestehen allerdings bekannt, so hat die Pfändung zu unterbleiben.

Beispiel:
Der Vollstreckungsgläubiger pfändet ordnungsgemäß einen Kaufpreisanspruch einer GmbH (Vollstreckungsschuldner) aus dem Verkauf eines Geschäftsgrundstückes an den Erwerber E. E weist darauf hin, daß er den Kaufvertrag nicht mit der GmbH, sondern mit dem Geschäftsführer persönlich geschlossen habe.

Die Pfändung ist nichtig, da die Forderung zwar besteht, aber nicht in der Person der GmbH, sondern des Geschäftsführers als Verkäufer. Eine wirksame Forderungspfändung setzt voraus, daß der Vollstreckungsschuldner Inhaber des gepfändeten Rechts ist. Ein Eingriff in schuldnerfremde Rechtspositionen ist – anders als bei Sachpfändungen – nicht möglich. Aus Gründen der Rechtsklarheit ist die Pfändungsverfügung ausdrücklich aufzuheben (§ 125 Abs. 5 AO). Kommt es zwischen der Vollstreckungsbehörde und dem Drittschuldner zum Streit um die Existenz oder Inhaberschaft der gepfändeten Forderung, so muß die Vollstreckungsbehörde

---

[114] Stöber, Tz. 9ff.
[115] Tipke-Kruse, § 309, Tz. 6; Schwarz, § 309, Tz. 7

den Kaufpreisanspruch im Klageweg vor dem ordentlichen Gericht geltend machen (vgl. § 20, 6c).

b) Künftige Forderungen

Pfändbar sind Geldforderungen grundsätzlich nur, wenn sie im Zeitpunkt der Pfändung existieren. Besteht die gepfändete Forderung nicht, so geht die Pfändung ins Leere.[116] Allerdings hat der Vollstreckungsgläubiger ein Interesse daran, auch Forderungen zu pfänden, die noch nicht zur Entstehung gelangt sind. Ist eine Forderung nämlich erst einmal entstanden, so wird sie der Vollstreckungsschuldner in der Regel umgehend einziehen und so einen Zugriff des Vollstreckungsgläubigers vereiteln. Im Interesse einer allgemeinen Rechts- und Verkehrssicherheit sind künftige Forderungen allerdings nur pfändbar, wenn zwischen dem Schuldner und Drittschuldner ein **Rechtsverhältnis** besteht, aus dem **hinreichend bestimmbare Forderungen** des Schuldners entstehen können.[117] Es muß also schon eine Rechtsbeziehung zwischen Schuldner und Drittschuldner bestehen, aus der die künftige Forderung nach Art und Person des Drittschuldners bestimmt werden kann.[118] Die Pfändungsverfügung muß die Pfändung der künftig entstehenden Forderungen ausdrücklich anordnen.[119]

Beispiele:

- *Pfändbar sind: Anspruch auf Auszahlung einer Lebensversicherungssumme, die noch anzusparen ist; Ansprüche auf die künftige Forderung aus einem bestehenden Kontokorrentverhältnis (vgl. § 24, 3); Ansprüche aus Bierlieferungsverträgen; künftige Provisionsansprüche aus einem bestehenden Vertreterverhältnis.*
- *Unpfändbar sind: Kaufpreisforderung für noch nicht verkaufte Waren; Honorarforderung eines Fuhrunternehmens, wenn noch kein Beförderungsvertrag geschlossen ist.*

c) Pfändungsbeschränkungen

Nicht übertragbare Forderungen sind grundsätzlich unpfändbar (§ 319 AO, § 851 Abs. 1 ZPO).[120] Unpfändbar, weil nicht abzutreten, sind Forderungen, wenn die Leistung an einen anderen als den ursprünglichen Gläubiger nicht ohne Veränderung ihres Inhalts erfolgen kann (§ 399 1. Alt. BGB). Hierunter fallen höchstpersönliche und zweckgebundene Forderungen.

Beispiele:

Bauspardarlehen; Ansprüche der Gesellschafter untereinander (§ 717 S. 1 BGB); Ansprüche auf eine Dienstleistung (§ 613 BGB); Nutzungsansprüche aus einem Miet- oder Pachtverhältnis (§§ 535, 581 BGB).

Schuldner und Drittschuldner können vertraglich die Übertragbarkeit einer Forderung ausschließen (§ 399 2. Alt. BGB). Die Pfändbarkeit einer Geldforderung wird davon aber nicht beeinflußt (§ 319 AO, § 851 Abs. 2 ZPO).

Unpfändbare Forderungen sind auch nicht abtretbar (§ 400 BGB). Zwischen der Unübertragbarkeit und Unpfändbarkeit besteht eine Wechselwirkung, damit

---

116 Tipke-Kruse, § 309, Tz. 5

117 Tipke-Kruse, § 309, Tz. 3; BGHZ 53, 29 (32)

118 Stöber, Tz. 27ff. m.w.N.

119 Stöber, Tz. 500

120 vgl. ausführlich Baur-Stürner, Bd. 1, Tz. 25.1 m.w.N.

Pfändungsverbote nicht durch Abtretung umgangen werden können. Pfändungsbeschränkungen bestehen ferner für Forderungen des Vollstreckungsschuldners aus dem Verkauf seiner landwirtschaftlichen Produkte und für Miet- und Pachtzinsforderungen (§§ 851 a, 851 b ZPO).

3. Die Pfändungsverfügung

Für die Pfändung von Geldforderungen ist die Vollstreckungsbehörde zuständig (§ 309 Abs. 1 AO). Die Pfändung ist ein staatlicher Hoheitsakt und erfolgt durch schriftliche Pfändungsverfügung. Die Pfändungsverfügung muß folgende Angaben enthalten (§ 309 Abs. 1 AO):

- genaue Bezeichnung der zu pfändenden Forderung nach Gläubiger (Vollstreckungsschuldner) und Schuldner (Drittschuldner), Rechtsgrund und Betrag;
- die Bezeichnung der zu vollstreckenden Forderung nach Schuldgrund und Betrag nebst Kosten (§ 260 AO);
- das Verbot an den Drittschuldner, an den Vollstreckungsschuldner zu zahlen (Arrestatorium);
- das Gebot an den Vollstreckungsschuldner, sich jeder Verfügung über die Forderung, insbesondere ihrer Einziehung, zu enthalten (Inhibitorium).

Zum Inhalt der Pfändungsverfügung vgl. Abschn. 41 Abs. 2 VollstrA.

Regelmäßig wird die Pfändungsverfügung mit der Ermächtigung der Vollstreckungsbehörde verbunden, die gepfändete Forderung einzuziehen (§ 314 Abs. 2 AO). Die Einziehungsverfügung soll die Aufforderung an den Drittschuldner enthalten, in Höhe der Pfändung den von ihm geschuldeten Betrag bei Eintritt der Fälligkeit an die zuständige Kasse zu zahlen (Abschn. 41 Abs. 5 VollstrA).

a) Bezeichnung der zu pfändenden Forderung

Die zu pfändende Forderung muß so genau wie möglich nach Gläubiger, Schuldner, Rechtsgrund und Betrag bezeichnet werden, daß sie klar von anderen unterschieden werden kann und daß kein Zweifel am Gegenstand der Pfändung möglich ist (Abschn. 41 Abs. 4 VollstrA).

Allerdings dürfen übertriebene Anforderungen nicht gestellt werden, da die Vollstreckungsbehörde meist keine genaue Kenntnis von Art und Höhe der Forderungen des Vollstreckungsschuldners hat. Ungenauigkeit und Unvollständigkeiten schaden nicht, solange die Identität der gepfändeten Forderung nicht zweifelhaft ist und das Rechtsverhältnis, aus dem die Forderung hergeleitet wird, wenigstens in allgemeinen Umrissen angegeben wird. Fehlt eine genaue Bezeichnung und ist die zu pfändende Forderung weder für die Beteiligten noch für Dritte bei verständiger Auslegung konkretisierbar, so ist die Pfändung nichtig.[121]

Beispiele:

- *Es genügt: Bezeichnung des Drittschuldners als „Stadtbauamt" anstelle von „Stadtgemeinde"; Pfändung des Lieferanspruches auf Garagentore, obwohl Garagen geschuldet werden; Bezeichnung des Drittschuldners als AG statt GmbH.*

[121] Ausführlich Stöber, Tz. 496ff.

- *Ungenügend: Pfändung von „Forderungen aus Vertrag oder sonstigen Rechtsgründen"; Pfändung „aller Ansprüche, gleichviel auf welchem Rechtsgrund sie immer beruhen mögen".*

b) Bezeichnung der zu vollstreckenden Forderung

In der Pfändungsverfügung ist für die zu vollstreckenden Geldbeträge der Schuldgrund anzugeben (§ 260 AO, Abschn. 41 Abs. 2 Nr. 2 VollstrA). Es muß unzweifelhaft sein, welche konkreten Ansprüche nach Grund und Höhe mit Zwangsmaßnahmen durchgesetzt werden sollen. Es muß daher die **Steuerart** (z.B. Mineralölsteuer, Rückforderung von Ausfuhrerstattungen), der **Zeitpunkt** der Entstehung, der **Steuerabschnitt**, sowie die jeweilige **Höhe** der Rückstände angegeben werden. Eine summarische Angabe des Steuerbetrages unter Benennung der Steuerart genügt nicht, da der Vollstreckungsschuldner dann die Zulässigkeit der Vollstreckungsmaßnahmen nicht überprüfen kann.[122] In die Pfändungsverfügung sind ferner die Kosten für einen Postnachnahmeauftrag (§§ 259 S. 2, 337 Abs. 2 S. 2 AO), die Kosten für bisher ergriffene Vollstreckungsmaßnahmen und die Kosten für den Erlaß der Pfändungsverfügung aufzunehmen (Abschn. 41 Abs. 2 VollstrA). Fehlt die Angabe des Schuldgrundes oder ist sie ungenau, so ist die Pfändung gleichwohl wirksam. Die Angabe kann von der Finanzbehörde auch nach einem Rechtsbehelf – allerdings ohne rückwirkende Wirkung – nachgeholt werden.[123]

c) Zahlungsverbot an den Drittschuldner

Dem Drittschuldner ist zu verbieten, an den Vollstreckungsschuldner zu zahlen (Arrestatorium, § 309 Abs. 1 AO). Dieses Verbot stellt die **eigentliche Beschlagnahme** der Forderung dar; fehlt es, so ist die Pfändung nichtig.[124] Es bewirkt, daß der Drittschuldner mit befreiender Wirkung nur noch an den Vollstreckungsgläubiger leisten kann. Zahlt er an den Vollstreckungsschuldner, so bleibt er dem Vollstreckungsgläubiger gegenüber weiterhin zur Zahlung verpflichtet. Damit der Drittschuldner keine Rückschlüsse auf die steuerlichen Verhältnisse des Vollstreckungsschuldners ziehen kann, sieht § 309 Abs. 2 S. 2 AO vor, daß die an den Drittschuldner zuzustellende Pfändungsverfügung nur noch den beizutreibenden Geldbetrag in einer Summe, ohne Angabe der Steuerarten und Zeiträume, für die er geschuldet wird, bezeichnen soll. Zur Zustellung des Zahlungsverbotes vgl. § 20, 4.

d) Verfügungsverbot an den Vollstreckungsschuldner

Dem Vollstreckungsschuldner ist zu gebieten, sich jeder Verfügung über die Forderung insbesondere ihrer Einziehung zu enthalten (Inhibitorium, § 309 Abs. 1 AO). Dieses Gebot enthält ein relatives Verfügungsverbot (§§ 135, 136 BGB). Abtretungen des Vollstreckungsschuldners werden daher im Regelfall unwirksam sein, da die Abtretung von Forderungen keinen Rechtsscheinsschutz genießt. Zu Rechtshandlungen, die den Vollstreckungsgläubiger nicht beeinträchti-

---

[122] Kühn-Kutter-Hofmann, § 309, 3b; Schwarz, § 309, Tz. 18; BFH ZfZ 1983, 172 zu §§ 334a, 361 RAO; z.T. abweichend Tipke-Kruse, § 309 Tz. 13

[123] HHSp, § 260, Tz. 12; Klein-Orlopp, § 260, 3

[124] Tipke-Kruse, § 309, Tz. 10

gen, wie die Kündigung, bleibt der Vollstreckungsschuldner weiter befugt. Fehlt das Verfügungsverbot, so ist die Pfändung gleichwohl voll wirksam.[125]

4. Wirksamwerden der Forderungspfändung

Die Pfändung wird in dem Zeitpunkt wirksam, in dem die Pfändungsverfügung dem Drittschuldner zugestellt wird (§ 309 Abs. 2 AO). Die Zustellung hat förmlich nach den Vorschriften des **Verwaltungszustellungsgesetzes** zu geschehen (§ 122 Abs. 5 AO). Sie ist dem Vollstreckungsschuldner formlos mitzuteilen (§ 309 Abs. 2 S. 2 AO). Fehlt es an dieser Mitteilung, so ist die Pfändung gleichwohl wirksam; sie kann jederzeit nachgeholt werden.

Zur Zustellung an den Drittschuldner und zur Benachrichtigung des Vollstreckungsschuldners vgl. Abschn. 41 Abs. 7 und Abs. 8 VollstrA.

5. Rechtswirkungen der Forderungspfändung

a) Verstrickung, Pfändungspfandrecht

Die wirksame Pfändung führt zu einer Beschlagnahme der Forderung (Verstrickung) und zum Entstehen eines Pfändungspfandrechtes zugunsten des Vollstreckungsgläubigers.[126] Die Verstrickung bewirkt, daß die Forderung der Verfügungsmacht des Vollstreckungsschuldners entzogen und auf die Vollstreckungsbehörde übertragen wird, soweit dies zur Erreichung des Ziels der Vollstreckung erforderlich ist. Das Pfändungspfandrecht gibt der Vollstreckungsbehörde ein Recht auf Befriedigung aus der gepfändeten Forderung (§§ 1273ff. BGB, § 282 Abs. 2 AO).

b) Umfang der Pfändung

Die Pfändung ergreift die Forderung mit dem Inhalt, Umfang und Rang wie sie im Zeitpunkt der Pfändung besteht. Sie erstreckt sich auf Zinsen und Nebenrechte (§ 401 BGB), nicht aber auf u.U. zur Sicherung der Forderung übertragenes Sicherungseigentum (§ 401 Abs.2 BGB). Die Pfändung ergreift auch die Schuldurkunden oder Beweisurkunden, die notwendig sind, um die Forderung geltend zu machen (§ 952 Abs. 1 S. 2 BGB).[127] Ist der zu vollstreckende Anspruch niedriger als die gepfändete Forderung, so erstreckt sich die Pfändung auf die ganze Forderung. Die Vollstreckungsbehörde kennt nämlich in der Regel weder die Zahlungsfähigkeit des Drittschuldners noch dessen etwaigen Einwendungen. Besteht allerdings darüber Klarheit, ist eine Teilpfändung vorzunehmen. Hierbei würde dann ein pfändungsfreier Rest verbleiben.[128]

c) Stellung des Vollstreckungsgläubigers

Der Vollstreckungsgläubiger wird durch die Pfändung noch nicht befriedigt, sondern er erlangt nur ein **Sicherungsrecht**. Er kann aufgrund der Pfändung kraft eigenen Rechtes mit Wirkung für den Vollstreckungsschuldner alle Maßnahmen ergreifen, um die Forderung zu erhalten, zu sichern und die Verwertung vorzubereiten. Der Vollstreckungsgläubiger kann die Forderung jedoch weder allein ein-

---

[125] Tipke-Kruse, § 309, Tz. 12
[126] Kühn-Kutter-Hofmann, § 309, 5
[127] Tipke-Kruse, § 309, Tz. 18
[128] Klein-Orlopp, § 309, 8

ziehen noch verwerten, sondern nur Leistung an sich und den Vollstreckungsschuldner verlangen;[129] weitergehende Rechte erlangt er erst, wenn eine Einziehungsverfügung an den Drittschuldner zugestellt ist (§ 314 Abs. 2 AO).

Beispiele:

- *Die Vollstreckungsbehörde kann aus eigenem Recht mahnen, Wechsel protestieren, einen Arrest erwirken.*
- *Nicht gestattet ist, die Forderung einzuziehen, abzutreten, zu erlassen oder Teilzahlungen zu gewähren.*

d) Stellung des Vollstreckungsschuldners

Der Vollstreckungsschuldner bleibt auch nach der Pfändung Inhaber der Forderung; sie scheidet nicht aus seinem Vermögen aus. Ihm sind allerdings alle **Verfügungen verboten**, durch die die Rechtsstellung des Vollstreckungsgläubigers beeinträchtigt würde. Trifft er Verfügungen, die sich nachteilig auswirken, so sind diese Maßnahmen dem Vollstreckungsgläubiger gegenüber unwirksam (§§ 135, 136 BGB).[130]

Beispiele:

- *Der Vollstreckungsschuldner darf: auf Feststellung der Forderung klagen, durch Kündigung die Fälligkeit herbeiführen, einen Arrest erwirken, die Forderung zum Konkurs anmelden.*
- *Der Vollstreckungsschuldner darf nicht: die Forderung abtreten, aufrechnen, einziehen, erlassen oder stunden.*

Gegen die Pfändungsverfügung kann der Vollstreckungsschuldner Einspruch einlegen (§ 347 AO), wenn er sie für rechtswidrig erachtet. Einwendungen gegen den zu vollstreckenden Anspruch sind ihm verwehrt (§ 256 AO).

e) Stellung des Drittschuldners

Der Drittschuldner darf aufgrund der Pfändung nicht mehr an den Vollstreckungsschuldner allein zahlen. Zahlt er dennoch, so erlischt im Verhältnis zum Vollstreckungsschuldner die Forderung, weil er noch Inhaber der Forderung ist. Gegenüber dem Vollstreckungsgläubiger wird er nicht frei und muß nochmals zahlen (§§ 135, 136 BGB).

In seltenen Fällen der Ersatzzustellung oder öffentlichen Zustellung ist es möglich, daß der Drittschuldner von der Pfändung keine Kenntnis erlangt und daher nicht weiß, daß der Vollstreckungsschuldner nicht mehr zur Entgegennahme seiner Leistung berechtigt ist. Der gute Glaube an die schuldbefreiende Wirkung seiner Zahlung wird dann geschützt (§ 282 Abs. 2 AO, §§ 1275, 407 BGB).[131]

Beispiel:

Der Vollstreckungsschuldner, der 600,– DM Biersteuer schuldet, hat an den D ein möbliertes Zimmer für monatlich 300,– DM vermietet. Die Vollstreckungsbehörde pfändet die Mietforderung des Vollstreckungsschuldners gegen D und ordnet die Einziehung an. Die Zustellung der Verfügungen soll durch die Post mit Zustellungsurkunde vorgenommen werden. Da der Postbeamte den D am Zustellungstag nicht antrifft, übergibt er die Verfügungen dem Vollstreckungsschuldner. Dieser

---

129 Baur-Stürner, Bd. 1, Tz. 30.17

130 Baur-Stürner, Bd. 1, Tz. 30.18

131 Stöber, Tz. 565; Bruns-Peters, § 24 V 4

verbrennt die Schreiben. D zahlt daher am nächsten Fälligkeitstermin die Miete an den Vollstreckungsschuldner weiter. Wenig später verlangt die Vollstreckungsbehörde Zahlung von D.

Durch die Pfändung und Einziehungsverfügung war der Vollstreckungsgläubiger berechtigt, die Miete von D zu verlangen. Pfändung und Einziehung waren dem D als Drittschuldner auch wirksam zugestellt worden (§§ 309 Abs. 2, 314 Abs. 1 S. 2 AO). Bei Zustellungen durch die Post mittels Zustellungsurkunde gilt § 181 ZPO (§ 3 Abs. 2 VerwZustG), so daß die Schreiben auch dem Vollstreckungsschuldner zugestellt werden konnten (§ 181 Abs. 2 ZPO). Diese Ersatzzustellung war zulässig, da der Vollstreckungsschuldner nicht in einem Rechtsstreit Gegner des D war (§ 185 ZPO). D konnte daher grundsätzlich nicht mehr mit schuldbefreiender Wirkung an den Vollstreckungsschuldner zahlen. Da D aber nur deshalb an den Vollstreckungsschuldner zahlte, weil er keine Kenntnis von der Pfändung hatte, wird sein guter Glaube geschützt (§ 282 Abs. 2 AO, §§ 1275, 407 BGB analog). Trotz wirksamer Pfändung konnte D daher noch schuldbefreiend an den Vollstreckungsschuldner zahlen. Die Vollstreckungsbehörde kann nicht nochmals Zahlung des Mietzinses von D verlangen.

Da die Vollstreckungsbehörde stets nur die „angebliche Forderung" des Vollstreckungsschuldners pfändet (vgl. § 20, 2a), hat sie ein Interesse daran, vom Drittschuldner Aufschluß über **Bestand** und **Höhe der Forderung** und seine **Zahlungsbereitschaft** zu erlangen. Der Drittschuldner ist auf Verlangen der Vollstreckungsbehörde verpflichtet, binnen zwei Wochen, von der Zustellung der Pfändungsverfügung an gerechnet, eine **Drittschuldnererklärung** abzugeben. In ihr muß er angeben:

- ob und inwieweit er die Forderung als begründet anerkenne und bereit sei zu zahlen;
- ob und welche Ansprüche andere Personen an der Forderung erheben;
- ob und wegen welcher Ansprüche die Forderung bereits für andere Gläubiger gepfändet sei (§ 316 Abs. 1 AO).

Die Aufforderung zur Abgabe dieser Erklärung kann in die Pfändungsverfügung aufgenommen werden (§ 316 Abs. 2 S. 1 AO). Der Drittschuldner kann die Fragen schriftlich, mündlich oder fernmündlich (§ 93 Abs. 4 AO) oder zu Protokoll (§ 94 Abs. 6 AO) der Vollstreckungsbehörde beantworten. Der Eingang der Drittschuldnererklärung ist von der Vollstreckungsstelle zu überwachen (Abschn. 44 Abs. 2 VollstrA).

Die Antworten müssen vollständig und wahr sein. Der Drittschuldner kann zur Abgabe der Erklärung durch ein Zwangsgeld angehalten werden (§ 316 Abs. 2 S. 3 AO). Gibt er die Erklärung unrichtig, unvollständig oder verspätet ab, so haftet er für den Schaden, der aus der (schuldhaften)[132] Nichterfüllung seiner Verpflichtung entsteht (§ 316 Abs. 2 S. 2 AO). Bei vorsätzlich falschen Angaben kann für den Drittschuldner eine Bestrafung wegen Steuerhinterziehung in Betracht kommen (§ 370 AO).

Erklärt der Drittschuldner seine Bereitschaft zur Zahlung, so gilt dies nicht als Schuldanerkenntnis (§ 316 Abs. 1 S. 2 AO). Im übrigen wird die **Rechtsstellung**

[132] Schwarz, § 316, Tz. 12 m.w.N.; Stöber, Tz. 648ff.; Tipke-Kruse, § 316, Tz. 8

des Drittschuldners durch die Pfändung **weder verändert noch verschlechtert.**[133] Innerhalb der Rechtsbehelfsfrist kann er gegen die Pfändungsverfügung Einspruch einlegen (§ 347 AO), da auch er durch diese Maßnahme beschwert ist. In diesem Verfahren kann er die Unwirksamkeit der Pfändung rügen. So kann er vorbringen, die zu pfändende Forderung sei nicht hinreichend deutlich konkretisiert oder sie sei unpfändbar.[134] Er kann der Vollstreckungsbehörde gegenüber auch alle Einreden und Einwendungen geltend machen, die ihm zur Zeit der Pfändung gegen den Vollstreckungsschuldner zustehen. So kann er rügen, der Vollstreckungsschuldner habe gegen ihn keine Ansprüche oder die Forderung sei verjährt, getilgt, abgetreten, erlassen, noch nicht fällig oder von einer Gegenleistung abhängig.

Der Drittschuldner kann dagegen keine Einwendungen gegen den zu vollstreckenden Anspruch vorbringen. Die Möglichkeit hat nur der Vollstreckungsschuldner außerhalb des Vollstreckungsverfahrens (§ 256 AO).

Erkennt der Drittschuldner die Forderung nicht an oder bestreitet er sie dem Grunde oder der Höhe nach, so ist er nicht zur Zahlung verpflichtet und kann die Vollstreckungsbehörde auf den **Klageweg** verweisen, wobei sich der Rechtsweg nach der Rechtsnatur des gepfändeten Anspruchs richtet. Ist die Einspruchsfrist bereits abgelaufen, so besitzt der Drittschuldner regelmäßig auch ein Rechtsschutzinteresse an einer Klage gerichtet auf Feststellung, daß die Pfändungsverfügung rechtswidrig ist.

6. Verwertung der gepfändeten Forderung

Die Verwertung der gepfändeten Forderung erfolgt durch Einziehung (§§ 314, 315 AO) oder in anderer Weise (§ 317 AO).

a) Einziehungsverfügung

Aufgrund der Pfändung ist die Vollstreckungsbehörde noch nicht befugt, die Forderung beim Drittschuldner einzuziehen. Dieses Recht erlangt sie erst durch die Einziehungsverfügung. Die Einziehungsverfügung ist ein Verwaltungsakt.[135] Sie wird von der Vollstreckungsbehörde angeordnet (§ 314 Abs. 1 S. 1 AO) und ersetzt die förmlichen Erklärungen des Vollstreckungsschuldners, von denen nach dem bürgerlichen Recht, die **Berechtigung zur Einziehung** abhängt (§ 315 Abs. 1 S. 1 AO). Ihrem **Inhalt** nach ist es die Aufforderung an den Drittschuldner, in Höhe der Pfändung den von ihm geschuldeten Betrag bei Eintritt der Fälligkeit an die zuständige Kasse zu zahlen (Abschn. 41 Abs. 5 VollstrA). Sie wird in der Regel mit der Pfändungsverfügung verbunden (§ 314 Abs. 2 AO) und ist dem Drittschuldner förmlich zuzustellen (§§ 314 Abs. 1, 309 Abs. 2 AO). Die Zustellung der Einziehungsverfügung an den Drittschuldner ist dem Vollstreckungsschuldner mitzuteilen (Abschn. 41 Abs. 8 VollstrA). Gegen die Einziehungsverfügung steht dem Vollstreckungsschuldner und dem Drittschuldner der Einspruch zu (§ 347 AO).[136]

---

133 Stöber, Tz. 570ff.

134 Schwarz, § 309, Tz. 32; Tipke-Kruse, § 309, Tz. 22

135 Schwarz, § 314, Tz. 2

136 Kühn-Kutter-Hofmann, § 314, 3

Die Einziehungsverfügung ermächtigt die Vollstreckungsbehörde, die gepfändete Forderung beim Drittschuldner einzuziehen. Die Vollstreckungsbehörde kann nunmehr in eigenem Namen die Forderung kündigen, einziehen, mit ihr aufrechnen und vor allem auf Leistung an sich klagen. Gerade die Klagebefugnis läßt den Vollstreckungsgläubiger auch in den Augen des Drittschuldners zu dessen maßgeblichen Gegenüber werden, während der Vollstreckungsschuldner für den Drittschuldner bedeutungslos geworden ist.[137] Eine Befriedigung der Ansprüche des Vollstreckungsgläubigers tritt allerdings nicht schon mit der Einziehungsverfügung, sondern erst mit der Einziehung selbst ein.

b) Nebenpflichten des Vollstreckungsschuldners

Für den Vollstreckungsschuldner begründet die Einziehungsverfügung drei Nebenpflichten. Er ist verpflichtet, die zur Geltendmachung der Forderung notwendige **Auskunft zu erteilen** (§ 315 Abs. 2 S. 1 AO). Hierdurch erlangt die Vollstreckungsbehörde näheren Aufschluß über den Bestand der gepfändeten Forderung und ob eine Einziehung Erfolg verspricht.

Der Vollstreckungsschuldner ist ferner verpflichtet, die über die Forderung vorhandenen **Urkunden herauszugeben** (§ 315 Abs. 2 S. 2 AO). Hierzu zählen alle schriftlichen Unterlagen und sonstigen Beweismittel, die nötig sind, um die gepfändete Forderung geltend zu machen.[138]

Beispiele:
Hierzu zählen: Versicherungsscheine, Anteilscheine einer GmbH, Korrespondenz, Schuldscheine, Vertragsurkunden, Sparkassenbücher und Hypothekenbriefe.

Kommt der Vollstreckungsschuldner dieser Pflicht nicht nach, so kann sie erzwungen werden (§§ 328-335 AO). Die Urkunden können darüber hinaus durch den Vollziehungsbeamten auf Anordnung der Vollstreckungsbehörde weggenommen werden (§ 315 Abs. 2 S. 2 AO, Abschn. 50 Abs. 1 VollzA). Hierbei handelt es sich um eine Hilfspfändung, eine gesonderte Pfändung dieser Urkunden ist unzulässig.

Werden die Urkunden nicht vorgefunden, so hat der Vollstreckungsschuldner auf Verlangen der Vollstreckungsbehörde zu Protokoll **an Eides Statt zu versichern**, daß er die Urkunden nicht besitze, auch nicht wisse, wo sie sich befinden (§ 315 Abs. 3 S. 1 AO). Der Inhalt der Versicherung kann den Bedürfnissen des Einzelfalles angepaßt werden (§ 315 Abs. 3 S. 2 AO).

Beispiel:
Die Finanzbehörde kann vom Vollstreckungsschuldner die Versicherung verlangen, daß er die Urkunden nicht beiseite geschafft habe.

Weigert sich der Vollstreckungsschuldner, die eidesstattliche Versicherung abzugeben, so kann die Vollstreckungsbehörde das zuständige Amtsgericht um Anordnung der Haft zur Erzwingung der eidesstattlichen Versicherung ersuchen (§ 315 Abs. 3 S. 3 AO i.V.m. § 284 Abs. 7 AO). Die eidesstattliche Versicherung wird nicht in das Schuldnerverzeichnis eingetragen und kann nicht nach §§ 328ff. AO erzwungen werden. Werden die Urkunden nicht aufgefunden und weigert

[137] BGH NJW 1978, 1914
[138] Tipke-Kruse, § 315, Tz. 6; Schwarz, § 315, Tz. 5

sich der Drittschuldner zu leisten, so sind sie aufzubieten und für kraftlos erklären zu lassen (§§ 946ff. ZPO).

Befinden sich die Urkunden im Besitz eines Dritten, so kann die Vollstreckungsbehörde von diesem die Herausgabe verlangen (§ 315 Abs. 4 AO). Weigert er sich, so muß die Vollstreckungsbehörde Klage auf Herausgabe der Urkunden erheben. Eine Wegnahme oder Pfändung durch den Vollziehungsbeamten oder Anwendung von Zwangsmitteln, z.B. nach §§ 328ff. AO, scheidet aus.[139]

c) Rechtsverhältnis zwischen Vollstreckungsgläubiger und Drittschuldner

Die Einziehungsverfügung bewirkt nur, daß der Vollstreckungsgläubiger die Forderung des Vollstreckungsschuldners nunmehr im eigenen Namen geltend machen kann (vgl. § 20, 6a). **Sie beeinträchtigt keineswegs die Rechtsstellung des Drittschuldners**. Er stände sonst schlechter als jeder andere Schuldner. Es kann sich für ihn nicht nachteilig auswirken, daß die gepfändete Forderung Vollstreckungsobjekt geworden ist.[140] Die Einziehungsverfügung ist dementsprechend kein Verwaltungsakt, aus dem gegen den Drittschuldner im Verwaltungsweg vollstreckt werden kann. Der Drittschuldner kann vielmehr gegen die Einziehungsverfügung Einspruch einlegen (§ 347 AO) und alle Rechte und Einwendungen, die ihm gegen den Vollstreckungsschuldner zustehen, auch gegenüber dem Vollstreckungsgläubiger geltend machen.[141] In Betracht kommt auch eine vorbeugende Feststellungsklage (vgl. § 20, 5e).

Bestreitet der Drittschuldner den Bestand der Forderung, lehnt er die Zahlung ab oder erkennt er die Forderung zwar an, zahlt aber trotzdem am Fälligkeitstage nicht, so muß die Finanzbehörde entscheiden, ob sie vor einem Gericht einen Zahlungstitel gegen den Drittschuldner erstreiten und anschließend im zivilprozessualen Vollstreckungsverfahren die Forderung zwangsweise durchsetzen läßt. Diesen Weg wird die Vollstreckungsbehörde nur ergreifen, wenn ein Rechtsstreit Erfolg verspricht und von dem Drittschuldner nach seinen Vermögensverhältnissen Zahlungen zu erwarten sind. Für das Rechtsverhältnis zwischen der Vollstreckungsbehörde und dem Drittschuldner gelten §§ 841-843 ZPO entsprechend (§ 316 Abs. 3 AO).

Beispiel:
Der Vollstreckungsgläubiger hat eine Kaufpreisforderung des Vollstreckungsschuldners gegen den Drittschuldner gepfändet und eine Einziehungsverfügung erlassen. Der Drittschuldner weigert sich, an den Vollstreckungsgläubiger zu zahlen, mit der Behauptung, die Forderung des Vollstreckungsschuldners bestehe überhaupt nicht, hilfsweise rechne er auf mit Forderungen, die er gegen den Vollstreckungsschuldner und gegen den Vollstreckungsgläubiger besitze.

Die Pfändung und Einziehungsverfügung berührt die Rechtsstellung des Drittschuldners nicht. Er kann gegen die Forderung alle Einwände geltend machen wie bisher. Erfüllt der Drittschuldner diese Forderung nicht freiwillig, so muß der Vollstreckungsgläubiger gegebenenfalls Klage vor dem Zivilgericht gegen ihn erheben und kann erst aus dem erwirkten Urteil die Vollstreckung betreiben.

---

139 Schwarz, § 315, Tz. 8; Klein-Orlopp, § 315, 7
140 ausführlich Jauernig, § 19 VII 1
141 Tipke-Kruse, § 315, Tz. 1

Der Drittschuldner kann auch gegenüber der geltend gemachten Forderung aufrechnen. Dies ergibt sich für Forderungen gegen den Vollstreckungsschuldner (seinen Gläubiger) aus § 392 BGB. Dies gilt aber auch für Forderungen gegen den Vollstreckungsgläubiger, soweit sie unbestritten oder rechtskräftig festgestellt sind (§ 226 Abs. 3 AO). Der Drittschuldner kann nämlich den Vollstreckungsgläubiger auf jede Weise befriedigen.

Gelangt der Vollstreckungsgläubiger zu der Auffassung, daß der Bestand der Forderung zweifelhaft ist oder Zwangsmaßnahmen gegen den Drittschuldner unzweckmäßig oder ergebnislos sein werden, so ist die Forderungspfändung sofort aufzuheben. Die Aufhebung ist dem Drittschuldner und dem Vollstreckungsschuldner mitzuteilen. Urkunden über die gepfändete Forderung sind zurückzugeben (Abschn. 44 Abs. 3 S. 4 und Abs. 4 S. 2 VollstrA). Verzögert der Vollstreckungsgläubiger schuldhaft,[142] eine gepfändete Forderung gerichtlich oder außergerichtlich geltend zu machen, so haftet er dem Vollstreckungsschuldner für den daraus entstehenden Schaden (§ 316 Abs. 3 AO, § 842 ZPO, Abschn. 44 Abs. 3 VollstrA).

Beispiel:
Der Vollstreckungsgläubiger hat eine Forderung des Vollstreckungsschuldners gegen den wohlhabenden Drittschuldner gepfändet. Erst drei Monate später fordert der Vollstreckungsgläubiger den Drittschuldner zur Zahlung auf, der inzwischen in Konkurs geraten ist.

Hier ist der Vollstreckungsgläubiger dem Vollstreckungsschuldner zum Schadensersatz verpflichtet, wenn die gepfändete Forderung hätte eingezogen werden können.

Entschließt sich die Vollstreckungsbehörde, die Forderung gegen den Drittschuldner geltend zu machen, so kann die Forderung nur in dem Verfahren realisiert werden, das der rechtlichen Natur der gepfändeten Forderung entspricht.

Beispiele:
Wenn eine zivilrechtliche Forderung gepfändet ist, so muß die Vollstreckungsbehörde einen Mahnbescheid oder einen Vollstreckungsbescheid erwirken oder Klage vor dem ordentlichen Gericht erheben. Ist der Anspruch auf eine Lohnforderung gepfändet, so ist das Arbeitsgericht zuständig.

Der Vollstreckungsgläubiger ist regelmäßig verpflichtet, dem Vollstreckungsschuldner gerichtlich den **Streit zu verkünden** (§ 316 Abs. 3 AO, § 841 ZPO). Unabhängig davon, ob der Vollstreckungsschuldner dem Streitverkünder beitritt oder er den Beitritt ablehnt (§ 74 ZPO), tritt die Interventionswirkung ein (§ 68 ZPO). Danach kann der Streithelfer im Verfahren zur Hauptpartei die Richtigkeit des Urteils nicht bestreiten und ist auf eine praktisch wenig bedeutsame Einrede schlechter Prozeßführung verwiesen.

Daß der Drittschuldner sich verklagen läßt, wird die Ausnahme sein, in der Regel wird er freiwillig den Betrag an den Vollstreckungsgläubiger zahlen. Hierdurch erlischt sowohl die Forderung des Vollstreckungsschuldners als auch die des Vollstreckungsgläubigers, nämlich der vollstreckbare Anspruch. Diese Wirkung tritt auch ein, wenn der Drittschuldner zahlt, obwohl die Einziehungsverfü-

[142] BLAH, § 842,1

gung zu Unrecht erfolgt ist.[143] Die Einziehungsverfügung gilt so lange als wirksam, bis sie aufgehoben ist und die Aufhebung dem Drittschuldner – gleich auf welche Weise – bekanntgeworden ist (§ 315 Abs. 1 S. 3 AO). Der Drittschuldner kann dann nicht nochmals auf Zahlung in Anspruch genommen werden.

Beispiel:
Der Vollstreckungsgläubiger hat „die Forderung des Vollstreckungsschuldners gegen seine Bank bis zur Höhe von 1.000,– DM" gepfändet und eine Einziehungsverfügung erlassen. Die Bank zahlt daraufhin sofort das Guthaben verschiedener Spar- und Girokonten an den Vollstreckungsgläubiger.

Die Pfändung war nichtig, da in der Pfändungsverfügung die gepfändeten Ansprüche und Rechtsverhältnisse, aus denen die Forderungen hergeleitet wurden, zu ungenau bezeichnet wurden. Es ist für Beteiligte auf Grund der Pfändung nicht ersichtlich, welches Konto mit welchem Guthabensbetrag von der Beschlagnahme ergriffen wurde. Da aber nur wirksam gepfändete Forderungen eingezogen werden dürfen (§ 314 Abs. 1 AO), war die Einziehungsverfügung rechtswidrig und berechtigte die Vollstreckungsbehörde nicht, die Leistung mit schuldbefreiender Wirkung für die Bank entgegenzunehmen (§ 315 Abs. 1 S. 1 AO). Gleichwohl kann der Vollstreckungsschuldner von der Bank nicht nochmals Zahlung verlangen, da zugunsten des Drittschuldners im Verhältnis zum Vollstreckungsschuldner die Einziehungsverfügung als rechtmäßig gilt, bis sie aufgehoben ist und der Drittschuldner hiervon erfährt (§ 315 Abs. 1 S. 3 AO). Dabei braucht er die Rechtmäßigkeit der Pfändungs- und Einziehungsverfügung grundsätzlich nicht nachzuprüfen.

Allerdings darf ein Geldinstitut bei Pfändungen und Einziehungsverfügungen zu Lasten von natürlichen Personen erst zwei Wochen nach Zustellung der Verfügung aus dem Guthaben an den Vollstreckungsgläubiger leisten (§ 314 Abs. 3 AO, § 835 Abs. 3 S. 2 ZPO). In diesem Zeitraum ist die Wirksamkeitsvermutung des § 315 Abs. 1 S. 3 AO beseitigt.[144] Zahlt das Geldinstitut sofort, d.h. vorzeitig, aus, so ist die Leistung gegenüber dem Vollstreckungsschuldner unwirksam (§§ 134f. BGB). Die Bank muß daher sofort eine Rückgutschrift vornehmen bzw. an den Vollstreckungsschuldner nochmals zahlen, wenn die Einziehungsverfügung später aufgehoben wird.

d) Anderweitige Verwertung

Ist die gepfändete Forderung bedingt oder betagt oder ihre Einziehung schwierig, so kann die Vollstreckungsbehörde anordnen, daß sie in anderer Weise zu verwerten ist (§ 317 S. 1 AO). Vor der Anordnung anderweitiger Verwertung ist der Vollstreckungsschuldner grundsätzlich zu hören (§ 317 S. 2 AO).

Beispiele:
Es bestehen folgende Möglichkeiten anderweitiger Verwertung: freihändiger Verkauf oder öffentliche Versteigerung.

7. Aufhebung der Forderungspfändung

Die Vollstreckungsbehörde hat in jedem Stadium des Vollstreckungsverfahrens von Amts wegen zu prüfen, ob die getroffenen Vollstreckungsmaßnahmen noch

---

[143] Schwarz, § 315, Tz. 3; Tipke-Kruse, § 315, Tz. 3
[144] Schwarz, § 314, Tz. 12

gerechtfertigt sind. Werden Vollstreckungsmaßnahmen pflichtwidrig nicht aufgehoben, so ist der Vollstreckungsgläubiger dem Vollstreckungsschuldner zum Ersatz eines schuldhaft herbeigeführten Schadens verpflichtet (§ 316 Abs. 3 AO, § 842 ZPO).

Zur Aufhebung der Rechte, die der Vollstreckungsgläubiger durch die Pfändung und Einziehungsverfügung erlangt hat, bedarf es einer **Verzichtserklärung** der Vollstreckungsbehörde (§ 316 Abs. 3 AO, § 843 S. 1 ZPO). Sie ist dem Schuldner und dem Drittschuldner förmlich zuzustellen (§ 316 Abs. 3 AO, 843 ZPO)[145] und ist immer abzugeben, wenn es nicht angebracht erscheint, gegen den Drittschuldner vorzugehen (Abschn. 44 Abs. 3 VollstrA). Im einzelnen kommt ein Verzicht in folgenden Fällen in Betracht:

- wenn ein Vorgehen gegen den Drittschuldner aus rechtlichen oder tatsächlichen Gründen ausgeschlossen oder unzweckmäßig ist (§ 316 AO, § 842 ZPO);
- wenn sich beim Vollstreckungsschuldner günstigere Befriedigungsmöglichkeiten eröffnen;
- wenn eine Pfändung ins Leere gegangen oder sich nachträglich als rechtswidrig erweist;
- wenn der Erlös aus der Verwertung von Pfandsachen ausreicht, um den Anspruch nebst Kosten zu befriedigen (§ 301 AO);
- wenn die Vollstreckung unbillig ist (§ 258 AO);
- in den Fällen des § 257 AO.

Mit der Verzichtserklärung erlöschen die Verstrickung und das Pfändungspfandrecht sowie das Einziehungsrecht, ohne daß es eines Widerrufes der Pfändungs- und Einziehungsverfügung bedarf.[146] Verzichtet der Vollstreckungsgläubiger auf seine Rechte, so wird dadurch sein materiell-rechtlicher Anspruch nicht berührt (§ 316 Abs. 3 AO, § 843 ZPO). Die Aufhebung hat auch nicht die Wirkung einer Stundung oder eines Vollstreckungsaufschubes, so daß – soweit eine Vollstreckung zulässig ist – eine andere Sache oder Forderung des Vollstreckungsschuldners gepfändet werden kann.

§ 21 Besondere Formen der Forderungspfändung

1. Pfändung von hypothekarisch gesicherten Forderungen

a) Allgemeines

Für die Pfändung von Hypothekenforderungen gelten Besonderheiten, die der engen Beziehung (Akzessorietät) zwischen der gepfändeten Forderung und dem dinglichen Grundpfandrecht Rechnung tragen. Die Hypothek teilt das rechtliche Schicksal der Forderung, die sie sichern soll. Die Forderung kann nicht ohne die Hypothek und die Hypothek nicht ohne die Forderung übertragen werden (§ 1153 BGB). Wird daher die Forderung gepfändet, so gilt dies auch für die Hypothek.

Die Pfändung einer durch Hypothek gesicherten Forderung bestimmt sich nach § 310 AO. Nähere Regelungen trifft Abschn. 43 VollstrA.

---

145 a.A. Abschn. 44 Abs. 3 S. 4 VollstrA

146 Kühn-Kutter-Hofmann, § 316, 7b

Es ist zu unterscheiden, ob für die Forderung eine Brief- oder eine Buchhypothek bestellt ist.

b) Briefhypothek

Eine Forderung, die durch Briefhypothek gesichert ist (§ 1116 Abs. 1 BGB), wird durch eine Pfändungsverfügung gepfändet (§§ 310 Abs. 1 S. 1, 309 AO). Sie ist dem Vollstreckungsschuldner förmlich zuzustellen (Abschn. 43 Abs. 2 VollstrA). Die Pfändungsverfügung muß die Forderung sowie die Art der Hypothek und das belastete Grundstück genau bezeichnen. Gleichzeitig ist der Vollstreckungsschuldner aufzufordern, den Hypothekenbrief herauszugeben oder über dessen Verbleib Auskunft zu geben (§ 315 Abs. 2 AO). Die Pfändung wird wirksam, wenn der Hypothekenbrief an die Vollstreckungsbehörde ausgehändigt wird (§ 310 Abs. 1 S. 1 AO). Eine Vereinbarung gem. § 1117 Abs. 2 BGB oder eines Besitzkonstitutes (§ 930 BGB) reicht nicht aus.[147] Gibt der Vollstreckungsschuldner den Brief nicht freiwillig heraus, kann ihn der Vollziehungsbeamte aufgrund des Vollstreckungsauftrages und der Pfändungsverfügung durch eine Hilfspfändung wegnehmen (§§ 310 Abs. 1 S. 2, 315 Abs. 2 S. 2 AO).

Wird der Brief beim Vollstreckungsschuldner nicht gefunden, gilt § 315 Abs. 3 AO.

Hat ein **Dritter den Hypothekenbrief in Besitz**, so kann die Vollstreckungsbehörde den Anspruch des Vollstreckungsschuldners auf Herausgabe diesem gegenüber unmittelbar geltend machen (§ 315 Abs. 4 AO). Einer Pfändung und Einziehung des Herausgabeanspruches bedarf es nicht. Weigert sich der Dritte, den Brief herauszugeben, so muß die Vollstreckungsbehörde Klage erheben. Eine Wegnahme durch den Vollziehungsbeamten oder die Anwendung von Zwangsmitteln scheidet aus.[148] Die Pfändung ist allerdings erst bewirkt, wenn die Vollstreckungsbehörde oder der Vollziehungsbeamte als ihr Organ den Hypothekenbrief tatsächlich erlangt.

Der Hypothekenbrief muß für die Dauer der Pfändung im Besitz des Vollstreckungsgläubigers bleiben. Die Pfändung erlischt, wenn die Vollstreckungsbehörde den Brief an den Vollstreckungsschuldner oder an den Dritten zurückgibt. Unfreiwilliger Verlust schadet allerdings nicht.[149]

Dem Drittschuldner und wenn er mit ihm nicht identisch ist, dem Eigentümer des belasteten Grundstückes, ist schriftlich zu verbieten, an den Vollstreckungsschuldner zu zahlen. Dieses Verbot ist förmlich zuzustellen (§ 309 Abs. 2 S. 1 AO). Eine Zustellung dieses Verbotes ist aber keine Wirksamkeitsvoraussetzung der Pfändung, da diese allein von der Zustellung der Pfändungsverfügung an den Vollstreckungsschuldner und Aushändigung des Hypothekenbriefes abhängig ist (§ 310 Abs. 1 S. 1 AO). Wird das Verbot jedoch dem Drittschuldner schon vor Übergabe des Hypothekenbriefes zugestellt, so gilt die Pfändung ihm gegenüber mit der Zustellung als bewirkt (§ 310 Abs. 2 AO). Es kommt damit in diesen Fällen zu einer Art „Vorpfändung“, da bei späterer Übergabe des Briefes die Entstehung des Pfandrechts gegenüber dem Drittschuldner auf den Tag der Zustellung zurückbezogen wird. Die Wirkung dieser Fiktion ist jedoch nur relativ ge-

147 Tipke-Kruse, § 310, Tz. 5
148 Schwarz, § 315, Tz. 8; Klein-Orlopp, § 315, 7
149 Tipke-Kruse, § 310, Tz. 5 a.E.

genüber dem Drittschuldner. Sie wirkt nicht gegenüber dem Schuldner, der in der Zwischenzeit noch wirksam verfügen kann.[150]

c) Buchhypothek

Zur Pfändung einer Buchhypothek ist neben der Pfändungsverfügung die Eintragung der Pfändung im Grundbuch erforderlich (§ 310 Abs. 1 S. 3 AO). Wird die Pfändungsverfügung an den Drittschuldner vor Eintragung zugestellt, gilt die Pfändung ihm gegenüber als bewirkt (§ 310 Abs. 2 AO). Die Eintragung erfolgt auf Ersuchen der Vollstreckungsbehörde (§ 310 Abs. 1 S. 3 AO, §§ 13ff. GBO). Eine Ausfertigung der Pfändungsverfügung ist beizufügen (Abschn. 43 Abs. 1 VollstrA). Das Grundbuchamt ist zur Eintragung verpflichtet, ohne daß es die Voraussetzung der Vollstreckung prüfen darf.[151]

d) Verwertung

Hypothekarisch gesicherte Forderungen werden von der Vollstreckungsbehörde durch **Einziehungsverfügung** (§§ 314, 315 AO) oder in sonstiger Weise (§ 317 AO) verwertet. Die Einziehungsverfügung wird, wenn sie mit dem Pfändungsbeschluß verbunden ist (§ 314 Abs. 2 AO), erst wirksam, wenn der Vollstreckungsgläubiger den Brief erlangt hat oder in das Grundbuch eingetragen ist. Die Zustellung der Einziehungsverfügung an den Drittschuldner ist auch hier kein Wirksamkeitserfordernis.[152] Durch die Einziehungsverfügung wird die Vollstreckungsbehörde berechtigt, die Forderung oder die Hypothek in eigenem Namen gegen den Drittschuldner geltend zu machen. Die Vollstreckungsbehörde kann zwischen beiden Befriedigungsmöglichkeiten wählen. Zahlt der Drittschuldner nicht freiwillig, so muß die Vollstreckungsbehörde entweder aus der persönlichen Forderung auf Zahlung oder aus der Hypothek auf Duldung der Zwangsvollstreckung in das Grundstück (§ 1147 BGB) vor dem ordentlichen Gericht klagen.[153]

2. Sonderfälle

Ähnliche Grundsätze wie für die durch Buchhypothek gesicherten Forderungen gelten für die Pfändung einer Schiffshypothekenforderung oder eines Registerpfandrechtes an einem Luftfahrzeug (§ 311 AO).

3. Die Pfändung von Forderungen aus indossablen Papieren; Postsparbuch

Forderungen aus Wechseln, Schecks oder anderen indossablen Wertpapieren (vgl. die handelsrechtlichen Orderpapiere in § 363 HGB) werden nach den Grundsätzen für die **Pfändung beweglicher Sachen** gepfändet (vgl. § 16). Der Vollziehungsbeamte muß die Papiere in Besitz nehmen (§ 312 S. 1 AO). Damit ist die verbriefte Forderung gepfändet. Die Pfändung unterbleibt, wenn der Vollstreckungsschuldner nach dem Inhalt nicht Berechtigter ist. Die Verwertung richtet sich nach den für Forderungen bestehenden Grundsätzen (vgl. § 20, 6). Die Einziehungsverfügung (§ 314 Abs. 1 S. 1 AO), die erst nach Pfändung der Forderung ergehen darf, ist dem Vollstreckungsschuldner formlos bekanntzugeben

150 Baumann-Brehm, § 20 I 4a m.w.N.
151 Schwarz, § 310, Tz. 8; HHSp, § 310, Tz. 27; a.A. Tipke-Kruse, § 310, Tz. 6
152 Jauernig, § 20 I
153 vgl. Tipke-Kruse, § 310, Tz. 9

(§ 124 Abs. 1 S. 1 AO).[154] Die Sonderregelungen des PostG für das Postspargutguthaben (vgl. § 312 S. 2 AO) treten mit dem gesamten PostG mit Ablauf des 31. Dezember 1997 außer Kraft (§ 31 PostG i.d.F. des Postneuordnungsgesetzes vom 14. September 1994, BGBl I S. 2325).

4. Pfändung von Sparguthaben

Sparguthaben des Vollstreckungsschuldners sind Darlehensforderungen an eine Sparkasse, Bank oder ein sonstiges Geldinstitut. Sie werden daher nach den allgemeinen Grundsätzen durch Pfändung der Forderung gepfändet und verwertet (§§ 309ff. AO). Die Höhe des Sparguthabens wird regelmäßig in einem Sparbuch verbrieft. Sparkassenbücher sind allerdings keine Wertpapiere, sondern lediglich Legitimationspapiere (vgl. § 16, 2). Ohne Vorlage dieses Buches ist die Sparkasse nicht zur Zahlung verpflichtet (§ 808 BGB). Der Vollstreckungsschuldner ist daher verpflichtet, die zur Geltendmachung der Forderung nötigen Auskünfte zu erteilen und die über die Forderung vorhandenen Urkunden herauszugeben (§ 315 Abs. 2 AO; vgl. § 20, 6 b). Wird die Forderung gepfändet, so bedarf es einer besonderen Pfändung des Sparbuches nicht, da sich das Pfandrecht an der Sparkassenforderung auch auf die Urkunden erstreckt (§ 952 Abs. 1 S. 2 BGB). Der Vollziehungsbeamte ist auf der Grundlage der Pfändungs- und Einziehungsverfügung sowie des Vollstreckungsauftrages berechtigt, die Urkunden mittels einer Hilfspfändung[155] an sich zu nehmen (§ 315 Abs. 2 AO, Abschn. 50 Abs. 1 VollzA).

Häufig erfährt die Vollstreckungsbehörde erst durch Pfändungsmaßnahmen des Vollziehungsbeamten von der Existenz eines Sparguthabens. Es besteht dann die Gefahr, daß der Vollstreckungsschuldner vor Erlaß einer Pfändungsverfügung sein Geld vom Sparkonto abhebt und es dem Vollstreckungsgläubiger entzieht. Daher läßt die Praxis[156] bedenklicherweise[157] eine **vorweggenommene Hilfspfändung** zu. Der Vollziehungsbeamte nimmt sogleich das Sparbuch an sich und veranlaßt die Vollstreckungsbehörde, unverzüglich eine Pfändung der Sparkassenforderung vorzunehmen. Auch diese vorweggenommene Hilfspfändung ist keine Pfändung des Sparbuches, sondern stellt nur – rein tatsächlich – die Beweisurkunde für die sich anschließende Forderungspfändung sicher (vgl. § 16, 2 d).

Nähere Regelungen der Wegnahme von Beweisurkunden trifft Abschn. 32 Abs. 4 und Abschn. 50 Abs. 1 VollzA.

§ 22 Die Pfändung von Arbeitseinkommen und Sozialleistungen

1. Allgemeines

Wie bei der Pfändung beweglicher Sachen muß der Staat auch bei der Pfändung von Forderungen einen Ausgleich zwischen dem Interesse des Vollstreckungsgläubigers auf Befriedigung seiner Ansprüche und des Vollstreckungsschuldners auf Gewährleistung einer, wenn auch bescheidenen, so doch menschenwürdigen

[154] Tipke-Kruse, § 312, Tz. 5
[155] Tipke-Kruse, § 315, Tz. 4
[156] Abschn. 33 Abs. 4 VollzA; Schwarz, § 315, Tz. 6; Pierchalla-Ostrowski, S. 130
[157] Jauernig, § 17 I m.w.N.

Lebensführung schaffen. Dabei spielt der Pfändungsschutz bei Forderungen eine immer bedeutsamere Rolle. Die Vollstreckungsgläubiger sind nämlich zunehmend bestrebt, auf Sachpfändungen und ihr kompliziertes Verwertungsverfahren zu verzichten und lieber auf leicht realisierbare Forderungen zurückzugreifen.

Hierbei bietet sich vor allen Dingen die Pfändung von Lohn- und Gehaltsforderungen an. Solange der Vollstreckungsschuldner einer regelmäßigen Beschäftigung nachgeht, bildet die Pfändung dieser Ansprüche gegen den Arbeitgeber für den Vollstreckungsgläubiger einen erfolgversprechenden und rationellen Weg, seine Ansprüche zu realisieren. Wären diese Forderungen daher uneingeschränkt pfändbar, so wären der Schuldner und seine Familie vielleicht mehrere Monate ohne Einkommen und würden der Sozialhilfe zur Last fallen. Wären Lohn und Gehalt gänzlich unpfändbar, so würde eine Vollstreckung häufig fruchtlos verlaufen, da für die Mehrzahl der Bevölkerung der Erlös aus dem Einsatz ihrer Arbeitskraft den wesentlichen Teil ihres Vermögens darstellt. Es ist daher die schwierige Aufgabe einer an der sozialen Gerechtigkeit orientierten Gesetzgebung, den Lohn in einen pfändbaren und einen unpfändbaren Teil aufzuteilen und einen Kompromiß zwischen den widerstreitenden Interessen der Verfahrensbeteiligten zu treffen. Erschwert wird die Zielsetzung, da die vielfältigen Besonderheiten jedes einzelnen Vollstreckungsfalles nach flexibler Beurteilung verlangen, andererseits der Grundsatz der Gleichmäßigkeit der Besteuerung ohne Zusammenfassung zu Fallgruppen und ohne eine gewisse Schematisierung in der Praxis nicht verwirklicht werden kann.

2. Die Pfändung von Arbeitseinkommen

Arbeitseinkommen, das in Geld gezahlt wird, ist nach allgemeinen Grundsätzen im Wege der Pfändungsverfügung zu pfänden (§ 309 AO) und durch Einziehungsverfügung zu verwerten (§ 314 AO). Drittschuldner ist der Arbeitgeber des Vollstreckungsschuldners. Dabei würde nach allgemeinen Grundsätzen die Pfändung nur die gegenwärtig existierenden Forderungen erfassen (vgl. § 20, 2). Der Vollstreckungsgläubiger hat aber gerade bei der Pfändung von Gehaltsforderungen und ähnlichen in fortlaufenden Bezügen bestehenden Forderungen ein Interesse daran, auch an zukünftigen Ansprüchen dieser Art ein Pfandrecht zu erhalten.

Kraft gesetzlicher Regelung erstreckt sich das Pfandrecht in diesen Fällen auch auf **Beträge, die später fällig werden** (§ 313 Abs. 1 AO), ohne daß dies in der Pfändungsverfügung ausdrücklich angeordnet werden müßte. Die Pfändung eines Diensteinkommens trifft auch das Einkommen, das der Vollstreckungsschuldner bei Versetzung in ein anderes Amt, Übertragung eines neuen Amts oder eine Gehaltserhöhung zu beziehen hat. Dies gilt nicht bei Wechsel des Dienstherrn (§ 313 Abs. 2 AO).

3. Pfändungsschutz des Arbeitseinkommens

a) Gesetzliche Grundlagen

Die gesetzlichen Grundlagen des Pfändungsschutzes von Arbeitseinkommen, das in Geld zahlbar ist (§ 850 ZPO), finden sich in § 319 AO, §§ 850 a-850 i ZPO. Sie bilden keine abschließenden Regelungen. Die Pfändungsschutzvorschriften sind zwingendes Recht und **von Amts wegen strikt zu beachten**. Sie unterliegen nicht der Dispositionsbefugnis des Vollstreckungsschuldners; er kann auf sie weder vor noch nach der Pfändung wirksam verzichten.[158] Pfändet die Vollstreckungsbehörde eine Forderung, die einem Pfändungsverbot unterliegt, so ist die Pfändung zunächst wirksam.[159] Der Vollstreckungsschuldner oder der Drittschuldner kann jedoch Einspruch einlegen (§ 347 AO). Ordnet die Vollstreckungsbehörde die Einziehung einer rechtswidrig gepfändeten Forderung an, so kann der Drittschuldner bis zur Aufhebung der Einziehungsverfügung an die Vollstreckungsbehörde mit befreiender Wirkung leisten, § 315 Abs. 1 S. 3 AO (vgl. § 20, 6c).

b) Begriff des Arbeitseinkommens

Arbeitseinkommen im Sinne der Pfändungsschutzvorschriften sind fortlaufend gewährte Einkünfte, die aufgrund persönlicher Arbeit aus einem gegenwärtigen oder früheren Dienst- oder Arbeitsverhältnis in Geld gezahlt werden. Dabei ist es unerheblich, ob die Einnahmen aus körperlicher oder geistiger Tätigkeit stammen, ob sie auf privatrechtlicher oder öffentlich-rechtlicher Grundlage beruhen, ob man Selbständiger oder Arbeitnehmer oder Beamter ist, ob überhaupt ein wirksamer Arbeitsvertrag vorliegt, oder ob die Leistungen wegen vormals geleisteter Dienste erbracht werden. Die Bezeichnung der Einkünfte oder ihre Berechnung ist unerheblich (vgl. § 850 ZPO). Keinen Arbeitslohn bilden Einnahmen aus Kapitalerträgen.

Einkünfte aus Sozialleistungen (Art. I §§ 18-29 SGB) werden in beschränktem Umfang dem Arbeitseinkommen gleichgestellt. Für diese Ansprüche sind Sondervorschriften beim Pfändungsschutz zu beachten (Art. I §§ 54f. SGB) (vergl. § 22, 9).

Beispiele:

- *Zum Arbeitslohn gehören: Lohn eines Arbeiters, Gehalt eines Angestellten, Bezüge des Vorstandes einer AG, Dienstbezüge der Beamten und Richter, Altersruhegelder und Hinterbliebenenrenten, wenn sie aus einer betrieblichen Pensionskasse gezahlt werden, Bedienungsgelder eines Kellners, Fixum und Provision eines freien Handelsvertreters.*
- *Zum Arbeitslohn gehören nicht: Dividenden aus Aktienbesitz, Zinsen von Sparguthaben, Erträge aus Investmentanteilen.*

Das Arbeitseinkommen ist nur geschützt, solange es dem Vollstreckungsschuldner als Forderung gegen den Drittschuldner zusteht. Ist das Geld dem Vollstreckungsschuldner (Arbeitnehmer) ausbezahlt, so bietet § 811 Nr. 8 ZPO, § 295 AO Schutz. Befindet sich das Geld auf einem Bank- oder Sparkassenkonto, so wird der für einen Monat unpfändbare Teil vor dem Zugriff des Vollziehungsbeamten geschützt (§ 850 k ZPO).

Kein Arbeitseinkommen in diesem Sinne bilden Geldbeträge, die der Vollstreckungsschuldner (Arbeitgeber) zur Auszahlung an seine Arbeitnehmer bereitgelegt hat. Sie sind stets pfändbar.

---

[158] Tipke-Kruse, § 319, Tz. 2

[159] Tipke-Kruse, § 319 a.a.O.; a.A. Bruns-Peters, § 25 IX, 6

4. Unpfändbare Bezüge

Gewisse Bezüge aus Dienst- und Arbeitsverhältnissen sind unpfändbar (§ 850 a ZPO). Sie bleiben bei der Berechnung des pfändbaren Teiles des Arbeitseinkommens außer Ansatz (§ 850 e Nr. 1 ZPO).

Beispiele:
Unpfändbar sind: der halbe Überstundenlohn, übliche Urlaubs-, Jubiläums- und Treuegelder, Aufwandsentschädigungen, übliche Gefahren- und Schmutzzulagen, Weihnachtsvergütungen bis 540,– DM, gewisse Beihilfen und Stipendien.

5. Bedingt pfändbare Bezüge

Die in § 850 b ZPO genannten Bezüge sind regelmäßig unpfändbar. Sie sind nur ausnahmsweise pfändbar, wenn der Vollstreckungsgläubiger sonst leer ausgehen würde und die Pfändung der Billigkeit entspricht (§ 850 b Abs. 2 ZPO).

Beispiele:
Bedingt pfändbar sind: Unfallrenten, Unterhaltsrenten, Bezüge aus Witwen- und Waisenkassen.

6. Die Pfändungstabelle

§ 850 c ZPO gibt in tabellarischer Form (vgl. Anlage 2 zu § 850 c Abs. 3 ZPO) die unpfändbaren Grundbeträge an. Die Tabelle berücksichtigt dabei die gesetzlichen Unterhaltspflichten des Schuldners, die er seinen Kindern, seinem Ehegatten, früheren Ehegatten oder Verwandten zu gewähren hat. Die **Freibeträge** orientieren sich zudem an der Höhe des Arbeitsverdienstes. Die Vollstreckung stellt damit die Vollstreckungsschuldner nicht alle völlig gleich, sondern berücksichtigt ihre soziale Stellung, die sich in einer unterschiedlichen Einkommenshöhe ausdrückt. Damit bleibt für den Vollstreckungsschuldner auch der wichtige Anreiz erhalten, mehr zu verdienen. Die Einkommenssteigerung kommt dann nicht nur den Vollstreckungsgläubigern, sondern auch dem Vollstreckungsschuldner selbst zugute. Die Pfändungstabelle wird von Zeit zu Zeit (zuletzt mit Wirkung vom 1.7.1992) den sich ändernden Einkommensverhältnissen angepaßt.

7. Berechnung des pfändbaren Teiles des Arbeitseinkommens

Berechnungsvorschrift für den pfändbaren Teil des Arbeitseinkommens ist § 850 e ZPO. Danach ergibt sich folgendes:

1. Auszugehen ist vom Bruttoeinkommen. Hierzu gehören nicht die nach § 850 a ZPO unpfändbaren Beträge. Ferner nicht die Beträge, die nach Steuer- oder Sozialrecht einbehalten oder abgeführt werden (§ 850 e Nr. 1 ZPO), und die Beträge, die nach dem Sozialversicherungsrecht zur Weiterversicherung entrichtet oder an Ersatzkassen oder private Krankenkassen im Rahmen des Üblichen abgeführt werden (§ 850 e Nr. 1 Buchstaben a) und b) ZPO).
2. Hinzugerechnet werden Naturalbezüge nach ihrem Wert (§ 850 e Nr. 3 ZPO).
3. Hieraus ergibt sich das Nettoeinkommen. Mehrere Arbeitseinkommen sind zusammenzurechnen, um dem Vollstreckungsschuldner nicht mehrmals die Vergünstigung eines unpfändbaren Lohnanteiles zu gewähren (§ 850 e Nr. 2 ZPO).

4. Erst auf dieses Nettoeinkommen ist die Tabelle der Pfändungsfreigrenze nach § 850 c ZPO anzuwenden.

8. Änderung des unpfändbaren Betrages

Nach § 850 f ZPO kann die Vollstreckungsbehörde die Pfändungsfreigrenzen anheben und herabsetzen. Dem Vollstreckungsschuldner kann also ein höherer Betrag, als ihm nach der Pfändungstabelle zustehen würde, belassen werden. Der ihm nach der Tabelle zustehende Betrag kann aber auch unterschritten werden. Nach Abs. 1 der Vorschrift erfolgt eine Anhebung, wenn der Vollstreckungsschuldner nachweist, daß bei Anwendung der Pfändungsfreigrenzen der notwendige Lebensunterhalt nach dem Sozialhilfegesetz nicht gedeckt wäre. Auch bei Vorliegen besonderer Bedürfnisse persönlicher oder beruflicher Art oder bei besonders hohen Unterhaltspflichten kommt eine Anhebung in Frage.

Beispiel:
Der Vollstreckungsschuldner benötigt wegen einer schweren Krankheit eine besonders teuere Ernährung.

Nach § 850 f Buchstabe b ZPO kann die Pfändungsfreigrenze aus diesem Grund erhöht werden.

Bei der Herabsetzung nach § 850 f Abs. 2 ZPO ist allerdings zu beachten, daß diese Vorschrift keine Anwendung findet, wenn es sich bei dem zu vollstreckenden Betrag um hinterzogene Steuern handelt. Steuern entstehen nämlich kraft Gesetzes und nicht infolge einer unerlaubten Handlung nach §§ 823, 826 BGB. § 850 f Abs. 2 ZPO gilt aber für Hinterziehungszinsen im Sinne von § 235 AO (FG Baden-Württemberg in EFG 1987 S. 598).

Beispiel:
Der Vollstreckungsschuldner hat Mineralölsteuern in großem Ausmaß hinterzogen. Eine Herabsetzung der Pfändungsfreigrenzen kommt bei der Vollstreckung der hinterzogenen Beträge gem. § 850 f Abs. 2 ZPO nicht in Betracht. Etwas anderes könnte bei der Vollstreckung der Hinterziehungszinsen gelten.

9. Lohnverschiebungen und Lohnverschleierungen

Drohende Lohn- oder Gehaltspfändungen versuchen Vollstreckungsschuldner häufig dadurch zu umgehen, daß sie ihre Arbeitsverträge mit dem Arbeitgeber so gestalten, daß die Pfändungsfreigrenzen nicht überschritten werden, oder daß der überschießende Teil einem Strohmann ausgezahlt wird.

Beispiel:
Das Hauptzollamt fordert den Arbeitgeber des Vollstreckungsschuldners auf zu erklären, ob er eine Lohnpfändung zu Lasten des Vollstreckungsschuldners als begründet ansehe und bereit sei zu zahlen (§ 316 AO). Der Arbeitgeber schreibt zurück, der Vollstreckungsschuldner arbeite kostenlos und zur allseitigen Zufriedenheit. Lediglich seine Frau und seine Kinder erhielten freiwillige Zuwendungen zum Lebensunterhalt.

Vor solchen Lohnverschiebungen oder Lohnverschleierungen schützt das Gesetz den benachteiligten Gläubiger durch § 850 h ZPO. Wird das Entgelt für die Leistung des Vollstreckungsschuldners ganz oder teilweise an einen Dritten entrichtet, so ergreift die Pfändung ohne weiteres auch den Anspruch des Drittberechtigten (§ 850 h Abs. 1 ZPO). Der Vollstreckungsgläubiger kann sich aber auch darauf beschränken, den Anspruch des Drittberechtigten zu pfänden (§ 850 h Abs. 1 S. 2 ZPO).

Wurden die Leistungen unentgeltlich oder gegen ein unverhältnismäßig geringes Entgelt geleistet, obwohl üblicherweise ein Entgelt gezahlt wird, so gilt zu Gunsten des Vollstreckungsgläubigers ein angemessenes Entgelt als geschuldet und von der Forderungspfändung ergriffen (§ 850 h Abs. 2 ZPO).

Beispiel:
Der Vollstreckungsschuldner hat sein Geschäft auf seine Ehefrau übertragen. Obwohl er ganztägig im Geschäft tätig ist, erhält er lediglich ein Taschengeld in Höhe des Pfändungsfreibetrages.

Der Vollstreckungsschuldner „spart“ hier zu Lasten des Vollstreckungsgläubigers. Es gilt daher ein angemessenes Entgelt als geschuldet. Eine Absicht, die Einkünfte zu verschleiern und zu verringern, braucht der Vollstreckungsgläubiger nicht nachzuweisen.

Der Streit, ob und in welcher Höhe dieser fiktive – angemessene – Anspruch besteht, muß im Streitfall von den Arbeitsgerichten zwischen dem Vollstreckungsgläubiger und dem Drittschuldner entschieden werden. Die Vorschriften über die Pfändungsverbote sind zu berücksichtigen (§§ 850 c-850 d ZPO).

10. Unpfändbarkeit sonstiger Vergütungen

Die Vorschrift des § 850 i ZPO regelt den Pfändungsschutz vor allem für die selbständig Tätigen. Auch diesen Personen muß von ihrer Vergütung, die sie für persönlich geleistete Arbeit oder Dienste erhalten haben, soviel verbleiben, daß sie den Lebensunterhalt für sich und ihre Familie bestreiten können.

Beispiel:
Diese Vorschrift wirkt sich insbesondere aus bei Ärzten, Rechtsanwälten, Architekten, Handwerker usw.

11. Pfändungsschutz bei Sozialleistungen

Eine Sonderregelung enthält § 54 SGBI für den Pfändungsschutz bei Sozialleistungen. Danach sind Dienst- und Sachleistungen stets unpfändbar (§ 54 Abs. 1 SGB). Einmalige Geldleistungen sind nach § 54 Abs. 2 SGB I nur pfändbar, wenn dies der Billigkeit entspricht.

Laufende Geldleistungen im Sinne des § 54 Abs. 3 SGB I sind unpfändbar. Dazu gehören das Erziehungs- und Mutterschaftsgeld sowie Geldleistungen, die dafür bestimmt sind, den durch einen Körper- oder Gesundheitsschaden bedingten Mehraufwand auszugleichen.

Nach § 54 Abs. 5 SGB I ist auch das Kindergeld bei einer Vollstreckung von Steuerforderungen unpfändbar. Durch diese Vorschrift ist die lange umstrittene Frage, inwieweit Kindergeld der Pfändung unterliegt, gesetzlich geregelt worden.

Im übrigen können gemäß § 54 Abs. 4 SGB I laufende Geldleistungen wie Arbeitseinkommen gepfändet werden.

Soweit ein laufender Anspruch auf Sozialleistungen nach dieser Vorschrift pfändbar ist, ist er auf Antrag des Vollstreckungsgläubigers mit dem Arbeitseinkommen zusammenzurechnen (§ 850 e Nr. 2 a ZPO). Die Pfändungsfreigrenzen wirken sich dann nur einmal zugunsten des Vollstreckungsschuldners aus. Sind Sozialleistungen dem Berechtigten auf ein Konto überwiesen worden oder hat er den Betrag bar in der Hand, so gilt für den Schuldnerschutz Art. I § 55 SGB.

12. Pfändungsschutz für Landwirte

Der § 851 a ZPO gewährt Landwirten zusätzlich zu § 811 Nr. 4 ZPO einen weiteren Vollstreckungsschutz. Besonders geschützt sind danach Forderungen aus dem Verkauf landwirtschaftlicher Erzeugnisse.

13. Pfändungsschutz bei Miet- und Pachtzinsen

Miet- und Pachtzinsen unterliegen auf Antrag des Vollstreckungsschuldners insoweit nicht der Pfändung, als sie unentbehrlich zur laufenden Unterhaltung des Grundstücks, zur Vornahme notwendiger Instandsetzungsarbeiten oder zur Befriedigung von Ansprüchen im Sinne von § 10 ZVG sind.

14. Pfändungsschutz für den Pflichtteilsanspruch

§ 852 ZPO läßt die Pfändung des Pflichtteilsanspruchs gem. § 2303ff. BGB nur zu, wenn dieser durch Vertrag anerkannt oder rechtshängig geworden ist. Dies stellt gegenüber § 2317 BGB und § 851 ZPO eine Sonderregelung dar.

§ 23 Die Vollstreckung in Ansprüche auf Herausgabe oder Leistung von Sachen

1. Allgemeines

Da der Vollstreckungsschuldner grundsätzlich mit seinem gesamten Vermögen für seine Verbindlichkeiten einzustehen hat, kann der Vollstreckungsgläubiger wegen einer Geldforderung auch in Sachforderungen vollstrecken. Die Vollstreckung in derartige Ansprüche richtet sich nach den Vorschriften über die Vollstreckung und Verwertung von Forderungen und anderen Rechten (§§ 309-317 AO). Daneben bestehen einige Verfahrensbesonderheiten (§ 318 AO), da der Gläubiger nur wegen eines Anspruchs auf Zahlung von Geld vollstreckt, er aber vom Drittschuldner nicht die Übereignung von Sachen oder die Lieferung von Gegenständen verlangen kann. Die Pfändung eines Herausgabeanspruchs kommt in der Regel nur dann in Betracht, wenn der Drittschuldner nicht bereit ist, die Sache an den Vollziehungsbeamten herauszugeben (§ 286 Abs. 4 AO).

2. Die pfändbaren Ansprüche

Ansprüche auf Herausgabe, d.h. die **Besitzübertragung** von Sachen (§ 90 BGB), können sich aus Schuldverhältnissen oder dem Sachenrecht ergeben.

Beispiele:
Der Vermieter einer Wohnung hat einen Anspruch auf Rückgabe der Mietsache (§ 556 Abs. 1 BGB); der Verleiher hat einen Anspruch auf Rückgabe der geliehenen Sache nach dem Ablauf der Leihzeit (§ 604 Abs. 1 BGB); der Eigentümer kann von dem Besitzer die Herausgabe der Sache verlangen (§ 985 BGB).

Ansprüche auf Leistungen, d.h. auf **Übereignung** von Sachen, ergeben sich stets aus schuldrechtlichen Verträgen.

Beispiele:
Der Käufer hat einen Anspruch auf Übereignung (Leistung) der Kaufsache, denn der Verkäufer einer – beweglichen oder unbeweglichen – Sache ist verpflichtet, dem Käufer das Eigentum an der Sache zu verschaffen (§ 433 Abs. 1 BGB); ebenso hat der Besteller bei einem Werklieferungsvertrag einen Anspruch auf Übereignung des Werkes (§ 651 Abs. 1 BGB).

3. Die Pfändung von Ansprüchen auf bewegliche Sachen

Herausgabe- und Leistungsansprüche werden wie Forderungen durch **Pfändungsverfügung** gepfändet (§ 318 Abs. 1 AO). Die Verfügung muß den Herausgabeanspruch hinreichend deutlich bestimmen. Zusätzlich ordnet die Vollstreckungsbehörde bei Pfändung eines Anspruches, der eine bewegliche Sache betrifft, an, daß die Sache an den Vollziehungsbeamten herauszugeben ist (§ 318 Abs. 2 S. 1 AO). Neben der Pfändungsverfügung muß gleichzeitig die Vollstreckungsbehörde die Einziehung des Anspruches anordnen (§ 314 AO), die ihr die Verwertung der Sache ermöglicht.[160]

Mit der Zustellung der Pfändungsverfügung an den Drittschuldner (§ 309 Abs. 2 AO) entsteht die Verstrickung und die Vollstreckungsbehörde erwirbt ein Pfandrecht an der gepfändeten Forderung. Sie kann nun ggf. die Fälligkeit der gepfändeten Forderung durch Kündigung herbeiführen. Ist die herauszugebende Sache selbst zugunsten des Vollstreckungsschuldners unpfändbar, so gilt dies auch für den Herausgabe- oder Leistungsanspruch.[161]

Gibt der Drittschuldner die Sache freiwillig heraus, so erlischt der Herausgabeanspruch und damit das Pfändungspfandrecht an diesem Anspruch. Es entsteht jedoch gleichzeitig zugunsten des Vollstreckungsgläubigers ein Pfändungspfandrecht an der Sache selbst (§ 1287 S. 1 BGB, § 282 Abs. 2 AO).

Ist der Dritte nicht zur Herausgabe oder Leistung bereit, so muß die Vollstreckungsbehörde den gepfändeten Anspruch im Klagewege geltend machen. Eine gewaltsame Wegnahme durch den Vollziehungsbeamten scheidet aus.[162]

Pfandsachen, die der Vollziehungsbeamte in Besitz genommen hat, werden wie gepfändete Sachen verwertet (§ 318 Abs. 2 S. 2 AO).

4. Anspruch auf Herausgabe oder Übereignung eines Grundstücks

Richtet sich der gepfändete Anspruch auf die Herausgabe einer unbeweglichen Sache, so ordnet die Vollziehungsbehörde an, daß das Grundstück an einen vom Amtsgericht zu bestellenden **Treuhänder** herauszugeben ist. Richtet sich der Anspruch auf Übertragung des Eigentums – der Vollstreckungsschuldner ist noch nicht Eigentümer – so ist dem Treuhänder als Vertreter des Vollstreckungsschuldners aufzulassen (§ 318 Abs. 3 AO). Mit dem Eigentumsübergang erlangt der Vollstreckungsgläubiger an rangbereitester Stelle für seine Forderung eine Sicherungshypothek. Ihre Eintragung hat der Treuhänder zu bewilligen.

---

160 Kühn-Kutter-Hofmann, § 318, 3
161 Tipke-Kruse, § 318, Tz. 2
162 Kühn-Kutter-Hofmann, § 318, 3

Die Vollstreckung richtet sich nach den Vorschriften über die Vollstreckung in unbewegliche Sachen (§ 318 Abs. 3 S. 4 AO).

§ 24 Die Vollstreckung in andere Vermögensrechte

1. Die Vollstreckungsobjekte

Für die Vollstreckung in andere Vermögensrechte, die nicht bewegliche Sachen, Geldforderungen, Ansprüche auf Herausgabe oder Leistung von Sachen oder das unbewegliche Vermögen betreffen, gelten die Regelungen über die Vollstreckung in Forderungen (§§ 309ff. AO) entsprechend (§ 321 Abs. 1 AO).

Vollstreckungsobjekte können nur Vermögensbestandteile sein, die **Rechtscharakter** haben. Bloße tatsächliche oder wirtschaftliche Zustände scheiden daher aus.

Beispiele:
Unpfändbar ist die Stellung als Alleinerbe oder ein wirtschaftliches Unternehmen als Inbegriff von Sachen, Rechten und tatsächlichen Beziehungen.

Nicht pfändbar sind alle Rechtspositionen, die keinen Vermögenswert haben, oder Gestaltungsrechte.

Beispiele:
Nicht pfändbar sind das Namensrecht und Ansprüche, die im Familienrecht wurzeln; unpfändbar ist das Kündigungsrecht.

Die Vermögensrechte müssen **selbständig** sein. Akzessorische Rechte, die vom Hauptrecht nicht getrennt werden können, sind unpfändbar. Sie können nur zusammen mit dem Hauptrecht gepfändet werden.

Beispiel:
Der Auftraggeber hat gegen den Beauftragten einen Anspruch auf Übereignung einer Briefmarkensammlung (§ 667 BGB).

Das Hauptzollamt kann den Leistungsanspruch (§ 318 AO), nicht aber den Anspruch auf Auskunft, wo sich die Sache befindet (§ 666 BGB), gem. § 321 AO pfänden.

2. Pfändungsverfahren und Verwertung

Die Pfändung erfolgt nach den Vorschriften über die Pfändung von Forderungen (§§ 309ff. AO), wobei § 321 Abs. 2 und Abs. 7 AO Sonderregelungen treffen. Grundsätzlich ist daher stets die Zustellung der **Pfändungsverfügung** an den Drittschuldner zur Wirksamkeit der Pfändung erforderlich (§ 309 Abs. 2 S. 1 AO).

Der Begriff **Drittschuldner** ist hier in weiterem Sinne zu verstehen. Es ist jeder, dessen Recht die Pfändung berührt oder dessen umfassenderes Recht dadurch unmittelbar beschränkt wird.[163] Ist kein Drittschuldner vorhanden, wie bei einem Urheberrecht, genügt es, dem Vollstreckungsschuldner zu gebieten, sich jeder Verfügung über das Recht zu enthalten (§ 321 Abs. 2 AO).

---

[163] BLAH, § 857, 4

Die Verwertung der gepfändeten Geldforderungen erfolgt durch **Einziehungsverfügung** (§ 314 AO), doch kann die Vollstreckungsbehörde auch eine andere Art der Verwertung anordnen (§ 317 AO). Der Vollstreckungsschuldner ist in der Regel vorher zu hören. In Betracht kommen der freihändige Verkauf oder die öffentliche Versteigerung.

3. Einzelfälle

Die Anzahl der pfändbaren vermögensrechtlichen Rechtspositionen ist außerordentlich umfangreich.[164] Zu nennen sind Patente, Gebrauchsmuster, Urheber- und Verlagsrechte, Eigentümergrundschulden, Dauerwohnrechte, Vorkaufsrechte, Ansprüche gem. §§ 858-863 ZPO. Im einzelnen soll nur die Pfändung folgender Rechtspositionen dargestellt werden:

a) Pfändung eines Anteils an einer BGB-Gesellschaft

Der Anteil eines Gesellschafters an dem Gesellschaftsvermögen einer BGB-Gesellschaft ist pfändbar (§ 321 Abs. 7 AO, § 859 Abs. 1 S. 1 ZPO). Unpfändbar ist der Anteil an den einzelnen Gegenständen des Gesellschaftsvermögens (§ 859 Abs. 1 S. 2 ZPO). Die Frage, ob im Falle einer Pfändung nach den §§ 859, 857 Abs. 1 ZPO (§ 321 Abs. 1 und 7 AO 1977) die übrigen Gesellschafter oder die Gesellschaft als Drittschuldner i.S. des § 829 ZPO (§ 309 AO 1977) anzusehen sind und ob infolgedessen der Pfändungsbeschluß an sämtliche Mitgesellschafter zuzustellen ist oder ob die Zustellung an den bzw. die geschäftsführenden Gesellschafter genügt, ist im Schrifttum umstritten. Zum Teil werden unterschiedliche Auffassungen vertreten je nach dem, ob es sich um die Pfändung eines Anteils an einer GbR oder eines solchen an einer OHG oder KG handelt. Der BGH, der die Entscheidung dieser Frage zunächst offen gelassen hatte, vertritt nunmehr in seinem Urteil vom 21. April 1986 II ZR 198/85 (NJW 1986, 1991) sowohl für die GbR als auch für die Personenhandelsgesellschaften die Auffassung, daß Schuldner der Ansprüche, die dem Pfändungsgläubiger zustehen (Anspruch auf Auszahlung entnahmefähiger Gewinne, auf Abfindung oder auf das Auseinandersetzungsguthaben), die Gesamthand sei. Deshalb sei dieser der Pfändungsbeschluß zuzustellen, wobei es ausreiche, daß die Zustellung an den geschäftsführenden Gesellschafter erfolge. Mit der Pfändung und Einziehungsverfügung (§ 314 Abs. 1 AO) erwirbt der Vollstreckungsgläubiger die Möglichkeit, die Ansprüche des Gesellschafters aus dem Gesellschaftsverhältnis geltend zu machen. Hierzu zählen besonders der Gewinnanspruch und der Anspruch auf das Auseinandersetzungsguthaben. Mitgliedschaftsrechte, wie z.B. das Stimmrecht, kann der Vollstreckungsgläubiger nicht ausüben. Der Vollstreckungsgläubiger ist ferner berechtigt, die Gesellschaft zu kündigen und damit die Liquidation einzuleiten (§§ 725 Abs. 1 , 730ff. BGB, §§ 131, 145 HGB). Erst die Kündigung der Gesellschaft durch den Pfändungsgläubiger (§ 725 Abs. 1 BGB § 135 HGB) bedarf jedoch als Eingriff in das Gesellschaftsgefüge nach der Ansicht des BGH der Erklärung gegenüber sämtlichen Gesellschaftern. Der Vollstreckungsgläubiger ist an der Abwicklung nicht beteiligt.

---

164 vgl. die Übersicht BLAH, Grundzüge vor § 704; ausführlich Stöber, Tz. 1481ff.

b) Pfändung eines Anteils an einer offenen Handelsgesellschaft

Die OHG ist eine Sonderform der BGB-Gesellschaft. Auch bei ihr ist die Pfändung des Anteils an dem Gesellschaftsvermögen, nicht aber des Anteils an den einzelnen Gegenständen des Gesamthandsvermögens, möglich (§ 321 Abs. 7 AO, § 859 Abs. 1 S. 2 ZPO). Die Pfändungsverfügung ist der OHG selbst als Drittschuldner zuzustellen. Die Pfändung ergreift die Gewinnanteile und den Anspruch auf das Auseinandersetzungsguthaben, nicht aber die Mitgliedschaftsrechte an der OHG. Bei einer OHG und KG ist das Kündigungsrecht erheblich erschwert (§ 135 HGB). Die Kündigung der Gesellschaft ist nur gestattet, wenn binnen der letzten sechs Monate ein fruchtloser Pfändungsversuch einer Vollstreckungsbehörde in das bewegliche Vermögen des Gesellschafters unternommen wurde. Die Kündigung kann, soweit der Gesellschaftsvertrag keine andere Regelung trifft, nur mit einer Kündigungsfrist von sechs Monaten zum Ende des Geschäftsjahres erfolgen.

c) Pfändung eines Anteils an einer Kommanditgesellschaft

Für die Kommanditgesellschaft besteht die gleiche rechtliche Situation wie für die OHG (§ 161 Abs. 2 HGB).

Pfändbar ist sowohl der Anteil des Komplementärs am Gesellschaftsvermögen wie auch der des Kommanditisten.

d) Pfändung eines Anteils an einer Gesellschaft mit beschränkter Haftung

Der Geschäftsanteil an einer GmbH ist selbständig und pfändbar (§§ 14, 15 GmbHG). Umstritten ist, ob die GmbH als Drittschuldner anzusehen ist. Um die Wirksamkeit der Pfändung nicht zu gefährden, ist es ratsam, die Pfändungsverfügung auch der GmbH zuzustellen. Die Vollstreckungsbehörde sollte eher mehr als zu wenig tun. Durch die Pfändung und Einziehungsverfügung erwirbt der Vollstreckungsgläubiger das Recht, den Gesellschaftsanteil zu verwerten. Ein Kündigungsrecht steht dem Vollstreckungsgläubiger nicht zu, da auch der Gesellschafter ein solches Recht in der Regel nicht besitzt (vgl. § 60 Abs. 3 GmbHG). Die Verwertung des gepfändeten Anteils wird daher in der Regel durch Verkauf geschehen (§ 317 AO).

Der Vollstreckungsgläubiger erlangt nicht die Stellung eines Gesellschafters. Er hat daher kein Recht auf Bucheinsicht, Rechnungslegung oder Stimmrechte.

e) Pfändung einer Grundschuld, Rentenschuld, Reallast

Die Vollstreckung in eine Grundschuld, Rentenschuld oder eine Reallast erfolgt entsprechend der Regelung, die für die Pfändung einer Hypothekenforderung gilt (§§ 321 Abs. 6, 310 AO). Zur Pfändung einer Briefgrundschuld ist daher neben der Pfändungsverfügung, die sich auf die Grundschuld als solche bezieht, die Übergabe des Grundschuldbriefes erforderlich. Bei der Buchgrundschuld bedarf es der Eintragung der Pfändung in das Grundbuch (§ 310 Abs. 1 S. 3 AO). Anders als bei der Hypothek sind diese Grundpfandrechte abstrakt, d.h. nicht vom Bestehen einer Forderung abhängig. Daher erfaßt die Pfändung einer Grundschuld nicht ohne weiteres die mit der Grundschuld zu sichernde Forderung. Diese könnte gemäß §§ 309, 314 AO gesondert gepfändet und eingezogen werden.

Die Pfändungsverfügung ist dem jeweiligen Grundstückseigentümer als Drittschuldner zuzustellen (vgl. § 21, 1).

f) Pfändung eines Anwartschaftsrechtes

Auch ein Anwartschaftsrecht, das dem Vollstreckungsschuldner zusteht, ist als Vermögensrecht pfändbar. Ein Anwartschaftsrecht auf das Eigentum erwirbt der Vollstreckungsschuldner, wenn er von einem Dritten (Verkäufer) eine bewegliche Sache unter der aufschiebenden Bedingung kauft, daß das Eigentum an der Sache bei vollständiger Zahlung des Kaufpreises auf ihn (Vollstreckungsschuldner) übergeht (§ 455 BGB). Wie diese Rechtsposition zu pfänden ist, ist umstritten. Nach herrschender Meinung in der Rechtsprechung[165] ist stets eine **Doppelpfändung** erforderlich.

Die Vollstreckungsstelle muß das Anwartschaftsrecht gem. §§ 321, 309ff. AO durch eine Pfändungsverfügung pfänden, um Verfügungen des Vollstreckungsschuldners über das Anwartschaftsrecht zu verhindern und eine Berufung des Verkäufers auf sein Eigentum gem. § 262 AO auszuschalten. Ohne die Rechtspfändung könnte der Käufer einer Zahlung der restlichen Raten durch den Vollstreckungsgläubiger widersprechen und der Verkäufer die Annahme des Geldes ablehnen (§ 267 Abs. 2 AO). Die Pfändungsverfügung ist dem Verkäufer als Drittschuldner zuzustellen. Gleichzeitig ist die Kaufsache vom Vollziehungsbeamten zu pfänden (§ 285 AO). Hierdurch wird der Vollstreckungsschuldner in seinem Verfügungsrecht beschränkt und der Rang des Pfändungspfandrechtes gegenüber anderen Gläubigern gewahrt. Die Pfändung der Kaufsache ist vor allem auch deshalb erforderlich, weil sich das Pfändungspfandrecht am Anwartschaftsrecht bei Bedingungseintritt nicht an der Kaufsache fortsetzt.

Durch diese Doppelpfändung erlangt die Vollstreckungsbehörde das Recht, den Restkaufpreis an den Verkäufer zu zahlen und damit den Eigentumsübergang auf den Vollstreckungsschuldner herbeizuführen. Die Verwertung erfolgt im Regelfall durch Versteigerung der Sache (§§ 296ff. AO).

g) Pfändung von Lizenzen

Eine Lizenz ist das durch Vertrag eingeräumte Recht, ein geschütztes Recht (z.B. Patente, Warenzeichen) für eigene Zwecke zu benutzen oder auszunutzen. Nur wenn nach dem Vertragsinhalt vorgesehen ist, die Lizenz zu übertragen, ist sie auch pfändbar.

h) Pfändung von Patenten

Das Recht eines Erfinders auf das Patent (§§ 1, 3 PatG), das Anwartschaftsrecht auf Erteilung des Patents für eine angemeldete Erfindung (§§ 1, 7 PatG) und das Recht aus dem Patent (§ 6 PatG) sind pfändbar.

i) Pfändung von offenen Eigentümergrundschulden

Eine Grundschuld kann auch der Grundstückseigentümer selbst zu seinen Gunsten an einem eigenen Grundstück bestellen (§ 1196 BGB). Bei der Briefgrundschuld lautet der Brief auf den Grundstückseigentümer; bei der Buchgrundschuld ist sie im Grundbuch für den Eigentümer eingetragen.

Obgleich ein Drittschuldner nicht vorhanden ist, soll nach h.M.[166] die Eigentümergrundschuld wie eine Hypothek gepfändet werden (§ 321 Abs. 6 AO). Erfor-

---

165 BGH NJW 1954, 1325; BLAH, § 857, 5 m.w.N. Zum Streitstand vgl. Bruns-Peters, § 26 VI; Jauernig, § 20 III 2

166 Stöber, Tz. 1929 m.w.N.; Tipke-Kruse, § 321, Tz. 9 m.w.N.

derlich ist daher neben der Pfändungsverfügung bei der Briefgrundschuld die Briefübergabe an den Gläubiger und bei der Buchgrundschuld die Eintragung der Pfändung im Grundbuch.

Nach anderer Ansicht[167] genügt für die Pfändung die Zustellung der Pfändungsverfügung an den Schuldner (Grundstückseigentümer) (§ 321 Abs. 1 und Abs. 2 AO i.V.m. § 309 AO). Die Wegnahme des Briefes bzw. die Eintragung im Grundbuch ist nicht erforderlich.

k) Pfändung von verdeckten Eigentümergrundschulden

Bei der verdeckten Teileigentümergrundschuld ist nach außenhin das Entstehen der Eigentümergrundschuld nicht ersichtlich.

Beispiel:
Das Grundstück des Vollstreckungsschuldners ist zugunsten einer Bausparkasse mit einer Briefhypothek über 200.000,– DM belastet. Der Vollstreckungsschuldner hat die gesicherte Forderung bis auf 100.000,– DM getilgt. Durch die Zahlungen des Vollstreckungsschuldners ist die ursprüngliche Forderung teilweise erloschen. Die Hypothek hat sich in eine Eigentümergrundschuld verwandelt (§§ 1163 Abs. 1 S. 2, 1177 BGB). Diese Teileigentümergrundschuld bildet für den Vollstreckungsgläubiger ein lohnendes Vollstreckungsobjekt. Es ist allerdings aus dem Grundbuch nicht ersichtlich und auch der Hypothekenbrief, der über 200.000,– DM ausgestellt wurde, ist noch im Besitz der Bausparkasse.

Für die Vollstreckung in diese verdeckte Teileigentümergrundschuld gelten die gleichen Grundsätze wie für die offene Eigentümergrundschuld. Die Auffassung, die die Grundschuld wie ein sonstiges Recht pfänden will (§ 321 Abs. 1 und Abs. 2 AO, § 309 AO) vollzieht die Pfändung durch Zustellung der Pfändungsverfügung an den Grundstückseigentümer.[168]

Die h.M.[169] gerät nun in Schwierigkeiten, da für die wirksame Pfändung der Brief übergeben werden muß; ein Brief, der die dem Eigentümer zustehende Teileigentümergrundschuld ausweist, ist aber noch gar nicht vorhanden. Es muß folgendes gepfändet werden:[170]

- die angebliche Teileigentümergrundschuld;
- das Miteigentum des Vollstreckungsschuldners am Hypothekenbrief (§ 749 Abs. 1 BGB);
- der Anspruch des Vollstreckungsschuldners (§ 1152 BGB) auf Vorlage des Briefes an das Grundbuchamt oder einen Notar zur Bildung eines Teilbriefes und der Anspruch auf Aushändigung des Teilbriefes;
- der Anspruch des Vollstreckungsschuldners nach §§ 894, 896 BGB auf Grundbuchberichtigung und Erteilung der notwendigen Urkunden in grundbuchmäßiger Form.

Erst mit der Bildung und Übergabe des Teilgrundschuldbriefes an den Vollstreckungsgläubiger entsteht das Pfändungspfandrecht an der jetzt offenen Eigentümergrundschuld des Vollstreckungsschuldners.

---

167 Baur-Stürner, Bd. 1, 32.20; Jauernig, § 20 III 3
168 vgl. Anm. 5
169 vgl. Anm. 4
170 Stöber, Tz. 1936

l) Pfändung eines Bank-Kontokorrents i.V.m. dem Girovertrag

Das Kontokorrent bedeutet, daß die sich aus einer Geschäftsverbindung ergebenden wechselseitigen Ansprüche zunächst nur in Rechnung gestellt werden und in regelmäßigen Zeitabschnitten durch Verrechnung und Feststellung des Saldos ausgeglichen werden (§§ 355-357 HGB). Die einzelnen Rechnungsposten verlieren ihre Selbständigkeit und sind daher nicht selbständig pfändbar.[171] Pfändbar ist daher nur die Saldoforderung.

Gepfändet werden kann der **gegenwärtige Saldo**, d.h. der Anspruch auf Zahlung des Überschusses, der sich zugunsten des Vollstreckungsschuldners im Zeitpunkt der Pfändung ergibt. Die Bank ist also genötigt, das Konto abzuschließen und sofort zu saldieren. Haben- oder Sollbuchungen, die nach diesem Zeitpunkt vorgenommen werden, können sich im Verhältnis Bank, Vollstreckungsschuldner und Vollstreckungsgläubiger weder saldoerhöhend noch saldomindernd auswirken.[172] Die Auszahlung kann die Vollstreckungsbehörde allerdings erst zum Abschluß der Rechnungsperiode verlangen.[173]

Gepfändet werden kann auch der **Saldo zu Ende einer Rechnungsperiode**. Diese künftige Forderung ist nach den §§ 321, 309 AO zu pfänden. Es bestehen aufgrund der Kontokorrentabrede Rechtsbeziehungen, aus denen die zukünftige Saldoforderung hinreichend deutlich bestimmt werden kann. Der Schuldner kann bis zum Tag des Rechnungsabschlusses frei über das Konto verfügen.

Besteht neben der Kontokorrentabrede – wie üblich – zwischen dem Vollstreckungsschuldner und der Bank noch ein Girovertrag, so kann der Vollstreckungsschuldner den **jeweiligen Tagessaldo** geltend machen, ohne den Ablauf der Rechnungsperiode abwarten zu müssen. Auch dieser Anspruch kann selbständig gepfändet werden.[174]

D Die Vollstreckung in das unbewegliche Vermögen

§ 25 Die Gegenstände und Voraussetzungen der Immobiliarvollstreckung

1. Allgemeines

In der Einzelvollstreckung steht dem Vollstreckungsgläubiger das gesamte Vermögen des Vollstreckungsschuldners zur Befriedigung seiner Ansprüche offen. Der Vollstreckungsgläubiger kann daher neben dem beweglichen Vermögen auch die Grundstücke und grundstücksgleichen Rechte des Vollstreckungsschuldners verwerten. Die Immobiliarvollstreckung setzt keineswegs voraus, daß der Vollstreckungsgläubiger eine dingliche Berechtigung am Grundstück selbst, etwa in Form einer Hypothek oder Grundschuld, besitzt. Er kann ihre Möglichkeiten auch nutzen, um seine Steuerforderung durchzusetzen, selbst wenn sie

171 Stöber, Tz. 158; BGHZ 80, 172 (175) m.w.N.
172 BGHZ 80, 175ff.; Baur-Stürner, Bd. 1, 30.7
173 Stöber, Tz. 162 m.w.N.
174 Stöber, Tz. 166; BGH BB 1982, 1576ff.; BFH HFR 1984, 262

nicht dinglich am Grundstück gesichert ist und keinen Bezug zum Grundstück hat. Diese relative Forderung wird bei der Verteilung des Versteigerungserlöses dann allerdings nur in der Rangklasse 5 berücksichtigt (vgl. § 29, 2).

Das Immobiliarrecht ist durch seine Formstrenge gekennzeichnet. Unbewegliches Vermögen wird in öffentlichen Registern wie dem Grundbuch, dem Schiffsregister, dem Schiffsbauregister sowie der Luftfahrzeugrolle verzeichnet. Die Vermögensgegenstände können nur durch notariellen Vertrag erworben, veräußert oder belastet werden. Regelmäßig sind die Rechtsänderungen in den entsprechenden Registern einzutragen. Dieser Besonderheit muß die Vollstreckung Rechnung tragen. Die tatsächliche Durchführung der Vollstreckungsmaßnahmen ist daher nicht den Vollstreckungsbehörden, sondern den **Vollstreckungsgerichten** übertragen, die mit dieser Spezialmaterie besonders vertraut sind. Auf ihr Verfahren kann die Vollstreckungsbehörde nur durch sachdienliche Anträge Einfluß nehmen.

Die Abgabenordnung enthält keine eigenständige Regelung der Vollstreckung in das unbewegliche Vermögen. Vielmehr verweisen die §§ 322, 323 AO auf einzelne Vorschriften der Zivilprozeßordnung, des Gesetzes über die Zwangsversteigerung und Zwangsverwaltung, sowie des Gesetzes über Rechte an Luftfahrzeugen.

2. Gegenstände der Zwangsvollstreckung

Die Vermögensobjekte, die der Zwangsvollstreckung in das unbewegliche Vermögen unterliegen, bestimmt § 864 ZPO.[175] Darunter fallen insbesondere Grundstücke.

Grundstücke sind abgegrenzte Teile der Erdoberfläche, die im Grundbuch als selbständige Grundstücke eingetragen sind. Zum Grundstück gehören auch seine **wesentlichen Bestandteile**, die voneinander nicht getrennt werden können, ohne daß der eine oder andere zerstört oder in seinem Wesen verändert wird (§§ 93, 94 BGB).

Beispiele:
Zu den wesentlichen Bestandteilen eines Grundstücks zählen u.a.:

- *Bei einem Hausgrundstück das Gebäude selbst (auch Fertighäuser), die Wasserleitungen, die Heizungsanlage, Waschbecken, Elektrizitätsanschlüsse, nicht aber Beleuchtungskörper und Einrichtungsgegenstände (§§ 93, 94 Abs. 1 BGB); solche Gegenstände können als Grundstückszubehör (§ 97 BGB) der Immobiliarvollstreckung unterliegen;*
- *Bei Fabrikgrundstücken: die Fabrikgebäude, nicht aber Maschinen und Einrichtungsgegenstände wie Pressen, Motoren, Gärbottiche, Winden (§§ 93, 94 BGB) soweit sie nicht besonders eingepaßt oder mit dem Gebäude fest verankert sind, wie die besonders gefertigte Mahlanlage einer Mühle. Derartige Gerätschaften werden i.d.R. Grundstückszubehör sein (§ 98 Nr. 1 BGB).*
- *Erzeugnisse des Grundstücks, solange sie mit dem Boden zusammenhängen: Bäume und Pflanzen, Sand, Kies, Torf. Samen wird mit dem Aussäen, eine Pflanze mit dem Einpflanzen Bestandteil des Grundstückes (§ 94 Abs. 1 BGB);*

[175] ausführliche Zusammenstellung zum folgenden Tipke-Kruse, § 322 Tz. 1ff.

- *Zur Herstellung des Gebäudes eingefügte Sachen, wie Fenster, Treppen, Badewanne, Türen, Aufzugsanlagen (§ 94 Abs. 2 BGB).*

Mit dem Grundstück verbundene Rechte gelten als Bestandteile des Grundstückes (§ 96 BGB).

Beispiele:
Grunddienstbarkeiten (§ 1018 BGB), Vorkaufsrecht (§ 1094 Abs. 2 BGB), Jagdrecht (§ 3 Bundesjagdgesetz), nicht aber das Brennrecht (§ 30ff. BrtwMonG).

Eine Ausnahme bilden gemäß § 294 AO die **Früchte**, die vom Boden noch nicht getrennt sind (vgl. § 16, 1). Sie sind wesentliche Bestandteile des Grundstückes, können aber im Wege der Mobiliarvollstreckung gepfändet werden, solange ihre Beschlagnahme im Wege der Immobiliarvollstreckung noch nicht erfolgt ist. Die Bäume des Waldes gehören nach h.M. nicht zu den Früchten i.S. von § 294 AO (vgl. § 16, 1). Der Immobiliarvollstreckung unterliegen nicht die **Scheinbestandteile** (§ 95 BGB).

Grundstücksgleiche Rechte, für welche die sich auf Grundstücke beziehenden Vorschriften gelten (§ 864 Abs. 1 ZPO), unterliegen der Immobiliarvollstreckung.

Beispiele:
Zu diesen Rechten zählen: das Erbbaurecht (§ 11 ErbbauVO), das Wohnungseigentum (§ 1 Abs. 2 WEG) und das Bergwerkseigentum nach entsprechenden landesgesetzlichen Regelungen.

Gegenstände, auf die sich die Hypothek erstreckt, unterliegen der Immobiliarvollstreckung. Ihre wirtschaftliche Zusammengehörigkeit mit dem Grundstück läßt eine einheitliche Verwertung sinnvoll erscheinen. Die Hypothek erstreckt sich gem. §§ 1120ff. BGB auf Zubehör, Früchte, Miet- und Pachtzahlungen sowie Versicherungsforderungen. Diese Vermögenswerte können mit Ausnahme des Zubehörs also auch gepfändet werden, solange die Beschlagnahme im Wege der Immobiliarzwangsvollstreckung noch nicht erfolgt ist (§ 865 Abs. 2 ZPO). Werden die Gegenstände gepfändet und erfolgt die Beschlagnahme des Grundstückes anschließend, so geht der dinglich Berechtigte dem Pfändungspfandgläubiger vor.

Zubehör eines Grundstückes einschließlich der entsprechenden **Anwartschaftsrechte**[176] unterliegt stets der Immobiliarvollstreckung. Das gilt auch dann, wenn das Grundstück nicht mit einem Grundpfandrecht belastet ist (§ 865 Abs. 2 S. 1 ZPO).[177] Eine Pfändung durch den Vollziehungsbeamten ist nur möglich, wenn das Zubehör dem Grundstückseigentümer nicht gehört (§ 1120 BGB) oder eine Enthaftung gem. §§ 1121, 1122 BGB eingetreten ist. Zubehörstücke werden von der Haftung frei, wenn sie – grundsätzlich vor Beschlagnahme – veräußert und vom Grundstück entfernt werden (§ 1121 BGB), oder wenn vor der Beschlagnahme ihre Eigenschaft als Zubehör im Rahmen ordnungsgemäßer Wirtschaft aufgehoben wird (§ 1122 Abs. 2 BGB).

---

176 BGHZ 34, 85
177 Baur-Stürner, Bd. 1, 28.3

Beispiele:

1. *Der Vollstreckungsschuldner, der von dem Eigentümer E eine Brauerei gepachtet hat, hat zwei neue Lastwagen gekauft.*

   Diese Lastwagen sind Zubehör des Brauereigrundstückes (§§ 98 Nr. 1, 97 BGB) und daher vom Vollziehungsbeamten grundsätzlich nicht zu pfänden (§ 322 Abs. 1 AO, § 865 Abs. 2 ZPO, § 1120 BGB). Die Lastwagen gehören aber nicht dem Eigentümer des Grundstücks und können daher gepfändet werden (§ 1120 BGB).

2. *Der Vollstreckungsschuldner ist Besitzer einer Kiesgrube und hat 1000 Tonnen Kies auf seinem Grundstück zum Abtransport gelagert. Nachdem der Vollziehungsbeamte den Kies ordnungsgemäß gepfändet hat, ordnet das Vollstreckungsgericht auf Antrag eines Hypothekengläubigers die Zwangsversteigerung des Grundstückes an.*

   Der Kies konnte vom Vollziehungsbeamten wirksam gepfändet werden. Solange er im Boden lagerte, war er als Erzeugnis des Grundstücks wesentlicher Bestandteil und unterlag nur der Immobiliarvollstreckung (§ 94 Abs. 1 BGB). Mit der Trennung entstand jedoch eine bewegliche Sache, die vom Vollziehungsbeamten gepfändet werden konnte (§ 286 Abs. 1 AO). Die Pfändung ist auch nicht deswegen unwirksam, weil sich auf den Kies, der dem Vollstreckungsschuldner gehörte (§ 953 BGB), die Hypothek erstreckte (§ 865 Abs. 1 ZPO, § 1120 BGB).

   Zur Zeit der Pfändung stand der Kies noch im Haftungsverband der Hypothek, da der Vollstreckungsschuldner ihn weder veräußert noch vom Grundstück entfernt hatte, so daß keine Enthaftung eintrat (§§ 1121, 1122 BGB).

   Das Pfändungsverbot des § 865 ZPO gilt für Grundstückserzeugnisse im Haftungsverband nur, wenn vor der Pfändung eine Grundstücksbeschlagnahme, die das Erzeugnis ergreift, erfolgt war. Der Pfändungspfandgläubiger darf allerdings trotz wirksamer Pfändung die Sache nicht verwerten (§ 772 ZPO), sondern muß seine Rechte anmelden (§ 37 Nr. 4 ZVG). Bei der Erlösverteilung geht der dinglich Berechtigte dem Pfändungspfandgläubiger vor (§ 10 ZVG).

Zu den Gegenständen der Zwangsvollstreckung vgl. Abschn. 45 Abs. 1 VollstrA.

3. Der Schuldner als Eigentümer des Grundstücks

Die Zwangsvollstreckung in ein Grundstück setzt voraus, daß der Vollstreckungsschuldner Eigentümer des Grundstücks und im Grundbuch eingetragen ist (§ 17 Abs. 1 ZVG). Gehört ein Grundstück dem Vollstreckungsschuldner, ist er aber nicht als Eigentümer im Grundbuch eingetragen, so muß vor Beginn von Vollstreckungsmaßnahmen das Grundbuch zunächst berichtigt werden. Die Berichtigung kann beantragt werden, wenn der Vollstreckungsgläubiger die Unrichtigkeit des Grundbuches durch öffentliche Urkunden nachweisen kann (§§ 14, 22 Abs. 2, 29 Abs. 1 GBO). Kann dieser Nachweis nicht geführt werden, so muß der Vollstreckungsgläubiger den **Grundbuchberichtigungsanspruch** des Eigentümers (§ 894 BGB) pfänden,[178] einziehen und die Grundbuchberichtigung

[178] vgl. hierzu Schwarz, § 321, Tz. 17

beantragen. Veräußert der Eigentümer das Grundstück nach Eintragung einer Sicherungshypothek, so kann der Vollstreckungsgläubiger die Zwangsversteigerung oder Zwangsverwaltung aus dieser Hypothek nur verlangen, wenn er einen Duldungsbescheid gem. § 191 AO gegen den Rechtsnachfolger erlassen hat (§ 323 S. 2 AO).

Zur Voreingetragenheit des Vollstreckungsschuldners vgl. Abschn. 46 Abs. 1 und Abs. 2 VollstrA. Zum Verfahren in Erbfällen vgl. Abschn. 47 VollstrA.

§ 26 Die Arten der Zwangsvollstreckung, die Vollstreckungsorgane, die Beteiligten, das Verfahren

1. Die Arten der Zwangsvollstreckung

Dem Vollstreckungsgläubiger stehen drei Möglichkeiten der Vollstreckung in das unbewegliche Vermögen zur Verfügung (§ 866 Abs. 1 ZPO):

- Eintragung einer **Zwangshypothek**. Sie soll dem Vollstreckungsgläubiger eine dingliche Sicherheit für seine Forderung verschaffen;
- **Zwangsversteigerung.** Sie soll den Wert des Grundstücks realisieren;
- **Zwangsverwaltung.** Sie soll die laufenden Erträge des Grundstücks realisieren.

Da jede Vollstreckungsmaßnahme für den Vollstreckungsgläubiger besondere Vorteile bietet, kann er unter ihnen frei wählen und sie auch nebeneinander oder hintereinander betreiben (§ 866 Abs. 2 ZPO). Er kann auch die Vollstreckung in andere Vollstreckungsobjekte gleichzeitig nebeneinander betreiben. Die Mobiliarvollstreckung geht allerdings der Zwangsversteigerung und Zwangsverwaltung in der Regel vor (§ 322 Abs. 4 AO).

Beispiel:
Das Hauptzollamt hat gegen den Vollstreckungsschuldner eine Biersteuerforderung in Höhe von 1.000,– DM. Der Vollstreckungsschuldner besitzt neben beweglichem Vermögen auch ein Hausgrundstück.

Sobald die allgemeinen Voraussetzungen des Beginns der Vollstreckung vorliegen, kann das Hauptzollamt beim Vollstreckungsgericht z.B. die Eintragung einer Zwangshypothek beantragen. Dabei ist es ohne Belang, daß der Vollstreckungsgläubiger nur eine – relativ wirkende – Steuerforderung gegen den Vollstreckungsschuldner hat und keinerlei dingliche Berechtigung am Grundstück besitzt.[179]

Er kann gleichzeitig versuchen, im Wege der Mobiliarvollstreckung durch Pfändung beweglicher Sachen oder Forderungen des Vollstreckungsschuldners Befriedigung zu erlangen. Eine Zwangsversteigerung oder Zwangsverwaltung des Grundstückes kommt aber nur in Betracht, wenn festgestellt ist, daß der Geldbetrag durch Vollstreckung in das bewegliche Vermögen nicht beigetrieben werden kann (§ 322 Abs. 4 AO), oder wenn die Vollstreckung in das bewegliche Vermögen die Belange des Vollstreckungsschuldner in nicht vertretbarer Weise beeinträchtigen würde (Abschn. 45 Abs. 4 VollstrA).

---

[179] Baur-Stürner, Bd. 1, 34.2

2. Vollstreckungsorgane

Als Vollstreckungsorgan für die Zwangsversteigerung und für die Zwangsverwaltung ist sachlich ausschließlich das Amtsgericht als **Vollstreckungsgericht** zuständig. Örtlich zuständig ist das Amtsgericht der belegenen Sache (§ 1 Abs. 1 ZVG). Vollstreckungsorgan für die Eintragung einer Zwangshypothek ist das **Grundbuchamt** (§ 867 Abs. 1 ZPO). Sonstige Vollstreckungsorgane sind die Schiffs(bau) registergerichte bzw. das Luftfahrtbundesamt.

3. Beteiligte

Die Zwangsversteigerung und die Zwangsverwaltung berühren nicht nur den **Vollstreckungsgläubiger** und den **Vollstreckungsschuldner**, sondern werden häufig auch in den Rechtskreis **anderer Personen** eingreifen, die durch diese Maßnahmen betroffen werden. Beteiligte, mit dem Recht auf Antragstellung, Benachrichtigung usw. (§ 9 ZVG) sind daher nicht nur der Betreibende, die beigetretenen Gläubiger (§ 27 ZVG) und der Vollstreckungsschuldner, sondern auch die Realgläubiger, deren Rechte im Grundbuch eingetragen oder gesichert sind (§ 9 ZVG).

4. Verfahren

Die Zwangsvollstreckung in das Immobiliarvermögen erfolgt nur auf Antrag der Vollstreckungsbehörde an das zuständige Vollstreckungsorgan (§ 322 Abs. 3 S. 1 AO). Die Vollstreckungsbehörde hat dabei zu bestätigen, daß die gesetzlichen Voraussetzungen für die Vollstreckung vorliegen (§ 322 Abs. 3 S. 2 AO). Sie hat das Vorliegen eines vollstreckbaren Verwaltungsaktes gem. §§ 249, 251 AO, das Leistungsgebot und das Verstreichen der Wochenfrist gem. § 254 AO darzulegen. Ein vollstreckbarer Schuldtitel, den § 867 ZPO für eine zivilrechtliche Vollstreckung verlangt, ist entbehrlich; er wird durch den vollstreckbaren Anspruch gem. §§ 249ff. AO ersetzt. Ob diese Voraussetzungen materiell vorliegen, unterliegt nicht der Beurteilung des Vollstreckungsgerichtes oder des Grundbuchamtes (§ 322 Abs. 3 S. 3 AO). Der Vollstreckungsschuldner, Art und Umfang der geschuldeten Leistung sowie die entstandenen Vollstreckungskosten sind anzugeben. Gegen den Antrag, einen Verwaltungsakt, kann der Vollstreckungsschuldner Einspruch einlegen (§ 347 AO). Der Antrag ist auch stets dem Vollstreckungsschuldner bekanntzugeben.

Zu den Rechtsmitteln der Vollstreckungsbehörde gegen Entscheidungen des Grundbuchamts und des Vollstreckungsgerichts vgl. Abschn. 49 VollstrA.

§ 27 Die Zwangshypothek

1. Bedeutung

Die Zwangshypothek, geregelt in §§ 867ff. ZPO, dient nicht dazu, den vollstreckbaren Anspruch des Vollstreckungsgläubigers unmittelbar zu befriedigen. Sie verschafft dem Steuergläubiger ein dingliches Recht am Grundstück und **sichert** ihm für den Fall einer späteren Zwangsversteigerung oder Zwangsverwaltung **das Recht auf Befriedigung aus dem Grundstück** mit dem Vorrang gem. § 10 Abs. 1 Nr. 4 ZVG.

Der Vollstreckungsgläubiger kann auch selbst aus diesem Recht die Zwangsversteigerung oder Zwangsverwaltung des Grundstücks betreiben. Eines besonderen Duldungsbescheides bedarf es für die Vollstreckung in das Grundstück nur noch, wenn nach der Eintragung der Sicherungshypothek ein Eigentumswechsel eingetreten ist (§ 323 AO). Dieser Weg empfiehlt sich allerdings nur, wenn der Rang der Zwangshypothek unter Berücksichtigung vorrangiger Rechte und des Werts des Grundstückes noch Aussicht auf Befriedigung bietet.

Die Zwangshypothek ist die einzige Möglichkeit, durch die der Arrest in das unbewegliche Vermögen vollzogen werden kann (Arresthypothek).

2. Eintragungsverfahren

Der Antrag auf Eintragung der Zwangshypothek ist bei dem **Grundbuchamt des Amtsgerichtes** zu stellen, bei dem das Grundbuch für das zu belastende Grundstück geführt wird (§ 867 Abs. 1 S. 1 ZPO). Dieser Antrag stellt einen aussetzungsfähigen Verwaltungsakt dar, sofern er die Feststellung enthält, daß die gesetzlichen Voraussetzungen für die Vollstreckung vorliegen. Dies bedeutet, daß sich der Vollstreckungsschuldner dagegen mit dem Einspruch wehren kann. Die Zwangshypothek darf nur für einen Betrag von mehr als 500,– DM eingetragen werden, um das Grundbuch übersichtlich zu halten. Steuerliche Nebenleistungen, wie Zinsen und Säumniszuschläge, bleiben außer Ansatz, soweit sie als Nebenforderungen geltend gemacht werden (§ 866 Abs. 3 S. 1 ZPO). Mehrere Hauptforderungen desselben Vollstreckungsgläubigers sind zusammenzurechnen (§ 866 Abs. 3 S. 2 ZPO). Ein Verstoß gegen diese Vorschrift macht die Eintragung nichtig. Die Kosten der Eintragung selbst sind nicht eintragungsfähig. Sie fallen dem Vollstreckungsschuldner zur Last. Für sie haftet das Grundstück (§§ 788, 867 Abs. 1 S. 3 ZPO). Sollen mehrere Grundstücke des Vollstreckungsschuldners mit der Hypothek belastet werden, so ist der Betrag der Forderung auf die einzelnen Grundstücke zu verteilen. Die Größe der Teile bestimmt die Vollstreckungsbehörde. Die Eintragung einer Hypothek in der Weise, daß sie in voller Höhe auf jedem Grundstück lastet, ist unzulässig.[180]

Beispiel:
Es soll für 5.000,– DM Einfuhrabgaben eine Sicherungshypothek an drei Grundstücken eingetragen werden. Die Belastung ist nunmehr folgendermaßen zu verteilen: 1. Grundstück 500,– DM, 2. Grundstück 1.000,– DM, 3. Grundstück 3.500,– DM.

Die Belastung jedes Grundstückes mit dem vollen Betrag von 5.000,– DM (Gesamthypothek) ist unzulässig. Die Hypothek entsteht mit der Eintragung im Grundbuch.

Weist das Grundbuchamt den Antrag auf Eintragung der Zwangshypothek ganz oder teilweise zurück, so steht dem Vollstreckungsgläubiger grundsätzlich die Erinnerung zu (§ 71 Abs.1 GBO i.V.m. § 11 RPflG).[181]

Zu den Rechtsmitteln gegen Entscheidungen des Grundbuchamtes und des Vollstreckungsgerichtes vgl. Abschn. 49 VollstrA.

---

[180] Baur-Stürner, Bd. 1, 38.5; Pierchalla-Ostrowski, S. 178

[181] ausführlich Jauernig, § 23 III

3. Umfang

Die Zwangshypothek steht im wesentlichen einer vertraglich bestellten Sicherungshypothek gleich (§§ 866 Abs. 1, 867 ZPO, §§ 1184ff. BGB). Sie ist daher **streng akzessorisch**. Besteht der zu vollstreckende Anspruch nicht, so entsteht zugunsten des Grundstückseigentümers eine Eigentümergrundschuld (§§ 1163, 1177 BGB). Ein gutgläubiger Erwerb der Hypothek durch den Vollstreckungsgläubiger ist nicht möglich (§ 1138 BGB). Die Erteilung eines Hypothekenbriefes ist ausgeschlossen (§ 1185 BGB).

Die Hypothek erstreckt sich nicht nur auf das **Grundstück** selbst, sondern auch auf die **Miet- und Pachtzinsforderungen** für das Grundstück, soweit nicht über sie verfügt wurde, sowie auf die **Bestandteile** und das **Zubehör**. Der Vollstreckungsgläubiger kann daher nach der Eintragung der Zwangshypothek gegen die Pfändung von Zubehör durch andere Gläubiger Rechtsbehelfe einlegen (§§ 1120, 1123 BGB).

Ist die Zwangshypothek eingetragen, so kann der Vollstreckungsgläubiger aus diesem Recht die Zwangsverwaltung oder Zwangsversteigerung betreiben. Dies soll die Vollstreckungsbehörde aber nur beantragen, wenn festgestellt ist, daß der Geldbetrag durch Vollstreckung in das bewegliche Vermögen nicht beigetrieben werden kann (§ 322 Abs. 4 AO). Für diese Zwangsmaßnahmen bedarf die Vollstreckungsbehörde im Regelfall keines Duldungsbescheides gegen den Vollstreckungsschuldner (§ 323 AO).

Zum Verfahren bei nachfolgendem Eigentumswechsel vgl. Abschn. 48 VollstrA.

4. Löschung

Die Hypothek verwandelt sich in eine Eigentümergrundschuld (§ 1177 Abs. 1 BGB), d.h. sie steht dem Eigentümer zu, wenn nach der Eintragung die Voraussetzungen der Vollstreckung wegfallen (§ 868 ZPO). In Betracht kommen Zahlung, Erlaß, Aufrechnung, Rücknahme des Leistungsgebotes, Vollstreckungs- oder Verwertungsaufschub. Bei Stundung und Aussetzung der Vollziehung gilt dies aber nur, wenn zugleich die Aufhebung der Vollstreckungsmaßnahme angeordnet wird (§ 322 Abs. 1 S. 3 AO). Ist eine Eigentümergrundschuld entstanden, so steht es dem Grundstückseigentümer frei, beim Grundbuchamt die Löschung oder Umschreibung der Grundschuld auf seinen Namen zu beantragen. Die Vollstreckungsbehörde ist verpflichtet, dem Vollstreckungsschuldner eine **löschungsfähige Quittung** oder **Löschungsbewilligung** zu erteilen (§§ 19, 27, 39 GBO; Abschn. 6 Abs. 1 Nr. 3 VollstrA). Das gleiche gilt, wenn die Vollstreckungsbehörde ganz oder teilweise auf die Hypothek verzichtet (§ 1168 BGB).

§ 28 Die Zwangsversteigerung

1. Bedeutung

Die Zwangsversteigerung zielt darauf ab, den **Wert eines Grundstücks** des Vollstreckungsschuldners zu **realisieren** und den Vollstreckungsgläubiger aus dem Erlös zu befriedigen. Der hohe und krisensichere Sachwert des Bodens gewährleistet in der Regel, daß auch hohe Forderungen des Vollstreckungsgläubigers durchgesetzt werden. In ihrer Wirkung für den Vollstreckungsschuldner ist die

Zwangsversteigerung die einschneidendste Vollstreckungsmaßnahme. Sie führt zum Eigentumsverlust und leitet nicht selten seinen völligen wirtschaftlichen Zusammenbruch ein.

Gesetzliche Grundlage der Zwangsversteigerung ist das Zwangsversteigerungsgesetz. Es ist als Teil der Zivilprozeßordnung anzusehen, so daß dessen allgemeine Regelungen weiterhin Geltung behalten (§ 869 ZPO).

2. Die Voraussetzungen des Versteigerungsverfahrens und der Anordnungsbeschluß

a) Antragstellung

Der Vollstreckungsgläubiger muß die Zwangsversteigerung schriftlich beantragen (§ 15 ZVG). Zuständig ist das Amtsgericht als **Vollstreckungsgericht**, in dessen Bezirk das Grundstück gelegen ist (§ 1 Abs. 1 ZVG). Die Vollstreckungsbehörde soll den Antrag nur stellen, wenn zuvor festgestellt ist, daß der Geldbetrag durch Vollstreckung in das bewegliche Vermögen nicht beigetrieben werden kann (§ 322 Abs. 4 AO), oder die Vollstreckung in das bewegliche Vermögen die Belange des Vollstreckungsschuldners in nicht vertretbarer Weise beeinträchtigen würde. Der Inhalt des Antrags bestimmt sich nach §§ 16 Abs. 1, 146 Abs. 1 ZVG:

- Das Grundstück ist so genau zu bezeichnen, daß in Verbindung mit dem Grundbuch eindeutig festgestellt werden kann, welches Vollstreckungsobjekt versteigert werden soll (Abschn. 46 Abs. 4 VollstrA);
- Der Vollstreckungsschuldner muß als Eigentümer im Grundbuch eingetragen sein (Abschn. 46 Abs. 1 VollstrA); entsprechende Bescheinigungen des Grundbuchamtes sind dem Antrag beizufügen (Abschn. 46 Abs. 4 VollstrA). Ggf. muß das Grundbuch vorher berichtigt werden (Abschn. 46 Abs. 2 VollstrA). Zum Verfahren gegen den Erben des Vollstreckungsschuldners vgl. Abschn. 47 Abs. 2 VollstrA. Es empfielt sich daher stets vor Antragstellung das Grundbuch einzusehen;
- Der zu vollstreckende Anspruch ist genau zu bezeichnen. Die Vollstreckungsbehörde hat zu bestätigen, daß die gesetzlichen Voraussetzungen für die Vollstreckung vorliegen (vgl. hierzu Abschn. 46 Abs. 5 VollstrA). Sie muß daher genau prüfen, ob der Anspruch noch besteht und fällig ist (§§ 249, 251, 257, 258 AO) und ob die Voraussetzungen für den Beginn der Vollstreckung vorliegen (§ 254 AO). Die Fragen unterliegen nicht der Beurteilung des Vollstreckungsgerichts oder des Grundbuchamts (§ 322 Abs. 3 S. 3 AO);
- Das dingliche Recht, aus dem vollstreckt werden soll, ist genau zu bezeichnen. Das gilt in gleicher Weise, wenn aus einer zugunsten des Vollstreckungsgläubigers eingetragenen Zwangshypothek oder einem vom Vollstreckungsschuldner freiwillig bestellten Grundpfandrecht (§§ 241, 327 AO) vollstreckt werden soll;
- Abweichend von § 17 ZVG benötigt der Vollstreckungsgläubiger keinen besonderen dinglichen Vollstreckungstitel. Ein Duldungsbescheid (§ 191 Abs. 1 AO) ist nur dann erforderlich, wenn nach Eintragung des dinglichen Rechtes ein Eigentumswechsel eingetreten ist (§§ 323, 327 S. 2 AO). Die Verwertung freiwillig gestellter Sicherheiten darf erst erfolgen, wenn dem Vollstreckungsschuldner die Verwertungsabsicht bekannt gegeben und seit der Bekanntgabe mindestens eine Woche verstrichen ist (§ 327 S. 3 AO).

b) Anordnungsbeschluß

Das Zwangsversteigerungsverfahren wird durch Beschluß des Vollstreckungsgerichtes angeordnet (§ 20 ZVG). Die Anordnung wird auf Veranlassung des Vollstreckungsgerichtes unverzüglich in das Grundbuch eingetragen (**Versteigerungsvermerk**, § 19 Abs. 1 ZVG). Weist das Vollstreckungsgericht den Antrag zurück, so findet gegen diesen Beschluß die sofortige Erinnerung statt (§ 11 Abs. 1 RpflG); gegen den die Erinnerung zurückweisenden Beschluß des Amtsrichters die sofortige Beschwerde (§ 95 ZVG, § 793 ZPO). Der Anordnungsbeschluß wird spätestens wirksam mit der Zustellung an den Schuldner (§ 22 Abs. 1 S. 1 ZVG).

Wird nach der Anordnung des Verfahrens ein weiterer Antrag auf Zwangsversteigerung des Grundstücks gestellt, so wird durch Beschluß der Beitritt des Antragstellers zu dem bereits laufenden Verfahren zugelassen (§ 27 ZVG, **Beitrittsbeschluß**). Der Beitrittsgläubiger hat die gleiche rechtliche Stellung wie der betreibende Gläubiger.

3. Wirkungen des Anordnungsbeschlusses

a) Beschlagnahme

Der Beschluß, durch den das Vollstreckungsgericht die Zwangsversteigerung anordnet, bewirkt die Beschlagnahme des Grundstückes zu Gunsten des Vollstreckungsgläubigers (§ 20 Abs. 1 ZVG). Die Beschlagnahme ergreift neben dem Grundstück selbst auch seine wesentlichen und unwesentlichen Bestandteile (§§ 93, 94, 95 BGB), die Rechtsbestandteile (§ 96 BGB) und die Gegenstände, auf die sich bei Grundstücken die Hypothek erstreckt (§ 20 Abs. 2 ZVG, §§ 1120ff. BGB). Von der Beschlagnahme werden aber nicht erfaßt die Miet- und Pachtzinsforderungen (§§ 21, 148 ZVG). Durch die Anordnung der Zwangsversteigerung verliert der Vollstreckungsschuldner nicht sein Recht zur Verfügung über bewegliche Sachen, z.B. Ernte oder Maschinen (§ 23 Abs. 1 S. 2 ZVG) sowie sein Recht auf Verwaltung und Nutzung des Grundstückes (§ 24 ZVG) im Rahmen ordnungsgemäßer Wirtschaft. Der Pächter behält trotz Beschlagnahme sein Recht auf Fruchtgenuß (§ 21 Abs. 3 ZVG). Will sich der Vollstreckungsschuldner aus diesen Nutzungen befriedigen, so muß er gleichzeitig gemäß § 148 Abs. 1 ZVG, §§ 1123-1126 BGB die Zwangsverwaltung des Grundstückes beantragen (vgl. § 30, 1 und 2).

b) Relatives Veräußerungsverbot

Die Beschlagnahme des Grundstückes hat die Wirkung eines relativen Veräußerungsverbotes zum Schutz des betreibenden Vollstreckungsgläubigers (§ 23 Abs. 1 ZVG, §§ 135, 136 BGB). Der Versteigerungsvermerk bewirkt allerdings keine Grundbuchsperre. Der Eigentümer kann weiter sein Eigentum veräußern oder belasten, doch sind solche Verfügungen dem Vollstreckungsgläubiger gegenüber unwirksam und werden im Versteigerungsverfahren nicht berücksichtigt. Ein gutgläubiger Erwerb des Grundstücks oder der mithaftenden Gegenstände ist sehr erschwert, da bereits die Kenntnis des Versteigerungsantrages der Kenntnis der Beschlagnahme gleichgestellt ist (§ 23 Abs. 2 ZVG).

c) Befriedigungsrecht

Durch die Beschlagnahme erhält der Vollstreckungsgläubiger ein Recht auf Befriedigung aus dem Grundstück (§ 10 Abs. 1 Nr. 5 ZVG). Dieses Recht gibt dem Vollstreckungsgläubiger im Konkurs das Recht auf abgesonderte Befriedigung (§ 47 KO).

4. Die einstweilige Einstellung und die Aufhebung des Versteigerungsverfahrens

a) Einstweilige Einstellung

Das Vollstreckungsgericht ist befugt, unter gewissen Voraussetzungen das Versteigerungsverfahren einstweilen einzustellen. Es sind folgende Fälle zu nennen:

- Einstellung auf Bewilligung des Vollstreckungsgläubigers (§ 30 ZVG). Sie kommt in Betracht, wenn dem Vollstreckungsschuldner Ratenzahlungen gewährt wurden oder die Voraussetzungen einer Stundung (§ 222 AO) oder eines Vollstreckungsaufschubes (§ 258 AO) vorliegen. Die Beschlagnahmewirkung bleibt erhalten. Der Antrag auf Fortsetzung des Verfahrens ist binnen sechs Monaten zu stellen. Andernfalls wird das Verfahren von Amts wegen aufgehoben (§ 31 ZVG). Die Einstellung kann wiederholt bewilligt werden. Ist das Verfahren bereits zweimal eingestellt worden, so gilt eine erneute Einstellungsbewilligung als Rücknahme des Versteigerungsantrages (§ 30 Abs. 1 S. 3 ZVG);
- Anordnung einer einstweiligen Einstellung des Verfahrens durch das Prozeßgericht (vgl. z.B. §§ 707, 719, 769 i.V.m. 775 ZPO);
- In den Fällen der §§ 75-77 ZVG;
- Auf Antrag des Vollstreckungsschuldners in den Fällen der §§ 30 a – 30 d ZVG für die Höchstdauer von 6 Monaten.[182] Die Vorschriften dienen dem Schuldnerschutz. Die einstweilige Einstellung wird nur gewährt, wenn die Versteigerung voraussichtlich dadurch verhindert werden kann, und die Verschuldung in vom Vollstreckungsschuldner nicht abwendbaren allgemeinen wirtschaftlichen Verhältnissen begründet ist (§ 30 a Abs. 1 ZVG). Aus Gründen des Gläubigerschutzes muß das Vollstreckungsgericht den Antrag ablehnen, wenn die einstweilige Einstellung dem Vollstreckungsgläubiger angesichts seiner wirtschaftlichen Verhältnisse nicht zuzumuten ist und ihm einen unverhältnismäßigen Nachteil bringen würde. Der Vollstreckungsgläubiger kann auch den Antrag gegenstandslos machen, indem er die Einstellung bewilligt (§ 30 ZVG). Der Vollstreckungsschutzantrag kann nur einmal erneut gestellt werden;
- In den Fällen des § 765 a ZPO, der als Generalklausel des Schuldnerschutzes auch neben den Vorschriften der §§ 258, 297 AO Anwendung findet.[183]

b) Aufhebung

Das Versteigerungsverfahren ist durch Beschluß des Vollstreckungsgerichtes unter anderem aufzuheben, wenn der betreibende Gläubiger den Versteigerungsantrag zurücknimmt (§ 29 ZVG). Dies ist bis zur Erteilung des Zuschlages möglich. Dieser Antrag ist vom Vollstreckungsgläubiger zu stellen, wenn der Steuerbe-

---

[182] näher Bruns-Peters, § 31 IV

[183] Tipke-Kruse, § 322, Tz. 35

scheid aufgehoben oder geändert wird oder die Schuld getilgt wird. Nimmt einer von mehreren Gläubigern den Antrag zurück, so nimmt das Versteigerungsverfahren im Verhältnis zu den restlichen Gläubigern seinen Fortgang.[184]

§ 29 Der Versteigerungstermin und das weitere Verfahren

1. Versteigerungstermin

Die Versteigerung führt das Vollstreckungsgericht durch (§ 35 ZVG). Nach Anordnung der Zwangsversteigerung bestimmt es den Versteigerungstermin (§ 36 ZVG). Er ist öffentlich bekannt zu machen (§ 39 ZVG) und den Beteiligten zuzustellen (§ 41 ZVG). Zur Vorbereitung muß das Vollstreckungsgericht Akteneinsicht gewähren (§ 299 ZPO). Die Terminbestimmung muß die in § 37 ZVG genannten Angaben enthalten. Hierzu gehören insbesondere:

- Die Aufforderung zur Anmeldung der aus dem Grundbuch nicht ersichtlichen Rechte, spätestens im Versteigerungstermin vor der Aufforderung zur Abgabe von Geboten;
- Der Hinweis auf die Rechtsfolgen verspäteter Anmeldung. Der Anspruch wird bei der Feststellung des geringsten Gebotes nicht berücksichtigt und es tritt Rangverlust ein.

2. Rangordnung

Alle im Versteigerungsverfahren geltend gemachten oder von Amts wegen zu berücksichtigenden Ansprüche (§ 45 ZVG) sind in eine der acht Rangklassen des § 10 Abs. 1 ZVG einzuordnen. Nach ihr bestimmt sich, in welcher Reihenfolge die Gläubiger befriedigt werden oder ihre Ansprüche erhalten bleiben. Die Rangordnung ist zwingend und kann nicht durch Vereinbarung geändert werden. Vorab zu befriedigen sind die Verfahrenskosten (§§ 109, 10 Abs. 2 ZVG). Im einzelnen gilt folgende Regelung:

Rangklasse 1:
Die Ausgaben eines die Zwangsverwaltung betreibenden Gläubigers zur Erhaltung oder erforderlichen Verbesserung des Grundstücks **(Zwangsverwaltungsausgaben)**.

Rangklasse 2:
Bei einem land- oder forstwirtschaftlichen Grundstück die laufenden und die aus dem letzten Jahr rückständigen Löhne und Gehälter der land- und forstwirtschaftlichen Arbeitnehmer **(Litlohn)**.

Rangklasse 3:
Die Ansprüche auf Entrichtung der **öffentlichen Lasten des Grundstücks** wegen der aus den letzten vier Jahren rückständigen Beträge; wiederkehrende Leistungen, insbesondere Grundsteuern, Zinsen, Zuschläge oder Rentenleistungen, sowie Beträge, die zur allmählichen Tilgung einer Schuld als Zuschlag zu den Zinsen zu entrichten sind, genießen dieses Vorrecht nur für die laufenden Beträge und für die Rückstände aus den letzten zwei Jahren. Untereinander stehen öffentliche Grundstückslasten, gleichviel ob sie auf Bundes- oder Landesrecht be-

[184] Bruns-Peters, § 31 III

ruhen, im Range gleich. Die Vorschriften des § 112 Abs. 1 und der §§ 113 und 116 des Lastenausgleichsgesetzes bleiben unberührt.

Zu den öffentlichen Lasten eines Grundstücks gehören nicht die betriebsbedingten Steuern i.S.v. §§ 74, 75 AO.

Rangklasse 4:
Die Ansprüche aus **dinglichen Rechten** an dem Grundstück, soweit sie nicht infolge der Beschlagnahme dem Gläubiger gegenüber unwirksam sind, einschließlich der Ansprüche auf Beträge, die zur allmählichen Tilgung einer Schuld als Zuschlag zu den Zinsen zu entrichten sind; Ansprüche auf wiederkehrende Leistungen, insbesondere Zinsen, Zuschläge, Verwaltungskosten oder Rentenleistungen, genießen das Vorrecht dieser Klasse nur wegen der laufenden und der aus den letzten zwei Jahren rückständigen Beträge. Sind in der Klasse 4 mehrere Ansprüche zu befriedigen, so ist für sie das Rangverhältnis maßgebend, das unter den Rechten besteht.

In diese Rangklasse gehören **Steueransprüche**, die nicht öffentliche Grundstückslasten sind, wenn zugunsten des Vollstreckungsgläubigers eine Zwangshypothek im Grundbuch eingetragen ist.

Rangklasse 5:
Den Anspruch des betreibenden Gläubigers, soweit er nicht schon in einer der vorhergehenden Klassen zu befriedigen ist. Unter mehreren Ansprüchen der Klasse 5 hat der Vorrang, für den die frühere Beschlagnahme erfolgt ist (§ 11 Abs. 2 ZVG). Hierher gehören **Steueransprüche**, wenn die Vollstreckungsbehörde die Zwangsvollstreckung aus einer nicht dinglich gesicherten Forderung betreibt.

Rangklasse 6:
Die Ansprüche der 4. Klasse, soweit sie infolge der Beschlagnahme dem Gläubiger gegenüber wirksam sind.

Rangklasse 7:
Die Ansprüche der 3. Klasse wegen der älteren Rückstände.

Rangklasse 8:
Die Ansprüche der 4. Klasse wegen der älteren Rückstände.

3. Das geringste Gebot

Alle Ansprüche, die dem Recht des betreibenden Gläubigers vorgehen, dürfen durch das Versteigerungsverfahren nicht beeinträchtigt werden. Es wird daher im Versteigerungstermin nur ein solches Gebot zugelassen, das die Kosten des Verfahrens und die Ansprüche deckt, die dem Recht des betreibenden Gläubigers vorgehen (**Deckungsprinzip**, § 44 Abs. 1 ZVG). Dieses Gebot heißt **geringstes Gebot** (§§ 44-48 ZVG). Es wird vor dem Beginn der Versteigerung von dem Vollstreckungsgericht festgestellt und verlesen (§ 66 ZVG). Ein Gebot, das diese Summe nicht erreicht, ist unzulässig und muß zurückgewiesen werden (§ 71 Abs. 1 ZVG).

Übersicht:

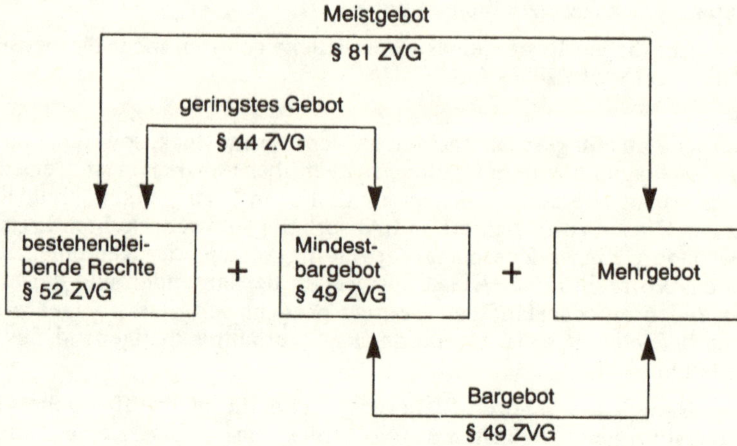

Die Feststellung des geringsten Gebotes bedeutet aber nicht, daß dieser Betrag tatsächlich bar zu zahlen ist. Das geringste Gebot setzt sich nämlich aus den bestehenbleibenden Rechten und dem Mindestbargebot zusammen. Die im geringsten Gebot berücksichtigten Rechte bleiben bestehen. Sie müssen, wenn nichts anderes vereinbart wird, vom Ersteher übernommen werden (**Übernahmeprinzip**, § 52 Abs. 1 ZVG). Es bringt den Vorteil, daß der Ersteher weniger bar bezahlen muß und erhöht dadurch den Anreiz mitzubieten. Nachrangige Rechte, sowie Rechte, die nicht im geringsten Gebot berücksichtigt sind, erlöschen. Lediglich die Verfahrenskosten und die Ansprüche nach § 10 Abs. 1 Nr. 1 – Nr. 3 ZVG (z.B. öffentliche Lasten, Zinsen, § 49 ZVG), sind bar zu zahlen **(Mindestbargebot)**.

In der Regel werden im Versteigerungstermin Gebote abgegeben, die über dem geringsten Gebot liegen. Der darüber hinausgehende Betrag heißt **Mehrgebot**. Er ist ebenfalls bar zu entrichten. Die Summe der Beträge, die vom Ersteher bar zu begleichen sind, nämlich das Mindestbargebot und das Mehrgebot bildet das **Bargebot**. Das **Meistgebot** ist das höchste Gebot, das im Versteigerungstermin abgegeben wird. Dem Meistbietenden ist in der Regel der Zuschlag zu erteilen (§ 81 ZVG).

Beispiel:
Ein Grundstück ist in der folgenden Weise belastet; C betreibt die Zwangsversteigerung:

1. 10.000,– DM Buchhypothek des A
2. 15.000,– DM Buchhypothek des B
3. 20.000,– DM Buchhypothek des C

Außerdem sind zu begleichen:

4. 500,– DM Zinsen für die Hypothek zu 1 aus dem letzten Jahr
5. 1.500,– DM Zinsen für die Hypothek zu 2 aus dem letzten Jahr
6. 600,– DM Grundsteuern aus dem letzten Jahr
7. 1.400,– DM Kosten des Verfahrens

Berechnung des geringsten Gebotes:

– Mindestbargebot		
1. Kosten	*1.400,– DM*	
2. Rückständige Grundsteuern	*600,– DM*	
3. Rückständige Zinsen	*2.000,– DM*	
Summe	*4.000,– DM*	*4.000,– DM*
– Bestehenbleibende Rechte		
1. Buchhypothek des A	*10.000,– DM*	
2. Buchhypothek des B	*15.000,– DM*	
Summe	*25.000,– DM*	*25.000,– DM*
	Geringstes Gebot:	*29.000,– DM*

Das Bargebot beträgt somit 4.000,– DM zuzüglich etwa im Versteigerungstermin über das geringste Gebot hinausgehende Beträge. Bietet jemand im Termin 6.000,– DM so muß ihm klar sein, daß er 25.000,– DM an Hypotheken übernimmt; er für das Grundstück also 31.000,– DM bezahlt. Bar zu begleichen hat er allerdings nur das genannte Bargebot von 6.000,– DM nämlich

- *das Mindestbargebot in Höhe von 4.000,– DM*
- *das Mehrgebot in Höhe von 2.000,– DM.*

Betreibt B die Zwangsversteigerung, so fällt in das geringste Gebot nur die Buchhypothek des A in Höhe von 10.000,– DM. B und C laufen daher Gefahr, bei einem niedrigen Meistgebot mit ihren Hypothekenforderungen ganz oder teilweise leer auszugehen. Jeder von ihnen wird daher erwägen, entweder durch eigene Gebote andere Interessenten zu so hohen Geboten zu bewegen, daß ihre Hypotheken durch das Mehrgebot gedeckt sind oder das Grundstück selbst zu ersteigern und sich den Wert des Grundstücks zu sichern.

Das geringste Gebot berücksichtigt allein die Interessen des Gläubigers. Müßte nur das geringste Gebot berücksichtigt werden, so käme es leicht zu einer Verschleuderung von Grundstücken, wenn z.B. der Gläubiger der ersten Hypothek die Zwangsversteigerung betreibt. Das Meistgebot muß daher die Grenze des **Mindestgebotes** gem. §§ 74a, 74b ZVG erreichen. Das Mindestgebot beträgt 70% des Grundstückswertes (Verkehrswertes), der vom Vollstreckungsgericht festzusetzen ist. Bleibt das Meistgebot einschließlich des Kapitalwertes der bestehenbleibenden Rechte hinter dem Mindestgebot zurück, so kann auf Antrag eines Berechtigten, dessen Anspruch ganz oder teilweise durch das Meistgebot nicht gedeckt ist, aber bei einem Gebot in Höhe des Mindestgebotes voraussichtlich gedeckt sein würde, der Zuschlag versagt werden, wenn der betreibende Gläubiger nicht widerspricht und gleichzeitig glaubhaft macht, daß ihm durch die Versagung des Zuschlages ein unverhältnismäßiger Nachteil erwachsen würde (§ 74a Abs. 1 ZVG). Wird der Zuschlag versagt, so ist von Amts wegen ein neuer Versteigerungstermin zu bestimmen. Eine erneute Versagung des Zuschlages aus diesem Grunde ist dann allerdings nicht mehr möglich (§ 74a Abs. 3 und Abs. 4 ZVG).

Beispiel:
Das Grundstück, dessen Verkehrswert 100.000,– DM beträgt, ist mit einer ersten Hypothek des A in Höhe von 50.000,– DM belastet. Die Verfahrenskosten betragen 1.000,– DM. Betreibt das Hauptzollamt die Versteigerung wegen Zollschulden in

Höhe von 10.000,– DM, so beträgt das geringste Gebot 51.000,– DM. Da das Mindestgebot 70.000,– DM beträgt, kann das Hauptzollamt die Versagung des Zuschlages beantragen, wenn im Versteigerungstermin das Meistgebot nur 55.000,– DM lauten würde. Das Hauptzollamt würde nämlich mit seiner Forderung in Höhe von 6.000,– DM ausfallen. Wird ein neuer Versteigerungstermin anberaumt, so kann nunmehr das Hauptzollamt dem Zuschlag nicht erneut widersprechen, wenn das Mindestgebot nicht erreicht wird.

4. Das Verfahren im Versteigerungstermin

Der Versteigerungstermin ist öffentlich. Die Vollstreckungsbehörde soll im Termin vertreten sein (Abschn. 51 Abs. 1 VollstrA). Es ist dringend zu empfehlen, sich aufgrund der Mitteilungen des Vollstreckungsgerichtes und ggf. durch Akteneinsicht, einen Überblick über die Höhe des geringsten Gebotes zu machen. Insbesondere ist zu prüfen, ob die Ansprüche des Vollstreckungsgläubigers berücksichtigt werden, oder die Gefahr des Ausfalles droht. In geeigneten Fällen kann die Vollstreckungsbehörde mit vorheriger Zustimmung der Oberfinanzdirektion auch als Meistbietender auftreten (Abschn. 51 Abs. 2 VollstrA). Der Versteigerungstermin gliedert sich in drei Abschnitte:

1. Abschnitt:
Er dient der **Vorbereitung** der Versteigerung. Die betreibenden Gläubiger, ihre Ansprüche, die Zeit der Beschlagnahme, die angemeldeten Rechte und der Grundstückswert werden bekanntgegeben. Nach Anhörung der Beteiligten werden das geringste Gebot und die Versteigerungsbedingungen festgestellt (§ 66 Abs. 1 ZVG).

2. Abschnitt:
Er behandelt die eigentliche **Versteigerung.**[185] Nach Aufforderung durch das Gericht können Gebote abgegeben werden. Die Gebote sind privatrechtliche Willenserklärungen. Eine Vertretung ist zulässig. Die notwendige Vollmacht muß ersichtlich machen, daß der Bevollmächtigte ermächtigt ist, Gebote abzugeben und das Grundstück zu erwerben. Jedes Gebot erlischt durch Zulassung eines Übergebotes (§ 72 Abs. 1 ZVG). Zwischen Beginn und Abschluß dieses Abschnittes muß mindestens eine Stunde liegen (§ 73 ZVG). Der Abschnitt endet, nachdem das letzte Gebot durch das Vollstreckungsgericht dreimal aufgerufen ist, mit der Verkündung des Schlusses der Versteigerung (§ 73 Abs. 2 ZVG).

3. Abschnitt:
In ihm sind die Beteiligten über den Zuschlag zu hören (§ 74 ZVG). Er endet mit Verkündung der **Zuschlagentscheidung** durch Beschluß des Vollstreckungsgerichtes (§ 87 ZVG). In dem Beschluß sind das Grundstück, der Ersteher, das Gebot und die Versteigerungsbedingungen zu bezeichnen (§ 82 ZVG).

Das Meistgebot ist erst im gesondert anzusetzenden **Verteilungstermin** bar zu zahlen (§ 49 ZVG). Allerdings kann jeder Beteiligte, dessen Recht durch die Nichterfüllung des abgegebenen Gebotes beeinträchtigt werden würde, sofort eine Sicherheitsleistung verlangen (§ 67 Abs. 1 ZVG). Über den Antrag entscheidet das Gericht (§ 70 Abs. 1 ZVG). Von der Sicherheitsleistung befreit ist u.a. der Bund (§ 67 Abs. 3 ZVG). Wird im Termin kein Gebot abgegeben oder werden al-

[185] Jauernig, § 24 IV

le Gebote zurückgewiesen, so ist das Verfahren wegen Ergebnislosigkeit des Termins einstweilen einzustellen (§ 77 ZVG). Das Verfahren wird dann nur auf Antrag fortgesetzt (§ 31 ZVG). Bleibt auch der zweite Termin ohne Erfolg, so wird das Verfahren von Amts wegen aufgehoben (§ 77 Abs. 2 ZVG).

5. Zuschlag

Durch den Zuschlag wird der Ersteher **Eigentümer des Grundstücks** und der Gegenstände, auf die sich die Versteigerung erstreckt (§§ 90 Abs. 1 und 2, 55 Abs. 1, 20 Abs. 2, 21 ZVG, §§ 1120ff. BGB). Dies gilt auch, wenn der Schuldner Nichteigentümer des Grundstücks war und der Erwerber dies wußte. Der Eigentumserwerb vollzieht sich außerhalb des Grundbuches.[186] Durch den Zuschlag erlöschen alle Rechte, die nicht in das geringste Gebot aufgenommen wurden und daher bestehen bleiben (§§ 91 Abs. 1, 52 ZVG). Dies gilt auch, wenn sie durch das Meistgebot gedeckt sind. Es erlischt allerdings nur das dingliche Recht. Für die erlöschenden aber durch das Meistgebot gedeckten Grundpfandrechte tritt der Versteigerungserlös an die Stelle des Grundstückes (§§ 37 Nr. 5, 92 Abs. 1 ZVG). Soweit der Versteigerungserlös die Ansprüche der Gläubiger nicht deckt, bleibt die persönliche Schuld gegen den Vollstreckungsschuldner bestehen. Aus dem Zuschlagsbeschluß kann die Räumung und Herausgabe des Grundstücks begehrt werden (§ 93 Abs. 1 ZVG). Gegen die Zuschlagserteilung ist sofortige Beschwerde (§ 96 ZVG) bzw. bei Erlaß durch den Rechtspfleger die befristete Erinnerung (§ 11 RpflG) und sofortige weitere Beschwerde zulässig (§§ 100ff. ZVG). Gehört zu den bestehenbleibenden Rechten eine Zwangshypothek zu Gunsten der Vollstreckungsbehörde, so kann aus ihr gegen den neuen Eigentümer des Grundstückes die Zwangsversteigerung betrieben werden. Hierzu bedarf es allerdings eines neuen Duldungsbescheides (§ 191 Abs. 1 AO) nicht aber eines dinglichen Titels (§ 323 AO).

6. Verteilung des Erlöses

Die Verteilung des Versteigerungserlöses findet in einem besonderen Verteilungstermin statt, der vom Vollstreckungsgericht anberaumt wird (§ 105 Abs. 1 ZVG). Auf Verlangen des Gerichtes haben die Beteiligten ihre Ansprüche auf den Versteigerungserlös einzureichen (§ 106 ZVG). Es ist zunächst die **Teilungsmasse** festzustellen (§ 107 Abs. 1 ZVG), die aus dem Bargebot und den Bargebotszinsen besteht. Diese Summe ist vom Ersteher an das Vollstreckungsgericht zu zahlen. Sodann wird unter Anhörung der Beteiligten ein **Teilungsplan** aufgestellt (§ 113 ZVG). In ihm wird zunächst festgelegt, welche Rechte nach den Versteigerungsbedingungen bestehen bleiben. Abweichende Vereinbarungen sind möglich. Sodann erfolgt die Auflistung aller Ansprüche, die im Verfahren geltend gemacht werden oder von Amts wegen zur berücksichtigen sind **(Schuldenmasse)**. Die Reihenfolge richtet sich nach der Rangordnung des § 10 ZVG. Nicht rechtzeitig glaubhaft gemachte oder nicht rechtzeitig angemeldete Rechte stehen den übrigen nach (§ 10 ZVG). Rechtsmittel gegen den Teilungsplan ist bei Verletzung verfahrensrechtlicher Vorschriften die sofortige Beschwerde, bei materiell-rechtlichen Fehlern der Widerspruch (§ 115 ZVG).

---

[186] Bruns-Peters, § 35 V

Sodann wird die Verteilung ausgeführt (§ 117 ZVG). Zunächst sind die Kosten des Verfahrens zu begleichen (§ 109 ZVG). Der verbleibende Rest wird den Gläubigern in der Reihenfolge des Teilungsplanes bar ausgezahlt, soweit die Teilungsmasse reicht. Der Empfänger von Zahlungen muß sich durch eine Vollmacht legitimieren. Den nichterschienenen Beteiligten wird der Betrag durch die Gerichtskasse ausgezahlt (§ 117 Abs. 2 ZVG). Ein eventuell verbleibender Überschuß des Erlöses steht dem zu, der zur Zeit des Zuschlages Grundstückseigentümer war.

§ 30 Die Zwangsverwaltung

1. Bedeutung

Die Zwangsverwaltung soll den Vollstreckungsgläubiger aus den Erträgen eines Grundstücks und der mithaftenden Gegenstände befriedigen. Die Grundstücke werden zu diesem Zweck durch einen Zwangsverwalter in **amtliche Verwahrung** genommen, um einer mangelhaften Wirtschaftsführung des Vollstreckungsschuldners abzuhelfen und eine ranggerechte Verteilung der Grundstücksnutzungen sicherzustellen.

Die Zwangsverwaltung besitzt in der Praxis nur geringe Bedeutung. Sie eignet sich im Steuerrecht eher zur Abdeckung laufender steuerlicher Nebenleistungen wie Zinsen oder Säumniszuschläge, weniger dagegen zur Begleichung hoher feststehender Steuerschulden. Sie bleibt gleichwohl sinnvoll, soweit sie – was zulässig ist (§ 866 Abs. 2 ZPO) – neben der Zwangsversteigerung beantragt wird. Sie sichert dem Steuergläubiger eventuelle Miet- und Pachteinnahmen aus Miethäusern oder landwirtschaftlichen Grundstücken und kann zumindest Teilbeträge von Steuerforderungen sukzessive befriedigen. Der Zugriff auf die Mieten ist auch durch Pfändung der Mietforderungen gem. §§ 309ff. AO zu erreichen. Allerdings ist bei dieser Vorgehensweise zu befürchten, daß andere Vollstreckungsgläubiger in diesem Fall u.U. unverzüglich einen Antrag auf Zwangsverwaltung stellen werden. Die Mietpfändungen treten dann gemäß § 1123 Abs. 2 BGB, § 20 Abs. 2 ZVG mit der Beschlagnahme des Grundstücks bis zur Beendigung des Zwangsverwaltungsverfahrens zurück. Mietpfändungen während eines Zwangsverwaltungsverfahrens sind somit unwirksam.

2. Verfahren

Für die Zwangsverwaltung gelten grundsätzlich die Vorschriften über die Zwangsversteigerung (§ 146 ZVG). Die Zwangsverwaltung findet nur auf Antrag statt. Die Beschlagnahme erfolgt durch Beschluß des Vollstreckungsgerichts (§ 22 Abs. 1 ZVG) oder dadurch, daß der Zwangsverwalter sich selbst Besitz verschafft (§§ 150, 151 ZVG). Die Wirkung der Beschlagnahme ist weitergehend als bei der Zwangsversteigerung. Sie umfaßt hier auch:

- die land- und forstwirtschaftlichen Erzeugnisse und die Versicherungssummen hierfür;
- die Miet- und Pachtzinsforderungen;
- die Ansprüche auf wiederkehrende Leistungen aus einem mit dem Eigentum an dem Grundstück verbundenen Recht.

Die Verwaltung und Benutzung des Grundstücks – mit Ausnahme der Wohnung (§ 149 ZVG) – werden dem Vollstreckungsschuldner genommen (§ 148 Abs. 2 ZVG).

3. Zwangsverwalter

Der Zwangsverwalter wird in freier Auswahl vom Vollstreckungsgericht bestellt (§ 150 Abs. 1 ZVG). Gewisse öffentlich-rechtliche Körperschaften und Institute – nicht aber Behörden wie Finanz- oder Hauptzollämter[187] – haben ein Vorschlagsrecht (§ 150 a ZVG). Bei landwirtschaftlichen, forstwirtschaftlichen oder gärtnerischen Grundstücken ist regelmäßig der Schuldner zum Verwalter zu bestellen (§ 150 b ZVG), ihm wird eine Aufsichtsperson an die Seite gestellt (§ 150 c ZVG).

Der Zwangsverwalter ist, ähnlich wie der Konkursverwalter, weder Vertreter des Vollstreckungsschuldners noch des Vollstreckungsgläubigers, sondern **Partei kraft Amtes.**[188] Die Verwaltung und Nutzung des Grundstücks betreibt er in eigenem Namen. Er steht bei seiner Tätigkeit jedoch unter Aufsicht des Vollstreckungsgerichts, das ihm Anweisungen erteilen kann (§ 153 ZVG). Er hat die Aufgabe, alles Erforderliche zu tun, um das Grundstück in seinem wirtschaftlichen Bestand zu **erhalten**, es ordnungsgemäß zu **nutzen** und die Erträge zu **verwerten** (§ 152 Abs. 1 ZVG). Er hat dem Gläubiger und dem Schuldner jährlich und nach Beendigung der Verwaltung durch Vermittlung des Vollstreckungsgerichts Rechnung zu legen (§ 154 ZVG).

4. Verteilungsverfahren

Aus den Nutzungen sind zunächst die laufenden Ausgaben der Verwaltung und die Verfahrenskosten zu bestreiten mit Ausnahme der Kosten, die durch die Anordnung des Verfahrens oder den Beitritt eines Gläubigers entstehen (§ 153 Abs. 1 ZVG). Die überschüssigen Erträge werden nach einem **Teilungsplan** verteilt, der vom Gericht für die gesamte Dauer des Verfahrens aufgestellt wird (§ 156 Abs. 2 ZVG). Für die Rangordnung der Gläubiger gilt § 155 Abs. 2 ZVG. In den Klassen § 10 Abs. 1 Nr. 2-Nr. 4 ZVG werden aber nur die wiederkehrenden Leistungen (Zinsen und Abschreibungen) berücksichtigt. Ansprüche der Klasse 6-8 werden in keinem Fall berücksichtigt.

Einwendungen gegen den Teilungsplan können durch Widerspruch (§§ 156, 115 ZVG) gegebenenfalls durch Klage (§ 159 ZVG) geltend gemacht werden. Die Auszahlung der Erträge wird vom Gericht angeordnet und vom Zwangsverwalter ausgeführt (§ 157 ZVG).

5. Aufhebung der Zwangsverwaltung

Die Aufhebung der Zwangsverwaltung findet durch gerichtlichen Beschluß statt (§ 161 ZVG), wenn der Vollstreckungsgläubiger befriedigt ist (§ 161 Abs. 2 ZVG), oder wenn der Gläubiger einen Geldvorschuß zur Fortsetzung des Verfahrens nicht leistet (§ 161 Abs. 3 ZVG). Das Verfahren ist auch aufzuheben, wenn die Vollstreckungsbehörde den Antrag zurücknimmt (§§ 29, 161 Abs. 4

[187] Bruns-Peters, § 40 III 1
[188] Jauernig, § 25 II

ZVG), oder wenn das Grundstück im Zwangsversteigerungsverfahren zugeschlagen worden ist.

E Die Erweiterung des Haftungsgutes durch Gläubigeranfechtung

§ 31 Die Gläubigeranfechtung

1. Allgemeines

Der Vollstreckungsgläubiger kann sich grundsätzlich nur aus dem – beweglichen oder unbeweglichen – Vermögen befriedigen, das dem Vollstreckungsschuldner im Zeitpunkt der Pfändung oder Beschlagnahme gehört. Vermögensgegenstände, die dem Vollstreckungsschuldner früher einmal gehörten, die aber vor diesem Zeitpunkt wirksam aus seinem Vermögen ausgeschieden sind, können von der Vollstreckung nicht mehr erfaßt werden. Für den Vollstreckungsgläubiger besteht daher die Gefahr, daß der Schuldner versucht, Vermögensgegenstände unentgeltlich oder zu niedrigem Preis auf nahe Angehörige oder Freunde zu übertragen, Grundstücke mit Grundpfandrechten zu belasten oder eigenen Schuldnern Forderungen zu erlassen, um so die Befriedigung des Vollstreckungsgläubigers zu vereiteln und sich das „Wohlwollen" der begünstigten Personen für die Zeit nach Abschluß der Vollstreckung zu sichern. Derartige Mißbräuche zu Lasten des Vollstreckungsgläubigers sucht das Gesetz betreffend die Anfechtung von Rechtshandlungen eines Schuldners außerhalb des Konkursverfahrens (AnfG) zu verhindern. Durch Art. 1 des Einführungsgsetzes zur Insolvenzordnung (EGInsO) ist das Anfechtungsgesetz neu gefaßt worden. Die Neufassung tritt am 1. Januar 1999 in Kraft.

Beispiel:
Das Hauptzollamt besitzt gegen einen Zollschuldner Zollansprüche in Höhe von 500.000,– DM. Als es Vollstreckungsmaßnahmen androht, überträgt der Zollschuldner seiner Tochter Schmuckstücke im Wert von 100.000,– DM und einem anderen Gläubiger ein Hausgrundstück im Wert von 300.000,– DM, um sein Geld vor dem Zugriff der Vollstreckungsbehörde zu retten. In der anschließenden Vollstreckung können nur noch Gegenstände im Wert von 50.000,– DM gepfändet werden. Im übrigen verläuft die Pfändung fruchtlos.

Die Vollstreckungsbehörde kann nur auf das Haftungsgut zugreifen, das dem Vollstreckungsschuldner im Zeitpunkt der Vollstreckungsmaßnahme gehört. Zwar ist die Pfändung schuldnerfremder Vermögensgegenstände nicht wirkungslos; der betroffene Dritte kann aber Aufhebung der Pfändung im Wege der Drittwiderspruchsklage verlangen (vgl. § 35, 10). Der Schmuck und das Hausgrundstück des Vollstreckungsschuldners sind vor Pfändung und Beschlagnahme durch wirksame Verfügungsgeschäfte zugunsten seiner Tochter bzw. seines Gläubigers aus dem haftenden Vermögen ausgeschieden. Die Begünstigten können auch nicht als Haftungsschuldner für die Steuerschulden in Anspruch genommen werden, da eine Vermögensübernahme (§ 419 BGB) ausscheidet.

Gleichwohl ist zu bedenken, daß der Vollstreckungsgläubiger um sein Vollstreckungsgut gebracht wurde unter Umständen, die ihn als schutzwürdig erschei-

nen lassen. Die Tochter hat den Schmuck unentgeltlich erhalten; der andere Gläubiger besaß zwar einen Anspruch gegen den Vollstreckungsschuldner, doch handelte dieser allein in der Absicht, die vollstreckende Finanzbehörde zu schädigen.

Das Anfechtungsgesetz räumt unter engen Voraussetzungen dem Interesse des Vollstreckungsgläubigers an einer Durchsetzung seiner Ansprüche im Vollstreckungsverfahren den Vorrang ein und **erweitert das Haftungsgut zu seinen Gunsten**. Die Rechtsstellung, die der begünstigte Dritte erlangt hat, kann keinen Bestand haben. Die Rechtshandlungen des Vollstreckungsschuldners sind dem Vollstreckungsgläubiger gegenüber unwirksam. Die Unwirksamkeit wird durch Anfechtung geltend gemacht (§ 1 AnfG). Es handelt sich bei dem Anfechtungsrecht somit um ein **gesetzliches Schuldverhältnis** zwischen dem Vollstreckungsgläubiger einerseits und den Vertragspartnern des Vollstreckungsschuldners andererseits, das darauf gerichtet ist, Gegenstände, welche ein Schuldner aus seinem Vermögen weggegeben hat, dem Vollstreckungszugriff des Gläubigers wieder zu erschließen und sachlich ungerechtfertigte Vermögensverschiebungen, durch die das Schuldnervermögen verkürzt wurde, rückgängig zu machen.[189] Der Anfechtungsgegner ist kraft Gesetzes verpflichtet, den in anfechtbarer Weise vom Vollstreckungsschuldner weggegebenen Vermögenswert dem Vollstreckungsschuldner zurückzugewähren (§ 7 Abs. 1 AnfG). Damit ist allerdings nicht gemeint, daß die Vermögenswerte materiell-rechtlich auf den Vollstreckungsschuldner rückübertragen werden. Wegen des vom Anfechtungsgesetz vorgenommenen Interessenausgleiches auf haftungsrechtlicher Ebene richtet sich der Anspruch vielmehr darauf, daß der Dritte mit dem anfechtbar erworbenen Vermögen für die Befriedigung des Vollstreckungsschuldners haftet[190] und die **Zwangsvollstreckung in dieses Haftungsgut duldet**.[191]

2. Die anfechtbare Handlung

Sachliche Voraussetzung eines Anfechtungsanspruches ist, daß der Vollstreckungsschuldner eine anfechtbare **Rechtshandlung** vorgenommen hat, durch die der Vollstreckungsgläubiger benachteiligt wird. Der Begriff der Rechtshandlung ist **weit zu fassen**, um einen umfassenden Gläubigerschutz zu gewährleisten. Gemeint sind alle Rechtshandlungen oder bewußte und gewollte Unterlassungen mit vermögensrechtlicher Wirkung.[192]

Beispiele:
Als Rechtshandlungen sind anzusehen:

- *Übertragung von Eigentum oder Belastung von beweglichem oder unbeweglichem Vermögen;*
- *Erlaß von Forderungen;*
- *Verzicht auf die Ausübung einer Mängelrüge;*
- *Verzicht auf die Einlegung einer Klage oder eines Rechtsmittels;*
- *Unterlassung von Handlungen, die die Verjährung unterbrechen.*

---

189 h.M. Kilger/Huber, Einf. II 1; BGH BB 78, 1139; BFH ZfZ 1983, 209; Bruns-Peters, § 18 II m.w.N.

190 Bruns-Peters, § 18 II, VII

191 Tipke-Kruse, § 191, Tz. 2

192 Bruns-Peters, § 18 III 1a; Kilger/Huber, § 3 I 2; BFH ZFZ 1983, 209

Die Rechtshandlung des Vollstreckungsschuldners muß zu einer **objektiven Benachteiligung** führen.[193] Dies ist der Fall, wenn die Befriedigung des Vollstreckungsgläubigers unmittelbar oder mittelbar dadurch beeinträchtigt oder vereitelt wird, daß das haftende Vermögen des Vollstreckungsschuldners geschmälert oder belastet wird.

Beispiel:
Die Vollstreckungsbehörde besitzt einen vollstreckbaren Anspruch gegen A. Bevor die Vollstreckungsstelle Pfändungsmaßnahmen ergreifen kann, weist A seinen Schuldner B an, dem er eine Maschine verkauft hat, den Kaufpreis von 50.000,– DM an seine Frau (F) auszuzahlen. Pfändungsmaßnahmen bei A bleiben ergebnislos.

Anfechtbare Rechtshandlung ist hier die Anweisung des A an B, er könne mit befreiender Wirkung an die F zahlen. Diese Anweisung begünstigt aber nicht den Anfechtungsgegner B, denn B ist weiterhin zur Zahlung des Kaufpreises verpflichtet. Die anfechtbare Rechtshandlung wird zwar in der Regel gegenüber dem Begünstigten vorgenommen, doch ist dies nicht zwingend erforderlich. Es genügt, daß durch die Anweisung des A die F mittelbar begünstigt wird.

3. Anfechtungsgründe

Eine Rechtshandlung ist anfechtbar, wenn ein Anfechtungsgrund gegeben ist. Als Anfechtungsgründe unterscheidet das Anfechtungsgesetz die Absichtsanfechtung (§ 3 Abs. 1 Nr. 1 und Nr. 2 AnfG) und die Schenkungsanfechtung (§ 3 Abs. 1 Nr. 3 und Nr. 4 AnfG).

a) Absichtsanfechtung

Der Absichtsanfechtung unterfallen Rechtshandlungen, die der Vollstreckungsschuldner in einer dem anderen Teil bekannten Absicht vorgenommen hat, seine **Gläubiger zu benachteiligen** (§ 3 Abs. 1 Nr. 1 AnfG). Rechtshandlungen, die den Vollstreckungsgläubiger schädigen sollen und von deren Tendenz der Begünstigte Kenntnis besitzt, mißbilligt die Rechtsordnung. Sie schützt vielmehr das Interesse des Vollstreckungsgläubigers an einem ungeschmälerten Bestand der Haftungsmasse.

Beweispflichtig für die Benachteiligungsabsicht des Vollstreckungsschuldners und die Kenntnis des Begünstigten ist der anfechtende Gläubiger. Diesen Nachweis zu führen, bereitet in der Praxis die größten Schwierigkeiten. Soweit die Finanzbehörde keine detaillierten Kenntnisse der Rechtsbeziehungen zwischen dem Vollstreckungsgläubiger und dem begünstigten Dritten besitzt, wird ein Nachweis nur in den Fällen möglich sein, in denen die Rechtshandlungen des Schuldners mit dem Dritten angesichts ihrer wirtschaftlichen, finanziellen, geschäftlichen oder persönlichen Beziehungen nach außen klar erkennen lassen, daß sie auf eine Benachteiligung des Vollstreckungsgläubigers gerichtet sind und der Begünstigte hierum wußte.[194]

---

193 Bruns-Peters, § 18 III 1b: Kilger/Huber, § 3 I 4
194 Bruns-Peters, § 18 III 1c; Kilger/Huber, 3 II 11

Die Anfechtung muß binnen **10 Jahren** erfolgen. Die Frist beginnt mit dem Zeitpunkt, in dem der Vollstreckungsgläubiger den vollstreckbaren Anspruch erlangte und seine Forderung fällig war (§§ 3 Abs. 1 Nr. 1, 12 AnfG).

In günstigerer beweisrechtlicher Lage befindet sich die Vollstreckungsbehörde bei Rechtshandlungen des Vollstreckungsschuldners mit seinem **Ehegatten oder nächsten Angehörigen**. Anfechtbar sind entgeltliche Geschäfte aus dem letzten Jahr vor der Anfechtung mit diesen Personen, sofern sie nicht beweisen, daß ihnen zur Zeit des Vertragsschlusses die Benachteiligungsabsicht des Schuldners nicht bekannt war (§ 3 Abs. 1 Nr. 2 AnfG).

b) Schenkungsanfechtung

Einen Anfechtungsgrund bilden auch Verfügungen des Schuldners, die er im letzten Jahr vor der Anfechtung **unentgeltlich** vorgenommen hat, soweit es sich nicht um gebräuchliche Gelegenheitsgeschenke handelt (§ 3 Abs. 1 Nr. 3 und Nr. 4 AnfG).

Die Unentgeltlichkeit läßt den Begünstigten weniger schutzwürdig erscheinen als den Vollstreckungsgläubiger und sein Interesse an einer ungeschmälerten Haftungsmasse. Unentgeltlich sind Verfügungen, für die weder der Schuldner noch ein Dritter eine vollwertige Gegenleistung erhält.[195] Hierbei entscheidet allerdings nicht der objektive Verkehrswert der erbrachten Leistungen, sondern die Einschätzung der Beteiligten.[196]

Beispiel:
Der Vollstreckungsschuldner, den seine Gläubiger hart bedrängen, hat an einen Freund seinen Pkw, der einen Schätzwert von 5.000,– DM hat, für 4.000,– DM bar verkauft und übergeben.

Die Veräußerung erfolgte nicht (teilweise) unentgeltlich. Wenn der Schuldner an einem schnellen Verkauf interessiert war und insbesondere Interesse an dem Bargeschäft hatte, mag nach seiner subjektiven Vorstellung der niedrige Preis noch als angemessener Gegenwert erscheinen. Eine Schenkungsanfechtung scheidet somit aus.

4. Der vollstreckbare Anspruch

Formelle Voraussetzung für die Ausübung des Anfechtungsrechtes ist, daß der Vollstreckungsgläubiger einen auf Zahlung einer Geldsumme lautenden vollstreckbaren Anspruch besitzt (§ 2 AnfG). Der Duldungsanspruch ist demnach streng akzessorisch und besteht nur um eines Anspruches aus dem Steuerschuldverhältnis willen, der durch Zugriff auf das Vermögen des Vollstreckungsschuldners nicht befriedigt werden kann.[197] Der Anspruch ist vollstreckbar, wenn er in einem Verwaltungsakt oder einer Steueranmeldung gem. §§ 249 Abs. 1 S. 1, 251 Abs. 1 AO konkretisiert ist (vgl. § 5) und die Voraussetzungen für den Beginn der Vollstreckung nach §§ 254, 259 AO vorliegen (vgl. § 11, 13).

194 Bruns-Peters, § 18 III 1c; Kilger/Huber, 3 II 11
195 Baumann-Brehm, § 11 III c
196 Kilger/Huber, § 3 III 1
197 Baumann-Brehm, § 11 III 2

Weiterhin ist erforderlich, daß die Vollstreckung in das Schuldnervermögen fruchtlos versucht worden ist oder voraussichtlich fruchtlos sein würde (§ 2 AnfG). Die Vollstreckungsbehörde muß daher vor der Anfechtung zumindest von ihren Möglichkeiten zur Ermittlung der Vermögens- und Einkommensverhältnisse des Vollstreckungsschuldners Gebrauch gemacht haben (§ 249 Abs. 2 AO).

5. Anfechtungsgegner

Anfechtungsgegner ist der **Empfänger der anfechtbaren Leistung.**[198] Unter den einschränkenden Voraussetzungen des § 11 AnfG kommt eine Anfechtung auch gegenüber einem **Rechtsnachfolger** in Betracht, soweit in seiner Person die subjektiven Voraussetzungen vorlagen (§ 11 Abs. 2 Nr. 1 und Nr. 2 AnfG) oder der Erwerb unentgeltlich erfolgte (§ 11 Abs. 2 Nr. 3 AnfG).

6. Geltendmachung des Anfechtungsrechtes

Der Anspruch des Anfechtungsberechtigten richtet sich darauf, daß dasjenige, was durch die anfechtbare Handlung aus dem Vermögen des Schuldners veräußert, weggegeben oder aufgegeben ist, als noch zu demselben gehörig von dem Empfänger zurückgewährt werde (§ 7 AnfG). Gemeint ist damit nicht, daß die erworbenen Vermögensrechte in das Vermögen des Schuldners zurückübertragen werden. Das gesetzliche Schuldverhältnis auf der Grundlage des Anfechtungsgesetzes hat für den Anfechtungsgegner die schuldrechtliche Pflicht zum Inhalt, die erlangten Vermögensteile dem vollstreckungsrechtlichen Zugriff des Vollstreckungsgläubigers so zur Verfügung zu stellen, als gehörten sie noch zum Schuldnervermögen.[199] Der Anfechtungsgegner muß die Vollstreckung in die in anfechtbarer Weise erlangten Vermögenswerte dulden.[200]

Dieser materiell-rechtliche Duldungsanspruch ist durch schriftlichen **Duldungsbescheid** geltend zu machen (§ 191 Abs. 1 AO). Die Geltendmachung durch Klage (§ 9 AnfG) oder Einrede (§ 5 AnfG) ist durch die steuerrechtliche Sonderregelung ersetzt.[201] Für den Erlaß eines Duldungsbescheides stellt § 191 AO allein darauf ab, ob die Duldungspflicht „kraft Gesetzes" besteht. Eine Unterscheidung zwischen steuerrechtlicher Duldungspflicht und Duldung aufgrund nichtsteuerrechtlicher Vorschriften wird nicht gefordert. An diesen Unterschied knüpft sich keine Differenzierung, in welcher verfahrensrechtlichen Form der Anspruch geltend zu machen ist.

Der Erlaß des Duldungsbescheides liegt im pflichtgemäßen Ermessen der Vollstreckungsbehörde (§ 191 Abs. 1 AO). Sein **Inhalt** muß folgende Angaben enthalten:

- Bezeichnung des Duldungspflichtigen;
- Angabe der Duldungsnorm des Anfechtungsgesetzes und die Schilderung des Lebenssachverhaltes, in dem die Erfüllung der tatbestandlichen Voraussetzungen der Duldungspflicht erblickt wird;

---

198 Bruns-Peters, § 18 V; Kilger/Huber, § 4, I 2
199 Baumann-Brehm, § 11 III 2b; BGH NJW 1972, 719
200 Bruns-Peters, § 18 VII
201 vgl. BFH ZfZ 1987, 208ff.

- Angaben über den zu vollstreckenden Verwaltungsakt, dessentwegen die Duldungspflicht besteht;
- Bezeichnung des Vermögensgegenstandes, in den die Vollstreckung zu dulden ist. In welcher Weise die Vollstreckung erfolgen soll, braucht nicht angegeben zu werden;
- Darlegung der Ermessensgründe, die die Inanspruchnahme des Anfechtungsgegners rechtfertigen;
- Rechtsbehelfsbelehrung.

Gegen den Duldungsbescheid hat der Anfechtungsgegner den außergerichtlichen Rechtsbehelf des Einspruches (§ 347 AO).

Dieser Duldungsbescheid gem. § 191 Abs. 1 AO konkretisiert und setzt den gegenüber dem Begünstigten bestehenden Duldungsanspruch fest. Er stellt den Verwaltungsakt dar, mit dem die Duldung der Zwangsvollstreckung in das Vermögen des Begünstigten gefordert wird (§ 249 Abs. 1 S. 1 AO). Er kann von den Finanzbehörden im Verwaltungsweg vollstreckt werden. Der Duldungspflichtige wird dann Vollstreckungsschuldner (§ 253 AO).

Mit der Vollstreckung des Duldungsbescheides darf aber erst begonnen werden, wenn die **allgemeinen Voraussetzungen für den Beginn der Vollstreckung** vorliegen (vgl. § 11). Insbesondere bedarf es neben des Duldungsbescheides eines Leistungsgebotes, mit dem der Begünstigte zur Duldung der geschuldeten und konkretisierten Leistung aufgefordert wird (§ 254 Abs. 1 S. 1 AO). Der Erlaß dieses Leistungsgebotes richtet sich wegen der engen systematischen Beziehung zwischen steuerrechtlichen Haftungs- und Duldungsansprüchen nach den Grundsätzen des § 219 AO. Es kann mit dem Duldungsbescheid verbunden werden (§ 254 Abs. 1 S. 2 AO).

Dritter Teil
Die Sicherung der Vollstreckung

§ 32 Der Arrest

1. Allgemeines

Der Arrest ist ein Verfahren, das die künftige Vollstreckung einer Geldforderung in das bewegliche oder unbewegliche Vermögen des Vollstreckungsschuldners sichern soll.[1] Die Vollstreckung von Geldansprüchen ist erst möglich und zulässig, wenn die Voraussetzungen für den Beginn der Vollstreckung insgesamt erfüllt sind (vgl. § 11). Hierüber kann aber geraume Zeit verstreichen, in der ein böswilliger Schuldner Teile seines Vermögens veräußern und damit den Erfolg einer Vollstreckung von vornherein verhindern kann.

Um dem Vollstreckungsgläubiger umfassenden und effektiven Rechtsschutz zu gewähren, gibt ihm das Arrestverfahren in diesen Fällen die Möglichkeit, durch sofortige Maßnahmen die künftige Vollstreckung wegen seiner Geldansprüche zu sichern, obwohl der Beginn von Vollstreckungsmaßnahmen noch nicht zulässig ist. Der vorläufige **auf Sicherung gerichtete Charakter des Arrestes** begrenzt zugleich seine Zulässigkeit. Der Arrest dient niemals der endgültigen Verwirklichung der Geldansprüche des Vollstreckungsgläubigers. Befriedigung erlangt er erst, wenn der Arrest in das normale Vollstreckungs- und Verwertungsverfahren übergegangen ist. Das Arrestverfahren ist mangels Rechtsschutzinteresses unstatthaft, wenn der Beginn von Vollstreckungsmaßnahmen zulässig ist. Das Sicherungsverfahren kann in zwei Richtungen erfolgen:

- **Der dingliche Arrest** (§ 324 AO).
  Er richtet sich gegen das Vermögen des Vollstreckungsschuldners;
- **Der persönliche Sicherheitsarrest** (§ 326 AO).
  Er richtet sich gegen die Person des Vollstreckungsschuldners.

Größere praktische Bedeutung besitzt der dingliche Arrest; der persönliche Sicherheitsarrest ist nur als letzte Möglichkeit in Ausnahmefällen zulässig.

Beispiel:
Eine Außenprüfung beim Steuerschuldner hat ergeben, daß Steuern in Höhe von 500.000,– DM nachgefordert werden müssen. Als ihm dies in der Schlußbesprechung eröffnet wird, äußert er glaubhaft, dieses Geld werde das Hauptzollamt von ihm nicht bekommen, er werde den Betrieb sofort verkaufen und umgehend seinen Wohnsitz in die Schweiz verlegen.

Eine Vollstreckung ist in diesem Fall noch nicht möglich, da weder ein Steuerbescheid noch das Leistungsgebot ergangen ist und auch die Wochenfrist gem. § 254 AO noch nicht verstrichen ist. Ist ernsthaft zu befürchten, daß der Steuerschuldner Vollstreckungsobjekte veräußert, sich selbst außer Landes begibt und damit eine Vollstreckung zu vereiteln sucht, sind sofortige Sicherungsmaßnahmen im Hinblick auf das Vermögen und die Person des Schuldners in Erwägung zu ziehen.

---

[1] Tipke-Kruse, § 324, Tz. 1

2. Arrestanspruch

Beide Arten des Arrestes setzen voraus, daß ein Arrestanspruch und ein Arrestgrund besteht (vgl. Abschn. 54 Abs. 1, 56 Abs. 1 VollstrA). Als sicherungsfähiger Arrestanspruch kommen **alle Geldforderungen** nach den §§ 249-323 AO in Betracht, die der Vollstreckung nach den Vorschriften der Abgabenordnung unterliegen (vgl. § 5). Der Anspruch braucht nach materiellem Recht nur entstanden zu sein.[2] Es ist nicht erforderlich, daß er fällig, unbedingt oder bereits in einem Steuerbescheid zahlenmäßig festgesetzt ist (§ 324 Abs. 1 S. 2 AO). Gegebenenfalls sind die Besteuerungsgrundlagen zu schätzen[3] und die Ansprüche vorläufig festzusetzen. Da es sich beim Arrest um ein eilbedürftiges, vorläufiges Verfahren handelt, braucht die Existenz des zu sichernden Anspruches nicht unzweifelhaft nachgewiesen zu sein. Es reicht aus, wenn mit hinreichender Wahrscheinlichkeit mit dem Bestehen des Anspruches gerechnet werden kann.[4]

3. Arrestschuldner

Arrestschuldner kann jeder steuerrechtliche Vollstreckungsschuldner sein. Der Arrest kann auch gegen Haftungs- und Duldungsschuldner angeordnet werden.

4. Arrestgrund

Neben dem Arrestanspruch muß ein Arrestgrund gegeben sein. Seine Voraussetzungen sind für den dinglichen und den persönlichen Sicherheitsarrest verschieden geregelt.

a) Dinglicher Arrest

Ein Arrestgrund für den dinglichen Arrest besteht, wenn bei objektiver Abwägung aller Umstände zu befürchten ist, daß ohne Verhängung des Arrestes die Beitreibung vereitelt oder wesentlich erschwert wird (§ 324 Abs. 1 S. 1 AO). Die **Gefährdung** kann sich aus besonderen Umständen oder dem Verhalten des Vollstreckungsschuldners ergeben. Eine Absicht, die Vollstreckung zu vereiteln oder zu erschweren, ist ebensowenig erforderlich, wie ein Verschulden oder eine strafbare Handlung des Vollstreckungsschuldners.[5] Die Vollstreckungsbehörde trifft ihre Entscheidung nach pflichtgemäßem Ermessen.[6] Letzte Gewißheit, ob ein Arrestgrund vorliegt, braucht sich die Behörde allerdings nicht zu verschaffen. Es genügt, daß eine gewisse Wahrscheinlichkeit gegeben ist.[7] Der Anspruch des Vollstreckungsgläubigers ist nicht gefährdet, wenn er durch Bürgschaften, Pfandrechte oder in anderer Weise gesichert ist, oder solche Sicherheiten gem. § 336 AO umgehend erzwungen werden können.

Ist ein Steuerbescheid bereits ergangen, oder wäre der Erlaß eines vorläufigen Steuerbescheides ohne Zeitverzug möglich, so kann in der Regel einer Gefährdung des Anspruches durch sofortige Vollstreckungsmaßnahmen begegnet wer-

---

[2] Tipke-Kruse, § 324, Tz. 3; Schwarz, § 324, Tz. 3
[3] Schwarz, § 324, Tz. 5
[4] Kühn-Kutter-Hofmann, § 324, 2a; Tipke-Kruse, § 324, Tz. 6; eine spätere Auswechslung des Arrestanspruches ist unzulässig BFH DB 1983, 1854
[5] Tipke-Kruse, § 324, Tz. 4; Schwarz, § 324, Tz. 9
[6] Schwarz, § 324, Tz. 12
[7] Schwarz, § 324, Tz. 13

den. In diesen Fällen kann ein Arrest nur angeordnet werden, wenn der Steuerbescheid nicht vollstreckt werden kann, weil der Anspruch noch nicht fällig oder die Wochenfrist gem. § 254 Abs. 1 AO noch nicht abgelaufen ist.[8]

Beispiele:
Nach der Rechtsprechung ist die Besorgnis der Gefährdung der Vollstreckung unter anderem in folgenden Fällen begründet:
- *Veräußerung von wichtigen Vermögensteilen;*
- *Verschiebung von Vermögenswerten auf andere Personen oder ins Ausland;*
- *verschwenderische Lebensweise, Verbrennen von Geschäftsbüchern;*
- *häufiger Wohnungswechsel, der der Finanzbehörde nicht angezeigt wird;*
- *Notwendigkeit der Vollstreckung im Ausland;*
- *Tatbestand der Steuerhinterziehung.*

Keinen Arrestgrund bilden:
- *die bloße Ausländereigenschaft;*
- *eine allgemeine schlechte Vermögenslage;*
- *drohende Konkurrenz anderer Gläubiger;*
- *Gefahr fruchtloser Pfändung.*

b) Persönlicher Arrest

Für den persönlichen Sicherheitsarrest ist **neben der Gefährdung** der Vollstreckung zusätzlich erforderlich, daß gerade **der persönliche Arrest notwendig** ist, um die gefährdete Vollstreckung in das Vermögen des Pflichtigen zu sichern (§ 326 Abs. 1 S. 1 AO). Die Gefährdung der künftigen Vollstreckung muß sich daher stets aus Handlungen des Steuerpflichtigen ergeben.[9]

Der Arrest kann – angesichts des Grundsatzes der Verhältnismäßigkeit – nur angeordnet werden, wenn andere Sicherungsmittel, insbesondere die Anordnung und Vollziehung des dinglichen Arrestes, nicht ausreichen, die Arrestansprüche zu sichern. Der persönliche Arrest ist daher nur subsidiär.[10]

Das Vorliegen beider Voraussetzungen braucht auch beim Sicherheitsarrest nur glaubhaft gemacht zu werden. Allerdings ist die Bedeutung des persönlichen Sicherheitsarrestes in der Praxis gering, da nur in Ausnahmefällen der Zugriff auf den Pflichtigen selbst als letztes Sicherungsmittel erforderlich ist.

Beispiele:
Der persönliche Sicherheitsarrest kommt in folgenden Fällen in Betracht:
- *der Schuldner soll gehindert werden, Vermögensstücke verschwinden zu lassen, die durch den dinglichen Arrest nicht erfaßt werden können, weil sie dem Gläubiger nicht bekannt sind oder weil der Schuldner ihren Aufbewahrungsort nicht nennt;*
- *der Schuldner plant, ins Ausland zu fliehen.*

Kein persönlicher Sicherheitsarrest kommt in Betracht:
- *der Schuldner soll gezwungen werden, Auskunft über etwaige Vermögensgegenstände zu geben;*
- *der Schuldner soll gedrängt werden, Vermögensgegenstände, die sich im Ausland befinden, ins Inland zurückzuholen.*

---
[8] Kühn-Kutter-Hofmann, § 324, 2 b; Tipke-Kruse, § 324, Tz. 4
[9] Tipke-Kruse, § 326, Tz. 2
[10] Schwarz, § 326, Tz. 2

5. Anordnung des Arrestes

a) Dinglicher Arrest

Um ein dingliches Arrestverfahren durchzuführen, bedarf es zunächst einer schriftlichen Arrestanordnung. Örtlich (§ 17 AO) und sachlich (§ 16 AO) ist hierfür die **Finanzbehörde zuständig**, die für die Steuerfestsetzung des zu sichernden Anspruches zuständig wäre (§ 324 Abs. 1 S. 1 AO). Da die Anordnung keine Maßnahme der Vollstreckung ist, wird sie organisatorisch von der Steuerfestsetzungsstelle verfügt. Die Anordnung eines Arrestes steht im Ermessen der Behörde; sie ergeht in der Regel, ohne daß der Arrestschuldner gehört wird (vgl. § 921 ZPO).[11] Ihrem **Inhalt** nach muß die Anordnung möglichst genau folgende Angaben enthalten (vgl. Abschn. 54 Abs. 2 VollstrA):

- Bezeichnung und Adresse des Arrestschuldners;
- Tatsachen, aus denen sich Bestehen und Höhe des Arrestanspruches ergeben (§§ 324 Abs. 1 S. 2, 260 AO);
- Tatsachen, aus denen sich der Arrestgrund ergibt;
- Angabe des Arrestbefehles, d.h. den Ausspruch, daß der dingliche Arrest in das Vermögen des Arrestschuldners angeordnet wird nebst Begründung (§ 324 Abs. 2 AO). Eine Zahlungsaufforderung ist unzulässig;
- Angabe der Hinterlegungssumme, d.h. eines Geldbetrages, durch dessen Hinterlegung die Vollziehung des Arrestes gehemmt bzw. der vollzogene Arrest aufgehoben wird (§ 324 Abs. 1 S. 3 AO);
- Die Unterschrift des anordnenden Amtsträgers nebst Dienststempel (§ 324 Abs. 2 S. 2 AO);
- Rechtsbehelfsbelehrung (Abschn. 54 Abs. 3 VollstrA).

Die Arrestanordnung ist dem Arrestschuldner nach den Vorschriften des VwZG zuzustellen (§ 324 Abs. 2 S. 1 AO, Abschn. 54 Abs. 4 VollstrA).

b) Persönlicher Arrest

Der persönliche Arrest wird vom **Amtsgericht** angeordnet, in dessen Bezirk die Finanzbehörde ihren Sitz hat oder sich der Pflichtige befindet (§ 326 Abs. 1 S. 2 AO). Die Finanzbehörde ist lediglich berechtigt, einen entsprechenden Antrag zu stellen (§ 326 Abs. 1 S. 1 AO). Hierzu bedarf sie – außer im Falle der Gefahr im Verzug – der vorherigen Zustimmung der Oberfinanzdirektion (Abschn. 56 Abs. 3 VollstrA). In dem Antrag an das Amtsgericht hat die Behörde den Anspruch nach Art und Höhe sowie die Tatsachen anzugeben, die den Arrestgrund ergeben (§ 326 Abs. 2 AO). Die Angaben können vom Gericht überprüft werden.[12]

Zu Einzelheiten des Antrages auf Erlaß eines persönlichen Sicherheitsarrestes vgl. Abschn. 56 VollstrA.

6. Rechtsbehelfe gegen die Arrestanordnung

Gegen den Verwaltungsakt der Arrestanordnung kann der Arrestschuldner Einspruch einlegen (§ 347 AO). Zulässig ist auch unter den Voraussetzungen des § 45 FGO die unmittelbare Klage beim Finanzgericht. Beide Rechtsbehelfe

---

[11] Tipke-Kruse, § 324, Tz. 8

[12] Kühn-Kutter-Hofmann, § 326, 2; Tipke-Kruse, § 326, Tz. 3

führen aber nicht dazu, daß die Vollziehung der Arrestanordnung ausgesetzt würde.[13] Der Arrestschuldner kann allerdings Aussetzung der Vollziehung nach § 361 AO bzw. § 69 FGO beantragen. Wird sie gewährt, so ist sie grundsätzlich von einer Sicherheitsleistung abhängig zu machen, um den Sicherungszweck nicht zu gefähren (§ 361 Abs. 2 S. 3 AO).

7. Die Vollziehung des Arrestes

a) Dinglicher Arrest

Die Anordnung des Arrestes allein führt noch nicht dazu, den Gläubiger wegen seines Anspruches zu sichern.[14] Der Arrestschuldner kann weiterhin über sein Vermögen frei verfügen. Die erstrebte Sicherheit erlangt der Gläubiger erst, wenn der Arrest von der Vollstreckungsbehörde nach den Vorschriften des Vollstreckungsverfahrens (§§ 249ff. AO) vollzogen wird (§ 324 Abs. 3 S. 4 AO).

Zu den Einzelheiten vgl. Abschn. 55 Abs. 2 VollstrA.

Aus dem Sinn des Arrestes als Sicherungsmaßnahme folgt jedoch, daß alle Vollstreckungsmaßnahmen unzulässig sind, die über den **Sicherungszweck** hinaus zur Befriedigung des Gläubigers führen. Eine Verwertung der gepfändeten Gegenstände ist unstatthaft; gepfändete Forderungen dürfen nicht eingezogen werden; gepfändetes Geld ist nicht zu vereinnahmen, sondern zu hinterlegen (§ 324 Abs. 3 S. 3 AO, § 930 Abs. 3 ZPO). Ausnahmen sind nur möglich, wenn gepfändete Sachen mit Rücksicht auf ihre Beschaffenheit ohne Verwertung erheblich an Wert verlieren würden. In solchen Fällen ist der Versteigerungserlös zu hinterlegen. Grundlage für die Vollziehung ist die Arrestanordnung.[15] Sie braucht dem Arrestschuldner nicht vorher bekanntgegeben zu werden. Die Zustellung der Arrestanordnung muß dann aber binnen einer Woche nach oder gleichzeitig mit der Vollziehung erfolgen. Zwischen Arrestanordnung und Vollziehung dürfen nicht mehr als ein Monat verstrichen sein (§ 324 Abs. 3 AO). Die Vorschriften über das Leistungsgebot, die Wochenfrist (§ 254 AO) und die Mahnung (§ 259 AO) finden keine Anwendung (Abschn. 55 Abs. 2 VollstrA).

Der Vollstreckungsschuldner kann die **Vollziehung des Arrestes abwenden**. Hinterlegt der Arrestschuldner oder ein Dritter die in der Arrestverfügung bezeichnete Hinterlegungssumme oder leistet er in anderer Weise Sicherheit (§§ 241, 246, 247 AO), so ist die Vollziehung auszusetzen (§ 324 Abs. 1 S. 3 AO, Abschn. 55 Abs. 4 VollstrA). Sind Vollziehungsmaßnahmen bereits erfolgt, so sind sie aufzuheben. Die Arrestanordnung selbst bleibt weiter bestehen und wirksam.[16]

Auf die Vollziehung des Arrestes finden die Vorschriften des Arrestes der Zivilprozeßordnung entsprechende Anwendung (§ 324 Abs. 3 S. 4 AO). Der dingliche Arrest kann in das gesamte Vermögen vollzogen werden. In Betracht kommen:

- Pfändung von beweglichem Vermögen (§ 930 ZPO);

---

[13] Tipke-Kruse, § 324, Tz. 17
[14] Schwarz, § 324, Tz. 20
[15] Schwarz, § 324, Tz. 21
[16] Tipke-Kruse, § 324, Tz. 22

- Pfändung von eingetragenen Schiffen, Schiffsbauwerken und Schwimmdocks (§ 931 ZPO);
- Eintragung einer Sicherungshypothek auf Grundstücke oder grundstücksgleiche Rechte (§ 932 ZPO);
- Vollziehung in Luftfahrzeuge (§ 99 Abs. 2 LuftRG).

Soweit auf die Vorschriften über die Pfändung verwiesen wird, sind insbesondere die §§ 281, 186, 309ff., AO anzuwenden (§ 324 Abs. 3 AO).

b) Persönlicher Arrest

Die Vollziehung des persönlichen Arrestes bestimmt sich danach, welche Maßnahme das Amtsgericht in seiner Arrestanordnung bestimmt hat. Es kommen in Betracht, Auferlegung einer Meldepflicht, Paßentzug und – als letztes Mittel – Haft (§ 326 Abs. 3 AO). Für die Vollziehung ist das Amtsgericht zuständig (§§ 933, 909 ZPO).

8. Die Aufhebung des Arrestes

Die Behörde ist von Amts wegen verpflichtet, eine Arrestanordnung aufzuheben, die zu Recht ergangen ist oder vom Steuerpflichtigen nicht mit Rechtsbehelfen angegriffen wurde, wenn nachträglich Umstände eintreten, die die Anordnung nicht mehr gerechtfertigt erscheinen lassen (§ 325 AO, Abschn. 54 Abs. 5 VollstrA). In Betracht kommen Stundung oder Erlöschen des Arrestanspruches, Wegfall des Sicherungsinteresses.

Beispiel:
Der Arrestschuldner tritt eine bedeutende Erbschaft an oder leistet freiwillig Sicherheit.

9. Überleitung in das Vollstreckungsverfahren

Das Arrestverfahren hindert den Gläubiger nicht daran, das Besteuerungsverfahren bezüglich der gesicherten Ansprüche weiter zu verfolgen und alle Voraussetzungen für den Beginn einer Zwangsvollstreckung zu schaffen. Wird dieser Anspruch vollstreckbar, so schließt sich das normale Vollstreckungsverfahren an. Die erlangten Sicherheiten bleiben erhalten; ihre nochmalige Pfändung ist nicht erforderlich. Der Rang der Pfandrechte bestimmt sich nach dem Zeitpunkt der Arrestvollziehung.[17] Eine Arresthypothek muß das Grundbuchamt auf Ersuchen der Finanzbehörde in eine Sicherungshypothek umschreiben. Die Arrestanordnung wird ohne besondere Aufhebungsverfügung unwirksam (§ 124 Abs. 2 AO). Die Sicherheiten werden nach § 327 AO verwertet (vgl. § 34, 3).

10. Unberechtigte Arrestanordnung und Arrestvollziehung

Erweist sich nachträglich, daß die Anordnung des Arrestes oder seine Vollziehung von Anfang an ungerechtfertigt war, es fehlte z.B. der Arrestanspruch oder der Arrestgrund, so kann der Arrestschuldner Ersatz des Schadens verlangen, der ihm durch die Vollziehung oder dadurch entstanden ist, daß er Sicherheit geleistet hat.[18]

---

[17] Tipke-Kruse, § 324, Tz. 31
[18] zu den Rechtsgrundlagen vgl. Schwarz, § 324, Tz. 33 m.w.N.

Vierter Teil
Die Vollstreckung wegen anderer Leistungen als Geldforderungen

§ 33 Die Vollstreckung wegen Handlungen, Duldungen oder Unterlassungen

1. Allgemeines

Neben den Ansprüchen aus dem Steuerschuldverhältnis, die auf Geld gerichtet sind (vgl. § 37 Abs. 1 AO), können Beteiligten aber auch Dritten, Pflichten gegenüber dem Steuergläubiger obliegen, die nicht in einer Geldleistung bestehen. In Betracht kommen Pflichten gerichtet auf die Vornahme einer Handlung, Duldung oder Unterlassung. Kommen die Betroffenen diesen steuerlichen Pflichten nicht nach, so können sie gem. §§ 328-335 AO im Wege der Vollstreckung zwangsweise durchgesetzt werden.

Als Zwangsmittel sind allein zulässig das Zwangsgeld (§ 329 AO), die Ersatzvornahme (§ 330 AO) und der unmittelbare Zwang (§ 331 AO, vgl. Übersicht § 12). Die Zwangsmittel haben, wie die Vollstreckung insgesamt, keinen strafrechtlichen Charakter. Ihre Anwendung setzt daher kein Verschulden voraus.[1] Sie sind vielmehr Beugemittel, die auf den Willen des Betroffenen einwirken wollen, um ihn zu pflichtgemäßem Verhalten zu veranlassen.

2. Der Verwaltungsakt als Vollstreckungsgrundlage

Gem. § 328 Abs. 1 S. 1 AO kann ein Verwaltungsakt, der auf Vornahme einer Handlung oder auf Duldung oder Unterlassung gerichtet ist, mit Zwangsmitteln durchgesetzt werden.

Grundlage einer Vollstreckung bildet somit stets ein Verwaltungsakt. Vollstreckbar ist jeder Verwaltungsakt, der durch Bekanntgabe wirksam geworden ist. Unanfechtbar braucht er nicht zu sein. Nicht vollstreckt werden darf ein Verwaltungsakt, der nichtig (§ 125 AO) oder dessen Vollziehung ausgesetzt oder gehemmt ist (§ 251 Abs. 1 AO). In einigen Fällen ist die Vollstreckung von Verwaltungsakten **durch Gesetz ausgeschlossen**. Zu nennen wäre:[2]

- Vollstreckung zur Abgabe einer eidesstattlichen Versicherung (§ 95 Abs. 6 AO);
- Vollstreckung zur Abgabe einer eidesstattlichen Versicherung im Vollstreckungsverfahren durch die Vollstreckungsbehörde (§ 284 Abs. 7 AO);
- Vollstreckung von Mitwirkungspflichten, bei denen Verweigerungsrechte im Sinne der §§ 101ff. AO bestehen.
- Vollstreckung von Mitwirkungspflichten im Besteuerungsverfahren, wenn der Steuerpflichtige dadurch gezwungen würde, sich selbst wegen einer von ihm begangenen Steuerstraftat oder Steuerordnungswidrigkeit zu belasten (§ 393 Abs. 1 S. 2 AO).

---

1 Schwarz, § 328, Tz. 21 m.w.N.

2 weitere Beispiele Tipke-Kruse, § 328, Tz. 8ff.

3. Die vollstreckbaren Leistungen

Erzwingbar sind Verwaltungsakte nur dann, wenn sie auf die Vornahme einer Handlung oder auf Duldung oder Unterlassung gerichtet sind. Verwaltungsakte, die eine Rechtsstellung einräumen, die rechtsgestaltende oder feststellende Wirkung haben, bedürfen einer Vollstreckung nicht. Ihre Rechtsfolgen treten allein auf Grund der in den Verwaltungsakten getroffenen Regelung ein.

Beispiel:
Einem Betrieb wird eine aktive Veredelung mit Mais erteilt. Der Inhaber dieser Bewilligung kann nicht gezwungen werden, im Rahmen der Bewilligung unveredelte Ware einzuführen, sie zu veredeln und anschließend zu exportieren. Die Bewilligung hat dem Veredler nur eine entsprechende Rechtsstellung eingeräumt, ohne ihn darüber hinaus zu weiteren Handlungen zu verpflichten.

Als Verwaltungsakte, **gerichtet auf eine Handlung**, kommen in Betracht:

- Verwaltungsakt, gerichtet auf Auskunft über einen steuerlich erheblichen Sachverhalt (§ 93 Abs. 1 AO);
- Verwaltungsakt, gerichtet auf Führung von Büchern und Aufzeichnungen (§ 140 AO i.V.m. außersteuerrechtlichen Regelungen);
- Verwaltungsakt, gerichtet auf Aufzeichnung des Wareneinganges (§ 143 AO);
- Verwaltungsakt, gerichtet auf Abgabe einer ordnungsgemäßen und fristgerechten Steuererklärung (§ 149 AO i.V.m. Einzelsteuergesetzen);
- Verwaltungsakt, gerichtet auf Vorlage von Unterlagen, soweit die Steuergesetze dies vorschreiben (§ 150 Abs. 4 AO i.V.m. Einzelsteuergesetzen).

Als Verwaltungsakte, **gerichtet auf Unterlassung**, kommen in Betracht:

- Verwaltungsakt, gerichtet auf Verbot der Verfügung über Sachen und Forderungen (§§ 76 Abs. 3, 309 Abs. 1 AO);
- Verwaltungsakt, gerichtet auf Verbot der unerlaubten geschäftsmäßigen Hilfeleistung in Steuersachen (§ 7 StBerG).

Als Verwaltungsakte, **gerichtet auf Duldung**, kommen in Betracht:

- Verwaltungsakt, gerichtet auf die Duldung des Betretens von Grundstücken, Räumen und Schiffen (§ 99 AO);
- Verwaltungsakt, gerichtet auf die Duldung des Betretens von Betriebseinrichtungen während der üblichen Geschäfts- und Arbeitszeit durch Finanzbeamte (§ 210 AO).

4. Die Arten der Zwangsmittel

Kommt der durch den Verwaltungsakt Betroffene seinen steuerrechtlichen Pflichten nicht nach, so können ausschließlich folgende Zwangsmittel angewendet werden:

- **Zwangsgeld** (§ 329 AO), ggf. **Ersatzzwangshaft** (§ 334 AO);
- **Ersatzvornahme** (§ 330 AO);
- **Unmittelbarer Zwang** (§ 331 AO).

a) Zwangsgeld

Das Zwangsgeld ist das Zwangsmittel mit der größten praktischen Bedeutung. Es ist für jede einzelne durch Verwaltungsakt konkretisierte Verpflichtung getrennt **anzudrohen** (§ 332 AO) und **festzusetzen** (§ 333 AO). Das einzelne

Zwangsgeld darf 5.000,– DM nicht übersteigen (§ 329 AO). Das Zwangsgeld kann allerdings mehrfach angedroht, festgesetzt und ggf. erhöht werden, wenn die geforderte Handlung trotz des festgesetzten Zwangsgeldes nicht vorgenommen wird.[3] Dabei kann der Betrag von 5.000,– DM überschritten werden. Das strafrechtliche Verbot der Doppelbestrafung findet auf Beugemittel keine Anwendung.

Die **Höhe des Zwangsgeldes** im Einzelfall liegt im pflichtgemäßen Ermessen der Vollstreckungsbehörde (§ 5 AO). Es ist so hoch festzusetzen, daß der Pflichtige es voraussichtlich vorzieht, seiner Verpflichtung nachzukommen. Dabei sind die persönlichen und wirtschaftlichen Verhältnisse des Betroffenen aber auch die Hartnäckigkeit seines Widerstandes zu berücksichtigen.[4]

b) Ersatzzwangshaft

Ist ein Zwangsgeld, das gegen eine natürliche Person festgesetzt wurde, uneinbringlich, so kann gegen den Pflichtigen die Ersatzzwangshaft angeordnet werden (§ 334 AO).

Die Ersatzzwangshaft dient der Willensbeugung des Beteiligten durch Inhaftierung. Sie hat zwar keinen Strafcharakter, doch kommt dieser einschneidende Eingriff in die verfassungsrechtlich geschützte Freiheit der Person (Art. 2 Abs. 2 GG) nur als **letzte Möglichkeit** in Betracht.[5] Die Finanzbehörde muß die Ersatzzwangshaft beim örtlich und sachlich zuständigen **Amtsgericht** beantragen (§ 334 Abs. 2 AO). In dem Antrag muß sie dartun, daß der Betroffene bei der Androhnung des Zwangsgeldes auf die Ersatzzwangshaft hingewiesen wurde und alle Vollstreckungsversuche, das Zwangsgeld einzuziehen, fehlgeschlagen sind.

Das Amtsgericht entscheidet nach pflichtgemäßem Ermessen (§ 334 Abs. 2 S. 1 AO). Es ist an die Beurteilung der Vollstreckungsbehörde über die rechtlichen und tatsächlichen Voraussetzungen, die Notwendigkeit, Zweckmäßigkeit und Verhältnismäßigkeit einer Haft nicht gebunden.[6] Vor der Entscheidung, die durch Beschluß ergeht, ist der Pflichtige zu hören (§ 334 Abs. 1 S. 1 AO). Die Ersatzzwangshaft beträgt mindestens einen Tag und höchstens zwei Wochen für jedes einzelne festgesetzte Zwangsgeld (§ 334 Abs. 3 AO).

Gegen den Beschluß haben die Vollstreckungsbehörde und der Pflichtige binnen zwei Wochen die Möglichkeit der sofortigen Beschwerde (§ 577 Abs. 2 ZPO, § 334 Abs. 2 S. 3 AO).

Die Haft ist nach den Vorschriften der Zivilprozeßordnung zu vollstrecken (§ 334 Abs. 3 AO). Ist der Anspruch auf das Zwangsgeld verjährt, so darf die Haft nicht mehr vollstreckt werden (§ 334 Abs. 4 AO).

c) Ersatzvornahme

Wird die Verpflichtung, eine Handlung vorzunehmen, deren Vornahme durch einen anderen möglichen ist (vertretbare Handlung) nicht erfüllt, so kann die Vollstreckungsbehörde einen anderen mit der Vornahme der Handlung auf Kosten des Pflichtigen beauftragen (§ 330 AO).

---

[3] Schwarz, § 332, Tz. 13; Kühn-Kutter, § 332, 4
[4] Schwarz, § 329, Tz. 3
[5] Tipke-Kruse, § 334, Tz. 2; Koch-Scholtz, § 334, Rz. 3
[6] Kühn-Kutter-Hofmann, § 334, 2; Schwarz, § 334, Tz. 4

Die Bedeutung der Ersatzvornahme ist recht gering, da die Androhung und Festsetzung eines Zwangsgeldes und die Androhung der Ersatzzwangshaft in den meisten Fällen ausreichen, den Betroffenen zur Erfüllung seiner steuerrechtlichen Pflichten anzuhalten.

Beispiel:
Der Steuerpflichtige weigert sich, eine Bilanz aufzustellen und vorzulegen. Das Hauptzollamt kann mit der Erstellung einen Steuerberater beauftragen.

d) Unmittelbarer Zwang

Führen das Zwangsgeld oder die Ersatzvornahme nicht zum Ziele oder sind sie untunlich, so kann die Finanzbehörde den Pflichtigen zur Handlung, Duldung oder Unterlassung zwingen oder die Handlung selbst vornehmen (§ 331 AO).

Unmittelbarer Zwang bedeutet den **Einsatz körperlicher Gewalt** oder die **Anwendung technischer Mittel** gegen Personen oder Sachen. Er ist stets nur letztes Mittel zur Durchsetzung des Verwaltungsaktes, der auf eine unvertretbare Handlung gerichtet ist.[7] Die Ausübung des unmittelbaren Zwanges durch Vollziehungsbeamte der Hauptzollämter richtet sich nach dem Gesetz über den unmittelbaren Zwang bei Ausübung öffentlicher Gewalt durch Vollzugsbeamte des Bundes. Findet der Vollziehungsbeamte bei der Ausübung unmittelbarer Gewalt Widerstand, kann er um Unterstützung durch Polizeibeamte nachsuchen (§ 287 Abs. 2 AO).

Beispiele:
Unmittelbarer Zwang kommt in Betracht bei:
- *Vorführung eines Zeugen;*
- *Erzwingung einer angeordneten Außenprüfung;*
- *Öffnung eines Stahlschrankes.*
- *Öffnung von Räumen zur Durchführung einer Durchsuchung.*

5. Die Auswahl, Androhung und Festsetzung der Zwangsmittel

Ob Zwangsmittel angewendet werden, steht gem. § 328 Abs. 1 S. 1 AO im Ermessen der Vollstreckungsbehörde **(Entschließungsermessen)**. Häufig führt eine nochmalige dringende Mahnung zum gewünschten Ergebnis. Entschließt sich die Vollstreckungsbehörde dazu, ein Zwangsmittel anzuwenden, so muß sie ein zulässiges Zwangsmittel auswählen **(Auswahlermessen)**. Es ist dasjenige Zwangsmittel zu bestimmen, durch das der Pflichtige und die Allgemeinheit am wenigsten beeinträchtigt werden (§ 328 Abs. 2 S. 1 AO). Dabei ist vor dem unmittelbaren Zwang das Zwangsgeld und die Ersatzvornahme vorrangig (§ 331 AO). Das Zwangsgeld geht der Ersatzvornahme regelmäßig vor, da es die Willensentschließung des Pflichtigen weniger beeinträchtigt.

Die Ersatzzwangshaft ist nur sehr eingeschränkt anzuwenden.[8] Das Zwangsmittel muß stets in einem angemessenen Verhältnis zu seinem Zweck stehen (§ 328 Abs. 2 S. 2 AO).

Zwangsmittel müssen von der Finanzbehörde in der Regel **schriftlich angedroht** werden, es sei denn, daß ansonsten der Vollzug des zu vollstreckenden Ver-

---
[7] Schwarz, § 331, Tz. 1
[8] Schwarz, § 334, Tz. 1; teilweise a.A. Brunn-Fritz S. 145

waltungsaktes vereitelt würde. Die Androhung kann mit dem durchzusetzenden Verwaltungsakt verbunden werden. Sie muß sich auf ein bestimmtes Zwangsmittel beziehen und für jede einzelne Verpflichtung getrennt ergehen (§ 332 Abs. 2 AO). Das Zwangsgeld ist in bestimmter Höhe anzudrohen. Ein neues Zwangsmittel wegen derselben Verpflichtung kann regelmäßig erst angedroht werden, wenn das zunächst angedrohte Zwangsmittel erfolglos geblieben ist (§ 332 Abs. 3 AO). Die Androhung eines Zwangsmittels ist ein Verwaltungsakt,[9] gegen den der Rechtsbehelf des Einspruchs gegeben ist (§ 347 AO).

Kommt der Pflichtige innerhalb der ihm gesetzten Frist seinen Verpflichtungen nicht nach oder handelt er ihnen weiterhin zuwider, so setzt die Finanzbehörde das Zwangsmittel fest (§ 333 AO). Ohne diese **Festsetzung** ist eine Vollziehung des angedrohten Zwangsmittels nicht möglich. Gegen den Verwaltungsakt der Festsetzung[10] kann der Beteiligte den Rechtsbehelf des Einspruchs einlegen (§ 347 AO). Bei der Anwendung der Zwangsmittel ist der Grundsatz der Verhältnismäßigkeit zu beachten.

6. Beendigung des Zwangsverfahrens

Wird die Verpflichtung nach Festsetzung des Zwangsmittels erfüllt, so ist die Vollstreckung einzustellen (§ 335 AO).

Die Vorschrift ergibt sich aus dem Charakter des Zwangsverfahrens als Beugemittel. Der Vollzug ist sofort einzustellen, wenn der Pflichtige die Anordnungen befolgt.

Beispiel:
Ein gem. § 334 AO inhaftierter Beteiligter ist sofort zu entlassen, sobald er die Anordnungen des Hauptzollamtes befolgt.

[9] Tipke-Kruse, § 332, Tz. 3
[10] Kühn-Kutter-Hofmann, § 333, 3; Koch-Scholtz, § 333, Rz. 3

Fünfter Teil
Erzwingung von Sicherheiten

§ 34 Die Verpflichtung zur Sicherheitsleistung; Erzwingung und Verwertung von Sicherheiten

1. Verpflichtung zur Sicherheitsleistung

Das Steuerrecht gewährt den Finanzbehörden in Ausnahmefällen kraft Gesetzes Sicherheiten für ihre Ansprüche oder gestattet es ihnen, vom Steuerpflichtigen durch Verwaltungsakt Sicherheit dafür zu verlangen, daß er seinen steuerrechtlichen Verpflichtungen nachkommt. Die Sicherheitsleistung soll eine Gefährdung der Ansprüche des Steuergläubigers abwenden.

Beispiele:
1. *Verbrauchsteuerpflichtige und zollpflichtige Waren dienen als Sicherheit für die darauf ruhenden Steuern (§ 76 AO).*
2. *Die Finanzbehörde verlangt vom Steuerpflichtigen durch Verwaltungsakt Leistung von Sicherheiten, weil er Biersteuerschulden mehrfach nicht rechtzeitig entrichtet hat (§ 221 AO).*

In anderen Fällen ist es auf gesetzlicher Grundlage in das Ermessen der Finanzbehörde gestellt, Sicherheiten im Zusammenhang mit steuerlichen Vergünstigungen zu verlangen, die der Steuerpflichtige begehrt. Art und Möglichkeiten der Sicherheitsleistung selbst regelt § 241 AO.

Beispiele:
Sicherheiten können u.a. verlangt werden für:
- *Gewährung einer Stundung (§ 222 AO);*
- *Gewährung von Zahlungsaufschub (Art. 225 ZK);*
- *Aussetzung der Vollziehung (§ 361 AO, Art. 244 ZK);*
- *Versandverfahren (Art. 94 ZK).*

Das Verlangen nach Sicherheit stellt sich in diesen Fällen als eine Nebenbestimmung zu dem vom Steuerpflichtigen begehrten begünstigenden (Haupt)Verwaltungsakt dar. Dabei steht es im Ermessen der Behörde, welche Art einer Nebenbestimmung (§ 120 AO) beigefügt wird.[1] Für die Anforderung von Sicherheiten kommt die Beifügung einer **Bedingung** oder einer **Auflage** in Betracht. Es empfiehlt sich, die Nebenbestimmung genau zu bezeichnen, um klarzustellen, welche Folgerungen sich aus der Nichterfüllung der Nebenbestimmung ergeben. Im Zweifel ist die Nebenbestimmung als Auflage zu werten, da sie den Steuerschuldner am wenigsten belastet.[2] Zu beachten in diesem Zusammenhang ist jedoch, daß nach verschiedenen Vorschriften des Zollkodex Sicherheitsleistungen für Vergünstigungen zwingend erforderlich sind. Ein Ermessen steht den Behörden insoweit nicht zu.

---

[1] Schwarz, § 120, Tz. 9
[2] Tipke-Kruse, § 120, Tz. 3; Schwarz, § 120, Tz. 6

Beispiele:

1. *Die Finanzbehörde bewilligt dem Steuerpflichtigen ein Mineralöllager im Sinne von § 7 MinöStG unter der Bedingung, daß Sicherheitsleistungen erbracht werden. Die beigefügte Bedingung führt dazu, daß die Gewährung des Mineralöllagers solange noch der Schwebe bleibt und vom Antragsteller noch nicht in Anspruch genommen werden kann, bis die Bedingung erfüllt ist (§ 120 Abs. 2 Nr. 2 AO).*[3]
2. *Die Finanzbehörde gewährt dem Steuerschuldner Stundung gem. § 222 AO unter der Auflage der Sicherheitsleistung.*

Die Auflage ist ein selbständiger Verwaltungsakt, der mit der Gewährung der Stundung verbunden ist (§ 120 Abs. 2 Nr. 4 AO). Anders als bei einer Bedingung tritt die Wirkung der Stundung unabhängig davon ein, ob der Steuerschuldner die Auflage erfüllt oder nicht.[4]

Hat die Finanzbehörde Sicherheiten als Bedingung zum Wirksamwerden eines Verwaltungsaktes verlangt, der Beteiligte sie aber nicht erbracht, so wird der Verwaltungsakt nicht wirksam. Solche Sicherheitsleistungen können nicht erzwungen werden, da es dem Beteiligten freisteht, ob er sie erbringen will oder nicht.[5]

Beispiel:

Das Hauptzollamt hat dem Zollschuldner angeboten, ihm ein privates Zollager zu bewilligen, unter der Bedingung, daß er Sicherheit in Höhe des Zolls leistet (Art. 88 i.V.m. Art. 99 ZK, Art. 504 Abs. 1 4. Anstrich ZK-DVO).

Leistet der Zollschuldner die verlangte Sicherheit nicht, so kann sie nicht erzwungen werden. Die Vorteile des Zollagers kann der Zollschuldner allerdings auch nicht in Anspruch nehmen.

2. Erzwingung von Sicherheiten

Ist der Steuerschuldner kraft belastenden Verwaltungsaktes auf gesetzlicher Grundlage oder durch Nebenbestimmung in Form einer Auflage[6] dazu verpflichtet, Sicherheiten zu leisten und erfüllt er diese Verpflichtungen nicht, so kann die Sicherheitsleistung gemäß der Sonderregelung des § 336 AO erzwungen werden. Die Erzwingung der Sicherheit nach den Vorschriften über die Vollstreckung wegen Handlungen, Duldungen oder Unterlassungen (§ 328ff. AO) ist unzulässig (§ 328 Abs. 1 S. 2 AO).

Die Erzwingung ist durch schriftlichen Verwaltungsakt anzuordnen (§ 336 Abs. 2 S. 1 AO). § 332 AO gilt für die Androhung entsprechend (§ 336 Abs. 2 S. 2 AO). Die Sicherheit wird durch Pfändung erzwungen. Es gelten die §§ 262-323 AO entsprechend (§ 336 Abs. 2 S. 2 AO). Die Vollstreckungsbehörde kann daher nach ihrem Ermessen (§ 245 AO) geeignete Teile des beweglichen Vermögens des Vollstreckungsschuldners pfänden. Schuldnerschutzvorschriften sind zu beachten. Auch eine Vollstreckung in das unbewegliche Vermögen ist zulässig; es gelten insoweit die Befugnisse und Möglichkeiten über die Vollstreckung in Immobilien (§§ 336 Abs. 2 S. 2, 322f. AO). Durch die Beschlagnahme erwirbt die

[3] Schwarz, § 120, Tz. 6

[4] Schwarz, § 120, Tz. 8

[5] Schwarz, § 336, Tz. 5

[6] Tipke-Kruse, § 336, Tz. 1

Vollstreckungsbehörde ein Pfändungspfandrecht an der gepfändeten Sache. Gleichzeitig wird die Rangstelle gesichert (§ 282 AO). Die Verwertung darf allerdings erst erfolgen, wenn der Vollstreckungsschuldner den zu sichernden Anspruch bei Fälligkeit nicht erfüllt (§§ 282 Abs. 2, 327 AO).

3. Verwertung von Sicherheiten

Die Vollstreckungsbehörde kann Sicherheiten verwerten, die sie zur Sicherheit wegen Geldforderungen erlangt hat, die im Verwaltungsverfahren vollstreckbar sind. Die Verwertung richtet sich nach der Vollstreckung wegen Geldforderungen (§§ 259ff., 327 S. 2 AO). Sicherheiten, die die Finanzbehörde durch Gesetz, freiwillige Leistung oder Erzwingung erlangt hat, gewähren dem Steuergläubiger lediglich Sicherheit, berechtigen ihn aber nicht dazu, die Pfandsache im Wege der öffentlich-rechtlichen Vollstreckung zu verwerten.[7] Dieses Verwertungsrecht wird der Finanzbehörde **kraft Gesetzes** eingeräumt, indem § 327 AO bestimmt, daß sich die Vollstreckungsbehörde aus den Sicherheiten befriedigen kann, die sie zur Sicherheit für fällige und vollstreckbare Geldforderungen erlangt hat. Sie bedarf hierzu weder eines Pfändungsaktes[8] noch eines besonderen Leistungsgebotes[9], gerichtet auf Duldung der Verwertung der erlangten Sicherheiten.

Die Verwertung darf gemäß § 327 S. 1AO nur wegen Geldforderungen erfolgen, die im Verwaltungsverfahren vollstreckbar sind (§ 251 AO). Hierunter fallen alle Ansprüche nach §§ 249-323 AO, soweit sie auf Leistung von Geld gerichtet sind, d.h. mit Ausnahme solcher Leistungen, die nach den Vorschriften der Vollstreckung wegen Handlungen, Duldungen oder Unterlassungen (§ 328 AO) durchgesetzt werden.

Die Geldforderung muß fällig und nicht erfüllt worden sein. Die weiteren Voraussetzungen über den Beginn von Vollstreckungshandlungen (§ 254 AO), insbesondere ein Leistungsgebot, werden zwar in der Regel vorliegen, werden aber von § 327 AO nicht verlangt, da es sich bei dieser Vorschrift um eine spezielle Regelung eines Verwertungsverfahrens handelt, die eine Verwertungsbefugnis voraussetzt.

Als Sicherheiten für die Geldforderung kommen alle schuldrechtlichen und dinglichen Rechte in Betracht, durch deren Geltendmachung eine Befriedigung des Vollstreckungsgläubigers bewirkt werden kann.

Beispiele:
Sicherheiten im Sinne von § 327 AO sind:
- *freiwillig geleistete Sicherheiten nach §§ 241ff. AO;*
- *erzwungene Sicherheiten (§ 336 AO);*
- *Sicherheiten aus Sachhaftung (§ 76 AO);*
- *Sicherheiten aus der Vollziehung eines Arrestes (§ 324 AO);*
- *Hinterlegung (§§ 324, 326 AO);*
- *Garantieversprechen, Wechselverpflichtungen, Sicherheitsübereignung, Sicherheitsabtretung des Schuldners.*

---

[7] Schwarz, § 327, Tz. 1
[8] Tipke-Kruse, § 327, Tz. 1; Schwarz, § 327, Tz. 1
[9] a.A. Schwarz, § 327, Tz. 5

Die jeweilige Sicherheit darf allerdings nur zur Befriedigung der Geldforderung verwertet werden, für die sie gewährt oder erzwungen wurde (§ 327 S. 1 AO).

Beispiel:
Hat ein Steuerschuldner Sicherheit für ein Aufschubkonto geleistet, so kann diese nur für aufgeschobene Beträge in Anspruch genommen werden. Schwärzt er später Waren ein und zahlt er nach Festsetzung der hinterzogenen Einfuhrabgaben die Steuer nicht, so kann zur Befriedigung dieses Anspruches nicht auf die Sicherheit für das Aufschubkonto zurückgegriffen werden.

Die Verwertung der Sicherheiten bestimmt sich nach den Vorschriften des zweiten Abschnittes der §§ 259ff. AO, (vgl. §§ 19; 20, 6), wobei § 327 AO ergänzende Regelungen trifft. Die Verwertung darf erst erfolgen, wenn dem Vollstreckungsschuldner diese Verwertungsabsicht bekanntgegeben ist und seit Bekanntgabe mindestens eine Woche verstrichen ist (§ 327 S. 3 AO).

Die Ankündigung der Verwertungsabsicht enthält keine Regelung und ist **kein Verwaltungsakt.**[10] Sie stellt lediglich eine Information des Vollstreckungsschuldners über die Absicht der Vollstreckungsbehörde dar, eine Verwertungsanordnung zu erlassen, oder teilt ihm den Erlaß einer Verwertungsanordnung mit, um ihn zu veranlassen, binnen einer Woche die Anordnung der Verwertung (§ 296 AO) noch abzuwenden. Ihr Zweck ähnelt dem der Mahnung (§ 259 AO), ist aber von ihr ebenso zu unterscheiden wie von der Benachrichtigung des Vollstreckungsschuldners vom Versteigerungstermin (Abschn. 51 Abs. 4 VollzA).

Verstreicht die Frist ergebnislos, ordnet die Vollstreckungsbehörde die Versteigerung (§ 298 AO) oder anderweitige Verwertung (§ 305 AO) durch **schriftliche Verwertungsanordnung** an (§ 296 Abs. 1 AO). In der Regel muß eine einwöchige Frist eingehalten werden. Da die Verwertungsankündigung aber auch mit der Verwertungsandrohung verbunden werden kann, können sich die Fristen nach § 327 S. 3 AO und § 298 Abs. 1 AO überdecken.

4 Rechtsbehelfe

Gegen Verwaltungsakte, die auf eine Erzwingung und Verwertung von Sicherheiten gerichtet sind, ist der Rechtsbehelf des Einspruchs (§ 347 AO) mit anschließender Klagemöglichkeit beim Finanzgericht gegeben.

[10] a.A. Schwarz, § 327, Tz. 10, der einen Verwaltungsakt mit konstitutiver Wirkung annimmt, der Verstrickung und Pfändungspfandrecht ersetzt. A.A. Tipke-Kruse, § 327, Tz. 5, der in der Bekanntgabe eine Sonderform des Leistungsgebots sieht.

Sechster Teil
Rechtsschutz im Vollstreckungsverfahren

§ 35 Außergerichtliche Rechtsbehelfe und Einwendungen

1. Allgemeines

Nach Art. 20 Abs. 3 GG ist die vollziehende Gewalt an Gesetz und Recht gebunden. Als zentrale Forderung der Rechtsstaatlichkeit statuiert diese Vorschrift den Grundsatz der Gesetzmäßigkeit der Verwaltung. Alle staatliche Verwaltungstätigkeit muß sich unmittelbar auf ein Gesetz im formellen Sinn oder auf die Verfassung selbst zurückführen lassen.

Dieser Forderung kommt gerade im Verwaltungszwangsverfahren der Vollstreckung eine besondere Bedeutung zu. Die Vollstreckung bringt erhebliche Eingriffe in die Sphäre des Schuldners, insbesondere sein Vermögen und seinen sozialen Status mit sich. Aber auch Dritte können in ihren rechtlich geschützten Interessen beeinträchtigt werden, wenn etwa schuldnerfremde Sachen gepfändet werden.

Um das verfassungsrechtliche Gebot zu sichern und den Einzelnen vor Übergriffen des Staates im Vollstreckungsverfahren zu bewahren, gewährt die Abgabenordnung und die Finanzgerichtsordnung dem Betroffenen Rechtsschutz durch ein umfangreiches System von formlosen und förmlichen außergerichtlichen Rechtsbehelfen und gerichtlichen Rechtsmitteln. Es gewährleistet, daß alle Maßnahmen und Entscheidungen der Vollstreckungsbehörde innerhalb des Vollstreckungsverfahrens auf ihre Rechtmäßigkeit hin überprüft werden können.

Um eine Überlastung der Finanzgerichte zu vermeiden, muß der Betroffene allerdings regelmäßig zunächst einen außergerichtlichen Rechtsbehelf einlegen, bevor er das Gericht um Rechtsschutz anrufen kann (§ 44 Abs. 1 FGO). Die Vollstreckungsbehörden können somit zunächst im Wege der Selbstkontrolle die im formstrengen Vollstreckungsverfahren unvermeidlichen Fehler auf unkomplizierte Weise im Verwaltungsverfahren beseitigen.

Soweit in Ausnahmefällen Rechtsbehelfe nach der Abgabenordnung nicht zulässig sind, gewährt Art. 19 Abs. 4 GG letztlich jedem, der durch die öffentliche Gewalt in seinen Rechten verletzt wird, den Rechtsweg zu den ordentlichen Gerichten.

2. Formlose Rechtsbehelfe

Gegen Maßnahmen der Vollstreckungsbehörden hat der Betroffene zunächst die formlosen Rechtsbehelfe des allgemeinen Verwaltungsrechts. Er kann **Gegenvorstellungen** erheben und bei der Vollstreckungsbehörde um Abhilfe von einer Vollstreckungsmaßnahme vorstellig werden.

Er kann sich aber auch mit einer **Dienstaufsichtsbeschwerde** an die der Vollstreckungsbehörde vorgesetzte Behörde (meist die Oberfinanzdirektion) wenden, um diese zu veranlassen, durch innerdienstliche Anweisung eine Änderung oder Aufhebung von Vollstreckungsmaßnahmen herbeizuführen.

3. Förmliche Rechtsbehelfe

Gegen Maßnahmen der Vollstreckung sind die förmlichen außergerichtlichen Rechtsbehelfe des siebten Teiles der Abgabenordnung gegeben.

Vollstreckungsmaßnahmen sind Abgabenangelegenheiten, auf die die Abgabenordnung Anwendung findet (§ 347 Abs. 1 Nr. 1 AO). Zu den Abgabenangelegenheiten gehören nämlich alle mit der Verwaltung der Abgaben zusammenhängenden Angelegenheiten (§ 347 Abs. 2 S. 1 AO), also auch Vollstreckungsmaßnahmen, die im Verwaltungsweg ergehen (§ 249 Abs. 1 S. 1 AO).

Die Rechtsbehelfe der Abgabenordnung sind auch gegeben in den Fällen, in denen die Vollstreckungsbehörden anderen Bundesbehörden oder bundesunmittelbaren juristischen Personen des öffentlichen Rechts Vollstreckungshilfe auf der Grundlage des Verwaltungsvollstreckungsgesetzes leisten (§ 347 Abs. 1 Nr. 2 AO).

4. Arten der Rechtsbehelfe

Das Rechtsschutzsystem der Abgabenordnung geht davon aus, daß Rechtsbehelfe nur gegen **Verwaltungsakte** statthaft sind (vgl. § 347 Abs. 1 AO).[1] Es ist daher stets zu prüfen, ob die Maßnahme, gegen die ein Betroffener einen Rechtsbehelf einlegt, rechtlich als Verwaltungsakt (§ 118 AO) anzusehen ist.

Beispiele:
Verwaltungsakte sind:
- *Anordnung zur Öffnung eines Behältnisses (§ 287 Abs. 2 AO);*
- *Pfändung einer beweglichen Sache (§ 286 Abs. 1 AO);*
- *Ablehnung eines Antrages auf Einstellung der Vollstreckung (§ 257 AO).*

Keine Verwaltungsakte sind:
- *Fertigung einer Rückstandsanzeige;*
- *Erteilung eines Vollstreckungsauftrags (§ 285 Abs. 2 AO);*
- *Niederschlagung (§ 361 AO);*
- *Mahnung des Steuerschuldners (§ 259 AO).*

Ist eine Vollstreckungsmaßnahme nicht als Verwaltungsakt anzusehen, so ist ein außergerichtliches Rechtsbehelfsverfahren unzulässig. Auch gibt es in der Abgabenordnung keine Vollstreckungsgegenklage (§ 767 ZPO analog),[2] die im Zivilprozeß darauf gerichtet ist, die Vollstreckung aus dem vollstreckbaren Titel auf Dauer unmöglich zu machen.

Grundsätzlich ist gegen alle Verwaltungsakte, die im Rahmen des Vollstreckungsverfahrens ergehen, als Rechtsbehelf der Einspruch gegeben (§ 347 Abs. 1 AO). Nur in wenigen Ausnahmefällen, die in § 348 AO abschließend aufgezählt sind, ist der Rechtsbehelf des Einspruchs ausgeschlossen.

Beispiele:
Einspruchsfähige Verwaltungsakte sind:
- *Pfändung einer Sache durch den Vollziehungsbeamten (§ 286 Abs. 1 AO);*
- *Pfändungsverfügung über eine Forderung (§ 309 AO);*
- *Durchsuchungen beim Vollstreckungsschuldner (§ 287 Abs. 1 AO);*

---
[1] zur Kritik Schwarz, vor §§ 249ff. Tz. 6
[2] Tipke-Kruse, § 256, Tz. 5 m.w.N.

- *Ablehnung einer Aussetzung der Verwertung (§ 297 AO).*
- *Aufteilungsbescheide nach § 279 AO;*
- *Verwaltungsakte über Kosten der Vollstreckung nach § 337 AO;*
- *Verwaltungsakte, durch die eine Konkursforderung oder ein Konkursvorrecht festgestellt wird;*
- *Anträge nach § 322 Abs. 3 AO, wenn sie die Feststellung enthalten, daß die gesetzlichen Voraussetzungen für die Vollstreckung vorliegen.*

5. Beschwer

Befugt Rechtsbehelfe einzulegen ist nur, wer geltend macht, durch einen Verwaltungsakt oder dessen Unterlassung beschwert zu sein (§ 350 AO). Die Beschwer besteht in der **persönlichen und unmittelbaren Verletzung rechtlich geschützter Interessen**.[3] Sie wird geltend gemacht, indem der Rechtsbehelfsführer substantiiert und schlüssig Tatsachen vorträgt, aus denen sich (ihre Richtigkeit unterstellt) eine Benachteiligung ergibt.[4] Soweit der Rechtsbehelfsführer eine Verletzung zwingender Normen des Vollstreckungsverfahrens rügt, so wird er wegen der belastenden Natur der Vollstreckung stets ein Rechtsschutzbedürfnis geltend machen können. Bei Ermessensentscheidungen liegt eine Beschwer demgegenüber nur vor, wenn eine Ermessensüberschreitung oder ein Ermessensfehlgebrauch geltend gemacht wird (vgl. § 2, 2a).[5]

a) Beschwer des Vollstreckungsschuldners

Durch Maßnahmen der Vollstreckung wird in der Regel der Vollstreckungsschuldner beschwert. Die Vorschriften der Vollstreckung nach der Abgabenordnung schützen in erster Linie den Vollstreckungsschuldner und sollen gewährleisten, daß er bei der zwangsweisen Durchsetzung steuerlicher Leistungen nicht übermäßig in Anspruch genommen wird.

Durch diese Zielsetzung werden aber zugleich die Grenzen aufgezeigt, in denen dem Vollstreckungsschuldner Rechtsschutz im Vollstreckungsverfahren gewährt wird. Eine Beschwer im Vollstreckungsverfahren kann stets **nur in einer Maßnahme der Vollstreckung**, nicht aber in einer Maßnahme liegen, die die Finanzbehörde als Verwaltungsbehörde im Rahmen des Steuerermittlungs- oder Steuerfestsetzungsverfahrens getroffen hat. Der Vollstreckungsschuldner kann daher alle Einwendungen geltend machen, die sich gegen die Zulässigkeit der Vollstreckung, gegen die örtliche und sachliche Zuständigkeit der Vollstreckungsbehörde und des Vollstreckungsorganes sowie gegen die Art und Weise der Vollstreckung einschließlich der Verweigerung von Vollstreckungsschutzrechten wenden (vgl. im einzelnen § 35, 8b-d).[6] Demgegenüber muß der Vollstreckungsschuldner Einwendungen gegen den zu vollstreckenden Verwaltungsakt außerhalb des Vollstreckungsverfahrens mit den hierfür zugelassenen Rechtsbehelfen verfolgen (§ 256 AO). Mit der Einwendung, der zu vollstreckende Verwaltungsakt sei rechtswidrig, kann der Vollstreckungsschuldner daher keine Beschwer im Vollstreckungsverfahren begründen. Sie ist im Rechtsbehelfsver-

[3] Schwarz, § 350, Tz. 3; Kühn-Kutter-Hofmann, § 350, 3
[4] Tipke-Kruse, § 350, Tz. 8
[5] vgl. Schwarz, § 350, Tz. 4; Koch-Scholtz, § 350, Rz. 3
[6] Tipke-Kruse, § 256, Tz. 3; Kühn-Kutter-Hofmann, § 256, 2

fahren gegen den Verwaltungsakt selbst zu überprüfen (vgl. hierzu ausführlich § 35, 8a).

Der Vollstreckungsschuldner kann aber stets nur **persönliche, unmittelbare** Rechtsverletzungen geltend machen.[7] Die Beeinträchtigung der Rechtssphäre Dritter beeinträchtigt den Vollstreckungsschuldner nicht, selbst wenn er hierdurch wirtschaftliche oder finanzielle Nachteile erleidet.[8]

Beispiel:
Der Vollziehungsbeamte hat einen Pkw gepfändet. Der Vollstreckungsschuldner legt hiergegen Einspruch ein mit der (zutreffenden) Begründung, der Wagen sei seiner Bank zur Sicherheit übereignet.

Der Rechtsbehelf kann keinen Erfolg haben, da der Vollstreckungsschuldner keine persönliche und unmittelbare Rechtsverletzung geltend machen kann. Er beruft sich vielmehr auf die Rechtsposition eines Dritten, nämlich das Eigentum der Bank. Diesen Einwand und die Verletzung ihres Eigentums kann allein die Bank geltend machen (§ 262 AO). Kündigt die Bank nun wegen dieser Pfändung dem Vollstreckungsschuldner einen Kredit, so bildet dieser wirtschaftliche Nachteil im Rechtssinn keine unmittelbare Beschwer des Vollstreckungsschuldners durch das Vollstreckungsverfahren.

b) Beschwer Dritter

Eine Maßnahme der Vollstreckung kann auch Dritte beschweren. Erforderlich ist auch hier, daß der Dritte eine unmittelbare, persönliche Beschwer geltend macht. Es ist daher stets sorgfältig zu prüfen, ob die Maßnahme der Vollstreckung gegen Vorschriften verstößt, die gerade den **Schutz Dritter** und ihrer rechtlichen Interessen bezwecken.[9] Belastende Eingriffe der Staatsgewalt in ihre Rechtssphäre können Dritte dadurch abwehren, daß sie Rechtsbehelfe der Abgabenordnung gegen die Vollstreckungsmaßnahmen einlegen.

In Betracht kommt auch hier der Einspruch (§ 347 AO). Darüber hinaus hat der Dritte die Möglichkeit, Widerspruch gegen die Vollstreckung zu erheben, soweit er eine Beschwer mit der Behauptung dartut, daß ihm am Gegenstand der Vollstreckung ein die Veräußerung hinderndes Recht zustehe (§ 262 AO).

Beispiel:
Der Vollziehungsbeamte pfändet bei D und gegen dessen ausdrücklichen Willen ein Klavier, das dem Vollstreckungsschuldner gehört. Gegen die Pfändung, einen Verwaltungsakt, kann D Einspruch (§ 347 AO) einlegen.[10] Er ist durch diese Maßnahme beschwert (§ 350 AO), da die Pfändung von Sachen im Gewahrsam eines Dritten nur erfolgen darf, wenn dieser zur Herausgabe bereit ist (§ 286 Abs. 4 AO).

Diese Vorschrift schützt allein den Gewahrsam und die Nutzungsmöglichkeit des Dritten an der Sache. Ein Einspruch (§ 347 AO) des Vollstreckungsschuldners, könnte mit dieser Begründung keinen Erfolg haben.

---

[7] Kühn-Kutter-Hofmann, § 350, 3
[8] Tipke-Kruse, § 350, Tz. 2 m.w.N.
[9] Bruns-Peters, § 14 II; Tipke-Kruse, § 262, Tz. 3
[10] Tipke-Kruse, § 286, Tz. 3

6. Einlegung von Rechtsbehelfen

Für die Einlegung von Rechtsbehelfen gegen Maßnahmen der Vollstreckung gelten die allgemeinen Verfahrensvorschriften (§§ 355ff. AO). Danach sind Rechtsbehelfe **schriftlich** einzureichen oder **zur Niederschrift** zu erklären. Es genügt, wenn aus dem Schriftstück hervorgeht, wer den Rechtsbehelf eingelegt hat. Einlegung durch **Telegramm** ist zulässig. Nach der Rechtsprechung ist auch die Einlegung des Einspruchs durch Telex und Telefax möglich.[10a] Unrichtige Bezeichnung des Rechtsbehelfs schadet nicht (§ 357 Abs. 1 AO). Bei der Einlegung soll der Verwaltungsakt bezeichnet werden, gegen den der Rechtsbehelf gerichtet ist. Es soll angegeben werden, inwieweit der Verwaltungsakt angefochten und seine Aufhebung beantragt wird. Ferner sollen die Tatsachen, die zur Begründung dienen und die Beweismittel angeführt werden (§ 357 Abs. 3 AO). Werden mehrere Verwaltungsakte äußerlich in einem Bescheid verbunden oder mehrere Vollstreckungsmaßnahmen gleichzeitig gegen einen Vollstreckungsschuldner vorgenommen, so hat dies nur formelle Bedeutung. Es ist im Wege der Auslegung (§ 133 BGB analog) zu ermitteln, gegen welche konkreten Maßnahmen sich der Vollstreckungsschuldner wendet.

Beispiel:
Der Vollziehungsbeamte hat beim Vollstreckungsschuldner ein Radio und einen Pkw gepfändet. Der Vollstreckungsschuldner legt „gegen die Vollstreckung" Einspruch ein und trägt vor, „die Pfändung des Radios sei wegen Verstoßes gegen Unpfändbarkeitsvorschriften rechtswidrig."

Zwar hat der Vollstreckungsschuldner gegen die Vollstreckung insgesamt Einspruch eingelegt. Im Hinblick auf seine Einspruchbegründung wird man aber nur den Verwaltungsakt der Pfändung des Radios als angefochten ansehen müssen.

Der Einspruch ist bei der Finanzbehörde anzubringen, deren Verwaltungsakt angefochten wird oder bei der ein Antrag auf Erlaß eines Verwaltungsaktes gestellt worden ist (§ 357 Abs. 2 S. 1 AO). Dies sind in der Regel die **Hauptzollämter** oder **Finanzämter** (§ 249 Abs. 1 S. 3 AO).

Der Rechtsbehelf ist **innerhalb eines Monats nach Bekanntgabe des Verwaltungsaktes** einzulegen (§ 355 Abs. 1 S. 1 AO). Werden bewegliche Sachen vom Vollziehungsbeamten gepfändet und ist der Vollstreckungsschuldner anwesend, so ist dies gleichzeitig der Zeitpunkt der Bekanntgabe.

Ist der Vollstreckungsschuldner abwesend, so ist die Pfändung nicht erst bekanntgegeben, wenn der Vollziehungsbeamte sie dem Vollstreckungsschuldner mitteilt (§ 286 Abs. 3 AO). Die Mitteilung ist nur Ordnungsvorschrift, nicht aber Wirksamkeitsvoraussetzung der Pfändung.[11] Der Verwaltungsakt der Pfändung ist bereits mit dem Anlegen des Pfandsiegels dem Vollstreckungsschuldner zugegangen. Er ist nämlich derart in den Machtbereich des Vollstreckungsschuldners gelangt, daß diesem die Kenntnisnahme normalerweise möglich ist und nach den Gepflogenheiten des Verkehrs auch erwartet werden kann.

Vollstreckungsmaßnahmen, die mit schriftlichem Verwaltungsakt dem Vollstreckungsschuldner **durch die Post** übermittelt werden, gelten mit dem dritten Tag nach der Aufgabe zur Post als bekanntgegeben, außer wenn der Brief nicht

10a BFH, BStBl. II 1982, 573 und 1991, 463; BVerfG, Beschl. v. 1.8.1996, HFR 1996, 759
11 Tipke-Kruse, § 286, Tz. 15

oder zu einem späteren Zeitpunkt zugegangen ist; im Zweifel hat die Behörde den Zugang des Verwaltungsaktes und den Zeitpunkt des Zugangs nachzuweisen (§ 122 Abs. 2 AO).

Soweit Verwaltungsakte nach den Vorschriften des **Verwaltungszustellungsgesetzes** zugestellt werden müssen, gelten für die Bekanntgabe die dort getroffenen Regelungen. Eine förmliche Zustellung ist im Vollstreckungsverfahren z.B. vorgesehen für Pfändungsverfügungen (§§ 309 Abs. 2, 310 Abs. 2, 321 Abs. 2 AO).

7. Aussetzung der Vollziehung

Rechtsbehelfe, die gegen Vollstreckungsmaßnahmen eingelegt werden, haben grundsätzlich keine aufschiebende Wirkung (§ 361 Abs. 1 AO). Die Vollstreckungsbehörde kann die Vollstreckung, insbesondere die Verwertung gepfändeter Gegenstände, weiter betreiben. In geeigneten Fällen kann sie die Vollziehung jedoch ganz oder teilweise aussetzen (§ 361 Abs. 2 S. 1 AO). Hierzu bedarf es keines Antrags des Vollstreckungsschuldners, so daß die Vollstreckungsbehörden wegen der weitreichenden Auswirkungen eines Vollstreckungsverfahrens regelmäßig von Amts wegen zu prüfen haben, ob eine Aussetzung in Betracht kommt. Die Praxis der Verwaltung, dieses Rechtsinstitut nur in Ausnahmefällen anzuwenden, entspricht nicht den Grundsätzen einer pflichtgemäßen Ermessensausübung (§ 249 Abs. 1 AO).

Auf Antrag soll die Aussetzung erfolgen, wenn **ernstliche Zweifel** an der Rechtmäßigkeit des angefochtenen Verwaltungsakts bestehen, oder wenn die Vollziehung für den Betroffenen eine **unbillige**, nicht durch überwiegende öffentliche Interessen gebotene **Härte** zur Folge hätte (§ 361 Abs. 2 S. 2 AO). Die Aussetzung kann von einer Sicherheitsleistung abhängig gemacht werden (§ 361 Abs. 2 S. 3 AO).

Der Vollstreckungsschuldner kann auch gemäß § 69 Abs. 3 FGO beim Gericht der Hauptsache beantragen, die Vollziehung ganz oder teilweise auszusetzen (§ 69 Abs. 3 S. 1 FGO). Der Antrag ist schon vor Erhebung der Anfechtungsklage zulässig (§ 69 Abs. 3 S. 2 FGO). Nach § 69 Abs. 4 FGO ist der Aussetzungsantrag an das Gericht allerdings nur zulässig, wenn

1. die Finanzbehörde über den Antrag ohne Mitteilung eines zureichenden Grundes in angemessener Frist sachlich nicht entschieden hat oder
2. eine Vollstreckung droht.

8. Einwendungen des Vollstreckungsschuldners

a) Einwendungen gegen den zu vollstreckenden Verwaltungsakt

Einwendungen gegen den zu vollstreckenden Verwaltungsakt sind **außerhalb des Vollstreckungsverfahrens** mit den hierfür zugelassenen Rechtsbehelfen zu verfolgen (§ 256 AO). Die Vorschrift zieht die Konsequenz aus der Selbständigkeit des Vollstreckungsverfahrens und schneidet daher dem Vollstreckungsschuldner alle materiellen und formellen Einwendungen gegen den zu vollstreckenden Verwaltungsakt ab.[12]

[12] Schwarz, § 256, Tz. 3; Tipke-Kruse, § 256, Tz. 1

Häufig wird der Vollstreckungsschuldner versuchen, die Rechtswidrigkeit einer Vollstreckungsmaßnahme in der Weise darzutun, indem er die Rechtswidrigkeit des zu vollstreckenden Verwaltungsaktes rügt. Hieran hat der Vollstreckungsschuldner insbesondere dann ein Interesse, wenn der zu vollstreckende Verwaltungsakt durch Ablauf der Rechtsbehelfsfrist (§ 355 AO) bestandskräftig geworden ist.

Beispiel:
Das Hauptzollamt hat dem Vollstreckungsschuldner am 1.1. einen Steuerbescheid über 1.000,– DM bekanntgegeben. Einen Rechtsbehelf hiergegen hat der Vollstreckungsschuldner nicht eingelegt. Als das Hauptzollamt am 1.3. Pfändungsmaßnahmen ergreift, legt der Vollstreckungsschuldner hiergegen fristgerecht Einspruch ein und rügt, die Steuer sei gar nicht oder nicht in der angegebenen Höhe entstanden; der Bescheid sei rechtswidrig.

Der Einspruch ist als unzulässig zu verwerfen (§ 358 AO). Soweit der Vollstreckungsschuldner vorträgt, der Steuerbescheid sei rechtswidrig, fehlt es an der Beschwer (§ 350 AO). Einwendungen gegen den zu vollstreckenden Verwaltungsakt sind nur außerhalb des Vollstreckungsverfahrens mit den hierfür zugelassenen Rechtsbehelfen zu verfolgen (§ 256 AO) und können somit eine Beschwer des Vollstreckungsschuldners durch eine Vollstreckungsmaßnahme nicht begründen. Dies gilt sowohl dann, wenn der Vollstreckungsschuldner gegen den zu vollstreckenden Verwaltungsakt einen Rechtsbehelf eingelegt hat und dieser keine aufschiebende Wirkung entfaltet (§ 251 Abs. 1 AO). Es gilt aber um so mehr, wenn der Vollstreckungsschuldner – wie im gegebenen Fall – den zu vollstreckenden Verwaltungsakt hat bestandskräftig werden lassen.

Der Vollstreckungsschuldner kann somit nicht rügen, die Steuer sei gar nicht entstanden, falsch berechnet oder der Steuerbescheid weise Formfehler auf.

Ausgeschlossen sind ferner alle **Einwendungen gegen die Rechtmäßigkeit des Leistungsgebotes**. § 256 AO läßt erkennen, daß das Vollstreckungsverfahren insgesamt von Streitigkeiten über den materiell-rechtlichen Anspruch freigehalten werden soll. Dies gilt sinngemäß auch für Streitigkeiten über das Leistungsgebot, eine Maßname, die ebenfalls nicht von der Vollstreckungsbehörde, sondern von der Festsetzungsbehörde im Erhebungsverfahren getroffen wird. Ein Streit über den materiell-rechtlichen Anspruch würde immer dann in das Vollstreckungsverfahren getragen werden, wenn der Vollstreckungsschuldner die Rechtswidrigkeit des Leistungsgebotes rügt, mit dem Hinweis, es entspreche in seiner Höhe nicht der in Wahrheit geschuldeten Steuer.

Einwendungen gegen den Steuerbescheid und das Leistungsgebot sind zwar für das Rechtsbehelfsverfahren ausgeschlossen. Sie sind für die Vollstreckungsbehörde jedoch nicht völlig bedeutungslos. Die Behörde hat im Einzelfall zu prüfen, ob die vorgetragenen Einwendungen des Vollstreckungsschuldners nicht dazu führen, die Vollstreckung aus Billigkeitsgründen einstweilen einzustellen oder zu beschränken (§ 258 AO). Auch ist ggf. zu erwägen, ob in dem Vorbringen nicht ein Antrag auf Aussetzung der Vollziehung zu sehen ist (§ 361 Abs. 2 AO).

Die Vorschrift des § 256 AO ist jedoch zu weit gefaßt; **nicht alle materiellrechtlichen Einwendungen gegen den zu vollstreckenden Verwaltungsakt sind**

ausgeschlossen.[13] So kann der Vollstreckungsschuldner durchaus rügen, daß überhaupt kein zu vollstreckender Verwaltungsakt vorliegt oder der ihm bekanntgegebene Verwaltungsakt nichtig ist. In diesem Fall hätte nämlich die Vollstreckung überhaupt nicht beginnen dürfen (§ 249 Abs. 1 S. 1 AO). Gleiches gilt, wenn der Vollstreckungsschuldner das Fehlen oder die Nichtigkeit des Leistungsgebotes rügt (§ 254 Abs. 1 AO). Der Vollstreckungsschuldner kann ferner rügen, der Anspruch sei nach seiner Entstehung aber vor Beginn der Vollstreckung wieder erloschen (§ 292 AO).

b) Einwendungen gegen die Zulässigkeit der Vollstreckung

Der Vollziehungsbeamte darf sich durch Einwendungen des Vollstreckungsschuldners nicht von den Vollstreckungsmaßnahmen abhalten lassen, die ihm aufgetragen sind; er hat den Vollstreckungsschuldner an die Vollstreckungsstelle zu verweisen (Abschn. 31 Abs. 3 VollzA). Bei ihr kann der Vollstreckungsschuldner, innerhalb des Vollstreckungsverfahrens, alle Einwendungen gegen die Zulässigkeit der Vollstreckung erheben.

Die Vollstreckung insgesamt oder einzelne Vollstreckungsmaßnahmen sind davon abhängig, daß die Vollstreckungsbehörde diejenigen **gesetzlichen Vorschriften** der Abgabenordnung beachtet, an die der Beginn von Vollstreckungsmaßnahmen geknüpft ist. Der Vollstreckungsschuldner kann somit im Rechtsbehelfsverfahren alle Einwendungen vortragen, die sich auf die Voraussetzungen und Zulässigkeit der Vollstreckung beziehen[14] (vgl. § 11).

Beispiele:
Der Vollstreckungsschuldner kann innerhalb des Vollstreckungsverfahrens rügen:
- *daß kein vollziehbarer Verwaltungsakt vorliegt (§ 249 Abs. 1 AO);*
- *daß der Verwaltungsakt nicht vollstreckt werden durfte (§ 251 AO);*
- *daß die Voraussetzungen für den Beginn der Vollstreckung nicht vorlagen (§ 254 AO);*
- *daß die Mahnung ermessensfehlerhaft unterblieben war (§ 259 AO).*

Die Vollstreckung steht insgesamt im Ermessen der Vollstreckungsbehörde (§ 249 Abs. 1 AO). Der Vollstreckungsschuldner kann daher im Einspruchsverfahren auch rügen, wenn die Vollstreckungsbehörde unter **Verletzung des** ihr eingeräumten **Ermessensspielraumes** die Vollstreckung begonnen hat. In gleicher Weise kann sich der Vollstreckungsschuldner dagegen wenden, wenn die Vollstreckungsbehörde die Vollstreckung nicht einstellt oder beschränkt (§ 258 AO) oder eine Verwertung nicht aussetzt (§ 297 AO), obwohl dies nach den Grundsätzen einer pflichtgemäßen Ermessensausübung geboten wäre.[15]

c) Einwendungen gegen die örtliche und sachliche Zuständigkeit

Der Vollstreckungsschuldner kann im Einspruchsverfahren gegen eine Maßnahme der Vollstreckung rügen, wenn die Vollstreckungsbehörde zur Vornahme der Vollstreckungsmaßnahme sachlich oder örtlich unzuständig war (vgl. § 8, 2 und 3). Vollstreckungsmaßnahmen greifen spürbar in die Rechte des Vollstreckungsschuldners ein. Er hat daher nach dem Grundsatz der Gesetzmäßigkeit der Ver-

---

[13] Kühn-Kutter-Hofmann, § 256, 2; Schwarz, § 256, Tz. 5
[14] Kühn-Kutter-Hofmann, § 256, 2
[15] Schwarz, § 256, Tz. 6

waltung einen Anspruch auf eine **überprüfbare Zuständigkeitsregelung im Vollstreckungsverfahren**. Er braucht es nicht hinzunehmen, daß eine Behörde unter Verletzung des ihr durch Gesetz zugewiesenen Aufgabenkreises oder Tätigkeitsfeldes Vollstreckungsmaßnahmen ergreift. Fehlt der Behörde die Befugnis zum Eingriff, so ist die Maßnahme rechtswidrig, in Ausnahmefällen nichtig.

Soweit der Vollstreckungsschuldner rügt, sachliche Zuständigkeitsregelungen seien verletzt, so ist zu unterscheiden, ob er geltend macht, die Behörde oder das Vollstreckungsorgan habe seine Kompetenzen überschritten.[16]

Einerseits ist erforderlich, daß die funktionelle Zuständigkeit für Vollstreckungen im Zuge der Behördenhierarchie eingehalten wird. Sie entscheidet über die Frage, welche von verschiedenen Finanz- oder anderen Behörden in der fraglichen Vollstreckungsangelegenheit tätig werden durfte.

Beispiel:
Beamte der Oberfinanzdirektion stellen fest, daß der Steuerschuldner 10.000,– DM Einfuhrabgaben schuldet. Da der Steuerschuldner sich weigert zu zahlen, pfändet die Oberfinanzdirektion verschiedene Bankguthaben des Vollstreckungsschuldners.

Hiergegen kann sich der Vollstreckungsschuldner mit dem Einspruch wenden (§ 347 AO). Die Maßnahme ist rechtswidrig. Zu Vollstreckungen wegen Geldforderungen ist allein das Hauptzollamt als Vollstreckungsbehörde sachlich berufen (§ 249 Abs. 1 S. 3 AO). Andere Finanzbehörden dürfen diese Aufgaben nicht wahrnehmen. Sie können lediglich im Rahmen ihrer Aufsichtsbefugnisse dem Hauptzollamt Weisung erteilen, sind aber nicht berechtigt, anstelle der untergeordneten Behörde selbst zu handeln.

Daneben kann der Einspruchsführer rügen, wenn ein funktionell unzuständiges Vollstreckungsorgan tätig geworden ist. Die tatsächliche Durchführung einzelner Vollstreckungsmaßnahmen sind nämlich auf die Vollstreckungsorgane, die Vollstreckungsbehörde selbst und den Vollziehungsbeamten, verteilt (vgl. § 8, 3 und § 9, 4).

Beispiel:
Der Vollziehungsbeamte pfändet auf einem Bauernhof 100 Stück Mastvieh.

Der Vollziehungsbeamte ist nur zur Pfändung beweglicher Sachen befugt (§ 286 Abs. 1 AO). Das Mastvieh bildet aber Zubehör des landwirtschaftlichen Betriebes (§§ 98, 97 BGB) und konnte daher nur zusammen mit dem Grundstück im Wege der Zwangsvollstreckung in das unbewegliche Vermögen beschlagnahmt und verwertet werden (§ 322 Abs. 1 AO, § 865 ZPO).

Soweit der Vollziehungsbeamte tätig wird, bedarf er stets eines Vollstreckungsauftrages, der ihn gerade zur Vornahme der konkret ergriffenen Vollstreckungsmaßnahme ermächtigt. Eigenmächtigkeiten des Vollziehungsbeamten kann der Vollstreckungsschuldner mit dem Einspruch rügen (vgl. 9, 9).

d) Einwendungen gegen die Art und Weise der Vollstreckung

Der Vollstreckungsschuldner kann sich gegen die Art und Weise der Vollstreckung einschließlich der Verweigerung von Vollstreckungsschutz wenden.[17]

---

[16] ausführlich Kühn-Kutter,-Hofmann § 125, 1

[17] Kühn-Kutter-Hofmann, § 256, 2

Die Vollstreckung ist an die **Einhaltung zahlreicher Verfahrensregelungen** gebunden, die teils in der Abgabenordnung teils in Verwaltungsvorschriften enthalten sind. Die Verletzung dieser Vorschriften kann der Vollstreckungsschuldner mit Rechtsbehelfen rügen. Er kann sich zudem auf alle abgabenrechtlichen Vorschriften berufen, die zum Schutz seiner Rechtssphäre bestehen.

Beispiele:
Der Vollstreckungsschuldner kann innerhalb des Vollstreckungsverfahrens rügen:

- *daß die Vollstreckung ohne entsprechende Erlaubnis vorgenommen wurde (§ 289 Abs. 1 AO);*
- *daß der Vollziehungsbeamte die Wohnung gegen den Willen des Vollstreckungsschuldners und ohne richterliche Durchsuchungsanordnung durchsucht hat (§ 287 Abs. 1 AO);*
- *daß die Formvorschriften bei der Anlegung von Pfandsiegeln verletzt wurden (§ 286 Abs. 1 bis Abs. 3 AO);*
- *daß unpfändbare Sachen gepfändet wurden (§ 295 AO);*
- *daß unpfändbare Forderungen gepfändet wurden (§ 319 AO);*
- *daß eine Überpfändung oder zwecklose Pfändung vorliegt (§ 281 Abs. 2 und Abs. 3 AO).*

9. Einwendungen Dritter

Auch Dritte können durch Maßnahmen der Vollstreckung beeinträchtigt werden. Erheben sie Einwendungen gegen eine Pfändung, so hat der Vollziehungsbeamte sie an die Vollstreckungsstelle zu verweisen. Werden Einwendungen erst im Versteigerungstermin erhoben und glaubhaft gemacht, so hat der Vollziehungsbeamte eine sofortige – ggf. fernmündliche – Entscheidung herbeizuführen (Abschn. 31 Abs. 4 VollzA).

Beharrt die Vollstreckungsbehörde auf der Rechtmäßigkeit ihrer Maßnahmen, so kann der Dritte seine Einwendungen in einem förmlichen außergerichtlichen Rechtsbehelfsverfahren nach der Abgabenordnung geltend machen. In Betracht kommt der Einspruch (§ 347 AO). Wie beim Vollstreckungsschuldner führen aber Einwendungen des Dritten nur dann zu einer Aufhebung des angefochtenen Verwaltungsaktes, wenn sie ihn in seinen eigenen Rechten unmittelbar verletzen.

Einwendungen gegen Grund und Höhe des zu vollstreckenden Anspruchs berühren den Dritten allenfalls mittelbar und könnten darüber hinaus auch von ihm nicht im Vollstreckungsverfahren, sondern lediglich außerhalb des Vollstreckungsverfahrens mit den hierfür zugelassenen Rechtsbehelfen verfolgt werden (§ 256 AO). Durch Einwendungen gegen die Zulässigkeit von Vollstreckungsmaßnahmen insgesamt, gegen gesetzliche Zuständigkeitsregelungen oder gegen die Art und Weise der Vollstreckung wird der Dritte in der Regel keine Verletzung seiner rechtlich geschützten Sphäre geltend machen können. Diese Normen des Vollstreckungsrechtes bestehen fast ausschließlich im Interesse des Vollstreckungsschuldners; vornehmlich zu seinem Schutz entfalten sie ihre die Staatsgewalt einschränkende Wirkung. Soweit ein Dritter durch Verstoß gegen die Vorschriften betroffen wird, handelt es sich nur um mittelbare Beeinträchtigungen, die ein Rechtsschutzinteresse nicht begründen.

Nur in einigen **Ausnahmefällen** werden auch **Dritte in den Schutzbereich von Vollstreckungsvorschriften einbezogen**, so bei der Pfändung von Sachen im Gewahrsam eines Dritten (§ 286 Abs. 4 AO), bei der Pfändung von Früchten (§ 294 Abs. 2 AO), bei Pfändungsschutzvorschriften (§ 811 Nr. 2 und Nr. 3 ZPO) oder als Drittschuldner bei Forderungspfändungen (§ 309 AO). In diesen Fällen kann sich der Dritte auch gegen die Zulässigkeit, Zuständigkeiten und die Art und Weise der Vollstreckung wenden.[18]

Ergreift die Vollstreckungsbehörde fälschlicherweise gegen einen „Dritten" Vollstreckungsmaßnahmen, ohne daß ihr gegen ihn ein Anspruch zusteht, so ist dieser nicht mehr „Dritter", sondern Vollstreckungsschuldner (§ 253 AO) und kann daher als Betroffener jegliche Rechtsverletzung der Behörde durch Rechtsbehelfe rügen.

10. Drittwiderspruchsklage

a) Allgemeines

Zugriffsobjekt der Vollstreckung ist nur das Vermögen des Vollstreckungsschuldners. Doch soll der Vollziehungsbeamte bei der Pfändung nicht prüfen, wem die Sache gehört, die er zu pfänden beabsichtigt. Es reicht aus, wenn sie sich im Gewahrsam des Vollstreckungsschuldners befindet (§ 286 Abs. 1 AO). Eine sorgfältige, abschließende Prüfung der materiellen Vermögenslage würde die Vollstreckungsorgane vor nahezu unlösbare Probleme stellen und die Vollstreckung schwerfällig und unpraktikabel machen. Die Rechtsordnung nimmt es aus Gründen der Effektivität hin, daß der Vollziehungsbeamte – wirksam! – Gegenstände pfändet, die nicht dem Vollstreckungsschuldner, sondern einem Dritten gehören. (Ausnahmen von diesem Grundsatz ergeben sich aus Abschn. 43 Abs. 5 VollzA). Dieser Eingriff in die Rechtssphäre eines Unbeteiligten kann aber keinen Bestand haben. Zur Abwehr derartiger Vollstreckungsmaßnahmen dient dem Betroffenen die Drittwiderspruchsklage. Da es bei dieser Streitfrage vornehmlich um eigentumsrechtliche Probleme des Zivilrechts geht, sind zur Entscheidung erforderlichenfalls die ordentlichen Gerichte berufen (§ 262 Abs. 1 S. 1 AO).

b) Dritter

Die Einwendungen des § 262 AO können nur Dritte geltend machen. Dritter kann jeder sein, der nicht Vollstreckungsschuldner ist, d.h. gegen den ausweislich des vollstreckbaren Verwaltungsaktes nicht vollstreckt werden darf. Als Dritter gilt auch, wer zur Duldung der Vollstreckung in ein Vermögen, das von ihm verwaltet wird, verpflichtet ist, wenn er geltend macht, daß ihm gehörende Gegenstände von der Vollstreckung betroffen sind (§ 262 Abs. 1 S. 1 AO).

Beispiel:
A ist Vormund des Vollstreckungsschuldners und hat diesem seinen Pkw geliehen. Diesen Pkw pfändet der Vollziehungsbeamte.

A ist nur zur Duldung der Vollstreckung in das Vermögen des Vollstreckungsschuldners verpflichtet. Er kann wegen seines Eigentums an dem Pkw der Vollstreckung widersprechen.

c) Die Veräußerung hindernde Rechte

Widerspruchsgrund und ggf. Klagegrund ist „ein die Veräußerung hinderndes Recht" des Dritten (§ 262 Abs. 1 S. 1 AO).

[18] Tipke-Kruse, § 262, Tz. 3

Andere Einwendungen kann der Dritte in diesem Verfahren nicht geltend machen. Die Formulierung des Gesetzes hat sich durchgesetzt, ist aber unglücklich. Selbst das fremde Eigentum steht nämlich einer Veräußerung nicht entgegen (§§ 892, 932ff. BGB). Es kommt darauf an, ob die Veräußerung der den Vollstreckungsgegenstand bildenden Sache durch den Schuldner dem berechtigten Dritten gegenüber sich als rechtswidrig darstellen würde.[19]

Welche Rechte die Veräußerung in diesem Sinne hindern, bestimmt sich nach bürgerlichem Recht (§ 262 Abs. 1 S. 3 AO). Danach ist ein die Veräußerung hinderndes Recht i.S. des § 771 ZPO dann gegeben, wenn auf Grund dieses Rechts geltend gemacht werden kann, daß

a) der Gegenstand nicht oder nicht ausschließlich zum Schuldnervermögen gehört, sondern
b) auf Grund dieses Rechts dem Vermögen des Widersprechenden zugeordnet ist.

Eine derartige Zuordnung wird grundsätzlich durch alle dinglichen Rechte bewirkt und durch obligatorische Ansprüche insoweit, als es sich nicht um Verschaffungsansprüche, sondern um Rückgabeansprüche handelt. Steuerrechtliche Zurechnungsvorschriften sind daher unbeachtlich (§ 39 AO). Im einzelnen kommen folgende Rechte in Betracht:

- Die Berufung auf das **Eigentum** bildet den Hauptfall der Drittwiderspruchsklage. Ist Mit- oder Gesamthandseigentum gepfändet, so sind die Vermögensstücke nur anteilig pfändbar (§§ 309, 314, 321 AO).
  Häufig wird sich ein Ehegatte auf sein Eigentum an dem gepfändeten Gegenstand berufen, wenn gegen den anderen Ehegatten vollstreckt wurde (vgl. § 16, 3c). Kann er sein Eigentum nachweisen, ist die Pfändung aufzuheben.
- Dem Eigentum einer Sache steht die **Inhaberschaft an einer Forderung** gleich, wenn etwa das Hauptzollamt eine Forderung pfändet, die nicht dem Vollstreckungsschuldner, sondern einem Dritten zusteht.[20]
- Ist eine Sache unter Eigentumsvorbehalt (§ 455 BGB) verkauft, so gibt dies **auflösend bedingte Eigentum** dem Verkäufer die Drittwiderspruchsklage.[21] Der Vollstreckungsgläubiger hat jedoch bei Abzahlungskäufen die Möglichkeit, den Restbetrag zu zahlen und so den Eigentumsübergang herbeizuführen. Das Widerspruchsrecht des Vollstreckungsschuldners (§ 267 Abs. 2 BGB) wird durch die Pfändung der Anwartschaft und Überweisung zur Einziehung ausgeräumt (vgl. § 24, 3f.). Befindet sich die unter Eigentumsvorbehalt verkaufte Sache noch beim Veräußerer und wird sie dort gepfändet, so kann der Erwerber der Pfändung auf Grund seines Anwartschaftsrechtes widersprechen.
- Bei **Treuhandverhältnissen** ist zu unterscheiden:

●● Die **eigennützige Treuhand**, bei der das Treuhandverhältnis dem Interesse des Treunehmers dient.

Beispiel:
Der A (Treugeber) hat der Bank (Treunehmer), die ihm ein Darlehen ausgezahlt hat, seinen Pkw zur Sicherheit übereignet.

---

[19] Baur-Stürner, Bd. 1, Tz. 46.4
[20] Baur-Stürner, Bd. 1, Tz. 46.5
[21] Bruns-Peters, § 16 I 1a; Tipke-Kruse, § 262, Tz. 6

Diese Sicherungsübereignung dient vornehmlich den Interessen der Bank für den Fall, daß A das Darlehen nicht ordnungsgemäß zurückzahlt. Pfändet nun der Vollstreckungsgläubiger den Pkw, so sind die Befugnisse des Treunehmers umstritten.[22]

Betont man die sachenrechtliche Situation des Treugutes (so die wohl h.M.), so kann der Treunehmer die Drittwiderspruchsklage erheben.

Betrachtet man hingegen die wirtschaftliche Funktion des Treugutes (verschleiertes Pfandrecht), so ist der Treunehmer nur berechtigt, vorzugsweise Befriedigung zu verlangen.

Wird gegen den Treunehmer (Sicherungseigentümer) die Vollstreckung betrieben und die sicherungsübereignete Sache bei ihm gepfändet, so hat der Sicherungsgeber jedenfalls dann die Drittwiderspruchsklage, wenn er die gesicherte Forderung bereits gezahlt hat. War nämlich die Sicherungsübereignung auflösend bedingt, so ist er bereits wieder Eigentümer geworden und kann sich nun auf § 262 AO berufen. War die Sicherungsübereignung nicht auflösend bedingt, so hat er mit der Tilgung der gesicherten Forderung einen fälligen Rückübereignungsanspruch auf die Sache gegen den Treunehmer. Auch dieser Rückübereignungsanspruch gestattet dem Sicherungsgeber, Drittwiderspruchsklage zu erheben.

●● Die **fremdnützige Treuhand**, bei der das Treuhandverhältnis im Interesse des Treugebers liegt.[23]

Beispiel:
Der A (Treunehmer) ist Rechtsanwalt und verwahrt Gelder seiner Mandanten (Treugeber) auf einem Anderkonto.

Diese Verwahrung der Gelder geschieht im Interesse der Mandanten. Das Geld bleibt wirtschaftlich betrachtet im Vermögen der Treugeber. Pfändet nun der Vollstreckungsgläubiger dieses Konto, so haben die Treugeber die Drittwiderspruchsklage (§ 262 AO). Der Treunehmer hat demgegenüber nicht die Möglichkeit, Drittwiderspruchsklage zu erheben.

● Der unmittelbare oder mittelbare **Besitz** an beweglichen Sachen gewährt die Rechte aus § 262 AO.[24] Der Mieter, Pächter, Entleiher, Verwahrer, Kommissionär, können daher erforderlichenfalls Drittwiderspruchsklage erheben, wenn in ihre Sachen auf Grund eines Verwaltungsaktes vollstreckt wird, der sich gegen den Vermieter, Verpächter, Verleiher usw. richtet.

Beispiel:
A hat dem Vollstreckungsschuldner einen Pkw vermietet, der dem B gehört. Der Wagen wird beim Vollstreckungsschuldner gepfändet.

A ist mittelbarer Besitzer des Pkw (§ 868 BGB). Diese besitzrechtliche Stellung ist ein die Veräußerung hinderndes Recht, da die Veräußerung des Pkw durch den Vollstreckungsschuldner sich dem A gegenüber als rechtswidrig darstellen würde. Darüber hinaus hat A aus seiner Stellung als Vermieter einen obligatori-

---
22 zum Streitstand vgl. Baur-Stürner, Bd. 1, Tz. 46.8
23 Baur-Stürner, Bd. 1, Tz. 46.7
24 Jauernig, § 13 IV 1c; Schwarz, § 262, Tz. 12; BLAH, § 771, 15 m.w.N.

schen Herausgabeanspruch, der auf Besitzverschaffung gerichtet ist. Dieser ist ebenfalls ein die Veräußerung hinderndes Recht.[25]

- Durch Drittwiderspruchsklage ist erforderlichenfalls geltend zu machen, wenn gegen ein relatives **Veräußerungsverbot** verstoßen wird (§ 262 Abs. 1 S. 1 AO, § 722 ZPO); wenn in die **Rechtsposition eines Nacherben** eingegriffen wird (§ 262 Abs. 1 S. 1 AO, § 773 ZPO); wenn bei Gütergemeinschaft in das **Gesamtgut** vollstreckt wird (§ 262 Abs. 1 S. 1 AO, §§ 774, 741 ZPO).

d) Das Verfahren bei Einwendungen Dritter

Der Dritte muß seine Rechte durch Widerspruch bei der Vollstreckungsbehörde geltend machen (§ 262 Abs. 1 S. 2 AO). Der Antrag ist auf Unzulässigkeit der Vollstreckung in den genau zu bezeichnenden Gegenstand zu stellen.[26]

Der Widerspruch ist ein außergerichtlicher Rechtsbehelf eigener Art; er betrifft keine Abgabenangelegenheit, so daß die Regelungen des außergerichtlichen Rechtsbehelfsverfahrens (§§ 347ff. AO) keine Anwendung finden. Soweit sich der Dritte auf ein die Veräußerung hinderndes Recht beruft, ist daher der Einspruch (§ 347 AO) unzulässig.[27] Einspruch nach § 347 AO kann der Dritte aber erheben, soweit er sich gegen die Art und Weise des Vollstreckungsverfahrens wendet.[28] Der Widerspruch ist frist- und formfrei. Der Dritte muß allerdings seinen Anspruch darlegen und begründen sowie nötigenfalls Beweise beibringen, um der Vollstreckungsbehörde eine Überprüfung zu ermöglichen.[29]

Führt der Widerspruch bei der Vollstreckungsbehörde nicht zum Ziel, so kann der Dritte „erforderlichenfalls" den Widerspruch durch Klage vor den ordentlichen Gerichten geltend machen (§ 262 Abs. 1 AO). Die Klage setzt damit voraus, daß die Vollstreckungsbehörde das Begehren des Dritten auf Freigabe der gepfändeten Gegenstände abschlägig beschieden hat. Für eine sofortige Klage fehlt i.d.R. das Rechtsschutzbedürfnis.[30]

Die Klage ist vor den ordentlichen Gerichten **(Zivilgerichte)** zu erheben (§ 262 Abs. 1 S. 1 AO). Die sachliche Zuständigkeit richtet sich nach dem Streitwert (§§ 23 Abs. 1 Nr. 1, 71 Abs. 1 GVG). Örtlich zuständig ist ausschließlich das Gericht, in dessen Bezirk die Vollstreckung erfolgt ist (§ 262 Abs 3 S. 1 AO). Beklagter ist die Körperschaft, der die Vollstreckungsbehörde angehört (§ 252 AO).

Die Klage ist nur vom Beginn bis zur Beendigung der Vollstreckung zulässig. Nach Abschluß des Verwertungsverfahrens kann der Dritte gegebenenfalls Bereicherungs- (§§ 812ff. BGB) oder Schadensersatzansprüche geltend machen (vgl. § 35, 12).

11. Klage auf vorzugsweise Befriedigung

Hat ein Dritter an einer beweglichen Sache des Vollstreckungsschuldners ein Besitzpfandrecht (z.B. nach § 1204 BGB), so kann er den Zugriff des Voll-

[25] vgl. Jauernig, § 13 IV 2
[26] Jauernig, § 13 V; Schwarz, § 262, Tz. 18
[27] Kühn-Kutter-Hofmann, § 262, 6
[28] Schwarz, § 262, Tz. 16, § 256, Tz. 9
[29] Tipke-Kruse, § 262, Tz. 14
[30] Für sofortige Zulässigkeit der Klage bei Kostenrisiko des Klägers (§ 93 ZPO) Schwarz, § 262, Tz. 16; Tipke-Kruse, § 262, Tz. 14

streckungsgläubigers dadurch verhindern, daß er die Herausgabe der Sache verweigert (§ 286 Abs. 4 AO). Diese Möglichkeit steht dem Dritten, der lediglich ein **besitzloses Pfandrecht** hat, nicht zu Gebote. Zu den besitzlosen Pfandrechten zählen das Pfandrecht des Frachtführers (§§ 430ff. HGB), das Vermieterpfandrecht (§ 559 BGB), alle Rechte im Sinne von §§ 48, 49 KO oder vertragliche Pfandrechte, wenn die Sache aus dem Gewahrsam des Gläubigers gekommen ist. Ein Dritter, der sich nicht im Besitz der Sache befindet, kann der Pfändung einer Sache nicht auf Grund eines Pfand- oder Vorzugsrechtes widersprechen (§ 293 Abs. 1 S. 2 AO). Derartige Pfandrechte gewähren auch kein Recht auf Widerspruch nach § 262 AO.[31] Der Dritte kann jedoch vorzugsweise Befriedigung aus dem Erlös der Versteigerung verlangen (§§ 296ff. AO) ohne Rücksicht darauf, ob seine Forderung fällig ist oder nicht (§ 293 Abs. 1 S. 2 AO). Die Kosten der Versteigerung sind vorher abzuziehen. Allerdings hat der Dritte kein Recht, die Vollstreckung selbst zu betreiben oder ihre Modalitäten zu beeinflussen, sondern er muß stets abwarten, bis andere Gläubiger die Vollstreckung durchführen.

Die Klage ist ausschließlich beim **ordentlichen Gericht** zu erheben, in dessen Bezirk gepfändet worden ist (§ 293 Abs. 2 S. 1 AO). Sie richtet sich gegen den Vollstreckungsgläubiger (§ 252 AO) und erforderlichenfalls gegen den Vollstreckungsschuldner. Werden beide verklagt, sind sie Streitgenossen (§ 59 ZPO). Ziel der Klage ist es, daß der Dritte auf Grund seines vorgehenden Rechtes bei der Verteilung des Reinerlöses vor den Ansprüchen des Steuergläubigers befriedigt wird.[32]

Beispiel:
Der Frachtführer hat 500 japanische Videokameras an einen Großhändler geliefert. Dort werden sie vom Vollziehungsbeamten wegen rückständiger Zollschulden gepfändet.

Der Frachtführer kann dieser Pfändung nicht nach § 262 AO widersprechen, da er weder Besitz noch ein Besitzpfandrecht mehr an den Sachen hat, das ihm ein die Veräußerung hinderndes Recht gewähren würde. Er hat lediglich – auch nach Ablieferung der Waren – wegen seines Frachtlohnes ein besitzloses Pfandrecht des Frachtführers (§ 410 HGB). Werden die Sachen verwertet, so erfolgt die Versteigerung auch für den Frachtführer (§ 308 Abs. 2 AO). Er kann wegen seines Anspruches vorzugsweise Befriedigung aus dem Erlös verlangen (§ 293 Abs. 1 S. 2 AO).

12. Beginn und Ende der Rechtsbehelfe

Vor dem Beginn der Vollstreckung kann weder der Vollstreckungsschuldner noch ein Dritter Rechtsbehelfe einlegen, da es bereits an einem anfechtbaren Verwaltungsakt fehlt (§§ 118, 249 Abs. 1 AO). Derartige Rechtsbehelfe sind als unzulässig zu verwerfen (§ 358 AO). Dem verfassungsrechtlichen Gebot nach umfassendem und effektivem Rechtsschutz (Art. 19 Abs. 4 GG) entsprechend, wird man allerdings für zulässig erachten müssen, daß der Vollstreckungsschuldner einen Antrag auf einstweilige Einstellung oder Beschränkung der Vollstreckung stellt (§ 258 AO), bevor die Vollstreckungsbehörde konkrete Vollstrekungsmaßnahmen getroffen hat. Im Einzelfall kann aus den gleichen Gründen

[31] Tipke-Kruse, § 262, Tz. 7; Schwarz, § 293, Tz. 1f.
[32] Kühn-Kutter-Hofmann, § 293, 2

ein Bedürfnis bestehen, den Vollstreckungsschuldner durch eine vorbeugende Unterlassungs- oder Feststellungsklage vor drohenden Vollstreckungsmaßnahmen Rechtsschutz zu gewähren.[33]

Nach Abschluß der Vollstreckung, d.h. nach vollständiger Verteilung des Vollstreckungserlöses und Rechnungslegung oder bei jeder anderen endgültigen Beendigung des Verfahrens, sind außergerichtliche Rechtsbehelfe nicht mehr möglich.[34] Sachentscheidungen, die zu einer Änderung der Verwaltungsentscheidungen (§§ 367f. AO) führen, können nun nicht mehr getroffen werden.

Zulässig ist allerdings weiterhin ein Antrag des Vollstreckungsschuldners, in dem er die Nichtigkeit eines Verwaltungsaktes im Vollstreckungsverfahren geltend macht. Ein nichtiger Verwaltungsakt ist zwar unwirksam (§ 124 Abs. 3 AO) und erzeugt keine Rechtswirkungen; trotzdem erfordert es die Rechtssicherheit, jeden Anschein der Gültigkeit dieser hoheitlichen Maßnahme zu beseitigen. Die Finanzbehörde kann daher von Amts wegen die Nichtigkeit jederzeit feststellen. Dies muß auf Antrag erfolgen, wenn der Antragsteller hieran ein berechtigtes Interesse hat (§ 125 Abs. 5 AO). Die Entscheidung ergeht nicht im außergerichtlichen Rechtsbehelfsverfahren (§§ 347ff. AO). Der Antrag ist insbesondere form- und fristfrei.[35]

Im übrigen sind Vollstreckungsschuldner und Dritte nach Abschluß der Vollstreckung darauf beschränkt, Bereicherungsansprüche (§ 812ff. BGB) und ggf. Schadensersatzansprüche (§ 839 BGB, Art. 34 GG) geltend zu machen.

[33] Tipke-Kruse, § 256, Tz. 6 m.w.N.
[34] Schwarz, § 256, Tz. 8
[35] Kühn-Kutter-Hofmann, § 125, 5; Schwarz, § 125, Tz. 5

Siebter Teil
Kosten

§ 36 Kosten der Vollstreckung

1. Allgemeines

Das Verwaltungsverfahren der Steuerermittlung, Steuerfestsetzung, Steuererhebung und das außergerichtliche Rechtsbehelfsverfahren ist wegen des überwiegenden öffentlichen Interesses grundsätzlich kostenfrei. Nur soweit der Steuerschuldner Behörden der Bundeszollverwaltung besonders in Anspruch nimmt, können von ihm Gebühren erhoben und die Erstattung von Auslagen verlangt werden (vgl. § 178 Abs. 1 AO).

Läßt es der Vollstreckungsschuldner bis zur Vollstreckung kommen und verursacht er durch Ermittlungs- und Vollstreckungshandlungen einen besonderen Verwaltungsaufwand, so ist es gerechtfertigt, ihm auch hierfür die Kosten aufzuerlegen. Die Rechtsgrundlage zur Erhebung von Kosten bilden §§ 337-346 AO.

2. Gebühren und Auslagen, Erhebungsverfahren

Kosten der Vollstreckung sind alle Aufwendungen, die im Zusammenhang mit der Einleitung und Durchführung der Vollstreckung entstehen.[1] Man unterscheidet Gebühren und Auslagen (§ 337 Abs. 1 AO).

Gebühren sind öffentlich-rechtliche Geldleistungen, die als Gegenleistung für ein besonderes Tätigwerden der Verwaltung erhoben werden.[2] Gebühren sollen die Kosten des Vollstreckungsverfahrens abdecken. Da sich der tatsächliche Verwaltungsaufwand im Einzelfall aber nur schwierig ermitteln läßt, werden sie pauschaliert und nach tabellarischen Sätzen erhoben.

Auslagen sind alle Aufwendungen, die bei einer Amtshandlung tatsächlich und in betragsmäßig bekannter Höhe entstehen, soweit sie nicht durch Gebühren abgegolten werden.[3] Die im Vollstreckungsverfahren zu erhebenden Auslagen sind in § 344 AO aufgezählt.

Kosten der Vollstreckung sind steuerliche Nebenleistungen (§ 3 Abs. 3 AO). Ihr Aufkommen fließt den die Steuer verwaltenden Körperschaften zu (§ 3 Abs. 4 AO).

Kosten sind Ansprüche aus dem Steuerschuldverhältnis (§ 37 Abs. 1 AO). Sie entstehen daher, sobald ein Tatbestand verwirklicht ist, an den das Gesetz die Kostenpflicht anknüpft (§ 38 AO bzw. § 339 Abs. 2 AO). Das Mahnverfahren (§ 259 AO) ist kostenfrei mit Ausnahme der Kosten des Postnachnahmeauftrages (§ 337 Abs. 2 AO, Abschn. 17 Abs. 1 und Abs. 2 VollzA).

Die Kosten der Vollstreckung fallen dem Vollstreckungsschuldner zur Last (§ 337 Abs. 1 AO), d.h. dem, gegen den sich das Vollstreckungsverfahren richtet

---

[1] Tipke-Kruse, § 337, Tz. 2
[2] Schwarz, § 337, Tz. 2
[3] Tipke-Kruse, § 344, Tz. 1

(§ 253 AO). Die Kostenpflicht trifft den Vollstreckungsschuldner aber nur insoweit, als die Vollstreckung notwendig war. Die Verpflichtung der Vollstreckungsbehörde zu verwaltungsökonomischem Handeln und das allgemeine Schädigungsverbot verbieten es, den Vollstreckungsschuldner für unnütze Kosten in Anspruch zu nehmen. Kosten, die bei richtiger Behandlung der Sache nicht entstanden wären, sind nicht zu erheben (§ 346 Abs. 1 AO).

Kosten werden vom Vollstreckungsschuldner erhoben auf der Grundlage eines Kostenansatzes (§§ 346 Abs. 2, 218 Abs. 1 AO). Auslagen sind stets in der jeweils entstandenen Höhe anzufordern. Ergeben sich bei der Berechnung von Gebühren Pfennigbeträge, so sind sie auf einen durch zehn teilbaren Betrag abzurunden (§ 343 AO).

Der Kostenanspruch wird mit seiner Bekanntgabe an den Kostenschuldner fällig (§ 220 Abs. 2 AO). Die Kosten werden regelmäßig zusammen mit dem Hauptanspruch geltend gemacht und können bei Nichtzahlung sofort vollstreckt werden. Ein Leistungsgebot ist dann entbehrlich (§ 254 Abs. 2 S. 2 AO).

Gegen den Kostenansatz kann der Vollstreckungsschuldner Einspruch einlegen (§ 347 Abs. 1 Nr. 1 und 2 AO).

3. Gebührenarten

Im Vollstreckungsverfahren werden Pfändungsgebühren (§ 339 AO), Wegnahmegebühren (§ 340 AO) und Verwertungsgebühren (§ 341 AO) erhoben (§ 338 AO). Die Aufzählung ist abschließend.

4. Pfändungsgebühr

Bei den Pfändungsgebühren ist zu unterscheiden zwischen den Gebühren, die für die Tätigkeit des Vollziehungsbeamten anfallen (§ 339 Abs. 1 Nr. 1 AO), und denjenigen für die Maßnahmen des Innendienstes (§ 339 Abs. 1 Nr. 2 AO).

a) Pfändungsgebühr bei Sachpfändungen

Gebührenpflichtige Tatbestände für Tätigkeiten des Vollziehungsbeamten sind:

- Pfändung beweglicher Sachen (§ 286 AO);
- Pfändung ungetrennter Früchte (§ 294 AO);
- Pfändung von Wechseln und anderen indossablen Papieren und Postspareinlagen (§ 312 AO). Wegen der Postspareinlagen vgl. S. 128.

Die sog. Hilfspfändung von Legitimationspapieren (vgl. § 16, 2 d) fällt nicht unter § 339 Abs. 1 Nr. 1 AO.[4]

Die Gebühr entsteht, sobald der Vollziehungsbeamte **Schritte zur Ausführung des Vollstreckungsauftrages unternommen** hat (§ 339 Abs. 2 Nr. 1 AO), d.h. wenn er über die rein amtsinterne Tätigkeit hinaus nach außen wirkende Handlungen vorgenommen hat, die unmittelbar der Vorbereitung oder Ausführung des Vollstreckungsauftrages dienen.[5]

---

[4] Tipke-Kruse, § 339, Tz. 1

[5] Koch-Scholtz, § 339, Rz. 6

Beispiele:
Als nach außen wirkende, unmittelbar der Vorbereitung oder Ausführung dienende Amtshandlungen können angesehen werden:

- *Überprüfung der Anschrift des Vollstreckungsschuldners beim Einwohnermeldeamt nach Erteilung des Vollstreckungsauftrages;*
- *Der Vollziehungsbeamte macht sich auf den Weg zum Vollstreckungsschuldner, trifft ihn aber nicht an;*
- *Der Vollziehungsbeamte bestellt einen Lastwagen, um Pfandsachen vom Vollstreckungsschuldner abzuholen.*

Keine Gebühr entsteht bei:

- *Ermittlungshandlungen des Vollziehungsbeamten nach § 249 AO Abs. 2 AO vor Erteilung des Vollstreckungsauftrages;*
- *Studium des Vollstreckungsauftrages;*
- *Bestellung eines Dienstwagens für die Fahrt zum Schuldner.*

Bei Sachpfändungen kann **für einen Pfändungsauftrag stets nur eine Pfändungsgebühr** entstehen.[6] Es ist ohne Belang, ob der Vollziehungsbeamte zur Ausführung des Auftrages auf wenige oder auf eine große Anzahl von Vermögensgegenstände zugreifen mußte, ob die Vollstreckungsmaßnahmen an einem oder mehreren Orten erfolgte, ob die Pfändung an verschiedenen Tagen vorgenommen wurde oder ob die Pfändung sonst besondere Erschwernisse bereitete. Auch ein Wechsel in der Person des Vollstreckungsschuldners läßt bei weiteren Vollstreckungsmaßnahmen keine neue Gebühr entstehen. Eine neue Pfändungsgebühr entsteht erst dann, wenn die Vollstreckungsbehörde einen neuen Vollstreckungsauftrag erteilt und der Vollziehungsbeamte Schritte zu dessen Ausführung ergreift.

Die Gebühr ist grundsätzlich für jeden Vollstreckungsauftrag gesondert zu ermitteln. Wurden allerdings gegen denselben Vollstreckungsschuldner von derselben Vollstreckungsbehörde ordnungsgemäß mehrere Pfändungsaufträge erteilt, die vom Vollziehungsbeamten gemeinsam ausgeführt werden, so sind die zu vollstreckenden Beträge zusammenzurechnen. Verschiedene Vollstreckungsaufträge, deren Ausführung keinen erhöhten Verwaltungsaufwand nach sich zieht, dürfen auch für den Vollstreckungsschuldner zu keinen zusätzlichen Kosten führen.[7]

Beispiel:
Der Vollziehungsbeamte erscheint beim Vollstreckungsschuldner, um wegen eines Betrages von 1.000,– DM Pfändungsmaßnahmen zu ergreifen. Auf die Zahlungsaufforderung des Vollziehungsbeamten hin zahlt der Vollstreckungsschuldner sofort 700,– DM und verspricht glaubhaft, den Rest in zwei Raten zu 150,– DM binnen 4 Wochen zu begleichen. Der Vollziehungsbeamte sieht daher von weiteren Vollstreckungsmaßnahmen ab und führt die Summe unter Beifügung des Vollstreckungsauftrages, der Niederschriften und Quittungsdurchschriften an die Zahlstelle ab. Die Vollstreckungsbehörde, die mit dieser Sachbehandlung nicht einverstanden ist, erteilt sofort einen neuen Vollstreckungsauftrag. Auf diesen Auftrag hin pfändet der Vollziehungsbeamte beim Vollstreckungsschuldner bewegliche Sachen im Wert von 300,– DM.

---

[6] Koch-Scholtz, § 339, Rz. 8; HHSp, § 339, Tz. 13
[7] Koch-Scholtz, § 339, Rz. 8

Es ist eine Pfändungsgebühr für die Vollstreckungshandlungen auf Grund des ersten Vollstreckungsauftrages entstanden, da der Vollziehungsbeamte nach außen wirkende Schritte zu seiner Ausführung unternommen hat (§ 339 Abs. 2 Nr. 1 AO), als er sich zu der Wohnung des Vollstreckungsschuldners begab und ihn zur Leistung aufforderte (Abschn. 24 Abs. 1 VollzA). Daß der Vollstreckungsschuldner sofort freiwillig einen Teilbetrag entrichtete und wegen des Restbetrages Zwangsmaßnahmen zunächst unterblieben, hindert die Entstehung der vollen Pfändungsgebühr nicht (§ 339 Abs. 6 S. 1 AO).

Auf der Grundlage des zweiten Vollstreckungsauftrages darf keine zweite Pfändungsgebühr vom Vollstreckungsschuldner erhoben werden. Mehrere Amtshandlungen gegen den gleichen Vollstreckungsschuldner sind nur dann gebührenpflichtig, wenn der neue Vollstreckungsauftrag nicht nur formell eine neue Vollstreckung herbeiführt.[8] *Ein neuer Pfändungsauftrag darf wegen desselben Anspruches nur erteilt werden, wenn der alte ordnungsgemäß erledigt ist, d.h. nur dann, wenn der Vollstreckungsauftrag inhaltlich voll ausgeführt wurde oder trotz richtiger Sachbehandlung durch den Vollziehungsbeamten nicht vollständig ausgeführt werden konnte.*

Wurde der Vollstreckungsauftrag nicht ordnungsgemäß ausgeführt, so kann trotz neuen Vollstreckungsauftrages keine weitere Gebühr erhoben werden. Der Vollziehungsbeamte war verpflichtet, Teilzahlungen anzunehmen und hierüber Quittung zu erteilen (Abschn. 25 Abs. 1, Abschn. 21 Abs. 1 Nr. 1 VollzA). Im übrigen durfte der Vollziehungsbeamte die Pfändung nicht ohne Genehmigung der Vollstreckungsbehörde einstellen (Abschn. 31 VollzA). Rein tatsächlich darf er von Vollstreckungsmaßnahmen nur dann Abstand nehmen, wenn der Vollstreckungsschuldner nachweist, daß ihm eine Zahlungsfrist bewilligt worden ist oder daß die Schuld erloschen ist (§ 292 Abs. 1 AO). Da der Vollziehungsbeamte fälschlicherweise von einer Sachpfändung auf der Grundlage des ersten Vollstreckungsauftrages abgesehen hatte, betrafen seine späteren Vollstreckungsmaßnahmen nur formell eine neue Vollstreckung. Eine erneute Gebühr entsteht nicht.

b) Pfändungsgebühr bei Rechtspfändungen

Gebührenpflichtige Tatbestände für Maßnahmen des Innendienstes sind:

- Pfändung von Forderungen, die nicht unter § 339 Abs. 1 Nr. 1 AO fallen;
- Pfändung anderer Vermögensrechte (§ 321 AO).

Die Gebühr entsteht mit der **Zustellung der Verfügung**, durch die eine Forderung oder ein anderes Vermögensrecht gepfändet werden soll (§ 339 Abs. 2 Nr. 2 AO). Die Einziehung der Forderung (§ 314 AO) ist kostenfrei. Pfändet der Innendienst mehrere Forderungen oder andere Vermögensrechte, so wird die Pfändungsgebühr nur einmal erhoben (§ 339 Abs. 7 AO).

c) Höhe der Gebühr

Die Pfändungsgebühr bemißt sich nach der Summe der zu vollstreckenden Beträge unter Ausschluß der Vollstreckungskosten (§ 339 Abs. 3 S. 1 und S. 2 AO). Bemessungsgrundlage beim Arrest ist die Hinterlegungssumme (§ 324 Abs. 1, 339 Abs. 3 S. 3 AO).

---

[8] HHSp, § 339, Tz. 10ff.

Bei Pfändungen durch den Vollziehungsbeamten gilt die Gebührentabelle zu § 13 Abs. 1 GVKostG (§ 339 Abs. 4 AO). Bei Pfändungen durch den Innendienst gelten die in der Anlage zu § 339 Abs. 4 AO genannten Gebühren.

Für jede abgeschlossene Vollstreckungsmaßnahme wird grundsätzlich eine **volle Gebühr** erhoben. Die volle Gebühr ist auch zu erheben, wenn der Vollziehungsbeamte an Ort und Stelle erschienen ist und der Vollstreckungsschuldner gem. § 292 Abs. 1 AO die Pfändung durch Zahlung abwendet (§ 339 Abs. 6 S. 1 AO). Wird die Pfändung in anderer Weise abgewendet, wird keine Gebühr erhoben (§ 339 Abs. 6 S. 3 AO).

Beispiele:

1. *Der Vollziehungsbeamte begibt sich zu dem Vollstreckungsschuldner, der als Architekt auf einer Großbaustelle arbeitet. Auf seine Aufforderung zur Leistung hin, wird der gesamte Schuldbetrag gezahlt.*

   Der Vollziehungsbeamte hatte sich bereits an Ort und Stelle begeben, d.h. dorthin, wo die Vollstreckungshandlung unmittelbar vorzunehmen ist. Dies braucht nicht das Besitztum des Vollstreckungsschuldners zu sein. Die Pfändungsgebühr entsteht in voller Höhe, obwohl die Rückstände vollständig beglichen wurden (§ 339 Abs. 6 S. 1 AO).

2. *Wie vorstehend doch weist der Architekt dem Vollziehungsbeamten durch Vorlage einer Bankquittung nach, daß er den Betrag vor 2 Tagen eingezahlt hat. Der Vollziehungsbeamte nimmt von Vollstreckungshandlungen Abstand.*

   Die Pfändung wurde in anderer Weise als durch Zahlung an den Vollziehungsbeamten abgewendet. Es wird keine Gebühr erhoben (§ 339 Abs. 6 S. 2 AO).

d) Gebührenminderung

Ausnahmsweise ist nur die **halbe Gebühr** zur erheben, wenn

- der Pfändungsversuch erfolglos geblieben ist, weil pfändbare Gegenstände nicht vorgefunden wurden (§ 339 Abs. 5 Nr. 1 AO). Hatte die Pfändung nur teilweise Erfolg, wird die volle Gebühr erhoben.
- die Pfändung unterbleibt, weil
  - die Verwertung der pfändbaren Gegenstände keinen Überschuß über die Kosten der Vollstreckung erwarten läßt (§§ 339 Abs. 5 Nr. 2, 281 Abs. 3 AO, Abschn. 42 Abs. 2 VollzA).
  - nur gewöhnlicher Hausrat vorgefunden wird, dessen Verwertung außer Verhältnis zu seinem Wert steht (§ 339 Abs. 5 Nr. 2 AO, § 812 ZPO, Abschn. 42 S. 2 VollzA);
  - es sich um geschützte Forderungen oder Barmittel aus Miet- oder Pachtzinsen handelt (§§ 339 Abs. 5 Nr. 2, 295 AO, § 851 b Abs. 1 ZPO, Abschn. 38 VollzA).

Wird in diesen Fällen rechtswidrigerweise dennoch gepfändet, ist nur die halbe Gebühr zu erheben, weil dann nachträglich von einer erfolglosen Pfändung (§ 339 Abs. 5 Nr. 1 AO) oder von einer unterbliebenen Pfändung (§ 339 Abs. 5 Nr. 2 AO) auszugehen ist.[9] Die Regelung des § 339 Abs. 5 AO ist abschließend.

[9] Koch-Scholtz, § 339, Rz. 14

Bleibt die Pfändung aus anderen Gründen erfolglos, so ist die volle Gebühr zu erheben.[10]

Beispiel:
Der Vollziehungsbeamte wird beauftragt, beim Vollstreckungsschuldner zu vollstrecken. Es stellt sich heraus, daß dieser mit unbekanntem Ziel verzogen ist. Ermittlungen des Vollziehungsbeamten nach der neuen Adresse bleiben erfolglos.

Hier hat der Vollziehungsbeamte durch die Nachforschung nach dem Wohnsitz des Vollstreckungsschuldners Schritte unternommen, um den Vollstreckungsauftrag auszuführen, so daß die Pfändungsgebühr entstanden ist (§ 339 Abs. 2 AO). Die Gebühr ist in voller Höhe entstanden; die Anforderung nur der halben Gebühr kommt nicht in Betracht, da die Vollstreckung nicht aus den in § 339 Abs. 5 AO genannten Gründen unterblieben ist, sondern nur deshalb, weil der Wohnsitz des Vollstreckungsschuldners unbekannt war. Wird der Wohnsitz des Vollstreckungsschuldners später ermittelt, ist von ihm die volle Gebühr zu erheben.

Die Pfändungsgebühr wird nur zur Hälfte erhoben, wenn die Pfändung unterbleibt, weil der Vollziehungsbeamte, obgleich er an Ort und Stelle gewesen ist, von der Pfändung abgesehen hat, ohne daß die Vollstreckungshandlung abgeschlossen war und der Vollstreckungsschuldner nachträglich zahlt (§ 339 Abs. 6 S. 2 AO).

Beispiel:
Der Vollziehungsbeamte trifft den Vollstreckungsschuldner nicht an und hinterlegt eine schriftliche Zahlungsaufforderung. Der Vollstreckungsschuldner überweist den Betrag sofort an die Zahlstelle der Finanzbehörde.

Der Vollziehungsbeamte hatte sich zwar an Ort und Stelle begeben. Es ist aber nur die halbe Gebühr anzufordern, da der Vollstreckungsschuldner in anderer Weise als an den Vollziehungsbeamten gezahlt hat (§ 339 Abs. 6 S. 2 AO).

5. Wegnahmegebühr

Die Wegnahmegebühr wird erhoben, wenn der Vollziehungsbeamte aufgrund eines Vollstreckungsauftrages eine Vollstreckungsmaßnahme ergreift, die sich als Wegnahme beweglicher Sachen oder Urkunden darstellt (§ 340 Abs. 1 AO, Abschn. 50 Abs. 1 VollzA). Sie wird erhoben bei der Wegnahme:

- des Hypothekenbriefes in Fällen der Pfändung einer hypothekarisch gesicherten Forderung (§ 310 Abs. 1 AO);
- von Urkunden zur Geltendmachung einer gepfändeten Forderung (§ 315 Abs. 2 S. 2 AO) oder eines anderen Vermögensrechtes (§ 321 AO);
- von Sachen im Fall der Pfändung von Ansprüchen auf Herausgabe oder Leistung von Sachen (§ 318 AO);
- von Urkunden oder Sachen im Rahmen der Erzwingung von Sicherheiten (§ 336 AO).

Eine Wegnahme liegt nur vor, wenn der Vollziehungsbeamte die Wegnahme als **selbständige Vollstreckungshandlung** vornimmt.[11] Hieran fehlt es, wenn er lediglich Sachen von einem zur Herausgabe bereiten Dritten entgegennimmt

[10] Koch-Scholtz, § 339, Rz. 15
[11] HHSp, § 340, Tz. 8

(§ 318 Abs. 2 AO, Abschn. 50 Abs. 2 VollzA) oder er im Zuge der Pfändung beweglicher Sachen oder Wertpapiere (§ 312 AO) diese sofort oder zu einem späteren Zeitpunkt in unmittelbaren Besitz nimmt (§ 286 Abs. 1 AO).

Für eine Hilfspfändung, die ohne besonderen Vollstreckungsauftrag vorgenommen wird, ist eine Wegnahmegebühr zu erheben, wenn die zugrundeliegende Forderung später gepfändet wird und wenn sonst ein Wegnahmeauftrag hätte erteilt werden müssen.[12]

Die Wegnahmegebühr entsteht, wenn der Vollziehungsbeamte **Schritte zur Vorbereitung oder Ausführung des Wegnahmeauftrages unternommen** hat (§§ 340 Abs. 2, 339 Abs. 2 Nr. 1 AO). Eine Unterbrechung der Amtshandlung läßt eine zweite Gebühr nicht entstehen.[13] Gibt der Vollstreckungsschuldner die Sache, die der Vollziehungsbeamte wegholen will, freiwillig heraus, so entfällt dadurch nicht die Pflicht zur Zahlung der Wegnahmegebühr (§ 340 Abs. 1 S. 2 AO).

Die **Höhe** der Gebühr bestimmt § 22 Abs. 1 S. 1 GVKostG. Sie ist eine Festgebühr und beträgt ohne Rücksicht auf Zahl, Umfang oder Wert der Sachen einheitlich 20,– DM (§ 13 Abs. 2 GVKostG).

Findet der Vollziehungsbeamte die abzuholenden Gegenstände nicht vor, so wird für den Wegnahmeversuch die halbe Gebühr erhoben. Werden nicht alle von den im Wegnahmeauftrag aufgeführten Gegenstände gefunden, so muß die volle Gebühr erhoben werden (§ 340 Abs. 4 AO).

Bei der Erhebung der Gebühr gilt im übrigen § 339 Abs. 6 AO entsprechend, der einen allgemeinen Rechtsgedanken enthält.

6. Verwertungsgebühr

Die Verwertungsgebühr wird erhoben, um die Vollstreckungshandlung der Versteigerung oder anderer Verwertung von Gegenständen abzugelten (§ 341 Abs. 1 AO). Gebührenpflichtige Tatbestände sind:

- Versteigerung gepfändeter Sachen (§§ 296, 298, 304 AO);
- freihändiger Verkauf von Gold- und Silbersachen (§ 300 Abs. 3 AO);
- freihändiger Verkauf von Wertpapieren zum Tageskurs (§ 302 AO);
- besondere Verwertung gepfändeter Sachen (§ 305 AO);
- andere Verwertung von Forderungen (§ 317 AO) und anderen Vermögensrechten (§ 321 AO);
- Verwertung erlangter Sicherheiten (§ 327 AO).

Keine Verwertungsgebühr entsteht bei der Einziehung einer gepfändeten Forderung.[14]

Die Verwertungsgebühr entsteht, sobald der Vollziehungsbeamte oder ein anderer Beauftragter Schritte zur Vorbereitung oder Ausführung des Verwertungsauftrages unternimmt (§ 341 Abs. 2 AO).

Beispiele:
Die Gebührenpflicht wird ausgelöst durch: Aufgabe von Anzeigen, Bekanntmachung des Versteigerungstermins, Abholung von Gegenständen beim Voll-

[12] so auch Tipke-Kruse, § 340, Tz. 1; HHSp, § 340 Tz. 7 m.w.N.
[13] Tipke-Kruse, § 340, Tz. 4
[14] Tipke-Kruse, § 341, Tz. 1

streckungsschuldner, Zuziehung von Sachverständigen zur Ermittlung des Mindestgebotes (§ 300 AO).

Die Verwertungsgebühr entsteht auf der Grundlage eines Verwertungsauftrages nur einmal, auch wenn die Verwertung sich über mehrere Tage hinzieht, mehrere Gegenstände verwertet werden oder Gegenstände aus verschiedenen Vollstreckungsaufträgen versteigert werden. Eine lediglich formelle Aufteilung in zwei Verwertungsaufträge führt nicht zu einer doppelten Gebühr. Werden mehrere Verwertungsaufträge gegen einen Vollstreckungsschuldner in einem Termin erledigt, so entsteht nur eine Gebührenschuld. Ein neuer Verwertungsauftrag kann erst erteilt werden, wenn der erste ordnungsgemäß erledigt wurde.[15]

Die Höhe der Gebühr hängt vom Erlös der Versteigerung ab (§ 341 Abs. 3 AO). Das ist der Verwertungserlös ohne Abzug der Verwertungsgebühr und der Verwertungsauslagen. Übersteigt der Erlös die Summe der zu vollstreckenden Beträge, so ist der geringere Betrag maßgebend (§ 341 Abs. 3 S. 2 AO). Bleibt die Verwertung ergebnislos, ist keine Gebühr zu erheben.[16] Die Gebühr beträgt das Zweieinhalbfache der Pfändungsgebühr für Pfändungen nach § 339 Abs. 1 Nr. 1 AO.

Beispiel:

Rückständige Schaumweinsteuer	*1.000,– DM*
Vollstreckungskosten	*200,– DM*
	1.200,– DM

Bei der Pfandversteigerung werden folgende Einnahmen erzielt:

Videorecorder	*600,– DM*
Orientteppich	*800,– DM*
	1.400,– DM

Die Verwertungsgebühr bestimmt sich nach dem Erlös ohne Abzug von Vollstreckungskosten (§ 341 Abs. 3 S. 1 AO). Da der Erlös von 1.400,– DM im gegebenen Fall jedoch die Summe des zu vollstreckenden Betrags in Höhe von 1.200,– DM übersteigt, ist für die Gebührenberechnung nur dieser Betrag maßgeblich (§ 341 Abs. 3 S. 2 AO). Die Gebühr nach der Tabelle zu § 13 GVKostG beträgt 30,– DM. Die Verwertungsgebühr beträgt das Zweieinhalbfache (§ 341 Abs. 2 S. 3 AO), mithin 75,– DM.

Wird die Verwertung durch den Vollstreckungsschuldner nach §§ 296 Abs. 1, 1. HS., 292 AO durch Zahlung abgewendet, nachdem sich der Vollziehungsbeamte an Ort und Stelle begeben hat, so wird gem. § 341 Abs. 3 S. 1 AO die Gebühr in analoger Anwendung von § 339 Abs. 6 S. 1 AO auf ein Viertel der vollen Gebühr, höchstens jedoch 60,– DM, ermäßigt. Bemessungsgrundlage ist der Betrag, der bei der Verwertung voraussichtlich zu erzielen gewesen wäre (Schätzwert).[17] Wendet der Vollstreckungsschuldner die Verwertung in anderer Weise ab, so entsteht keine Gebühr (§ 341 Abs. 4 S. 3 AO).

---

[15] Koch-Scholtz, § 341, Rz. 6

[16] HHSp, § 341, Tz. 13; Koch-Scholtz, § 341, Rz. 8

[17] HHSp, § 341, Tz. 20

7. Mehrheit von Schuldnern

Vollstreckungsmaßnahmen gegen verschiedene Vollstreckungsschuldner bilden jeweils eigene Vollstreckungshandlungen. Die anfallenden Gebühren sind daher von jedem einzelnen Vollstreckungsschuldner in voller Höhe zu entrichten, selbst wenn der Vollziehungsbeamte sie bei derselben Gelegenheit, d.h. zur gleichen Zeit und/oder am gleichen Ort vornimmt (§ 342 Abs. 1 AO).

Beispiel:
Das Hauptzollamt besitzt vollstreckbare Ansprüche gegen den Importeur A in Höhe von 10.000,– DM und gegen Importeur B in Höhe von 20.000,– DM. Da beide Importeure ihre Einfuhren über die Spedition C abwickeln, die auch die vorübergehende Lagerung des Importgutes übernommen hat, begibt sich der Vollziehungsbeamte zu C und pfändet dort mit dessen Einverständnis 10 importierte Stereoanlagen, die A gehören, und fünf importierte Nerzmäntel, die dem B gehören.

Jeder Vollstreckungsschuldner hat die Gebühren für die Vollstreckungshandlungen zu tragen, die gegen ihn ergriffen wurden. Es findet keine Gebührenteilung statt, obwohl die Vollstreckungsfälle aus Praktikabilitätsgründen zusammengefaßt wurden und sie bei natürlicher Betrachtungsweise zeitlich und räumlich als Einheit erscheinen.

Wird gegen **Gesamtschuldner** wegen der Gesamtschuld bei derselben Gelegenheit vollstreckt, so werden Pfändungs-, Wegnahme- und Verwertungsgebühren nur einmal erhoben. Die Gesamtschuldner des vollstreckbaren Anspruches sind auch hinsichtlich der Gebühren Gesamtschuldner (§ 342 Abs. 2 S. 1 und S. 2 AO).

Beispiel:
Wegen eingeschwärzter Waren, für die Einfuhrabgaben in Höhe von 10.000,– DM entstanden sind, hat das Hauptzollamt gegen A als Zollschuldner und gegen B als Beteiligten an der Steuerhinterziehung (Art. 202 Abs. 3 ZK) zwei Vollstreckungsaufträge über je 10.000,– DM erteilt. Der Vollziehungsbeamte begibt sich zunächst zu A und pfändet dort Bargeld in Höhe von 4.000,– DM. Anschließend fährt der Vollziehungsbeamte zu B und pfändet dort bewegliche Sachen im Schätzwert von ca. 6.100,– DM für die ausstehende Hauptforderung und die Kosten der Vollstreckung bei A und B.

A und B schulden die Einfuhrabgaben als Gesamtschuldner (Art. 213 ZK). Für Pfändungen bei Gesamtschuldnern, die bei derselben Gelegenheit vorgenommen werden, wird die Pfändungsgebühr nur einmal erhoben (§ 342 Abs. 2 S. 1 AO). Eine Pfändung bei derselben Gelegenheit ist anzunehmen, wenn verschiedene gebührenpflichtige Amtshandlungen in einem Zuge vorgenommen werden. Entscheidend ist, ob die Pfändung bei natürlicher Betrachtungsweise zeitlich und räumlich äußerlich als Einheit erscheint.[18] Allein die Tatsache, daß materiell-rechtlich wegen des gleichen Anspruches vollstreckt wird, reicht zur Herstellung dieses Zusammenhanges nicht aus. Andererseits führt der Umstand, daß zwei getrennte Vollstreckungsaufträge erteilt wurden, nicht dazu, diesen Zusammenhang auszuschließen. Nach natürlicher Betrachtungsweise wird man zwar bei der Vollstreckung am gleichen Tag gegen die zwei Gesamtschuldner noch einen verbindenden zeitlichen Zusammenhang annehmen können; muß der Vollziehungsbeamte die Pfän-

[18] HHSp, § 342, Tz. 10 m.w.N., Tz. 6; Tipke-Kruse, § 342, Tz. 1

dungsmaßnahmen aber an unterschiedlichen Adressen vornehmen, so erfolgt auch bei weiter Auslegung die Pfändung nicht mehr bei der gleichen Gelegenheit.[19] *Die Pfändungsgebühr ist daher für A und B getrennt zu berechnen und von jedem einzelnen zu erheben. Für die Pfändung bei A sind 110,– DM zu erheben (§ 339 Abs. 1 und Abs. 2 Nr. 1 AO). Bemessungsgrundlage ist die Höhe des zu vollstreckenden Betrages ohne Rücksicht darauf, daß die Pfändung teilweise erfolglos verlief (§ 339 Abs. 3 S. 1 AO). Für die Pfändung bei B sind nur Gebühren in Höhe von 70,– DM zu erheben. Der gegen ihn zu vollstreckende Betrag betrug nur noch 6.000,– DM (§ 339 Abs. 3 S. 1 AO), da die Pfändung des Geldes bei A (§ 296 Abs. 2 AO) auch für B schuldbefreiend wirkt (§ 44 Abs. 2 S. 1 AO). Der Vollziehungsbeamte durfte daher nicht die Vollstreckungsgebühr allein bei B vollstrecken. Da wegen der Gesamtschuld nicht bei derselben Gelegenheit vollstreckt wurde, ist die Gebühr von jedem Vollstreckungsschuldner zu erheben (§ 342 Abs. 1 AO).*

Wird eine Gesamtschuld aufgeteilt (§§ 268-278 AO), so wirkt sich diese Aufteilung auch auf die bis dahin entstandenen Gebühren aus. Entsprechend dem Aufteilungsmaßstab (§§ 270-274 AO) werden sie auf die einzelnen Beteiligten neu aufgeteilt und herabgesetzt (§ 342 Abs. 2 S. 3 AO).

8. Auslagen

Auslagen sind Aufwendungen und Kosten, die bei Vollstreckungsmaßnahmen der Vollstreckungsbehörde oder des Vollziehungsbeamten anfallen, soweit sie nicht durch Gebühren abgegolten sind.[20] Sie sind in der Regel in der Höhe exakt feststellbar und vom Vollstreckungsschuldner der Finanzbehörde zu erstatten (§ 344 Abs. 1 AO). Reisekosten und Auslagen des Vollziehungsbeamten, die durch seine Aufwandsentschädigung abgegolten werden, sind vom Vollstreckungsschuldner nicht zu erstatten (§ 345 AO). Die Vorschrift enthält eine abschließende Aufzählung der Auslagen, die vom Vollstreckungsschuldner zu zahlen sind.[21] Im einzelnen sind folgende Auslagen zu erheben:

- **Schreibauslagen**
  Sie betragen pauschal eine Deutsche Mark je Seite, soweit sie von einem Beteiligten oder Dritten in eigenem Interesse besonders verlangt werden. Die Herstellungsart ist unerheblich, so daß auch Fotokopien und Durchschläge zu bezahlen sind. Abschriften und Schreibarbeiten, die im Zusammenhang mit dem Vollstreckungsverfahren von Amts wegen herzustellen und zu erteilen sind, wie die Pfändungsmitteilung (§ 286 Abs. 3 AO) oder Quittungen (Abschn. 21 VollzA), sind mit den Gebühren abgegolten.
- **Fernsprech- und sonstige Postgebühren**
  Entgelte für Post- und Telekommunikationsdienstleistungen, ausgenommen die Entgelte für Telefondienstleistungen im Orts- und Nahbereich, werden stets erhoben. Kosten für Zustellungen durch die Post mit Postzustellungsurkunde und Nachnahmen, mit Ausnahme der Postscheck- und Zahlkartenkosten, sind erstattungspflichtig. Briefporto wird nicht erhoben.

---

19 Koch-Scholtz, § 342, Rz. 2
20 HHSp, § 344, Tz. 10
21 Koch-Scholtz, § 344, Rz. 2

- **Bekanntmachungskosten**
  Erhoben werden nur Kosten der öffentlichen Bekanntmachung (§ 298 Abs. 2, Abschn. 51 Abs. 4 VollzA). Hierunter fallen beispielsweise Inseratskosten in Zeitungen, oder Kosten für eine öffentliche Zustellung (§ 15 VerwZustG).
- **Entschädigung für Hilfspersonen**
  Hilfspersonen, die der Vollziehungsbeamte zu Vollstreckungshandlungen hinzuzieht, sind nach ortsüblichen Sätzen zu entschädigen. In Betracht kommen Handwerker zum Öffnen von Türen oder Behältnissen, sowie Personen, die zur Durchsuchung von weiblichen Personen (Abschn. 28 Abs. 2 und Abs. 3 VollzA) hinzugezogen werden müssen.
- **Kosten der Beförderung, Verwahrung, Aberntung usw.**
  Kosten für Hilfeleistungen, die z.B. anfallen, um Pfandsachen aus der Wohnung des Vollstreckungsschuldners oder eines Dritten zur Pfandkammer (Abschn. 44 Abs. 7 VollzA) oder dem Versteigerungslokal zu bringen (Abschn. 52 Abs. 2 VollzA) oder die bei der pfleglichen Aufbewahrung und Beaufsichtigung entstehen, können ersetzt werden (Abschn. 44 Abs. 7 VollzA). Erhoben werden Kosten der Aberntung gepfändeter Früchte und Kosten der Verwahrung, Fütterung und Pflege gepfändeter Tiere.
- **Entschädigung von Zeugen und Sachverständigen usw.**
  Werden Zeugen, Auskunftspersonen, Sachverständige (§ 107 AO) und Treuhänder (§ 318 Abs. 5 AO) zu Vollstreckungshandlungen hinzugezogen und ist ihre Tätigkeit zu entschädigen, so fallen die Kosten dem Vollstreckungsschuldner zur Last. Zeugen können z.B. hinzugezogen werden, wenn der Vollstreckungsschuldner Widerstand leistet (§ 288 AO), Sachverständige z.B. bei der Schätzung von Kostbarkeiten, Gold- und Silbersachen sowie vor der Verwertung von Kraftfahrzeugen (Abschn. 51 Abs. 5 VollzA).
- **Andere Beträge, Ersatzvornahme, unmittelbarer Zwang usw.**
  Erfaßt werden alle Beträge, die aufgrund von Vollstreckungsmaßnahmen an Dritte zu zahlen sind. In Betracht kommen z.B. Kosten für:
  - Umschreibung von Namenspapieren (§ 303 AO);
  - Auskünfte zur Ermittlung des Vollstreckungsschuldners;
  - Steuern anläßlich von Verwertungshandlungen;
  - die Beschaffung eines Ersatzstückes bei der Austauschpfändung;
  - Rechtsstreitigkeiten gegen Dritte;
  - Versicherungsprämien, die nach Pfändung einer Versicherungsforderung gezahlt werden;
  - das Verteilungsverfahren (§ 308 AO).

Auslagen, die von der Vollstreckungsbehörde in einem einheitlichen Verfahren gegen mehrere Vollstreckungsschuldner entstehen, sind anteilsmäßig – unter Berücksichtigung der Umstände des Einzelfalles – auf die beteiligten Vollstreckungsschuldner zu verteilen (§ 344 Abs. 2 AO). Zu denken wäre z.B. an die gemeinsame Bekanntmachung der Versteigerung für verschiedene Vollstreckungsschuldner, oder wenn ein Lastwagen Pfandsachen mehrerer Vollstreckungsschuldner abholt und zum Versteigerungsort bringt.

9. Unrichtige Sachbehandlung

Die Vollstreckungsbehörde hat die Vollstreckung so zu betreiben, daß der Vollstreckungsschuldner nicht mehr als erforderlich mit Kosten belastet wird. Kosten, die bei richtiger Sachbehandlung nicht entstanden wären, sind nicht zu erheben (§ 346 Abs. 1 AO).

Die unrichtige Behandlung der Sache ist nicht gleichbedeutend mit der Rechtswidrigkeit der kostenpflichtigen Vollstreckungshandlung. Eine unrichtige Sachbehandlung liegt nur dann vor, wenn die Vollstreckungsmaßnahme gegen eindeutige gesetzliche Normen verstößt, der Verstoß offen zu Tage tritt oder ein offensichtliches Fehlverhalten der Behörde vorliegt.[22]

Abzustellen ist auf die Verhältnisse, die vorlagen, als die Vollstreckungshandlung ergriffen wurde. Muß eine Vollstreckungshandlung später aufgehoben werden, weil etwa der Verwaltungsakt, aus dem vollstreckt wird, gestundet, aufgehoben oder dem Vollstreckungsschuldner eine Billigkeitsmaßnahme gewährt wird, so liegt eine unrichtige Sachbehandlung nicht vor.[23] Nimmt der Vollziehungsbeamte oder die Vollstreckungsstelle eine rechtlich unzulässige oder offensichtlich unnötige Handlung vor, so dürfen Kosten nur in der Höhe erhoben werden, in der sie bei ordnungsgemäßem Verhalten entstanden wären. Auf ein mitwirkendes Verschulden des Vollstreckungsschuldners kommt es nicht an.

Beispiele:

1. *Die Vollstreckungsstelle erteilt einem Sachverständigen den Auftrag, den Verkehrswert eines Hauses, das der Ehefrau des Vollstreckungsschuldners gehört, zu ermitteln.*

   Die anfallenden Schätzkosten (§ 344 Abs. 1 Nr. 7 AO) können dem Vollstreckungsschuldner nicht in Rechnung gestellt werden. Der Vollstreckungsgläubiger hat nur einen Anspruch darauf, sich aus dem Vermögen des Vollstreckungsschuldners zu befriedigen. Die Schätzung des Hauses, das der Ehefrau gehört, ist unnötig.

2. *Der Vollziehungsbeamte pfändet beim Vollstreckungsschuldner wegen einer Steuerforderung von 3.000,– DM zwei Reitpferde im Schätzwert von je 4.000,– DM und läßt sie bei einem Landwirt unterstellen.*

   Die Pfändung durfte nicht weiter ausgedehnt werden, als es zur Deckung der beizutreibenden Geldbeträge und der Kosten der Vollstreckung erforderlich ist (§ 281 Abs. 2 AO). Die Vollstreckungshandlung ist daher wegen der Überpfändung rechtswidrig. Hierin liegt eine unrichtige Sachbehandlung. Sie führt jedoch nicht dazu, daß vom Vollstreckungsschuldner erhöhte Pfändungsgebühren (§ 339 AO) erhoben werden. Pfändungsgebühren bemessen sich nämlich nach der Summe der zu vollstreckenden Beträge (§ 339 Abs. 3 S. 1 AO) also der 3.000,– DM und nicht nach dem Wert der gepfändeten Gegenstände. Es ist allerdings zu berücksichtigen, daß vom Vollstreckungsschuldner auch die Kosten für den Transport und die Verwahrung der Pferde sowie die Futterkosten als Auslagen erhoben werden können (§ 334 Abs. 1 Nr. 6 AO). Da der Vollziehungsbeamte offensichtlich das zweite Pferd nicht zu pfänden und abzutransportieren brauchte, um die Steuerschuld einzubringen, dürfen die Transport-, Unterbringungs-, Pflege- und Futterkosten für das zweite Pferd vom Vollstreckungsschuldner nicht erhoben werden (§ 346 Abs. 1 AO).

---

[22] Koch-Scholtz, § 346, Rz. 2; Tipke-Kruse, § 346, Tz. 2

[23] Koch-Scholtz, § 346, Rz. 3

10. Kostenansatz

Kosten sind in einem Kostenansatz festzusetzen (§ 346 Abs. 2 S. 1 AO) und dem Vollstreckungsschuldner bekanntzugeben.

Die Festsetzung der Kosten stellt einen **Verwaltungsakt** dar, der mit dem Einspruch angefochten werden kann (§ 347 Abs. 1 AO). Die **Frist für die Festsetzung** des Anspruches durch die Vollstreckungsbehörde sowie seine Aufhebung und Änderung, für die die §§ 129-132 AO gelten, beträgt ein Jahr (§ 346 Abs. 2 S. 1 AO).

Die Festsetzungsfrist beginnt mit Ablauf des Kalenderjahres, in dem die Kosten entstanden sind (§ 346 Abs. 2 S. 2 AO). Einem vor Ablauf der Frist gestellten Antrag auf Aufhebung oder Änderung kann auch nach Ablauf der Frist entsprochen werden (§ 346 Abs. 2 S. 3 AO).

Festgesetzte Vollstreckungskosten unterliegen der fünfjährigen Zahlungsverjährung (§ 228 AO).

Achter Teil
Überblick über die Voraussetzungen der Zwangsvollstreckung privatrechtlicher Ansprüche

1. Allgemeines

Auf die zwangsweise Durchsetzung privatrechtlicher Ansprüche der Finanzbehörden sind die Vorschriften der Abgabenordnung nicht anwendbar. Der Staat muß – wie jeder Privatmann – sein Recht nach den Regelungen des Zivilprozeßrechts einklagen und, wenn der Schuldner nicht zahlt, es nach den Vorschriften der Zwangsvollstreckung durchsetzen lassen.

Beispiel:
Einen Steuerbürgen kann das Hauptzollamt nicht mit einem Haftungsbescheid (§ 191 Abs. 1 AO), sondern muß ihn nach den Vorschriften des bürgerlichen Rechts in Anspruch nehmen (§ 192 AO).

Die Finanzbehörde darf sich dabei nicht der eigenen Vollstreckungsorgane bedienen, sondern muß die Vollstreckungsorgane des Zivilprozeßrechtes beauftragen.

Als **Vollstreckungsorgane** kommen in Betracht:

- der **Gerichtsvollzieher**, insbesondere zuständig
  - für die Vollstreckung von Geldforderungen in bewegliche Sachen (§ 808 ZPO) und zur Erwirkung der Herausgabe von Sachen (§§ 883-885, 897 ZPO).
- das **Vollstreckungsgericht**, insbesondere zuständig
  - für die Zwangsvollstreckung in Forderungen und andere Vermögensrechte (§§ 828ff., 857 ZPO)
  - für die Zwangsvollstreckung in das unbewegliche Vermögen (§ 869 i.V.m. ZVG)
  - für das Verteilungsverfahren (§ 872ff. ZPO)
  - für die Abnahme der eidesstattlichen Versicherung (§ 899ff. ZPO)
- das **Grundbuchamt**, insbesondere zuständig
  - für die Eintragung einer Zwangshypothek (§§ 720a, 867, 932 ZPO, ferner §§ 830, 857 ZPO).

Rechtsgrundlagen bilden die Zivilprozeßordnung, das Zwangsversteigerungsgesetz, die Vergleichsordnung und die Konkursordnung.

Nach diesen Vorschriften müssen bei Beginn von Zwangsmaßnahmen – neben den allgemeinen Verfahrensvoraussetzungen – die allgemeinen Voraussetzungen der Zwangsvollstreckung gegeben sein (§§ 704, 724, 750 ZPO):

- Titel
- Klausel
- Zustellung

2. Vollstreckungstitel

Eine zivilrechtliche Zwangsvollstreckung kommt in den meisten Fällen nur dann in Betracht, wenn der Anspruch des Gläubigers durch ein Gericht geprüft und die Rechtmäßigkeit des Anspruchs in einer **hoheitlichen Urkunde** formell festgestellt wurde. Die Zwangsvollstreckung gründet sich somit nicht auf den materiellrechtlichen Anspruch, sondern auf formalisierter Grundlage, dem sogenannten Titel. Vollstreckungsmaßnahmen ohne Titel sind nichtig.

Das Gericht erteilt dem Gläubiger den Titel üblicherweise in einer **Ausfertigung**, aus der er dann die Vollstreckung betreiben kann. Soll gegen mehrere Schuldner vorgegangen werden, oder sollen mehrere Vollstreckungsmöglichkeiten gleichzeitig betrieben werden, so können weitere Ausfertigungen beantragt werden. Geht der Titel verloren, so hat der Gläubiger den Verlust an Eides statt zu versichern und einen Ersatztitel zu beantragen.

Entsprechend den verschiedenen zivilprozessualen Verfahrensarten gibt es vielfältige Vollstreckungstitel. Die wichtigsten sind folgende:

a) Urteile der Zivilgerichte

Urteile sind Entscheidungen des Gerichts in bestimmter Form nach mündlicher Verhandlung (§§ 128, 300ff., 313 ZPO). Um ein Urteil zu erlangen, muß der Kläger beim zuständigen Gericht eine Klageschrift einreichen (§ 253 ZPO), die den gesetzlichen Formerfordernissen entspricht (§§ 253, 130ff. ZPO). Sie muß enthalten:

- Bezeichnung der Parteien und des Gerichts;
- Angabe des Streitgegenstandes und des Grundes des erhobenen Anspruches;
- Klagegrund und Lebenssachverhalt auf den sich der Anspruch stützt;
- bestimmter Antrag;
- Beweismittel sollen benannt und Urkunden beigefügt werden.

Das Gericht muß die Klageschrift unverzüglich dem Beklagten zustellen (§ 271 ZPO). Hierdurch wird die Streitsache **rechtshängig** (§ 261 ZPO).

Dies hat folgende Wirkungen:

- Die Streitsache kann von keiner Partei anderweitig anhängig gemacht werden;
- Die Zulässigkeit des Rechtsweges und die Zuständigkeit des Prozeßgerichts bleiben bestehen;
- Die Verjährung wird unterbrochen (§ 261f. ZPO).

Der Beklagte muß die Klage in den gleichen Mindesterfordernissen erwidern. Sodann setzt das Gericht die mündliche Verhandlung an, in der die Parteien ihre Klageanträge stellen und über das Streitverhältnis in tatsächlicher und rechtlicher Beziehung verhandeln (§ 137 ZPO). Soweit erforderlich erhebt das Gericht die angebotenen Beweise (§ 355 ZPO). Ist der Rechtsstreit entscheidungsreif, so erläßt das Gericht ein Endurteil (§§ 300, 310ff. ZPO).

Aus Endurteilen findet eine Zwangsvollstreckung nur statt, wenn sie **rechtskräftig** oder für vorläufig vollstreckbar erklärt sind (§ 704 Abs. 1 ZPO). Urteile sind formell rechtskräftig, wenn hiergegen keine Rechtsmittel mehr eingelegt werden können, also die Berufungs- oder Revisionsfrist ungenutzt verstrichen ist

(§ 19 EGZPO). Der Gläubiger kann sich hierüber vom Urkundsbeamten der Geschäftsstelle ein Notfristzeugnis erteilen lassen (§ 706 Abs. 2 ZPO).

Urteilen, die der Beklagte mit Rechtsmitteln angefochten hat, fehlt die Rechtskraft. In diesen Fällen können bei schwieriger Sach- und Rechtslage Jahre vergehen, bis der Rechtsstreit in der letzten Instanz rechtskräftig entschieden wird. Diese Situation könnte die unterlegene Partei veranlassen, Rechtsmittel nur zu ergreifen, um die Vollstreckung hinauszuzögern. Daher gibt das Gesetz die Möglichkeit, ein noch nicht rechtskräftiges Urteil im Tenor für **vorläufig vollstreckbar** zu erklären und so der obsiegenden Partei schon vor Rechtskraft den Zugriff auf das Vermögen des Schuldners zu eröffnen.

In einer Vollstreckung vor Eintritt der Rechtskraft liegt aber eine Gefahr für den Gläubiger. Wird das Urteil in der nächsten Instanz aufgehoben oder geändert, so ist die durchgeführte Vollstreckung nach materiellem Recht rechtswidrig. Der Gläubiger ist zum Ersatz des Schadens verpflichtet, der dem Schuldner entstanden ist (§ 717 Abs. 2 S. 3 ZPO) und zwar auch dann, wenn den Vollstreckenden kein Verschulden trifft.

Damit dieser Schadensersatzanspruch weitgehend abgesichert ist, sind vorläufig vollstreckbare Ansprüche grundsätzlich nur gegen eine **Sicherheitsleistung** vollstreckbar (§ 709 ZPO). Art und Höhe bestimmt das Gericht (§ 108 ZPO).

Beispiel:
Sicherheitsleistung durch Hinterlegung von Geld oder Wertpapieren in Höhe des zugesprochenen Geldanspruchs nebst angemessenen Zinsen und Kosten. Bestellung eines tauglichen Bürgen (§ 108 Abs. 1 ZPO, §§ 234, 239 BGB).

Ist das Risiko gering oder der Anspruch dringend, so entfällt die Sicherheitsleistung (§ 708f. ZPO).

b) Prozeßvergleich

Prozeßvergleiche sind alle Vergleiche, die zur gänzlichen oder teilweisen Beilegung eines Rechtsstreits vor einem Gericht abgeschlossen und vorschriftsmäßig protokolliert werden. Aus ihnen findet die Zwangsvollstreckung statt (§ 794 Abs. 1 Nr. 4 ZPO).

c) Vollstreckbare Urkunden

Vollstreckungstitel sind Urkunden, die vor einem deutschen Notar in der Form eines notariellen Protokolls aufgenommen werden (§ 794 Abs. 1 Nr. 5 ZPO). Der beurkundete Anspruch darf nur auf Zahlung einer bestimmten Geldsumme oder die Leistung einer bestimmten Menge vertretbarer Sachen oder Wertpapiere lauten. Der Schuldner muß sich in der Urkunde der sofortigen Zwangsvollstreckung unterworfen haben **(Unterwerfungsklausel)**.

Beispiel:
S bestellt für G wegen eines Darlehens von 20.000,– DM, rückzahlbar am 1.6., eine Grundschuld. In einer notariellen Urkunde unterwirft er sich wegen der Grundschuld der sofortigen Zwangsvollstreckung. S zahlt bei Fälligkeit nicht.

S hat sich in einer formgerechten Urkunde wegen eines Geldanspruchs, der Grundschuld (vgl. § 794 Abs. 1 Nr. 5 S. 2 ZPO), der sofortigen Vollstreckung unterworfen. G kann ohne vorherigen Prozeß und Urteil aus der Urkunde Zwangsvollstreckungsmaßnahmen gegen S beantragen.

d) Vollstreckungsbescheid

Ein in der Praxis besonders häufiger Vollstreckungstitel ist der **Vollstreckungsbescheid** (§§ 699, 794 Abs. 1 Nr. 4 ZPO). Er ist das Ergebnis eines durch Einsatz von EDV-Anlagen stark beschleunigten Erkenntnisverfahrens **(Mahnverfahren)**, mit dem Ziel, dem Gläubiger ohne mündliche Verhandlung und Beweisaufnahme in einem voraussichtlich unstreitigen Verfahren, einen Vollstreckungstitel zu verschaffen. Dieses Verfahren bietet sich an, wenn der Schuldner gegen seine Zahlungsverpflichtung im Grunde keine Einwendungen erhebt, sondern nur aus Geldverlegenheit nicht zahlt. Bestreitet dagegen der Schuldner den Anspruch, so ist es zweckmäßiger, eine Klage auf Zahlung einzureichen. Es ist dem Gläubiger freigestellt, welchen Weg er wählt.

Das Mahnverfahren läuft in folgender Weise ab. Der Antragsteller (Gläubiger) stellt beim Amtsgericht (§ 689 Abs. 1 S. 1 ZPO) auf amtlichem Vordrucksatz den **schriftlichen Antrag**, gegen den Antragsgegner (Schuldner) einen **Mahnbescheid** zu erlassen. Der Anspruch muß auf Zahlung einer bestimmten unbedingten und fälligen Geldsumme lauten; andere Ansprüche können nur im Klageverfahren geltend gemacht werden. Der Antrag muß den Rechtsgrund des Anspruchs erkennen lassen, braucht aber nicht begründet zu werden.

Das Gericht prüft daraufhin, ob der Mahnbescheid vollständig und ordnungsgemäß gestellt und handschriftlich unterschrieben wurde. Eine Prüfung, ob dem Antragsteller der Anspruch nach materiellem Recht zusteht, findet nicht statt. Sodann erläßt das Gericht den Mahnbescheid und stellt ihn dem Antragsgegner zu (§§ 693 Abs. 1, 270 ZPO).

Gegen den Mahnbescheid kann der Antragsgegner binnen zwei Wochen (§ 692 Abs. 1 Nr. 3 ZPO) nach Zustellung schriftlich beim Gericht den Rechtsbehelf des **Widerspruchs** einlegen (§ 694 Abs. 1 ZPO). Das Verfahren geht dann in einen normalen Prozeß über (§§ 696f. ZPO).

Legt der Antragsgegner nicht rechtzeitig Widerspruch ein, erläßt das Gericht auf Antrag auf amtlichem Vordruck den Vollstreckungsbescheid (§§ 699 ZPO) und stellt ihn dem Antragsgegner zu. Gegen diesen Bescheid kann der Antragsgegner binnen zwei Wochen ab Zustellung beim Gericht schriftlichen **Einspruch** einlegen (§§ 700 Abs. 1, 339 ZPO). Das Verfahren geht dann wiederum in einen normalen Prozeß über (§§ 700 Abs. 2, 696 ZPO). Legt der Antragsgegner keinen Einspruch ein, wird der Vollstreckungsbehelf rechtskräftig. Aus ihm kann, auch vor Rechtskraft (§ 700 Abs. 1 ZPO), die Zwangsvollstreckung betrieben werden.

3. Vollstreckungsklausel

a) Bedeutung

Die Vollstreckungsklausel ist ein **amtliches Zeugnis**, daß ein Titel vollstreckbar ist. Sie wird von der Geschäftsstelle des Prozeßgerichts erteilt. Damit wird die Ausfertigung des Vollstreckungstitels zur **vollstreckbaren Ausfertigung** (§ 724 ZPO).

Beispiel:
Wortlaut der Vollstreckungsklausel:

Vorstehende Ausfertigung wird dem ... zum Zwecke der Zwangsvollstreckung erteilt.
Datum, Unterschrift, Siegel

Die Bedeutung der Vollstreckungsklausel liegt in folgendem: Nach Abschluß des Erkenntnisverfahrens durch Urteil ist der Streit um die materielle Rechtmäßigkeit eines Anspruches abgeschlossen. Zahlt die unterlegene Partei nicht, so schließt sich das gesonderte Verfahren der Zwangsvollstreckung an, das von besonderen Vollstreckungsorganen durchgeführt wird. Die Vollstreckungsorgane sind jedoch nicht befugt zu prüfen, ob der Titel ordnungsgemäß zustande kam und ob der titulierte Anspruch vollstreckbar ist.

Diese Prüfung wird den Vollstreckungsorganen abgenommen, indem das Prozeßgericht ihnen durch **die Klausel die Vollstreckbarkeit des Titels mit bindender Wirkung bezeugt**.

Die Klausel ist zwingende Voraussetzung der Vollstreckung. Fehlt sie und werden gleichwohl Vollstreckungsmaßnahmen getroffen, so sind diese wirksam, aber mit der Erinnerung angreifbar (§ 766 ZPO). Ohne Klausel können allerdings Vollstreckungsbescheide, Arrestbehelfe und einstweilige Verfügungen vollstreckt werden (§§ 796 Abs. 1, 929, 936 ZPO).

b) Titelumschreibende Klausel

Aus einem Urteil kann der Gläubiger 30 Jahre vollstrecken. Tritt in dieser Zeit ein Wechsel in der Person des Schuldners oder des Gläubigers ein, so braucht der Rechtsnachfolger des Gläubigers den Prozeß nicht nochmals zu führen, um sich eine Vollstreckungsgrundlage zu schaffen. Die Klausel kann vom Rechtspfleger des Prozeßgerichts auf den Rechtsnachfolger umgeschrieben werden, wenn der Personenwechsel offenkundig ist oder durch öffentliche Urkunden nachgewiesen wird (§ 727 ZPO). Der Gläubiger kann die Urkunde direkt bei der ausstellenden Behörde verlangen (§ 792 ZPO).

Beispiel:
Der Schuldner ist verstorben und wurde von seiner Ehefrau beerbt. Der Gläubiger kann beantragen, die Vollstreckungsklausel auf die Ehefrau als Rechtsnachfolgerin umzuschreiben (§ 727 Abs. 1 ZPO). Er muß hierzu den vollstreckbaren Titel einreichen. Die Erbenstellung der Ehefrau kann der Gläubiger nachweisen, indem er einen Erbschein beantragt und befügt (§ 792 ZPO).

c) Rechtsbehelfe

Weigert sich der Urkundsbeamte des Prozeßgerichts, die Klausel zu erteilen, so kann der Gläubiger eine Entscheidung des Prozeßgerichts herbeiführen (§ 576 Abs. 1 ZPO) und gegen dessen ablehnende Entscheidung Beschwerde einlegen (§§ 567, 576 Abs. 2 ZPO).

4. Zustellung

Vor oder mit Beginn der Vollstreckung muß der Vollstreckungstitel dem Schuldner zugestellt werden (§ 750f. ZPO). Die Zustellung besteht in einer **amtlich beurkundeten Übergabe des Titels**. Der Schuldner soll dadurch nochmals auf das Urteil und die bevorstehende Vollstreckung hingewiesen sowie der Nachweis hierüber gesichert werden. Wegen der Eilbedürftigkeit ist die Zustellung vor dem Beginn des Arrestverfahrens nicht erforderlich (§§ 929 Abs. 3, 936 ZPO). Die Zustellung erfolgt bei Urteilen von Amts wegen (§ 317 Abs. 1 S. 1 ZPO), indem die Geschäftsstelle des Gerichts eine beglaubigte Abschrift, meist mit der Post, zuschickt. Zustellungsempfänger ist der Schuldner, bei dessen Prozeßunfähigkeit sein gesetzlicher Vertreter (§ 171 ZPO).

Ist der Schuldner durch einen Anwalt vertreten, so muß dem Anwalt zugestellt werden (§ 176 ZPO).

Zahlt der Schuldner nicht, so weist der Gläubiger dem Vollstreckungsorgan die Zustellung durch eine Bescheinigung der Geschäftstelle nach (§ 213 a ZPO). Sind beide Parteien von Anwälten vertreten, so läßt sich der Beginn von Vollstreckungsmaßnahmen beschleunigen, indem eine Zustellung von Anwalt zu Anwalt erfolgt (§ 750 Abs. 1 S. 2 ZPO). Die beglaubigte Abschrift des Urteils wird formlos übermittelt und der Empfang bestätigt (§ 212 a ZPO). Mängel der Zustellung machen die nachfolgende Vollstreckung nicht nichtig, sie sind mit der Erinnerung anfechtbar (§ 766 ZPO).

Sachverzeichnis

www.ingramcontent.com/pod-product-compliance
Lightning Source LLC
LaVergne TN
LVHW042237300926
849161LV00003B/384